国外出版传媒译丛

透视图书出版

（第四版）

（英）克拉克 （英）菲利普斯 著

李 武 译

图书在版编目（CIP）数据

透视图书出版／（英）克拉克，（英）菲利普斯著；李武译．— 4 版．
—北京：中国书籍出版社，2015.8
ISBN 978 - 7 - 5068 - 5050 - 6

Ⅰ．①透… Ⅱ．①克… ②菲… ③李… ①图书出版 - 研究 Ⅳ．①G23

中国版本图书馆 CIP 数据核字（2015）第 197111 号

著作权登记号／图字：01 - 2016 - 7399

透视图书出版

（英）克拉克 著
（英）菲利普斯
李　武　译

策划编辑	庞　元
责任编辑	许艳辉
责任印制	孙马飞　马　芝
封面设计	吴凤鸣
出版发行	中国书籍出版社
地　　址	北京市丰台区三路居路 97 号（邮编：100073）
电　　话	（010）52257143（总编室）　　（010）52257140（发行部）
电子邮箱	eo@ chinabp. com. cn
经　　销	全国新华书店
印　　刷	北京九州迅驰传媒文化有限公司
开　　本	787 毫米×1092 毫米　　1/16
印　　张	27.5
字　　数	370 千字
版　　次	2016 年 11 月第 1 版　2016 年 11 月第 1 次印刷
书　　号	ISBN 978 - 7 - 5068 - 5050 - 6
定　　价	80.00 元

版权所有　翻印必究

中文版序

安格斯·菲利普斯

　　欣闻《透视图书出版》中文版即将出版，甚感兴奋。对于好友李武先生的翻译工作，我也心怀感激之情。我们相识于他在牛津国际出版研究中心交流访问之时，期间他选修了我的一门课程，我们经常在一起交流沟通。在他离开英格兰之后，我们一直保持联系。在我的印象中，李武先生富有才情，又善于沟通，可谓青年才俊。

　　距离本书第四版出版已有八年之久。时间证明出版业在过去的这些年中已越来越适应新环境的变化，大多数出版商都取得了成功，并在商业上有利可图。数字化的发展及其所带来的各种可能性使这段时间成为出版历史上最令人激动的时刻。据我所知，中国的出版业（包括各大出版领域）在过去的几十年中取得了蓬勃的发展；我相信随着实力的日益增强，中国的出版商会逐步走出国门，扩展国际市场。

　　作为一种文化产业，图书出版既可以服务于销量可达数百万册的小说作家，也可以服务于销量不足三百册的专家学者。图书出版既可以从服务于大众市场中获利，也可以从服务于小众市场中获利；后者规模有限，但数量众多。基于过去多年的发展，出版业已经建立了一套遍布全球各地的发行销售体系；借助这一体系，出版商有序规范地销售出版的实体图书。如今，出版商也通过电子发行体系在世界各地销售数字内容及其版权，比如将作品销售给智能手机这样的终端设备。

　　本书出版的多个版本本身就反映了出版业在过去几十年中所发生

的巨变。自上个世纪80年代设计主题和框架以来（当时贾尔斯·克拉克是唯一作者），本书出版权的所有者已变更了六次，已以五家出版商的名义出版发行。在当今的出版业，这样的案例绝非少数。

　　本书旨在帮助学习出版的学生和刚进入行业的新手全面地了解图书出版及其工作流程。本书也为作者（包括与出版商合作的作者和开展自助出版的作者）了解出版提供一种视角。本书于1988年出版的时候并非定位于教科书，但经过多年的发展，却意外地成为了一本"教科书"。许多讲授出版课程的教师都把这本书列入教材或阅读书目，学生的购买行为使得本书得以多次再版。众所周知，教科书的出版是一项长期的过程，出版商不断寻找新的途径，为其提供新的附加值。本书的第四版对原先的内容和形式都进行了大量的调整。比如说，我们提供了来自产业精英的"专家视点"，也为许多案例添加了插图。另外，我们也首次出版了本书的电子版，重新设计了本书的同步网站，以便更好地满足读者的需求。

再版序言

《透视图书出版》第 1 版是在 1988 年出版发行的,当时并非定位于教科书。但出版之后,该书每年的订单数量都是在秋季学年开学之前达到年度高峰,充分体现了教科书的销售特点。近些年以来,越来越多的大学开设出版课程,越来越多的教师采纳该书作为授课教材,当然也会有越来越多的学生购买这本书。为了更好地反映该书的读者特点(主要读者为学生),同时满足授课教师的需求,我们决定在前三版的基础上推出第 4 版。为此,劳特里奇出版公司扩大了该书的版面尺寸,重新设计了该书的页面布局,使它看起来更像一本真正的教科书。

教科书出版往往是一个长期的过程。为了保持教科书内容的及时更新、在市场中保持相对竞争优势、克服因二手图书市场带来的销量降低问题,出版公司需要不断出版新的版本。当然,在这个过程中,出版公司可能会碰到一些问题,比如作者没有时间更新陈旧的内容,或者更糟糕的是,作者根本不知道如何更新自己的早期版本。劳特里奇出版公司的编辑科特丽娜·钱德勒为该书的原始作者贾尔斯·克拉克找到了一位新的合作者——安格斯·菲利普斯。安格斯为图书的改版贡献了许多新想法,包括补充内容、重新布局、引入插图等。后来,劳特里奇出版公司的另一位编辑艾琳·斯托里接替了科特丽娜·钱德勒的工作,见证了该书从签署出版合同到正式出版的整个过程。为了迎合市场需求重新设计版面,为原始作者找到新的合作者并开展卓有成效的合作，这些都是出版公司为图书提供附加值的具体手段。可以说，本书的整个出版过程都能体现出版公司的这种价值。

经过全面修改之后，第4版打破了原先的主题模块，设置的章节数量是先前版本的两倍。相应地，每一章节的篇幅较先前版本有所缩短。尽管该书主要是通过校园书店和几家大型书店进行销售，但同时也充分利用了网络销售渠道（包括亚马逊和一些专业网站）。另外，相对于先前的版本，该版本有很多新的特点。比如说，该版组织了25位产业专家就某一特定主题贡献自己的学识和观点，这些内容在本书中以主题框的形式表现出来*。该版的页边空白区域较大，为读者利用页边标注内容提供了可能**，同时在末尾附上了一份术语表。为了更好地表现主题，该版还大量使用了表格、插图和卡通图片***。最后，为配合读者对新版本的使用，出版公司对图书网站也进行了重新设计（网址是 www.insidebookpublishing.com）。

不同于该书的先前版本，该版还被出版培训中心的一门课程所采纳。该课程的名称是《为图书出版培训人才》，其大部分内容是通过互联网在线授课的。该课程归纳总结了本书的学习要点，并通过系列自我测验题目帮助学员巩固所学内容，之后再要求学员提交与图书出版主题相关的论文或项目作为最终考核依据。如果您希望了解更多的信息，请浏览出版培训中心的网站（www.train4publishing.co.uk）或直接拨打咨询电话（020 8874 2718）。

---

　　* 译者注：不同于英文版将这些内容以主题框的形式放置在每个章节中不同的位置，中文版统一将他们安排在每个章节的后面。
　　** 译者注：中文版并未按此要求排版。
　　*** 译者注：考虑到图片授权问题，中文版统一删除了图片。

出版前言

出版商是如何运作和赢利的？他们的存在价值又是什么呢？

《透视图书出版》第四版在先前三版的基础上进行了全面的扩展和修订。该书的读者对象为学习出版专业的学生、需要探究出版内幕的作者、希望进入出版行业的新人，或者谋求职业发展的从业人员。该书不仅阐述了出版的重大问题（比如出版产业的全球化和互联网对出版产业的影响），同时也分析了出版行业的方方面面（包括从出版合同到实体书店）。

该书的内容包括：

（1）出版简史，即当今的出版业是如何演变发展而来的；

（2）出版的功能模块——策划和编辑、设计和生产、市场营销、销售发行以及版权贸易；

（3）作者的角色；

（4）版权和合同；

（5）英国的图书销售渠道（包括位于城市商业街的实体书店以及网络书店）；

（6）谋求出版岗位，即如何在出版业中找到工作。

该书还提供：

（1）由专家撰写的主题框；

（2）出版专业术语词汇表；

（3）深入阅读的推荐书目；

（4）出版机构的指南目录；

（5）对应的在线同步网站（www.insidebookpublishing.com）。

对于任何一位希望从事出版工作的人来说，该书是一本必备指南；对于那些已经从事出版工作的人来说，该书也是一本有用的手册；对于作者来说，亦是如此。

（贾尔斯·克拉克：开放大学教学解决方案合作出版顾问；安格斯·菲利普斯：牛津布鲁克斯大学牛津国际出版研究中心主任）

目　录

第1章　导　言 …………………………………… 1

第2章　现代大众出版简史 ………………………… 19

第3章　非大众出版业的兼并浪潮 ………………… 51

第4章　主要出版类型的特征 ……………………… 73

第5章　创造和保护价值 …………………………… 97

第6章　作　者 ……………………………………… 124

第7章　策　划 ……………………………………… 138

第8章　出版合同和产品开发 ……………………… 174

第9章　设计和生产 ………………………………… 204

第10章　市场营销 …………………………………… 244

第11章　销售和发行 ………………………………… 282

第12章　版权贸易 …………………………………… 320

第13章　图书销售渠道 ……………………………… 345

第14章　进入出版业 ………………………………… 370

术语表 ………………………………………………… 391

专题书目 ……………………………………………… 402

专业组织名录 ………………………………………… 409

行业联系网络	413
专业培训机构	415
奖学金和科研资助机构	417
招聘中介和职业发展咨询机构	418
大学出版课程	420
译后记	424

专家视点、议题焦距和专业技能专栏目录

第二章

女性出版,简·波特(牛津国际出版研究中心资深讲师)
净价图书协议
多媒体出版的兴起与衰落

第三章

英国中小学的数字内容
商业教育
英国研究评估

第四章

参考工具书出版

第五章

Web2.0和出版:变革、挑战和机遇,艾伦·诺伦(奥莱利媒体公司副总裁)
如何评估出版公司的价值,艾瑞克·德·贝尔莱格(《作为商业的英国图书出版业:自20世纪60年代以来》一书的作者)

开放内容授权许可，理查德·麦克拉肯（ECCH 总裁）

第六章

代笔写作，克莱尔·斯夸尔斯（《为文学作品做市场营销：英国当代作品的生产》的作者，牛津国际出版研究中心资深讲师）

第七章

与作者一道工作，休·弗雷投恩（来自橡树出版公司的出版人）

教育出版领域的策划编辑，布伦达·斯通斯（教育出版领域的作者、编辑和演讲者）

策划技能

第八章

撰写图书腰封广告，凯西·道格拉斯（文字编辑工作者）

文字编辑技能

出版商编辑文体，R. M. 里特（《牛津文体手册》作者）

第九章

设计技能

InDesign：软件竞争力和变革，萨利·休斯（牛津国际出版研究中心资深讲师，兼职软件培训师）

图片调研技能

纸张，艾德里安·布洛克（牛津国际出版研究中心首席讲师）

生产技能

XML：是什么以及出版商用它来做什么，梅格·巴顿（威利-布莱克威尔出版公司医学图书电子产品部项目经理）

第十章

市场调查，盖伊·普洛曼（Three23 公司经理）

品牌和旅游出版，史蒂芬·梅斯基塔（旅游出版顾问）

为小说做市场营销，克莱尔·斯夸尔斯（《为文学作品做营销：英国当代作品的生产》的作者，牛津国际出版研究中心资深讲师）

市场营销技能

第十一章

借力谷歌销售更多的图书，皮特·薛米尔特（剑桥大学出版社市场营销和销售经理，负责学术图书和专业图书）

如何管理荣获重要文学奖项的图书，理查德·奈特（尼尔森图书扫描项目运行总监）

销售技能

国际销售技能

按需印刷：完美风暴？大卫·泰勒（英国闪电源有限公司的管理总监兼全球销售业务副总裁）

电子书，克里斯托弗·切舍（泰勒·弗朗西斯集团销售主管，斯特灵大学出版学特聘教授）

第十二章

版权许可代理商，凯文·菲茨杰拉德（版权许可代理商的行政长官）

图书展览会，丽奈特·欧文（培森教育出版集团版权贸易经理）

数字版权的许可——新手须知的十条规则，大卫·埃特伍德（埃特伍德联合公司总裁）

有声图书，尼古拉斯·琼斯（斯特拉斯莫尔出版公司创办人兼总

经理）

第十三章

21世纪的独立书店经营，帕特利特·尼尔（牛津贾菲&尼尔书店和咖啡店的合作人）

超市和图书，乔尔·里基特（《书商》的副总编、《卫报》图书和出版专栏的特约作者）

公共图书馆，艾瑞克·戴维斯（拉夫堡大学信息科学系资深研究人员）

第1章 导　言

本书试图满足以下四类读者的需求：
主修出版课程的本科生和研究生；
正在出版业谋求工作的毕业生；
刚刚从事出版工作的新手和希望提升专业知识的出版从业人员；
希望深入了解出版流程和运作的读者。

　　本书的主题是关于从商业的角度如何开发和推广图书，包括如何在英国本土开展出版业务以及如何开拓海外市场。这是一桩竞争激烈的生意，其参与主体也包括以类似方式运作的大学出版社。在2007年，英国出版商的图书销售总量为8.55亿册（包括内销和出口），销售额为29.95亿英镑。从最终消费者实际支付的价格来看，英国本土的销售额高达35亿英镑。在2006年，英国出版的图书数量为115522册；在2004年，英国图书出版业的从业人员为35000人。

　　商业出版不是个人纯粹对文学或诗歌的业余爱好（而丝毫不需要考虑市场的因素），也不是对学术研究的持续资助，当然也不仅仅只是为作者提供的自我表达和自我宣传的媒介工具。风险必然伴随着商业运作的整个过程；作为乐观主义者，出版商永远都在寻找成功的机会，并坚信将来的收获可以弥补并超过过去的所有损失，当然他们也已经做好了面对失败的准备。

　　"出版"通常被界定为"使之公开"。大多数出版商生意兴隆，收益颇丰。出版商最主要的商业模式是基于图书的复本销售，即所谓的

"信息的一揽子交易"。其中，学术期刊出版的商业模式主要是将期刊复本销售给研究型图书馆。出版商惯用的另外一种商业模式是将作者作品的不同版权授权给第三方。报纸和杂志出版商的赢利模式主要依赖于广告收入，而广告收入往往波动较大，不太稳定。相比而言，图书出版的上述两种商业模式更为稳定。但是，数字出版的发展对这些传统的商业模式带来了挑战（当然从另外一个方面来看，也可以说是带来了新的发展机遇）。在2007年，美国出版商约翰·威利的总裁宣称他们在过去十年中尝试的商业模式的数量比他们在过去两百年中尝试的还要多。

无论在好的时代，还是在坏的时代，有些出版商总能保持良好的发展态势。这些出版商的成功秘诀在于开发了一系列能够不断再版的核心图书，即所谓的"再版书目"。这些图书经久不衰，为他们带来可观的利润。当然，出版商不能过于依赖过去的成功，也要致力于开发高质量的新书，即所谓的"新版书目"。许多吸引读者并取得成功的图书往往具有自己的创意，而不是一味地对其他图书的模仿。可以说，图书出版是一个复杂的过程。在这个过程中，利润和创意这两个元素彼此影响，相互作用。长期以来，图书是传播观点和知识、塑造社会风尚和文化的重要媒介。同时，图书也是在校学生和普通读者的首选资源，有时甚至也是其他媒体的首选资源。从这个意义上来看，图书和出版商的多样性对社会民主的构建和发展至关重要。

电子书和诸如iPod这样的终端设备的出现是否会对传统出版业产生颠覆性的影响？在本书的写作之际，许多人都在思考这个问题。众所周知，数字技术的发展已经彻底改写了音乐产业和摄影产业的发展历史。但颇有意思的是，网络销售和数字印刷的发展并没有扼杀图书的印刷版，至少到目前为止是这样的。由于具有持久性、便携性、耐用性、可浏览性、便于访问性、外形美观和相对廉价等特点，图书在众多传播媒介中脱颖而出。不同于电子媒介，图书不需要电池，也不需要售后维修服务。正如史蒂芬·弗雷所言，"就算人们对数字设备一窍不通，也还能阅读图书"。作为一项具有悠久历史的产业，图书出版业拥有遍布全球各地的发行销售体系。借助这一体系，出版商有序规范地销售自己出版的图书，并实现赢利目的。但是，现在的出版商也不得不面对来自其他娱乐形式、学习方式和信息来源的残酷竞争。

> **史蒂芬·弗雷曾经说道："人们可能会痴迷于所有数字化的东西，但仍会阅读图书。"**

作为一种出版物，图书仍然受到许多作者的青睐。这些作者希望通过图书表达自己的观点，并获得他人的认可。图书出版的服务对象很广泛，可以是销售数量达百万册的小说作家，也可以是销售数量不足500册的专家学者。为小众市场出版图书，也会有所赢利，因为虽然小众市场规模极其有限，但是小众市场本身的数量却实在不少。

英国图书出版业赖以发展的根基包括版权保护制度、丰富的作者资源（拥有数不胜数的天才作家，包括在世的和已经去世的）、出版体制（奉行出版自由）、语言优势（英语被世界许多地方所采用）。除此之外，大量小众市场的存在也是英国图书出版业得以健康发展的重要因素。所谓的小众市场是相对于为数不多的大众市场而言的，这些小众市场的快速崛起并持续发展为不同类型的出版商的发展提供了很好的商业机遇。

出版商不只是介乎作者和读者之间纯粹谋求利润的"中间人"，他们为作者的作品增加额外的价值。出版商策划图书，物色作者，将自己的商标印制在作者作品上，从事图书生产和市场营销活动，在尽可能大的地域范围内销售图书。为了给自己或股东赚取利润，出版商需要开展一系列的出版业务，包括：

（1）对目标市场开展调研，并与相关人员或机构建立联系；

（2）物色合适的作者（往往要与其他出版商竞争），也同时被作者挑选；

（3）为畅销书作者提供有市场潜力的创意；

（4）评估作者作品的质量（有时需要开展外审工作）、生产成本和销售潜力；

（5）决定是否在自己品牌下投资开发新产品并承担可能的失败风险；

（6）根据市场的需求，编辑图书内容和设计图书版面；

（7）选择印刷商（可能是位于英国本土或海外的印刷商）并监督他们的的工作；

（8）研发新技术（以降低生产成本和库存数量），开发新产品，扩大销售量，提高营销技巧；

（9）构建遍布全球的销售网络；

（10）向目标读者、媒体和中间商（包括零售商、批发商和海外公司等图书销售渠道）推广图书；

（11）将图书面对面地销售给中间商；

（12）维持库存，以便在读者需要的时候可以满足他们的需求；

（13）处理订单、配送图书和回笼资金，并根据图书销量为作者支付版税。

与国内外的其他出版商签订授权协议也可以为出版商和作者带来额外的收益，而获得授权的出版商则以不同方式、不同媒介和不同语种对作者作品开展进一步的开发工作。

大型出版公司一般会雇有专职员工负责上述所有的出版业务，但是他们也经常把某些业务（比如对书稿的文字编辑）外包给兼职工作人员或其他公司。小型出版公司通常没有实力雇佣专职销售代表，也没有实力自办发行，因此往往会借助大型出版公司或专业发行公司的力量。在出版商看来，除了制定出版决策和筹集资金外，其他所有的出版业务都可以外包给兼职工作人员或其他公司（当然承当外包业务的个人或公司需要接受出版商的监督）。现在，大大小小的出版公司都倾向于把某些出版业务外包出去，从而达到降低人员成本的目的。但是外包也有缺点，会给出版商带来潜在的风险。

比如说，在将业务外包的情况下，出版商可能就不能严格控制图书生产的整个流程，可能会面临核心竞争力流失的风险，同时必须要跟对方分享利润。

出版公司类型众多，规模不一。为了展开深入的介绍，本书聚焦于大中型规模的商业出版公司（这些出版公司一般设有多个部门）。之所以要把他们作为介绍的重点，主要是因为目前出版业的大部分销售业绩和销售利润都是由这些出版公司贡献的。本书会对这些拥有更多资源的大中型出版公司的运作方式给予详细论述。当然，我们相信本书所提供的信息对于小型出版公司的经营者同样具有参考价值。通常而言，小型出版公司的创办人在某一方面都有一技之长。

如果您留心观察，就会发现出版业是一个非常有趣，也是令人兴奋的行业。从事出版业，往往就意味着您会跟一班意气相投的人共事（当然也非绝对）。这份工作为年轻人提供了展示才华、发挥创造能力和锻炼承担责任的很好机会。同时，出版业的工作性质是非常灵活的，您可以变更岗位，也可以兼职。对于那些希望建立属于自己的出版王国的有志之士，这个行业也给他们提供了很多的机会。在出版业中，甚至是一些初级的岗位也需要您具备管理能力（包括管理人员、管理产品和管理资金的能力）。如果您具备这些管理技能，同时富有想法、善于沟通的话，是非常受欢迎的。起薪工资不高、工作强度大、工作时间长、晋升不稳定、中层管理人员薪水也一般、工作没保障（在有些公司里），这些都是出版岗位的特点。即便如此，要想在出版业谋求一份工作绝非易事。因此，很多人在这个行业中得到一份工作后，就很少离开，当然也很少一直待在同一家公司。出版业之所以能吸引住员工，并给他们带来满足感，主要是因为这个行业服务于人们对娱乐、教育和信息的需求，有时还会影响社会事件的发展态势、挖掘和塑造新的写作天才以及创造新的市场。出版商不断开发新的图书，而且每一本图书的设计生产和市场推广都是全新的挑战，不同于之前已经出版的图书。从这个角度来看，虽然所有的工作都会涉及一成不变的、繁杂琐碎的重复劳动，但是出版工作却总是会充满变化，实在令人着迷。每本图书在出版和推广过程中都有自己独特的问题，从业人员需要在宏观和微观层面妥善处理这些问题。在出版业能否取得成功，这要取决于您与作者、插图画家、印刷商、客户以及同事的个人交往和工作联系是否到位。因此，建立社会人际关系网也是从事出版工作非常重要的技能之一。

出版业曾经经历过很多变革，但是当前的变革正在以一种史无前例的速度影响出版商所经营的事业和从业人员的工作。新技术的发展及应用影响了出版业的方方面面，包括图书基于印刷和数字两种不同格式的生产、市场营销和销售环节，互联网在其中扮演着重要的平台角色。数字革命给出版业所带来的这种巨大变化是否可以跟出版史上那些重要事件相媲美呢？比如，卡克斯顿在1476年将印刷术引入到英格兰、英语小说在18世纪的发展、艾伦在1935年出版了第一本企鹅纸皮书。目前没有人能够准确预测这些数字零售商和技术公司对传统出版将会带来什么样的影响。这些数字零售商和技术公司包括亚马逊、谷歌和微软等，读者可以通过他们在线购买不同类型的图书。

在历史上，出版业的主体是大量中等规模的出版公司。但自从20世纪80年代中叶以来，出版公司的兼并和收购浪潮愈演愈烈，出版业的所有权越来越集中到少数几家大型出版公司。现在，一小撮的超大型国际出版集团占据了英国国内市场和全球英文图书市场的半壁江山。因此，对于作者和出版从业人员来说，可以选择的出版公司已经越来越少。

本书的第二和第三章简要地介绍了自从20世纪后半叶以来出版业的发展历程。第二章的标题是"现代大众出版简史"，这部分揭示了奠定和形成今日大众出版现状的诸多因素。第三章——"非大众出版业的兼并浪潮"——则描述了影响教育出版、学术出版、STM出版和专业出版发展的商业驱动力。在这些出版领域，出版商不再局限于为用户提供内容，同时也开始为用户提供服务。

出版的全球化和通过兼并形成更大规模的出版公司是过去几十年中出版业发展的一种态势，这种态势目前仍在继续。出版商以往都集中在伦敦的贝德福特广场并相互竞争，现在的出版商则在全球范围内开展激烈的竞争。当前出版业发展的一个显著特征就是来自欧洲国家的出版商的崛起（这些国家包括英国、荷兰、法国和德国），他们并购了美国或其他国家/地区的同行，并成为了占据出版市场领头羊地位的世界级出版集团。实体规模的扩大为图书的制作、市场营销、销售和发行都带来了规模经济效应。除此之外，实体规模的扩大也给制作和推广大批量的图书提供了资金后盾；为在全球范围内策划和销售图书提供了能力保障；也为出版公司投入巨资为用户提供大量内容数字化传递及其相关服务提供了条件，而这一点在今天的出版业越来越重要。

当然，大型出版公司并购中小型出版公司也有一些负面影响。比如说，取消原先与作者签订的出版合同，解雇多余的工作人员，（在有些情况下）甚至会导致曾经名噪一时的出版公司的消亡。当然，也有一些被兼并的出版公司能够相对完整地保留下来，成为大型出版公司的一部分，并因此获得新生和受益匪浅。同样，由于国际出版集团的不同子公司都参与图书销售业务，因此作者也能从图书销量的提高中获得更高的版税。

尽管组建大型出版公司是当前的发展趋势，但在将来总是为有创新精神的和创业意识的小型出版公司留有发展空间。一般来说，大型企业负担较重，对快速变化的反映比较迟钝，畏惧创新和技术变革；而小型企业由于人员较少，开销较低，自然比大型企业更为灵活。在出版市场上，大型出版公司的规模发展得越大，那么留给小型出版公司开发的小众市场也就越多。小型出版公司所拥有的资源不多，对图书失败的承受能力也较弱，往往倾向于出版特定领域的专门图书。他们必须慎重选择出版书目，开发能够再版的图书。对于那些不太受大型出版公司关注的作者，小型出版机构为他们提供更为个性化的服务。对于重要的图书，所有的出版商都会给予最大程度的重视，尤其是在市场营销和销售发行方面。但是，不太被大型出版公司看中的作者和图书或许能得到小型出版机构的青睐。尽管如此，通过小型出版公司取得成功的作者最后仍然有可能转而投向大型出版公司。

判断某个行业是否朝气蓬勃的标准之一，就是观察在该行业是否不断有新公司成立。相对于许多其他行业来说，创办出版公司只需要为数不多的资本投入和设备投入。有些新的出版公司是通过购买大型出版公司多余的书目而创办的；也有一些出版公司是由原先就职于大型出版公司的员工辞职后创办的。在英国，创办一家出版公司不需要任何专业的资格认证。换言之，在这个国家，进入出版业的门槛是很低的，没有什么限制条件。

出版与社会密切相关。出版的内容包罗万象，服务对象又涉及各类人群，从小孩到律师。但是，出版商往往有所专攻，为某一特定市场出版图书，而这些特定市场具有明显不同于其他市场的特征。本书将在第四章论述主要出版市场的核心特征。

现在有些作者可以轻易地开展自助出版，有评价家据此认为出版商已经没有必要继续存在了。他们声称出版商看起来越来越像网络时代的恐龙。大量所谓"够用就行"的内容通过互联网可供读者免费获取。诗歌已经遁入互联网上的荒野中，但其创作者却没有收到任何的回报。有人认为这种现象对于出版商来说无疑是个灭顶之灾，因为他们需要依靠付费内容赢利。这些观点是基于对事实的考察还是无知的推测呢？在本书的第五章——"创造和保护价值"，我们首先介绍出版价值产业链，罗列出版商为作者作品提供附加值的主要手段，然后讨论互联网对出版商的影响以及出版公司的财务业绩和资产评估。最后，我们将分析知识产权和版权制度问题（版权制度为作者和出版商获取经济利益提供了法律保障），同时也分析当前的版权法保护实践以及技术和社会变革给版权保护所带来的挑战。

> *G. P. 泰勒撰写的小说《灵界巫师》（2002年）最初以自助出版的形式出现，之后才由费伯出版公司正式出版发行。*

从根本上说，出版的发展依赖于作者的创意和作品。但是，作者本人也许会感觉他们是局外人，对出版知之甚少。我们希望这本书能够帮助作者更好地理解出版商的出版活动。第六章——"作者"——介绍了提交给出版商的图书计划书所具备的主要内容，并分析了作者如何着手自助出版。名人出版的发展带动了影子写手（代笔写作）的盛行。对于写作大众图书的作者来说，经纪人或代理商能够帮助他们更好地投身写作生涯；本章也会简要地介绍这些经纪人或代理商在大众出版中所扮演的角色和发挥的作用。在随后的章节中，本书将勾勒出一本图书如何经历多个阶段并最终上架实体书店或网络书店的整个流程。

> **盖博瑞·扎伊德曾对作者这个职业做如下的评论："如果对我们的写作欲望不加以抑制，那么在不久的将来，写书的人将会远远多于读书的人。"**

出版商是如何策划图书和获取稿源的？众多有抱负的应聘者都认为成为一名策划编辑是从事出版行当的最终梦想。这是否意味着成为策划编辑就可以阅读和编辑源源不断的作者书稿，与作者或他们的经纪人在高级餐馆畅谈数个小时呢？本书的第七章——"策划"——在某种程度上驳斥了这些没有事实根据的观点。通过阅读这个章节，您会了解策划编辑的主要职责是提出具有市场价值的创意，并为这些创意寻找合适的作者。签约具有销售潜力的优秀图书是出版商取得成功的关键要素。一本新书本身就是一笔生意，并为出版商的整体业绩作出贡献。策划编辑是一份高风险的职位，需要将新书的出版计划书呈交给高级管理层并努力说服对方以获得批准。同时，策划编辑在策划图书的时候需要从商业的角度考虑这项投资的价值；因此，新书的成本核算方法也是第七章的内容之一。

一旦图书出版计划书获得批准，编辑（买方）就要与作者（卖方）签署合同。签署合同对于作者来说是个关键性的转折点，至此他们的作品获得了价值，即出版商认可了他们的作品。而且，在根据图书销量支付版税之前，出版商有可能先给作者（作者可能尚未动笔撰写书稿）预付一笔，这种现象在大众出版领域更为普遍。通过预付稿酬的方式，出版大众图书的大型出版公司确保能够留住已经成名的畅销书作者并发掘新的写作天才，这些大型公司为争夺优秀人才彼此展开非常激烈的竞争。有时图书的实际销售情况远不如预期，但作者一般不会退还出版商预先支付的稿酬。在这种情况下，出版商的这笔支出算是报废了。

本书的第八章为"出版合同和产品开发"。其中第一部分介绍合同的主要内容和作者经纪人对作者与出版商合同关系的影响。经纪人总是要花大量的时间跟出版商争论这么一个问题，即当一本新书出版之后，出版商在哪些国家拥有独发权（尽管现在通过互联网发行新书就不存在所谓的地域协议问题了）。部分美国出版商似乎没有意识到英国作为欧盟成员和英国作为独立市场分别意味着什么。作者（有时候由经纪人代理）与出版商、出版商与出版商之间的合同是关于双方确定交易的法律表达，这些合同的条款往往是基于过去的实践发展而来的。但随着市场和技术的变革，相关人员和机构对出版合同中的某些条款提出了不同程度的质疑。

第八章的第二部分集中论述了产品的整个开发过程（从签署合同到图书成形）。在开发过程中，图书和作者需要得到不同程度的关注。编辑帮助作者为潜在读者打造最好的作品。出版时间节点的选择对于销量会起到非常重要的作用。可以说，图书出版是一项复杂的活动，不仅需要编辑在每一阶段投入大量的精力，而且还需要编辑与其他部门的人员保持密切联系。图书出版需要出版商具有统筹和项目管理技能。出版商会发现对于作者的管理是一件相当令人头疼的事情，因为大多数作者都会推迟书稿的提交时间，或者在规定时间内提交的书稿是不完整的（比如提交的书稿中包括了一些尚未交代清楚的情节）。相对于诸如音乐、视频、软件和杂志这些时效性比较强的文化产业，出版业往往需要更多的时间将作者的书稿制作成正式出版物。通常而言，出版计划进度表会涉及四到九个月的工作安排，有时涉及的时间会更长。在这份计划进度表中，出版商也有可能为图书在全球范围的销售和发行预留一定的时间，这一点我们将会在后面的章节给予详细论述。

优秀的设计有助于图书的销售。在本书第九章——"设计和生产"——中，我们考察了图书的设计问题，包括图书封面设计和图书的生产制作方式。从概念上来讲，图书生产在过去的几百年中并未发生实质性的变化。编辑作者书稿，然后排版、校对、拼版成页、印刷，最后装订成册。在 20 世纪的最后几十年中，计算机被应用于排版和标页，但是最终产品仍然是印刷版图书。

在今天的出版业，图书的生产方式正在经历根本性的变革。大约在世纪之交，学术期刊出版商、为律师和医生提供专业内容的专业出版商、参考工具书出版商意识到他们的顾客（对于学术期刊出版商和参考工具书出版商而言，他们的顾客主要是机构图书馆）都希望为各自的用户提供除印刷版之外的数字内容。从出版商的角度来看，虽然他们已经是在数字文档的基础上生产印刷文本，但是这些文档在数字发行方面仍然无济于事。出版商必须要打破卡克斯顿传统下针对印刷版图书而确定的固定排版规则。现在，文本文档必须要以一种新的方式进行排版，以便这些内容既可以以多种印刷形式进行发行（包括为有阅读障碍的读者提供大型印刷出版物），也可以通过各种数字格式（包括电子书、网页、手机和数字音频设备）进行发行，以满足高要求客户的需求。

出版商通过降低成本成功地维持了他们的利润水平，比如将图书的文字编辑工作外包出去，减少付给供应商的费用。排版的成本已经大大降低，出版商同时利用更为廉价的海外印刷服务给英国本土印刷公司施加了更大的压力。作者也可以说是出版商的供应商，出版商付给作者的成本（以版税形式支付的报酬）也被削减了。但不幸的是，出版商用于市场营销和销售的成本却大大提高了，这一点在大众出版领域表现得尤为明显。

  图书行业的职业伦理问题是否突出呢？这个行业是否也会对环境问题造成影响呢？英国出版商从包括发展中国家在内的全球各地进口纸张和印刷设备。在发展中国家，劳动成本较低，工作准则也颇受争议。这些问题都已经被提到议程上来。另外，人们开始关注环保纸张的使用问题，以及运输图书所产生的空气污染问题。对于大量的图书（尤其是廉价的纸皮书）来说，如果它们不能在出版后的一段时间内售罄，将被化为纸浆。有些图书在公路上来回运输，这也造成了交通堵塞。对于那些需求源源不断的再版图书来说，有时它们从零售商那里返回到出版商那里，只是为了供读者再订购和再发货。

  与其他行业相比，出版业每年都会生产大量的新产品，但大多数产品都会失败。通常而言，出版商80%的收入是由20%的图书贡献的。由于潜在需求是非常不确定的，所以在出版之初，很难判断哪些图书会成功，哪些图书会失败。限于成本，出版商只会针对少数图书在出版前做系统的市场调查。与对待任何商品一样，出版商在出版图书的时候也需要对产品、购买者和市场营销三者进行有机融合。但是，被其他消费性产品所采用的营销技巧却不能完全适用于图书产品。图书不是基本的生活必需品，读者购买某本图书的行为是一次性的，而非反复性的。作者品牌对于图书的销售至关重要，但是出版商品牌对读者的购买行为几乎没有影响（当然出版商品牌对于作者、代理商、销售商、媒体和出版从业人员还是很有影响力的）。读者选择阅读图书的途径很多。比如说，他们可以免费从图书馆或其他机构借阅图书，也可以通过网络和其他渠道获取大量的二手图书。

序言 第 1 章

> 在2005年,英国市场上销售的图书品种超过62.5万,销售量排在前500位的图书占总销售量的24%。

在英国,大约1/3的成年人从来不买图书。那么,出版商如何促使这些人购书呢?本书的第十章为"市场营销"。其中的第一部分介绍了关于图书市场营销的背景知识、图书购买人群的人口特征以及各种不同的市场划分方式。第二部分则焦距于营销组合方式:产品、价格、渠道和促销。在"产品"部分,我们介绍了出版商如何使用利用自己的品牌效应对图书和作者开展推广和促销活动。出版商可以在图书封面上注明图书的读者对象,而消费者也可以借此信息明了图书的读者定位。出版商对某本图书所采用的定价方式在某种程度上可以反映该书的诸多特征。对于具有畅销潜力的新书,大众出版商通常会制定一个昂贵的建议零售价格,而大型零售商马上对图书大打折扣,其目的就是希望驱动精装本图书的高销量。这种目前在出版业颇为流行的图书定价方式在之前闻所未闻。批评家认为这种做法跟编造价格并没有什么大的差别,同时认为图书的大幅打折行为大大降低了图书的价值。"渠道"这个术语涉及图书销售的各种渠道。像超市和网络书店这样的渠道已经变得越来越重要。出版商也开始采用网络营销和社交网络促销图书,以提高作者和图书在互联网上的显示度。我们将在这个章节花大量笔墨全面系统地介绍被不同类型的出版公司所采纳的各种促销和宣传技巧。出版商重点推广的图书往往消耗了他们大部分的市场营销预算。当然,图书公关人员也非常擅长使媒体对有些图书(包括来自小型出版商的图书)产生兴趣,从而愿意免费为图书提供宣传服务。大多数出版商并不会直接把图书卖给读者,他们的主要顾客是图书销售商和供应链中的其他主体。出版公司销售部门的主要任务就是把新书和再版图书赶在正式推向市场前就卖给国内外的中间商(包括零售商和批发商),其销售方式主要是基于面对面的直接商谈。

第十一章——"销售和发行"——主要介绍的是出版商在国内外

销售图书的各种方法。对于出版商来说，大部分的销售收入来自少量的顾客，而其他为数众多的顾客只是提供了小部分的贡献。大型大众出版商的销售经理的核心业务就是要把重点推广的图书卖给英国的连锁书店和大型超市，因为这些主要的图书销售商和大型超市有权决定在未来的9个月到1年的时间内将重点销售哪些图书。换言之，只有一小撮人能够决定选择向读者大力促销和重点展示的图书。对于小型出版商来说，借助大型销售渠道销售图书的门槛已经越来越高，成本也越来越贵，因此他们需要寻求其他的销售渠道和销售路径。大学教科书出版商往往直接向大学教师推销图书，因为大学教师本身就有权决定采用或让学生购买哪些教科书（大学生购买教科书的渠道集中于校园书店和网络书店）。对于中小学教科书出版商来说，虽然他们的图书销售也存在中间商环节，但将图书直销给学校是最为主要的方式。

英国出版业在出口方面做得非常成功。相对于拥有巨大国内市场的美国出版商，英国的同行需要付出更多的努力。大体来说，英国的图书出口几乎是进口的两倍。很多出版商都依靠出口生存和获利。出口收入占到英国整个出版销售的大约1/3；另外，出版商还会将图书授权在国外出版，获得额外的版税和其他收入。在有些出版类型中（比如ELT出版和STM出版），出口额是销售额的主要构成部分。英国出版商对欧洲大陆的图书出口量在不断扩大，已经超过美国的同行；欧洲大陆已经成为英国出版商最为重要的出口目的地。与此同时，英国出版商对澳大利亚的图书出口量却在下降。亚洲市场（比如经济持续快速增长的印度和中国市场）越来越引起英国出版商的投资热情和销售兴趣。但盗版现象在发展中国家泛滥成灾，这对英国出版商来说是一个极大的威胁。作为一家专业机构，英国出版商协会正在全球范围内积极倡导反盗版运动。

出版商的大部分现金都被图书库存所套牢。一般来说，出版商完成图书的所有库存销售需要一年多的时间。只有为数不多的几大出版商能够有实力自己拥有库存空间和提供发行服务，小型出版商则需要借助大型出版商、独立图书发行公司或批发商帮助他们发行图书。而对于微型出版商来说，他们也许就会把自己的卧室直接作为图书的库存间。由于库存成本非常高，所以出版商必须清除已经没有销售潜能的图书，以最低价贱卖给廉价发行商（廉价发行商又把这些图书转手卖给国内外的零售商），或者直接作为废纸捣成纸浆。

在2007年，借助一家知名的批发商，只有7万种图书的销售复本超过7本。

业界普遍认为将近一半的图书每年销售不到250本，还有许多图书一年所卖复本寥寥无几。从投入产出比的角度来说，传统印刷技术并不允许出版商重印那些需求量不大的图书。一旦库存清空，这些图书就会"绝版"，实质上也就意味着出版商不再接受顾客的订单。但是，按需印刷技术的诞生使得出版商在经济上能够一次印刷为数不多的复本（比如50本，甚至就1本）。大型学术出版商和大学出版社拥有大量的专业图书书目，并且这些图书售价不菲，他们因而成为第一批享受按需印刷技术所带来的好处的出版机构。随着技术的不断完善和价格的持续下降，其他出版领域也开始采用按需印刷技术。对于出版商而言，按需印刷所带来的最大好处就是大大降低了需要支付用于提前印刷图书的现金，同时也大大降低了图书的库存成本。在当前，有些新创办的出版公司通过与按需印刷提供商合作，根据顾客的订单数量如实地印刷图书复本，完全没有库存的累赘。

本书的第十二章旨在考察版权贸易。作者与出版商的合同规定了出版商可以售卖版权的范围，即出版商可以将图书的哪些版权授权给其他公司。购买方则根据所获得的版权对作者作品进行深入的开发利用，比如以不同的媒介、以不同的语种或在不同的地域出版发行图书。但是，经纪人往往代表作者保留一些版权，并把这些版权销售给第三方。版权贸易涉及将图书的版权销售给不同的机构和公司，比如图书俱乐部、美国出版商、非英语语种出版商（用于翻译之用，这些其他语种出版商来自其他地域，比如欧洲大陆、俄罗斯、中国、日本、南韩和拉丁美洲）、报社或杂志社（在报纸或杂志上连载图书）、音像出版公司、电影或电视制作公司（改编图书并搬上银屏）、移动手机公司（把图书内容跟该公司的信息服务进行整合）或者数字内容供应商（提供明显不同于传统图书订阅的服务）。

由于版权销售收入跟图书的直接成本无关，所以我们不能把它同直接销售图书所获取的收入进行简单的比较。其实更为准确的说法是，扣除作者根据合同应得的那部分后，通过版权销售所获取的剩余的收入是可以跟直接销售图书所获取的利润进行比较的。为了对两者进行直接比较，我们应该先在版权销售收入的基础上乘以6到8倍。

本书的第十三章——"图书销售渠道"——考察了在英国将图书售卖给读者的各种各样的零售商、批发商、图书馆供应商和公司，同时也分析了这些机构是如何与出版商做买卖的。渠道的变化对出版商产生了重大影响，在很大程度上影响了他们的出版战略。在20世纪最后几十年，一个显著变化就是少量大型连锁书店的崛起以及大量小型书店和独立书店的关闭。随着网络书店和大型超市（它们能为图书提供更多的展示空间）的快速发展，传统连锁书店面临着很大的压力，这种现象则是最近几年英国出版销售领域的新变化。零售商的规模越大，就能从供应商那里争取到更多更优惠的条件。通常而言，当零售商从供应商那里进货，自己需要承担是否能够卖得出去的风险；如果商品卖的不够理想，那是零售商自己的问题。但是出版业却不同，零售商的库存风险由出版商来承担。出版商与零售商、批发商的买卖合同基于"剩货保退"原则，这也就意味着如果图书零售商不能卖掉图书，就可以很快地把这些复本退还给出版商。在零售过程中，图书的显示度对于大众图书的销售来说是非常关键的。为了确保自己的图书能够出现在最重要的零售商那里并且被摆放在显目的位置，出版商需要付出的成本越来越大。出版商首先以折扣价（基于建议零售价格的某个百分比）把图书卖给零售商（对于某些畅销书来说，大型零售商能够以图书建议零售价格的六折进货，同时还往往要求出版商自己支付在卖场举办图书促销活动的一切费用）。然后，零售商在出版商提供的折扣基础上再为读者提供更大的折扣优惠，尤其是在图书销售高峰的时候（比如圣诞节）。通常而言，除了畅销书能够大卖之外，其他的图书基本只能处于维持的状态。与过去相比，大多数图书的销售量都有所下降，在架周期也有所缩短。至于大量的专业性比较强的图书（包括学术图书和STM图书），零售商根本就不会为它们备有库存。

有分析家预言，将来在每个出版领域（大众出版、教育出版、STM和专业出版）最终就只有两三家出版公司控制整个行业，包括销售图书以及相关产品。未来大型出版商是否能够成功做到这点，甚至将中间商（这些是出版商目前最为主要的顾客）挤出供应链，直接连通作者和读者，为最终受众直接提供产品或服务？这个问题直接关系到"出版商是否会继续存在"。赢利机构是否有必要存在取决于他们是否能够在供应链中为产品或服务提供额外价值，并基于所提供的额外价值向顾客收费（以确保利润的产生）。虽然学术期刊出版商的商业运作在整个出版业中非常独特，但他们却率先构建了数字内容平台，直接将自己的产品供应给图书馆客户。但是，服务于图书馆的中间商也完善了他们的技术解决方案和服务内容。大型大众出版商正在积极地将自己的图书进行数字化，并搭建内容平台。从消费者（包括图书馆员和其他机构购买者）的角度来看，购买的便捷性是非常重要的。虽然出版商兼并浪潮来势凶猛，但仍然有上千家的出版商活跃在出版和发行领域。零售商和为零售商供货的批发商将集成了来自几乎所有出版商的内容，然后对这些内容开展市场营销，使购买者订阅它们并获取"一站式"服务。由于跟最终用户的距离更近，相对于任何一家出版商，这些零售商或批发商能够更加准确地定位消费者的需求，因此他们的销售业绩往往会胜于出版商采用直销方式开展的销售业绩。

在本书的每个章节中，若有提到出版商的工作，我们都会在框图中简要介绍跟某一项特定工作相关的技能。本书的第十四章——"进入出版业"——将为您提供在出版业中寻找第一份工作的技巧以及在出版业中谋求职业发展的建议,并强调了持续发展专业技能对出版从业人员的重要性。本章的最后部分提到了从业人员的差异性问题,比如英国出版从业人员在性别和种族方面的分布是非常不平衡的。本书对出版业的介绍有可能忽略了很多的具体细节;但是我们希望通过这本书,您能够了解出版这一职业。这份职业对于许多身处其中的从业人员来说,都是一种令人激动和令人满意的生活方式。

在本书的最后,我们提供了一份关于出版术语的词汇表、一份重要图书和资源的清单以及一份出版机构名录。此外,本书还提供了其他名录或指南,包括行业人员联络网络和行业联系网络名录、专业培训机构名录、奖学金和科研资助机构名录、招聘中介和职业发展咨询机构名录,以及相关的大学专业课程指南。

我们相信图书仍然是重要的。阅读作家查尔斯·弗雷泽的《冷山》与观看根据其小说改编的同名电影是两种完全不同的体验。阅读可以是非常个人化的愉悦体验,也可以是基于群体互动的社交活动(只要想想阅读小组在英国的成功就知道了)。数字资源的发展在专业和教育出版领域已经站稳脚跟,但是图书仍然应当在中小学教育和大学教育中发挥重要的作用。对于本书的作者来说,小说家玛格丽特·德拉布尔的话很好地表达了我们对图书和印刷的依恋:"我需要文本和印刷出版物……我需要印刷出版物,如同成瘾。没有它,我或许就不能活下去。但是,我希望自己将永远没有机会去尝试适应没有印刷出版物的生活。"

第 2 章 现代大众出版简史

本章旨在向读者简要介绍英国现代大众出版的发展历史。在 20 世纪 50 年代，英国的出版业只有 50 家左右中等规模的出版机构。每家公司雇用 50 名左右的员工，每年出版几百本图书（通常是以精装本的形式）。这些出版公司基本都是私有企业，家族成员持有大部分的股份。他们着重出版虚构类和非虚构类图书，因此通常被称为"大众出版"，近年来也被称为"消费者出版"。当然，他们偶尔也出版教育类图书（比如中小学教科书）和学术类图书，作为对大众图书的点缀。

在 20 世纪 60 年代，跟其他文化产业（比如音乐和时尚业）一样，整个英国出版业弥漫着乐观情绪。乔治艾伦与昂温公司的执行总裁雷纳·昂温提到，"非正式的甚至是随意的出版在 60 年代还是可行的"（昂温，第 238 页）。比如说，昂温对旅行作家埃里克·纽比的《谷物竞赛》（1968）的编辑工作都是每天晚上在自己的公寓里开展的。劳伦斯的《查莱特夫人的情人》曾因被认为是色情小说而禁止出版。后来企鹅公司在法庭上胜出，赢得了出版此书的权利，并于 1961 年 11 月 10 日正式出版了该书的未删节版。这一事件严重打击了英国当时的出版审查制度。在《查莱特夫人的情人》出版发行的当天，首批印刷的 20 万图书全部售罄；在随后的一年内，企鹅又卖掉了 200 万册。"该书的出版是一个转折点。在此之后，之前的禁书——像《生姜人》和《卡马经》——最终都在这个国家出版了。"（路易斯，第 333 页）

> 审理《查莱特夫人的情人》案件的法官曾这么质问陪审团："您希望您的妻子或仆人阅读这本小说吗？"

在20世纪六七十年代（除了70年代早期至中期的经济萧条期之外），由于读者生活相对富足，同时政府对公共支出在逐年增加，因此英国出版业得以快速发展，呈现一派繁荣景象（表2.1）。可以说，政府对中小学和图书馆的大力投入有效地支撑了成人图书和儿童图书精装本的销售行情。

表2.1　英国图书出版量（从20世纪50年代到80年代）

年份	新书数量
1950	17072
1960	23783
1970	33489
1980	48158

（来源：诺里，第220页）

在那个时候，简装本图书出版取得了实质性的发展。所谓的简装本图书是用纸更差、定价更低的平装本图书，通常以"口袋书"的开本出版发行。当时的简装本图书出版市场主要由几家独立的出版公司控制，他们的基本运作模式是从出版精装本图书的出版商那里购买重印图书平装本的版权。在六七十年代，代表作者利益的文学经纪人作为专业人士开始出现于出版界。传统出版商对这些文学经纪人厌恶至极，认为他们莫名其妙地在出版商和作者之间横插了一脚。新的出版商开始大量生产丰富多彩的插画版非虚构类图书，并把销售价格控制在读者可以承受的范围。保守人士对这些图书嗤之以鼻，把它们定义为"面向低端市场的图书"或"根本称不上是图书的图书"。保罗·哈姆林（1926－2001年）是出版廉价插画版图书最具代表性的人物，他从出版这些图书中发了大财。保罗首先把自己的出版公司卖给一家名叫 IPC 的杂志出版公司；然后又以很低的价格重新买回，再加上一笔贷款，他成立了章鱼出版公司；之后他又把自己的出版公司高价卖给里德大众图书出版公司。在有生之年，保罗创立了以自己的姓名命名的基金会，该基金会旨在为普通大众接触艺术和了解艺术提供方便的途径。

1961 年出版的《读者文摘格瑞特世界地图》是一本印有多彩图画的精美出版物，其图画的文字加注方式也与杂志的做法无异。另外一本精美的出版物——《图特卡蒙的宝藏》——作为展览品被列席 1972 年由大英博物馆举办的展览活动。这些成功的案例无疑让尚处于起步阶段的制书商备受鼓舞。这些制书商继续大量生产配备彩色插图的信息参考类图书，然后把这些图书预售给来自世界各地的图书出版商，由图书出版商负责发行工作。20 世纪 70 年代后期，插画版图书出版商开始制作具有自主品牌的图书，并利用廉价策略把这些彩色图书引入大型超市当中。

20 世纪 70 年代末，所谓的"绅士出版商"时代迅速消亡。在出版史上，这一术语被用来描述出版文学小说的大牌出版商，他们凭直觉经营自己的公司，采用家长式的管理风格。这个术语也被用来指代其他含义，即在文学经济人看来，那些在与作者签订出版合同时表现出君子行为的出版商。某些最优秀的出版人往往以个人的力量营造了成功的出版公司，但在这个时候，这些知名的出版商到达了事业的尽头。他们中的一些继承人仍然在公司中担任高级管理者；但可惜的是，这些后继者要么没有能力，要么并没有为即将发生的变革做好充分的准备。

不同于 20 世纪六七十年代稳定的发展态势，80 年代的英国出版业经历了"大衰退"。这场大衰退迫使出版商辞掉岁数较大的老员工和工作能力较弱的员工，这些员工大多都是在前些年出版业快速增长时期招聘过来的。通过裁员，出版商降低了管理人头费和减少了出书数量。从那之后，整个英语世界国家好多年都持续减少在公共事业方面的财务投入。公共财务收入的削减反过来又进一步影响了某些类型的图书的出版和销售，包括：面向公共图书馆的出自新作者或名气不大的作者之手的精装本小说；由公共图书馆和中小学图书馆支撑的儿童图书；由大学图书馆一惯买单的高价学术专著；为英国公立中小学出版的教科书。在整个 80 年代和 90 年代初期，另外一个影响图书销售的关键因素是图书价格的上涨和英镑对其他货币的汇率的上升（主要针对于英国图书的主要出口国）。这些因素都使得英国图书出口额持续下降，美国同行则从中获益颇多。美国出版的图书（尤其是简装本图书）在欧洲大陆和澳大利亚更加具价格竞争优势。

一、合并和收购

从 20 世纪 70 年代开始，通过购买美国同行的方式，欧洲出版商再次崛起。培森集团（《金融时报》的所有者）在 1970 年和 1975 年分别购买了英国出版商企鹅和位于纽约的海盗出版公司。贝塔斯曼在 1980 年和 1986 年分别收购了两家美国出版商——矮脚鸡出版公司和双日出版公司，这家德国家族传媒集团从此冲出欧洲，走向世界。随后，贝塔斯曼在 1998 年又并购了美国出版商兰登书屋，一跃成为世界上规模最大的大众出版商。

在 20 世纪 80 年代，合并和收购浪潮也开始波及英国出版业，这股浪潮在很大程度上改变了英国整个出版业的格局。经过一系列的并购案之后，一小撮大型国际出版集团最终控制了英国国内市场的半壁江山。具有多年历史的中型出版公司逐步淡出历史的视野，费伯&费伯出版社是少数留存至今的一家佼佼者。在政府解除对金融市场的管制之后，市场上出现了大量的长短期的股权和债务融资。在这些股权和债务融资的运作下，大型出版公司不断兼并中小型出版公司，借此扩展业务范围和提高经营规模。在 1987 年之前，图书出版业一直享有政府退税的优惠政策，资本的回报收益率也高于所有行业的平均水准。正因为如此，有些投资者开始对图书出版产生了浓厚的兴趣。

现代大众出版简史 第2章

> 成立于1929年的费伯&费伯出版公司至今仍然是一家独立出版商。威廉·戈尔丁的《蝇王》就是由该公司于1954年出版的。

与今天的情况不同,图书出版业在历史上通常是和印刷业捆绑在一起的。有些出版商拥有自己的印刷厂,有些出版商隶属于某家印刷厂。但是,在那个时候,人们慢慢接受关于出版业的一种新观念,即认为媒体娱乐产业的范围更广,图书出版业是其中的一部分。因此,从20世纪60年代末70年代初开始,来自不同行业的公司(包括电视广播业和电信行业)开始购买并整合出版公司。包括:美国无线电公司于1965年购买美国兰登书屋,伦敦周末电视于1978年收购了哈钦森出版公司。同时,这些母公司尽量保持被兼并的出版机构作为独立实体进行运作。

回顾20世纪90年代,主要英语出版商的合并浪潮在全球范围内持续推进。但与七八十年代相比,出版商的并购战略发生了重大改变。原先战略是并购各种类型的出版商,现在则重点收购在各个出版类型中的领头羊。

在新旧世纪交替之际,弥漫在出版业中的合并浪潮又呈现出一个显著特征:位于欧洲的出版商加速收购美国同行,而美国的大型传媒公司也愿意出售自己的图书出版业务。在美国大型传媒集团看来,图书出版在他们股票市场资本化运作过程中所占比例甚微。同时,他们也认为相对于快速增长的媒体核心产业(比如电视和互联网),图书出版业已经发展成熟,而且市场总盘不大。相比之下,欧洲的传媒公司在规模上不如美国同行,他们愿意将更多的精力集中在图书出版业,也确实抓住了图书发展的机会。通过并购美国的出版商,欧洲的传媒公司可以将图书产品销售给美国这么一个经济大国,大大增强了自身的实力,快速地在世界各地的图书出版市场上占据了主导地位(包括在英国市场)。源自英美市场稳定增长的收入对来自欧洲大陆的出版商越来越有吸引力。不少欧洲大陆出版商都是具有悠久历史的家族企业。确实，从历史上看，法国和德国的出版公司较少地遭受图书市场的变化和震荡。

目前，世界顶级出版商的企业战略就是通过自身发展或兼并其他公司试图成为自己所在出版领域的领头羊。相对于通过自身的发展，更多的企业更多地依靠兼并其他公司的途径。这些世界顶级出版商都在积极努力占据某个细化市场的世界头把交椅。虽然他们出版的图书绝大多数都是英文书籍，但是这些出版商的地理分布优势（比如在世界各地都设有子公司或办公处）也允许他们出版其他语种的图书。

二、大众出版特征的变化

英国出版业在20世纪80年代的重组影响了各种类型的出版，大众出版无疑是所受影响最大的出版类型。在大众出版领域，其断层线早在20世纪70年代就已经出现。正如上文提到的，传统意义上的出版商可以分为数量众多的精装本图书出版商和几十家出版简装本图书出版商。在1969年，销售量排在前列的平装本图书出版商分别是：企鹅（销售量为2700万册）；丰塔纳（销售量为1300万册）；柯基犬（销售量为1300万册）和黑豹（销售量为900万册）。

在出版业，一个惯用的策略是首先以高价出版图书的精装本，然后在一年后以低价出版平装本，供更多的读者购买。精装的虚构类和非虚构类大众图书一般在半年销售季期间（春夏季和秋冬季）以"主打图书"面世，卖给图书销售商、图书馆和图书俱乐部。简装本图书周转更快，每月批量出版。其中首当其冲的要数重点策划的虚构类和非虚构类大众图书，然后再是其他各种类型的图书。以A类版式出版的平装本图书也被称为"口袋书"或"书架书"，这种图书往往直接是在原始精装本图书的基础上进行简化处理而成的。在前数码时代，就是把原始精装本的书页缩小为符合平装本图书的尺寸，然后利用廉价纸张成批大量重印。这类平装本图书的销售渠道也多种多样，不再局限于书店。跟精装本图书相比，平装本图书的销售模式更接近于大众杂志。

出版精装书和平装书的两类出版商特色分明，迥然不同。精装书出版商通常位于在伦敦贝德福德广场或其他伦敦中央高档地段的具有乔治时代风格的老宅内。总经理或总编辑的办公室布置得非常显赫，拥有宽阔并配有亚当复古式壁炉和吊灯的接待室。当汤姆·马希勒在20世纪50年代决定从事出版业的时候，他去拜访了安德烈·多伊奇（1917－2000年）。多伊奇出版了一些最为知名的战后小说作品，其中就包括约翰·厄普代克、奈波尔、菲利普·罗斯和诺曼·梅勒等人的作品。当多伊奇告诉他没有空缺职位的时候，马希勒回答说薪水并不重要。"之后他就直接问我什么时候过来开始工作，我们就定下来上班时间为下周一。"（第39页）

在那个时代，编辑的权利很大。同时，从事基层工作的员工大多为女性。戴安娜·阿西尔也曾与安德烈·多伊奇共事过，她在取名为《保留》的回忆录中写道："从事出版业的大多都是薪水很低的女性，少数则是薪水要丰厚得多的男性。当然，女性能够意识到这种巨大的待遇差别，但她们也似乎认为这是理所当然的。"（第56页）大多租用印刷机生产图书的生产员工和销售员工都挤在地下室或阁楼的狭小办公室。重印简装本图书的印刷商基本都在伦敦便宜的地段租用办公室，他们的运作完全是基于销售驱动模式的。

> 出版于2000年的《保留》是戴安娜·阿西尔对自己50多年出版从业经历的回忆录。

精装书出版商扮演着他们传统培养新生代作家的角色，并与作者密切合作，润色原稿。精装本出版商的再版书目中拥有著名的作家（这些作家对出版商怀有很高的忠诚度）的图书，这些图书能够给他们带来巨大财富。由于精装书出版商的多年声誉，读者相信他们的新书肯定是经过细致的评审和编辑工作的（文学评价编辑经常直接忽略平装书），公共图书馆员会自动大量订购他们的图书，有合作关系的图书销售商也会重点展示和存储他们的图书。图书俱乐部的出现为精装本出版商提供了另外一种销售渠道——直接向会员提供新版精装本图书的优惠邮寄服务。图书销售商最初埋怨图书俱乐部的这一行为损害了他们的利益。但在一段时间后，出版商很意外也很高兴地发现通过书店销售的图书数量非但没有下降反而上升了，其原因就在于图书俱乐部的直销模式事实上发挥了广告的作用。但到了80年代后，精装书出版商意识到仅仅通过销售图书的方式已经很难再获利了。于是，他们开始将版权授予其他机构（包括平装书出版商、图书俱乐部、美国出版商、其他语种出版商），在降低自身运作风险的同时也获得了颇为丰厚的利润。也就是说，他们将赢利模式从之前的"复本销售模式"转变为"授权商业模式"。纵观出版业的发展历史，我们发现虽然精装书出版商雇佣了一批具有敏锐市场嗅觉的编辑，但总有一些编辑就是喜欢出版自己中意但没有什么市场销售潜力的作者的图书。

三、垂直重组

将精装本图书和平装本图书的出版简单地一分为二是不正确的。图书市场正在经历各种快速的变化，读者的期望也不是一成不变的，不同出版商对于畅销书作者的争夺战愈演愈烈，文学经纪人越来越擅长如何从出版商那里为作者争取到更多的预付稿酬。在过去的若干年中，书店一直在为平装本图书增加展示空间，像企鹅这样的出版商甚至为书店免费提供用于摆放平装本图书的书架。

精装本图书出版商习惯于在出版作者作品的时候，获得所有的排他性版权。他们往往同时拥有一本图书的精装本和平装本出版权（即使自身没有出版平装本图书的能力）。同样地，他们也获得了图书的北美销售权（之后会将其授权给某家美国出版商）。精装本图书出版商会往往授权一家本国的平装本图书出版商，允许后者在一个固定的时期内（通常为八年）出版图书平装本的权利。作为回报，平装本图书出版商要向精装本图书出版商支付图书定价的 7.5% 作为版税。如果图书销售超过了某个事先规定的阈值，超出部分的比例要提高到 10%，甚至更多。对于拿到的版税，精装本图书出版商会与作者一起分享。平装本图书出版商总是希望在出版图书的平装本的两年之前就拿到版权，而精装书出版商则希望在将版权授予平装本图书出版商的那一刻就能从对方手里先拿到一笔不菲的预付稿酬。对于这笔预付稿酬，精装本图书出版商也照样与作者一起分享。

平装本图书出版商自身也发展得非常迅猛，他们自己出版的新书数量也在不断提高，有时他们也会把自己出版的图书授权给精装本图书出版商出版图书的精装本。既然现在作者的收入主要来自平装本的销售（有时也来自在美国出版的版税收入），经纪人开始想方设法不让精装本图书出版商享受这部分的销售利润。于是，为了追求收入的最大化，经纪人把图书的不同版权分别授权给精装本图书出版商、平装本图书出版商和美国出版商，从而为作者获取来自各方的预付稿酬和最高的版税率，自己则从中赚取佣金。艾瑞克·德·贝尔莱德把文学经纪人描述为"大众出版领域在过去 30 年中最引人注目的发展之一"（第 204 页）。同时拥有精装本图书出版商和平装本图书出版商的综合出版公司实质上实现了对图书版权的垂直整合，他们能够为作者支付每个版本的版税，从而在争夺知名作者方面具有更大的竞争优势。相对而言，只有平装本出版能力或只有精装本出版能力的出版商非常吃亏，有时他们也会组成联盟共同竞标某些潜在畅销书。

在 20 世纪 70 年代末，精装本和平装本这两种原先截然不同的图书版本的界限开始逐渐模糊。从某种程度上讲，这也是导致大众图书出版合并浪潮的另外一股重要力量。平装本图书的价格有所上升，平装本图书出版商的所有权也越来越集中。同时，读者的期望也为图书生产创建了一个全新的市场，平装本图书出版商开始以 B 类版式出版平装本图书（所谓 B 类版式是指质量更好的大众图书平装本）。彼得·迈尔在 1978 年到 1996 年期间担任企鹅执行总裁，他早在 20 世纪

70年代就职于纽约埃文图书出版公司的时候就提出了这一概念。他认为文学小说和一些非虚构类图书可以以 B 类版式出版，同时定价也可以稍高一些。他把这一理念运用在商业小说出版领域，比如作家M.M.凯的《遥远的阁楼》就是一个典型的例子。这本图书的平装本在1979年出版后的6个月内，销售量高达40万册。以 B 类版式出版的图书可以是其精装本的重印本和再版本，也可以是初次出版的新书。平装本图书出版商和精装本图书出版商都开始着手平装本图书的出版业务，有些精装本图书出版商也闯入 A 类版式出版领域，但结果一般非常糟糕。随着时间的推移，大众平装本图书出版越来越多地直接出版新书（包括虚构类和非虚构类图书）；与此同时，部分平装本图书的开本也开始变大。

四、知识产权

对于出版公司来说，最主要的资产就是它所拥有的知识产权。这些知识产权体现在公司与图书供应方（作者或其经纪人；制书商；来自美国或其他地区的国际出版商）所签订的合同，也同时体现在公司与版权销售对象公司签订的合同（公司也将自己的版权销售给其他公司，比如图书俱乐部、美国出版商和非英语语种出版商）。最初的知识产权来自作者，出版商为作者的作品提供了附加价值，而知识产权的最终价值需要通过消费者的购买行为予以体现。

在20世纪80年代末和90年代初，大多数之前独立的精装本图书出版商被大型出版集团并购。每家出版集团都拥有出版各种版本和各种形式图书的能力：简装本图书、普通平装本图书和精装本图书。这三种不同的版本的出版业务都被母公司统一集中在伦敦现代化的办公室中。这些出版公司的新拥有者重新梳理他们并购的精装本图书出版商和平装本图书出版商之前所签订的老合同，标出那些通过并购案其版权已经落入竞争者手中的图书，以及版权授权已经到期的图书。公司还会选择在合适的时候收回之前授权给其他出版商的版权，并把平装本出版权授予隶属于自己集团的平装本图书出版商。这种做法经常搞得被强行收回版权的出版商措手不及。

格雷尔姆·格林的大部分小说从20世纪20年代和60年代开始分别由海涅曼出版公司和鲍利海出版公司陆续出版精装本，之后企鹅取得出版这些作品平装本的版权。当兰登书屋并购了海涅曼和鲍利海这两家出版公司后，从企鹅手中重新夺回了出版格雷尔姆·格林作品平装本的版权，并在新世纪初开始以"优质经典"的名号重新出版发行这位作家的主要作品。

由于控制国际版权的考量，英美出版商试图将对方都收入囊中；而欧洲大陆的出版商对英美同行都表现出浓厚的兴趣，尤其是德国的传媒集团贝塔斯曼。最近法国拉加代尔集团也开始对英美出版商垂涎三尺。但是，虽然所有的主要大众图书出版商在大西洋两岸都拥有了自己的出版公司，但英美两国的文学经纪人仍然非常有效地牵制了他们获取畅销作者作品的英文出版权，这些经纪人仍然继续将作品在英国的出版权和在美国的出版权分别授权给存在竞争关系的不同出版商。

五、出版文化变迁

精装本图书出版商在过去的几十年中积累了宝贵的知识产权。他们所持有的这些知识产权越来越有价值，在合并高峰期兼并这些出版商需要支付很高的价格。在这些精装本图书出版商被兼并之后，对于很多原先的工作人员来说，前景十分渺茫。如果有幸没有被裁员的话，这些员工发现自己进入了一个截然不同的出版世界。尤其是对于那些之前在小型出版公司里就职的编辑更是如此，那时他们对出版什么样的图书有相当大的自主权。他们的许多价值观经常与新老板的价值观格格不入，后者往往强调销售量和销售利润。

一些编辑抱怨公司财务人员不让他们随着自己的心意出版图书。其实这和财务人员并无实质关联，而是整个出版文化改变了。大众图书出版已经从产品导向行业转变为市场驱动行业了。就像艾伦·巴特拉姆在20世纪末所说的那样：

利用成功的图书赚取的利润来资助注定销售不甚理想的图书，这种做法在之前被认为是正常的出版活动。比如出版人维克托·格兰茨愿意这么做，因为他相信这本书值得出版，即使这将花去很多钱；或者大学出版社认为这是他们的一种责任。时过境迁，现在很少看到这种做法了。（巴特姆，第9页）

在大型出版公司中，仍然允许编辑秉持自己的个性。一些出版集团仍然保留或直接创办以个人为主导的出版公司，以此希望重新获得小型出版商所具备的出版优势。这种模式对创新是至关重要的，比如发展新作者、以不同格式出版图书以及探索不同的销售方式。当然，大型出版商在吸引一批来自小型出版商的能力很强的员工的同时，自己的一些资深员工也会离开。这些离职的资深员工要么自己创办新公司，要么加盟小型出版商。

六、零售商的重塑

在20世纪80年代，当大众图书出版公司的重组工作开展得如火如荼的时候，英国的图书销售业在自身资本日益雄厚的刺激下，也在上演转型和合并的变化大潮。之前，一提到英国的图书销售，人们就会想到大型连锁店W. H. 史密斯（这家连锁店由早期的车站旁边的报刊亭和城市主要商业街的文具店发展而来）、小型独立连锁店和大量的独立书店或小型书店。但是到了80年代，水石和狄伦引进了一种全新的图书销售模式，即拥有大量库存的大型书店。这些书店库存量高达5万册，规模是许多独立书店的三到四倍。一些规模稍大的独立书店为了在市场上站定脚跟，也开始采用这种销售模式，而小型的独立书店逐渐被挤出市场。像水石和狄伦这样的大型书店的扩展势头很猛，并要求出版商给予他们更高的图书折扣和更长的赊账期限。大众图书出版商也从图书销售模式中获益颇多，于是同意给予大型书店更高的图书折扣和更为方便的支付方式，并且还允许他们无条件退换滞销图书。在出版商和销售商之间的权利平衡关系中，以前相当长时间都是出版商占优势；如今就像大部分普通商品行业一样，开始倾向大型零售商这方了。另外，在90年代中期，主要超市也开始涉足图书销售业。他们为畅销书腾出更多的空间，试图降低图书的供应成本和图书的零售价格。

> **第一家水石书店是由蒂姆·水石于1982年创办于伦敦的布朗普顿老街。**

加大图书价格的打折力度，无疑会进一步压缩出版商的获利空间。造成图书价格折扣力度攀升现象的另外一个因素就是商业批发商的崛起，这些批发商为正在走下坡路的独立书店提供货源。从20世纪80年代初期到90年代初期，通过批发商销售的图书份额从10%左右提高至超过20%，而通过为书店直接供应的方式而销售的图书份额则相应有所减少。虽然连锁书店成功地从出版商那里拿到超过40%的折扣，但是出版商给小型独立书店优惠力度还是传统的3.3折到3.5折。批发商认为他们应该至少拿到15%的差价利润（即他们从出版商那里的进货价和他们卖给零售商的销售价中间的差价），因此向出版商要求50%甚至更多的折扣价。与此同时，W. H. 史密斯和其他连锁书店也在要求逐步提高从出版商那里进货的折扣。总的来说，从80年代中期到90年代末，大众出版商为这些顾客提供的折扣力度提高了10%到15%。

主要出版商为了保持自己在为数不多的几本畅销书市场上占有的市场份额，相互之间开展激烈的争夺战，为这些潜在畅销书支付昂贵的预付稿酬。消费者在图书方面的消费支出在1993年达到一个顶峰。在这之前，出版商出版了许多为作者支付昂贵的预付稿酬的图书。至此之后，大众图书市场开始衰退。对于未能销售出去的图书，销售商可以直接退还给出版商，这是大众图书出版领域长期存在的一个现象。

从销售商那里退还的比例（包括平装本和精装本图书）甚至超过25%。有些本来被认为畅销的图书的销售情况甚不理想，实际的销售量远远低于出版商的预期值。因此，出版商的预付稿酬也就血本无归了。如果出版商预算作者的版税是自己收入的15%到20%，也许直接给作者预付相当于30%的销售收入作为稿酬（这实质上是一种不能退还的支出）。出版商还可能为某些作者和图书预付更多的稿酬。总的来说，创办于20世纪90年代大萧条时期的大众图书出版商都在努力寻找自己的出路，但企业利润率一般都非常低。

根据净价图书协议，出版商必须给图书制定一个最低的销售价格。在1995年废除了净价图书协议之后，消费者对图书的消费支出在次年春季降至最低点。图书销售市场随后有所回暖，并在1998年到达一个新的顶峰，该年份可以说是图书销售的最好年份了。零售商对流行的新书开展打折销售活动已经不是什么罕见的事情了；而出版商为了给零售商和公众读者提供更高的折扣，往往以高于通货膨胀率的比例提高图书的建议零售价格。

七、图书净价协议时代之后的出版

20世纪80年代大众图书市场欣欣向荣；与此形成鲜明对比的是，90年代的大众图书出版商却都萎靡不振。尽管大多数出版商都努力坚守，但是里德还是决定卖掉它的大众图书出版业务，更专心于经营STM和专业出版，这也就意味着这家出版商之前在大众出版领域所有的努力都白费了。然而，英国一些年轻的独立出版商（比如布鲁姆斯伯里、第四产业、猎户和匹亚库斯）却在茁壮成长。在这个时期，制书商也开始转型为出版商。通常而言，由制书商发展而来的出版商更倾向于出版插图版非虚构类和参考工具类图书，他们更愿意在英国（有时也在美国）出版英语类图书，而非销售出版权。

在20世纪90年代末，主要的大众图书出版商几乎都恢复了之前的利润率水平。W. H. 史密斯以竞争对手都认为过高的价格买下了英国出版商霍德·海德林出版公司。但是，零售商兼并出版商的商业逻辑遭受到了相关人士的质疑，认为这种模式并不具有可行性。

废除净价图书协议在英国花了将近十年的功夫。废除该协议后，首先得益的是连锁书店，他们不断增设自己的分店。与此同时，独立书店却遭受到前所未有的打击。当然，连锁书店之间也互相大打价格战，把重点促销的图书摆放在最吸引消费者的架位，打出"买二送一"的促销优惠。在所谓的后净价图书协议时代，那些从传统价格管制中受益匪浅的企业遭遇了滑铁卢，包括议价书店（大量议价书店被迫关门）；图书俱乐部（面对互联网和大型零销售的压力，图书销量大减）和独立书店（独立书店在打价格战中没有竞争力）。随后，超市采取大量进书和降价销售的策略；而网络书店亚马逊的图书品种非常齐全。基于这些优势，两者在图书销售市场中所占的份额快速增长。面对来自超市和网络书店的竞争，连锁书店也倍感压力。连锁书店不仅需要库存大量的图书复本，而且用于零售的物理空间也非常昂贵。另外，供应链中这种激烈竞争态势也迫使大型图书馆批发商和图书馆供应商这两类销售商不得不进行合并。

为了吸引读者的眼球，现在各大零售商都在大打畅销书价格战。因此，今天的读者能够以远远低于出版商的建议销售价格购买到大量的畅销书。从这个角度来看，读者享受着价格战所带来的廉价图书。自1992年到进入新世纪以来，英国的经济在持续增长。在这一时期，尽管出版商被迫为图书批发商和销售商提供比之前更大的折扣，但出版商的图书销售额仍然在逐年上升。

需要指出的是，尽管图书净价协议已经被正式废除，但图书净价协议时代的一些做法仍然被保留下来。比如说，虽然图书往往是以高折扣卖给读者的，但大众图书商仍然在图书封面上印刷价格，作者的版税通常也还是基于出版商的建议零售价格。当然，在非大众图书领域，出版商已经抛弃了这些做法。

八、出版策略的改变

自从20世纪90年代末以来，主要的出版商转变了以往的"猎枪"出版策略——出版尽可能多的图书并期待其中的一两本能成为市场的畅销热点。在当今的出版界，畅销书与普通书在市场中的两级分化越来越明显。面对这种现象（即文化创意产业中常见的"赢家通吃"现象），出版商逐步减少了出书数量，并把精力集中于那些具有市场潜力的图书和作者身上（尤其是那些符合销售商重点促销计划的图书和作者）。

在这一新的出版策略中，那些所谓的"非主推"作者是受害者，当然出版商不会公开承认他们有一批这样的作者。有些作者的作品被专家广泛认可，出版商也曾支持他们出版了一些图书，但他们的图书销售量一直不太理想。对于这些作者，出版商或许会认为他们出道过早，在出版了他们的头几本作品后，就会拒绝继续出版他们的后续作品。因此，这些作者中的一部分人往往转向了更小更热情的出版商，另外一部分人被他们的经纪人也抛弃掉了。

> 很少有图书的封面会具有相册的典型风格，但是也有例外。一个例子就是于1995年出版的路易斯·伯尔尼埃的《克莱里上尉的曼陀铃》的封面设计，这个图书封面一直延续使用直到2008年该书再版之时。

除此之外，主要的出版商也在探索其他的出版策略。比如，降低对非热门作者的预付稿酬和版税；集中精力开发品牌系列、发展品牌图书的有声读物；与电视和电影公司建立"授权"合作关系，销售图书版权；有时也通过参股的方式与规模较小的出版商建立合作关系，共同销售和推广图书。

有些出版公司希望传承出版优秀文学作品的传统，但事实上，只有少数的图书能和奥斯丁、狄更斯和奥威尔的作品一样得以不断再版。

机会对于出版商的成功非常重要。如果他们想要抓住知名的作者或大人物，或者充分利用当前的流行时尚、媒体事件或者备受关注的问题来炒作图书，他们就必须快速作出反应。在当前的出版界，图书被严重地题材化和类型化了，不是虚构类的犯罪、科幻和恐怖题材，就是非虚构类的烹饪、园艺、历史和科普题材（参见表2.2）。这种现象充分反映在图书的封面设计和随后的市场营销方面。克莱尔·斯夸尔斯对当前的文学出版如此评论道：

在20世纪和21世纪之交，英国出版业非常有必要为每年生产的1万多册图书好好规划一下了。当前多产性和多样化的市场需求需要我们用分类体系给这些大量的图书产品分分类了。（第71页）

表2.2　男性和女性读者购买的排名前五的图书题材

	男性购买	女性购买
1	传记	流行小说
2	冒险/惊悚	犯罪/神秘
3	犯罪/神秘	传记
4	地图/地图集	文学小说
5	历史	烹饪/食物/饮料

（来源：图书事实在线2006年版）

一个新的出版类别最初可能是由小型出版公司创立的，之后才被主要出版公司采用。如果该出版类别的市场需求和市场规模变小了，那么只有专业出版商才有可能继续出版这个类别的图书。

有些出版商也会自己创建出版类别。加拿大出版公司——哈勒奎因米尔斯＆布恩——在英国的浪漫小说出版市场上占据超过70%的市场份额，至少300万女性定期阅读他们的小说。在《牛津英语大词典》中，"浪漫故事书"这个定义下已经收录了"米尔斯＆布恩"这个词。

公共图书馆的购买扶持了虚构类和非虚构类图书精装本的出版，

但是当前的扶持能力已经大大下降。表2.3罗列了在公共图书馆图书借阅量最高的前10名作者的名单。

表2.3 公共图书馆图书借阅量最大的十大作者（1996/7－2005/6，所有作者的阅读量都超过1千万次）

排名	作者
1	凯瑟琳·库克森
2	丹尼尔·斯蒂尔
3	R. L. 斯泰恩
4	约瑟芬·考克斯
5	杰奎琳·威尔逊
6	珍妮特和艾伦·艾尔博格
7	迪克·弗朗西斯
8	鲁尔德·达尔
9	阿加莎·克里斯蒂
10	杰克·希金斯

（来源：www.plr.uk.com，访问时间为2007年9月10日）

九、出版商的市场份额

如果在20世纪最后25年中大众图书出版商的合并是这个古老行业的纵向重组的话，那么当前的出版商合并浪潮则试图是争取在更为强大的销售商面前获得市场份额。表2.4提供的信息是关于主要出版集团在2007年所占的市场份额。其中，排在前四位的集团占据了半壁江山。

表2.4　2007年各大出版集团的市场份额（百分比）

出版集团	市场份额（%）
阿歇特	16.6
兰登书屋	14.7
培森（包括企鹅和多林·金德斯利）	11.6
哈珀·柯林斯	7.9
布卢姆斯伯里	4.2
麦克米兰	3.4
牛津大学出版社	1.8
西蒙·舒斯特	1.5
艾格蒙特	1.4
其他	36.9

（来源：尼尔森图书扫描）

隶属于贝塔斯曼集团的多家出版公司在英国长期占据领先地位，比如擅长小说出版的兰登书屋和环球出版公司。但是，阿歇特·里弗出版集团（隶属于法国拉加代尔传媒集团）最近发展迅猛，并接管了原本属于贝塔斯曼集团的多家出版公司。阿歇特之前就已经购买了猎户、沃茨和钱伯斯·哈拉普；随后在2004年从W. H. 史密斯手中购买了霍德·海德林；在2006年又购买了美国时代华纳集团（小布朗出版公司就是该集团下属的一家出版企业）的图书出版业务。这一系列的并购案使得阿歇特一举成为英国大众图书出版市场的龙头老大，也使得这家集团开始有机会在美国市场施展拳脚。作为对阿歇特的系列举动的反映，贝塔斯曼在2007年购买了BBC图书出版公司，并把它并入伊伯里。

贝塔斯曼和阿歇特都采取分散式路径来管理各自的出版集团。虽然他们都努力整合某些业务以实现纸张采购和印刷图书规模经济效应，但还是鼓励文学经纪人把作者文稿提交给集团内部多家出版公司的编辑，以至于在一定程度上促成了集团内部多家出版公司彼此之间的非直接竞争关系。

在一个日益受零售商和畅销书主导的图书市场中，出版商的规模至关重要（尤其是在小说出版领域）。作为出版业中最大的细分市场，小说出版占据了英国国内图书市场 1/3 的销售量和 1/4 的销售额。在 2006 年，四大出版商（阿歇特、兰登书屋、哈珀·柯林斯和企鹅）占据了小说图书市场 80% 的销售额；排名前十位的出版商占据该市场的销售额更是高达 95%。在成人非小说类图书市场中，上述四大出版商占据了 47% 的销售额，排名前十位的出版商占据的比例则接近 60%（理查德森，第 122-124 页）。这种集中趋势在当今的出版业正在愈演愈烈。

少量大型出版商和大量小型出版商之间存在着明显的两极分化现象，处在两者之间的中等规模出版商的数量则很少。中型出版商缺乏大型出版商的规模运作能力和丰富的再版书目。在面对大型零售商提出的更加苛刻的贸易条件的时候，这些出版商因为自身规模的缘故经常无法抵制这种压力，即使这些苛刻的贸易条件使得出版商已经无利可图。中型出版商在出版品牌作者的图书（他们往往依赖这些图书进入主要零售商的视野）方面更是面临巨大的风险。比如说，在竞购一本潜在畅销书的时候，他们无法像大型出版商那样给出昂贵的预付稿酬或版税，被淘汰出局的概率很高。就算他们竞标成功，但如果这本图书出版之后的销售情况不太理想的话，那么他们最初的投资将付诸东流，并有可能对整体赢利状况产生严重的后果。相反，一家大型出版商有实力同时购买六本潜在畅销书并承受可能的失败风险。但一般会有三到四本最终成为销量赢家。大牌作家也都会投靠实力最强的出版商。甚至最初是在小型出版商的帮助下取得成功的作家都有可能受到更高版税的诱惑而离开他们，转而投靠实力更强的大型出版商。

虽然大众图书出版市场被主要的出版商所主导，这一市场中依然存在其他规模较大的出版商，包括布卢姆斯伯里、麦克米兰（隶属于霍尔茨布林克集团）、西蒙·舒斯特（隶属于哥伦比亚广播公司）、牛津大学出版社和读者文摘。夸投出版公司在插图版图书出版领域也是一家规模颇大的出版公司。中等规模的独立出版商则包括费伯&费伯、大西洋、夸德里尔、坎农格特（位于爱丁堡）、康斯特布尔&罗宾森、约翰·布莱克、迈克尔·奥马拉、菲登（艺术出版商）、泰晤士&哈德逊和泰特美术馆。除此之外，市场上也有几家最近成立但发展很快的公司（比如普罗范尔图书出版公司和橡树出版公司）和一大堆规模更小的出版成人书或儿童书的专业出版机构。小型出版商无法像大型出版商那样为已经成名的作者支付昂贵的预付稿酬。因此，他们把工作中心放在物色刚进入这个行业的新面孔、有可能被经纪人忽略的或已经被大型出版商拒掉的作者。他们选择一批愿意接受一次性稿酬（而非以版税的形式）的作者，为作者提供一次性报酬支付的形式在插画版图书出版市场中是很常见的。

> 橡树出版公司是猎户出版公司的前身，它是由安东尼·奇塔姆在2004年成立的。该出版公司出版的《狼的温柔》（作者是斯黛夫·彭尼）荣获2006年科斯塔图书奖。

面对零售商的压力，主要的独立出版商在2005年组成独立出版商联盟，以此作为回应。类似于连锁书店所发挥的作用，联盟的存在使出版商为独立书店提供了比之前更为优惠的条件，同时也为独立出版商提供了通往主要零售商的更好方式。安德烈·弗朗克林是普罗范尔图书出版公司（联盟的成员之一）的总经理，他曾经写道：

这个有创意的点子是由费伯的首席总裁斯蒂芬·佩吉想到的。在当前的环境下，这个方法或许能够帮助独立书店和独立出版商与连锁书店展开更为公平和更为有效的竞争。就像法国葡萄酒行业的联合体一样，佩吉建立了独立书店和独立出版商的联盟。确切地说，它不是一个工会：不收取会费、没有罢工、没有选举、没有工人纠察线。但它也不只是一个空谈俱乐部，像这样的空谈俱乐部已经太多了。它更像是 19 世纪的友好型协会。跟早期的合作组织有些类似，这个联盟是崭新的，它着实让人兴奋。(《卫报》，2006 年 7 月 8 日)

十、儿童出版

在 20 世纪 70 年代后期，儿童图书出版商（尤其是出版优质精装本图书的出版商）的前景非常糟糕。许多书店（除了 W. H. 史密斯）不再热衷销售童书，公共图书馆和中小学校图书馆（这两类图书馆是主要买家）削减购书经费，并有数据显示英国的人口出生率将会下降。由于儿童图书出版的生命力决定了未来的图书购买群体，人们开始担心图书阅读是否会消亡，而这是否会预示着出版业本身的"世界末日"。在 20 世纪 80 年代，5 到 14 岁这一年龄段的儿童数量的确减少了 13%；但是通过多方（作家和插画家、具有多年历史的出版商、新兴出版商和制书商）努力，儿童出版在 80 年代成了行业里最有活力的出版类型。儿童的人均购书支出增长了近 3 倍，新的图书数量翻了一番，达到 6000 种左右。在 1985 年和 1990 年之间，儿童出版商的图书销量上升了 26%，而成人出版商的图书销量在同一时期的增长率只有 7%。

英国出版商发现了涉足国内市场的一些新途径，比如通过超市（从 20 世纪 80 年代中期起，超市开始对其销售的图书贴上自己品牌的标签）、玩具商店和直销渠道（包括图书俱乐部和中小学学校书展）。他们把图书的国际版销售给美国和欧洲的合作伙伴，使得绘本、插图版非虚构类图书和信息参考类图书在世界各地以读者可以接受的低廉价格出版发行。平装本图书的销售显著增长，从销售量的角度来看，平装本图书逐渐并最终占领市场。在这个发展过程中，不少出版商成功开发了青少年小说类的图书书目。

尽管20世纪90年代早期的整体经济形势不景气，但儿童出版却经历了13%的增长率。出版商每年增加他们的新书出版数量，这种趋势一直延续到1995年，并开始稳定在8000种左右。在1996年到1997年期间，由于越来越多的新产品开始吸引孩子的注意力并占据家长的消费开支，英国国内的童书市场处于衰退状态。但是，在1998年和1999年，儿童出版市场很快就回暖了。政府下达文件，要求小学更加重视学生儿童文学经典的阅读。这一政策鼓励学校和图书馆购买儿童图书，并进而刺激了儿童图书的销量。出版商出版的有些图书更加迎合了国民课程教育的需要，尽管这种做法确实造成了关于图书定位的争论：如何在娱乐工具和学习工具之间做出平衡。在多媒体时代，纸质绘本的市场有所萎缩，销售商也减少了他们在这类图书上的销售投入。出版商必须更具创新意识，更好地解决图书定价以及如何将图书和其他数字内容进行有机结合这两个问题。

在20世纪的最后几年，童书出版市场上发生了"大爆炸"。这一爆炸是由J. K. 罗琳的《哈利·波特》系列丛书所引起的。独立出版商布卢姆斯伯里在英国的图书零售排名单中的位置迅速上升，《哈利·波特》系列丛书也成为国际畅销书，并被翻译成多个语种。该丛书对多个读者市场都具有极大的吸引力，不仅儿童阅读此书，成年同样也乐此不疲。出版业以外的公司也对这套丛书表现出极大的兴趣，比如电影公司。在儿童小说出版领域，出版商更加注重作者的品牌效应。当今的童书品牌作者包括杰奎琳·威尔逊、菲利普·普尔曼和弗朗西斯卡·西蒙等人。出版商热衷于基于小说角色开发系列图书，这种做法进而有可能会促进相关产品的销售。在本世纪的最初几年，儿童出版成为了一个充满活力的领域，出版商愿意在作家和营销方面投资以期找到下一本畅销书。

表2.5　卡内基奖获奖图书（1998–2007）

获奖年份	作者	书名	出版商
2007	梅格·罗索夫	以防万一	企鹅
2006	玛尔·皮特	他玛	沃克图书出版公司
2005	弗兰克·科特雷尔·博伊斯	百万英镑	麦克米兰
2004	詹妮弗·唐纳利	集光	布卢姆斯伯里
2003	莎伦·克里奇	呐喊的红宝石	布卢姆斯伯里
2002	特里·普利切特	了不起的莫瑞斯和颇有教养的动物们	双日
2001	贝弗利·奈杜	真理的彼岸	海雀
2000	艾丹·钱伯斯	来自无人地的明信片	鲍利海
1999	戴维·阿蒙德	当天使堕落人间	霍德
1998	蒂姆·鲍勒	小河男孩	牛津大学出版社

　　主要的儿童出版商有海雀、瓢虫和多林·金德斯利（这三家都隶属于企鹅集团），同时包括成人图书出版公司的儿童出版部，比如阿歇特（英国分部）、哈珀·柯林斯、贝塔斯曼下属的兰登书屋和全球出版公司、潘·麦克米兰、西蒙·舒斯特和牛津大学出版社。另外，市场上也有一些并不隶属于任何一家成年图书出版公司的专业儿童出版商。杂志兼图书出版商艾格蒙特是最为知名的出版商之一，这家出版商擅长根据角色授权出版关联图书。其他专业儿童出版商包括斯格拉斯迪克、特普拉、奥斯本和沃克图书出版公司。以制书商起家的帕拉戈恩出版公司在成为迪斯尼的授权出版合作伙伴之后，发展得非常迅猛，其出版的图书在超市中和位于城市主要商业街的零售店中都能看到。布卢姆斯伯里的快速增长在很大程度上则归功于《哈利·波特》丛书的持续畅销。

　　有一点非常重要，就是儿童出版商的图书发行渠道往往与成人图书的发行渠道有所不同，比如采用直销的方式，直接向中小学销售图书。斯格拉斯迪克和游吟诗人出版公司正是采用这种销售方式销售自己的图书的。

十一、有声图书和电子书

英国的有声图书市场相对落后。一项受有声图书出版商协会委托的调查发现：在过去几年中，只有8%的消费者使用过有声图书（《书商》，2007年4月6日）。在2006年，有声图书在英国国内的销售额为7140万英镑。其中，成人有声图书的销售额为5000万英镑，儿童有声图书的销售额为2140万英镑。具体到成人有声图书内部，删节版的有声图书销售额是未删节版的3倍。而在儿童有声图书内部，删节版和未删节版从销量的角度来看平分秋色。

随着电子阅读器（诸如索尼的便携式阅读器、亚马逊的Kindle和艾瑞克斯的Iliad）全面推向市场，消费者使用电子书的兴趣又重新被点燃。索尼阅读器的内存能够容纳80本图书，而外置存储器更是可以容纳上百本图书。安德烈·玛尔这样写道："非常明显，经历了漫长的等待和宣传期，电子书终于到来了。不久之后你们就能随处看到这些电子阅读器，相信某些人也会购买一台这样的电子阅读器。"（《卫报》，2007年5月11日）。

在电子书方面，美国的图书市场要比英国市场领先好几年。尽管深受技术障碍的困扰，同时产业的基础非常薄弱（2005年英国电子书的销售不到整个出版业的1%），但是英国的电子书市场仍以两位数的速度快速增长。专用电子阅读器的格式（诸如Adobe、微软和莫比口袋）开始逐渐普及开来。与此同时，相关人员设计并开发了开源电子书格式（OEBF），其目的就是提供一种通用的电子阅读器标准。应该说，开源电子书格式与数字版权管理系统是有冲突的，因为数字版权管理系统的目的在于控制读者对内容的使用。电脑上背光式高耗能的屏幕并不利于读者阅读。低耗能的电子墨水技术正被用于生产新的阅读设备，其技术发展似乎为电子阅读提供了一种更好的解决方案。

> 读者可以借助个人电脑、掌上电脑和其他精致的手持阅读器阅读电子书。

电子书的狂热爱好者可以在互联网上免费下载超过版权保护期的图书作品（比如通过古登堡项目，网址是 guternberg.org），也可以从盗版网站上免费下载仍在版权保护期以内的图书作品。一些出版商通过中间商销售受版权保护的电子书，另外一些出版商则直接利用自己的电子书平台进行销售。学术出版和 STM 出版早在世纪之交就开始将自己的图书和期刊进行数字化，为机构图书馆用户提供相应的数字内容服务。与此形成鲜明对比的是，大多数的大众出版商极力反对对自己的图书进行数字化。在 2004 年 12 月，作为谷歌图书搜索工具的一部分，谷歌宣布了对几家主要图书馆的图书进行扫描和编制索引的计划。这一事件引起了作者和出版商的广泛争议，也正是这一事件唤醒了在数字化方面沉睡已久的大众出版商。出版商意识到除非他们允许搜索引擎公司（比如谷歌、微软和雅虎）为自己的图书内容编制索引，否则他们的图书将面临着被埋没在互联网中而不能被读者发现的危险。纵观整个 2006 年，大多数主要出版商都开始着手图书的数字化工作。许多出版商还允许谷歌和其他搜索引擎索引为他们的数字文档内容编制索引，以方便读者搜索。

消费者对网络信息内容的消费奉行"够用就好"这样的免费原则。正当大众图书出版商在等待电子阅读器像 iPod 一样充斥整个市场的时候，消费者对免费内容的使用已经对印刷版图书的销售产生了重要影响。对于旅游类和参考工具书图书的出版和销售而言，更是如此。旅游类图书出版商（比如隶属于 BBC 环球集团的孤独星球和隶属于企鹅集团的多林·金德斯利和拉夫指南）都在积极探索将产品内容传递给旅游爱好者的新途径，比如直接通过自己的网站传递内容，或者通过新的中间商传递内容（比如将内容授权给手机公司或技术合作伙伴）。

通过阅读这本书的后面章节，您将会看到互联网和电子出版的问世影响了出版商运作的方方面面，包括图书的市场营销、发行渠道、定价方式、制作版式格式、生产方式以及对版权的管理和深度开发。

附

参考文献

戴安娜·阿西尔，《保留》，格兰塔，2000（Diana Athill, Stet, Granta, 2000）.

艾伦·巴特姆，《图书制作：1945年以来的英国出版设计》，大英图书馆，1999（Alan Bartram, Making Books: Design in British publishing since 1945, British Library, 1999）.

艾瑞克·德·贝尔莱格，《作为商业的英国图书出版业》，大英图书馆出版社，2004（Eric de Bellaigue, British Book Publishing as a Business, British Library Publishing, 2004）.

西蒙·埃利奥特，乔纳森·罗斯，《书史指南》，布莱克威尔，2007（Simon Eliot and Jonathan Rose, A Companion to the History of the Book, Blackwell, 2007）.

詹森·爱泼斯坦，《图书产业：出版的过去、现在和未来》，诺顿，2002（Jason Epstein, Book Business: Publishing past, present, and future, Norton, 2002）.

约翰·汉普森，保罗·理查德森，《从厨房餐桌到手提电脑：英格兰独立出版》，英国艺术发展局，2004（John Hampson and Paul Richardson, Kitchen Table to Laptop: Independent publishing in England, Arts Council, 2004）.

杰里米·路易斯，《特别的企鹅：艾伦．莱恩的人生与时代》，维京，2005（Jeremy Lewis, Penguin Special: The life and times of Allen Lane, Viking, 2005）.

汤姆·马希勒，《出版商》，斗牛士，2005（Tom Maschler, Publisher, Picador, 2005）.

伊恩·诺里，《马姆比在20世纪的图书出版和销售》（第6版），贝尔 & 海曼，1982（Ian Norrie, Mumby's Publishing and Bookselling in the Twentieth Century, 6th edition, Bell & Hyman, 1982）.

保罗·理查森，《英国出版市场概览》，出版商协会，2007（Paul Richardson, Publishing Market Profile: The United Kingdom, The Publishers Association, 2007）.

克莱尔·斯夸尔斯．《为文学作品做市场营销：英国当代作品的生产》，帕尔格雷夫·麦克米兰，2007（Claire Squires, Marketing Literature: The making of contemporary writing in Britain, Palgrave Macmillan, 2007）.

雷纳来·昂温，《乔治艾伦和昂温：一份值得回忆的往事》，默林图书出版公司，1999（Rayner Unwin, George Allen & Unwin: A remembrancer, Merlin Unwin Books, 1999）.

网络资源

www.carnegiegreenway.org.uk 卡内基与凯特格林威儿童图书奖

http://www.brookes.ac.uk/schools/apm/publishing/culture/feminist/femcont.html 牛津布鲁克斯大学女性主义出版资源

专家视点：女性出版（简·波特，牛津国际出版研究中心资深讲师）

20世纪60年代女权运动的第二波浪潮和随后七八十年代女性研究课程的兴起，不仅开启了图书销售的一个新市场，而且也激励成立了一批由女性经营、以女性为中心的出版公司。这些出版公司经营图书的品种和特点都反映了女性经验和女性写作的多样性。

在20世纪最后几十年当中，最为知名的女性出版公司（当然也是商业运作最为成功的）可能要属维拉苟。与具有激进倾向的女性出版机构不同，维拉苟不会刻意回避主流出版。作为创始人，卡门·卡莉尔致力于把这家出版公司打造成"首家服务于占总人口52%的女性读者的大众图书出版公司"，同时希望出版的图书也能受到男性的欢迎。自1973年成立以来，维拉苟出版的女性主义图书书目反映了20世纪七八十年代女性态度和角色的变迁。公司本身的商业经营历史也反映了作为整体的女性出版产业在同一时期的态度和角色的变化。

在这二十年中，英国的出版业极不稳定，时常发生兼并和收购现象。在与四方图书出版公司合作出版了头十本图书后，维拉苟就开始作为独立的出版公司编辑和出版图书。经营者共有3人，分别是：卡莉尔、乌苏拉·欧文和哈里特·斯派瑟。在1976年，维拉苟拥有资产1500英镑（外加1万英镑的现金），开始着手自己出资出版图书。1982年，维拉苟和另外三家公司（查托、鲍利海和海角）组建联盟。1987年当这家联盟公司被兰登书屋购买的时候，卡莉尔、欧文、斯派瑟、亚历山德拉·普林格尔和莱尼·古丁斯成功说服了兰登书屋，使维拉苟再次成为一家独立的出版机构。1995年，董事会投票同意将公司卖给小布朗出版公司，莱尼·古丁斯成为此时的公司领军人物。1997年出版的玛格丽特·埃特伍德的小说《又名葛丽丝》获得极大成功，这也帮助这家公司实现了公司发展史上最高的营业额。

维拉苟的公司商标是一个被咬掉的苹果加上一片绿色的叶子，该公司也深受忠诚的女性读者的欢迎。1977年启动的维拉苟重印文库向读者展示了系列以女性历史为主题的图书；1978年启动的维拉苟现代经典丛书（第一本图书是安东尼亚·怀特在1933年出版的《五月严寒》）有助于读者重新发现被遗忘的女性文学传统；1997年启动的维拉苟Vs文库则是为了迎合新一代读者的口味，其中包括莎拉·沃特斯的成功之作《南茜情史》。

除了维拉苟之外，一些规模稍小的女性出版机构也在培养和促进女性写作。惟独女性出版公司创办于1974年，优先出版同性恋女作家的作品；女性出版公司成立于1980年，出版女性虚构类作品和非虚构类作品；莎巴女权主义出版公司创办于1980年，是一家非营利性的公司，专攻由社会边缘群体（包括女同性恋作家、非白人女性作者，或来自工薪阶层的女性作家）撰写的作品。奥诺出版公司成立于1986年，这家公司由股东和威尔士图书委员会共同经营，旨在推广威尔士女性作者的作品。另外一家创办于1999年的独立出版公司——珀尔塞福涅图书出版公司——则专门重印被大众忽视的由女性作家在20世纪撰写的各类虚构类作品和非虚构类作品。

议题焦距：净价图书协议

　　净价图书协议（NBA）——也被称为维持转售价格（PRM）——在20世纪运行了一个世纪后，于1995年9月被宣布废除。在这之前，出版商制定图书的价格（称为"净价"）。零售商不能低于这一价格把图书卖给公众，也就意味着销售图书不能利用惯用于其他商品促销的降价手段。由于几乎所有的主要大众出版商都是英国出版商协会商业组织的会员，也是净价图书协议的签署者，出版商协会非常成功地在零售商当中强制实施净价图书协议，对各种批判意见也给予有力反击。出版商协会也以其他方式管理图书市场的运作，比如与图书俱乐部商谈制定其运作规则（这些图书俱乐部为成员提供图书邮寄并打折服务）。图书馆在特殊授权下，通常能拿到净价10%的折扣。

　　制定和推广净价图书协议的目的在于创建一个井然有序的图书市场。在这个市场中，为数众多的小型书店能够存储系列新版图书和再版图书，并为读者提供服务，同时确保自己不会被大型零售商吞噬。

　　在净价图书协议消亡之前，消费者对图书商品的消费量持续走低。各种赞成和反对净价图书协议的意见风起云涌，并在出版商和销售商那里引起很大的争论。在1990年之前，反对者声称价格是促进销售的有力杠杆。一些零售商（比如图书连锁书店狄伦和大型连锁超市阿斯达）到出版商那里争论，认为消费者应该拥有低价购买图书的权利。

同时，他们与之前就已经废除净价图书协议的出版商合作，为读者提供大幅度的折扣服务。这些零售商和出版商（比如霍德·海德林和里德大众图书部）并因此获得了更大的竞争优势。此时，赞成净价图书协议的出版商和零售商则面临昂贵的法律诉讼（其结果又是很不确定的），同时深受公平贸易政府办公室和欧盟的威胁。1995年9月，大众出版商兰登书屋和哈珀.柯林斯与W. H. 史密斯宣布打折搞促销活动。这一事件直接引发了净价图书协议的崩溃。虽然在出版商和销售商之间没有达成共识，但这一制度事实上已经走进了英国历史，并在1997年正式被废除。目前，各种形式的固定定价做法在一些欧洲大陆国家仍然存在，包括法国和德国；在美国，法律确保在为书店提供折扣的时候需要更多地考虑平等竞争。

议题聚焦：多媒体出版的兴起与衰落

在大众出版领域，新媒体第一次给读者所带来的"兴奋"出现在20世纪90年代的早期到中期——利用CD光盘出版多媒体图书。在那段时间，许多美国出版商从事这一业务。分析家指出当时购买带有CD光盘驱动器的电脑的英国家庭数量迅猛增长。他们认为这无疑会反过来促进读者大量购买以数字内容形式出版的图书。一些大型商业出版商（比如哈珀·柯林斯、企鹅和里德）和参考工具书出版商（比如多林·金德斯利出版公司）都成立了新媒体出版部。全球几家主要的百科全书出版商都出版了百科全书的CD光盘版，大型娱乐公司（比如迪斯尼）也利用新媒体进一步开发他们的产品。英国也成立了一批新公司。但是，除了多林·金德斯利出版公司外，英国大多数商业出版商都遭受了巨大损失，并选择撤离了这一市场。大众市场对这些产品似乎都不感冒，出版商不能挽回昂贵的产品开发费用。美国也不愿意进口这些产品。销售商也没有大量地上架这些产品，出版商只能选择电脑商店作为零售渠道，但显然在电脑商店销售CD版图书非常不搭，也很难卖出。在90年代后期，经销商从全球各地收集到大量的CD版图书并廉价变卖。当然，在光盘上出版多媒体图书的做法在教育出版和专业参考工具书出版领域一直被保留下来。

多媒体出版的失败强化了许多出版商对新媒体出版的怀疑态度，也使得英国许多资深出版管理人员对报道美国在90年代后期电子书增长的新闻持怀疑的态度。在他们看来，在CD光盘上从事多媒体出版的商业模式行不通，互联网又是大大贬低信息价格的免费载体，那么在互联网上从事出版又有什么前途呢？这种悲观的观点被90年代后期的互联网泡沫经济所证实。在这场互联网泡沫经济中，前期投入到新兴公司的大量资金最后灰飞烟灭。在这种悲观的情绪影响下，出版商没有采取行动去探索数字时代的商业运作模式。出版商拿"内容为王"这一名言安慰自己，出版商没有先见之明，想不到在下个世纪可以利用消费者在互联网上搜索内容这一行为来赚大钱。而谷歌正是利用搜索引擎发了大财，这家公司目前又把自己的眼光转向图书内容这一领域。

第 3 章 非大众出版业的兼并浪潮

非大众出版包括教育出版、学术出版、STM 出版以及专业出版，同时包括学术期刊出版。主要出版商都希望成为他们所在出版领域的世界领头羊。非大众出版商出版高水平的图书和学术期刊，并为专业人士（比如 STM、商业和法学领域）提供信息服务。相对于大众出版而言，非大众出版利润更高，而且现金回流更快。

在 20 世纪六七十年代，政府对中小学持续增加的资金投入促进了教育出版商的扩张。同样，高等教育的发展也催生了学术出版商的发展。而英美两国大学生数量的增长和大学图书馆经费的增长则在很大程度上刺激了价格不菲的学术专著和学术期刊的出版。与此同时，为了降低办公成本和租赁成本，许多主要的教育出版商、学术出版商和 STM 出版商都搬出伦敦，迁至牛津或其他地方。

英国的出版商喜欢传统的出口市场：美国、英联邦和北欧。相对于英国的同行，美国出版商拥有一个巨大的本土市场，所以不太重视出版的出口业务（大学教科书出版商是个例外）。第二次世界大战之后，美国政府推行马歇尔计划，旨在帮助战后欧洲的重建工作。该计划在很大程度上帮助了美国出版商向欧洲市场出口大学教科书，因为这些教科书在欧洲当地（包括英国）的售价非常低。美国出版商在英国创建子公司，并且通过发行国际版本的方式在全世界（包括英联邦国家在内）的大学教科书出版市场中占据了主导地位。

就所有权来说，出版合并浪潮在进入 21 世纪之后仍在继续，欧洲出版商已经兼并了大量的美国同行。私募股权融资集团通过以买卖出版商的新方法，在出版商品牌和资产的重组过程中扮演了重要的角色。驱动合并的一个关键因素就是非大众出版向数字内容和数字服务的转型，而这一转型无疑需要巨额成本。

一、兼并和购买

英国培森集团曾经在 1968 年因兼并朗文而名声大噪。随后，培森集团在 1988 年收购了美国艾迪生－韦斯利出版公司，在 1998 年继续收购了西蒙·舒斯特的教育出版业务，其中包括普罗蒂斯霍尔公司，阿林＆培根公司以及来自隶属于维亚康姆集团美国麦克米兰出版公司。培森教育是世界上最大的教育出版商，在美国中小学以及大学教科书市场中占有主要的市场份额。在培森的销售量中，2/3 来自美国，约 1/4 来自欧洲。

在世纪之交，出版商又经历了一次更大的重组变局。在 1995 年，麦克米兰家族把在麦克米兰出版公司（包括平装本图书出版商潘和世界著名杂志《自然》）的大部分股份都出售给了德国的霍尔茨布林克，后者在 1999 年又买下了麦克米兰剩余的股份。在 1998 年，泰勒·弗朗西斯公司在伦敦证券交易上市；不久，公司合并了劳特里奇，公司的规模因此变得比原先的两倍还大。随后，泰勒·弗朗西斯公司继续在大西洋的两岸购买了大量的学术和 STM 出版商。

在 1999 年，贝塔斯曼集团（德国的家族媒体集团）收购了另外一家德国家族企业——斯普林格。在 2003 年，英国私募股权买下了斯普林格以及荷兰克吕韦尔的学术和 STM 出版业务。在 2004 年，母集团对这两家出版公司的业务进行深度整合，扩张后的斯普林格在信息服务和学术期刊出版方面成为世界第二大 STM 出版商，其规模仅次于爱思唯尔。而在 STM 图书出版方面，斯普林格则坐上世界的头把交椅。

在 2002 年，一家私募股权融资财团收购了美国大型教育出版商霍顿米夫林，而这家出版商在 2006 年又被一家名叫深河的爱尔兰教育软件公司反向收购。在 2007 年，STM 领域的世界头号出版商里德 – 爱思唯尔（之前曾收购了美国哈考特），决定把中小学教育出版业务（包括海涅曼出版公司）卖给培森集团，保留了高等教育和医药出版业务。同样地，其他主要的信息和专业出版商也都决定集中心思为专业人士提供数字化内容和服务，而不再和培森集团在教育出版领域争夺市场。

在 2007 年，致力于信息与健康领域出版的荷兰沃尔特斯 – 克吕韦尔出版公司为了集中精力专攻数字业务，卖掉了原先的中小学出版业务。同年，加拿大家族企业汤姆森集团也卖掉了旗下的汤姆森学习出版公司（该公司致力于高等教育，在美国大学教科书市场上其规模仅次于培森集团），同时购进了路透社。汤姆森的这一举动也使得麦克劳 – 希尔出版公司成为在美国中小学和大学出版市场中唯一一家仍然占有大量市场份额的美国出版商。在为用户提供数字化内容和服务方面，教育出版（包括中小学教育出版和大学教育出版）已经被专业出版远远地甩在后面了。

为了抵制欧洲出版商收购美国同行的趋势，约翰 – 威利在 2007 年收购了位于牛津的家族企业布莱克韦尔的出版业务。前者是美国家族控股的致力于 STM、大学教科书和期刊出版的美国专业出版公司，而后者是一家在 STM 领域、社会科学和人文学科出版方面都负有盛名的英国出版公司。另外，在 2008 年，私募股权融资将圣智学习出版公司（就是原先的汤姆森学习出版公司）和霍顿米夫林大学出版部门进行了整合。

向数字出版的转型趋势是推动出版合并浪潮的一股重要力量。大型出版商有实力大力投资数字出版，发展在线科技期刊，为科研人员提供辅助工具，为图书馆开发电子书馆藏。出版商拥有的内容越多，对知识产权的控制力越强，对资源的整合能力也就越大。大型出版商认为对于研究型图书馆和图书馆联盟来说，只跟少数几家出版商打交道（和利用他们提供的在线内容和服务平台）要容易得多，并不需要纠缠于一大堆出版商和中间商之间。

二、教育出版

（一）中小学教科书出版

相对于其他出版类型，教育出版市场更容易受政府的影响。国家课程战略（最近的课程战略是针对14－19岁青少年的职业教育改革）、政府的投入和偶尔来自"政府出版"的干预（比如BBC提议利用来自授权收入为免费提供在线课程资源提供资助）都会对教育出版产生不可忽视的影响。

和大众图书出版商相比，英国的教育出版商较少地受到强势的零售商的影响，因为他们的大部分图书都是直接售卖给学校的。通过直接销售给学校的图书比例一般占教育出版商所有图书的50%以上，销售给小学的图书比例甚至可能高达80%以上。通常而言，教育出版商需要很长的时间才能开发自己的图书产品，并创立自己的书目。基于这些成功开发的书目，教育出版商的销售情况比大众出版商更为稳定，获利也更高，但他们不可避免地会遭受周期性的低迷和衰退困扰。

海涅曼出版公司出版的《探索科学》的读者对象主要为11到14岁的青少年。

英国教育出版商最早于19世纪晚期和20世纪初期在海外创立海外分公司，当时集中在澳大利亚和加拿大。在20世纪60年代，教育和学术出版商在新形成的非洲英联邦国家开设分公司并出口大量的英文教科书，这些国家的教育体系是以英国的课程体系和考试形式为基础的。

教育出版商合并浪潮的第一波发生在20世纪80年代。在这一时期，英国小学生注册人数有所下降，主要教育出版商的数量从30家左右减少到 15 家。英国中小学教科书的国内销售量在 1986 到 1990 年期间呈现下降趋势，这一趋势在一定程度上也反映了英国国立中小学的资金不足。英国中小学教科书的出口量下降则主要是受到两个因素的影响，即当时英联邦国家的经济不景气以及当时世界上普遍存在的对中小学课程改革的民族主义倾向。到了 20 世纪 90 年代早期，排名前三位的教育出版商控制了中小学教科书销售量的 50%，排名前七位的教育出版商控制的市场份额则高达 75% 以上。规模较小的教育出版商则把精力集中在更细更专的教育出版领域。

在 2007 年，里德爱思唯尔决定把在英国的教育业务（即哈考特出版公司）卖给培森集团，而沃尔特斯－克吕韦尔公司也决定把自己的教育出版资产（纳尔逊·汤纳斯公司）抛给私人股本。在这之前，中小学出版商之间的合并进展一直比较缓慢。在中小学教科书出版市场，目前的主要竞争者包括（按英文名称首字母排序）：

（1）剑桥大学出版社；

（2）柯林斯教育（隶属新闻集团）；

（3）霍德教育（隶属阿歇特集团）；

（4）纳尔逊·汤纳斯；

（5）牛津大学出版社；

（6）培森教育。

其他教育出版商倾向于集中精力耕耘在更专更细的领域，有些教育出版商则专门服务于中小学图书馆市场，比如斯格拉斯迪克这家儿童出版商。

（二）政　府

在以往，英国的本土市场经常受中央政府干涉的影响，同时也受为数众多的设置中小学课程的考试委员会的影响。相当数量的出版商出版大量的教科书和教辅材料。这些图书往往通过当地的教育权威部门，然后再经过专业供应商、地方采购机构和书店提供给中学和小学。

但是，1988年的《教育改革法案》对这个行业产生了深远的影响。相比之下，新设置的国家课程体系更为严格，也更为统一，导致以往很多出版商赖以赢利的再版书目都成了废品。出版商又开始了一场"竞赛"，竞相快速投入巨资，生产新的教学材料（尤其是核心科目的教学大纲和与教学内容相关的辅助材料）。大型出版商在这场竞赛中取得了绝对性的胜利。出版的速度和质量是取胜的关键因素，因为每所中小学一旦采用了某本教科书，往往在接下来的三到五年中都与这家出版商捆绑在一起了。行动缓慢的出版商就会面临被踢出局的风险，事实上有些出版商确实被淘汰出局了。

世界各国政府对本国中小学教育的管制越来越严。即使政府没有立即削减对教科书和其他教学资料的进口量，许多管制措施事实上也起到阻碍教科书进口的效果。当然，英国出版商在出口教科书原版或经过本土化改造的修订版市场上仍然有所作为，尤其是在自然科学领域的教科书方面。需要指出的是，英国的中小学教科书出口到撒哈拉沙漠以南的非洲地区在很大程度上依赖于援助资金。

另外一项英国政府的改革是削弱地方教育当局的权利并加强学校自身的管理权力。这项改革使得各个郡的中小学可以直接向出版商订购图书，中间不需要地方教育部门的介入了。之前供应链环节上的许多中间商（包括专门供应商、地方采购机构和书店）往往能从出版商那里拿到17%-20%的折扣，现在这些中间商都被踢出局了。

在20世纪90年代末，政府经常对国家课程体系进行修改。英格兰地区的考试委员会被合并成最后的三家。考试委员会以收取考生费用为生，英国的初中在考试委员会身上所花的资金通常超过他们在教科书方面的支出。因此，这些考试委员会之间的竞争非常激烈，每家都在努力确保学校会选用他们的教学大纲和认证标准。在美国，培森集团采用战略手段收购了为中小学提供考试和其他软件的服务公司。在英国，培森集团在2003年收购了爱德思这家考试委员会。这起收购案颇具争议，有些人认为这件事情会引起出版商与考试委员会之间的利益冲突。

在英国，政府对公立教育的教科书供应方面的投入并不足，这个问题由来已久。图书采购只占整个中小学财务预算的很少比例，通常不到1%。虽然从1997年到21世纪最初几年，政府对教育的投入有所上升，但是出版商似乎并没有受益多少。政府对中小学的投入曾在20世纪80年代末陷入低谷，2003年旧事重演。当时教育出版商委员会（该委员会隶属于出版商协会，一直在积极游说政府需要加大对中小学的投入）估计政府投在小学的购书经费会减少12%（等于降至十年以前的水平），而投在中学的购书经费会减少7%（回到2000年的水平）。在这种情况下，教育出版商大量裁员，有些出版商裁掉了20%的员工，尤其是销售人员。

（三）ELT 出版

英语语言教学（ELT）课程材料出版占了出版商很大的投资份额。出版商也在全球范围为这个以出口导向为主的出版领域开展了大量的市场营销活动。在20世纪90年代的大多数年份，ELT出版商一直享受着出口额的快速增长所带来的好处。到了1997年，销售情况开始变得不太稳定。虽然出口图书的数量有所提高，但是从汇率的角度来看，价格却下降了。换言之，出版商营业额的实际价值下降了。英镑的坚挺、亚洲金融危机以及巴西和阿根廷问题（这些都是ELT的重要市场）都严重影响了英国出版商ELT图书的出口业务。ELT出版商也一直处于兼并和被兼并的过程中。到2000年，四家出版商开始占据全球ELT市场，他们分别是（按英文名称首字母排序）：

（1）剑桥大学出版社；

（2）麦克米兰；

（3）牛津大学出版社；

（4）培森集团。

牛津大学出版社是全球最大的国际ELT出版商，ELT业务是其利润的主要来源。牛津大学出版社在英式英语出版市场上（尤其是在欧洲）占据领先地位。同时，它也出版美式英语的图书。培森是美式英语出版市场中最大的行家。在1998年，培森将两家非常重要的美式英语出版商艾迪生－韦斯利和普伦蒂斯－霍尔整合到出版英式英语的朗文出版公司，从而在拉丁美洲和亚洲等地区也开始占据主要地位。剑桥大学出版社并没有通过兼并的方式发展自身业务，但它与剑桥大学地方考试委员会（该委员会在全球各地为第一母语为非英语的读者提供英语考试认证资格）关系非常密切，并从中受益匪浅。麦克米兰通过在1998年购买海涅曼英语教学出版公司开始涉足ELT出版业务。在英国，还存在一批规模较小的ELT出版商，他们往往致力于更专更细的市场。制书商为主要出版商提供编辑、设计和生产服务，他们的服务对象往往就是自己之前的雇主。一些海外ELT出版商往往成立英国分公司，试图充分利用英国的语种优势，比如隶属于西班牙桑蒂利亚纳出版集团的理查德出版公司。

在主要竞争者看来，ELT出版是一个独立的出版类型，需要建立自己的出版中心。典型的做法就是把英国和美国作为自己的中心，并基于英美两地分别创作英式和美式英语素材。当然，出版商也需要诸如位于西班牙、远东、拉丁美洲和东欧地区的出版中心，以此满足这些国家或地区市场的需求。至于他们的市场营销和销售办公室，则分布在世界其他地方。ELT出版的战略重要性在于作为一个日益发展的全球市场，它为出版商通过开设地方出版公司/销售办公室或并购当地出版商这两种途径在非英语地区建立了发展落脚点。虽然主要的ELT出版商目前在教学资料的国际供应市场中占据主导地位，但是他们也面临来自多方的竞争，包括本土出版商（这些本土出版商在欧洲国家往往是该国在中小学出版市场上的领头羊）、拥有出版业务的私立语言学校、在线服务提供商以及刚涉足该领域的参与者（比如迪士尼）。

（四）职业教育出版

在英国，很多学生在中学毕业后开始职业教育学习，为今后从事诸如烹饪、理发和工程这样的技术职业做准备。这是一条与到大学深造完全不同的路子。像圣智学习出版公司（就是之前的汤姆森学习出版公司）、海涅曼（隶属于培森教育）和霍德-阿诺德这样的出版商就为读者提供从事职业教育学习所需的各类图书和电子资源。

三、学术和专业出版

相对于大众出版来说，学术出版、STM 出版以及专业出版的国际化要更早一些，也更为深入。高水平的英文图书和期刊在发达国家之间彼此流通，这一点在 STM 领域体现得尤为明显。学术和专业出版商并不需要同文学经纪人去争夺作品在不同地区的版权或其他权利，他们总是能够获取作者作品在世界各地的所有版权。

学术出版商出版图书的种类、生产其他产品的类型以及企业的总体利润水平都取决于学术机构用于研究的经费预算，尤其跟发达国家的图书馆预算、全日制和非全日制学生的人数和消费能力、图书馆员/科研人员/师生的科研行为更是密切相关。

法律和金融领域的专业出版历来都有很高的利润。这个趋势也蔓延到在线内容和服务，比如说，隶属于里德·爱思唯尔的律商联讯为用户提供"50 亿个可供检索的文档，这些文档来自 32000 多个法律、新闻和商业文献源"（lexisnexis.com，访问时间为 2007 年 10 月 1 日）。

（一）学术和专业出版商概览

在学术和专业出版领域，主要的出版商往往在世界范围内具有主导性。从出版运作的特点来看，这个市场非常多样化。两大出版巨头分别占据着学术和专业出版的世界老大的位置。培森教育（隶属英国培森集团）是全球最大的高等教育出版商，致力于出版教学和学习材料（比如教科书）。爱思唯尔（隶属于英荷合资的里德·爱思唯尔集团）是全球最大的 STM 出版商，重点出版科技期刊，为健康和医药市场提供信息服务，同时也经营图书出版业务（包括教科书、学术和专业图书）。

可以说，其他主要的学术和专业出版商在他们的学科范围和业务性质上更是呈现多样性。威利·布莱克威尔在出版一些重要期刊的同时，也出版社会科学和人文领域的图书（包括教科书和专著）。与此类似，泰勒·弗朗科西斯（隶属于 Informa，自身又包括劳特里奇、CRC 出版公司和加兰等多家出版公司）在出版期刊的同时也出版大量的学术和专业图书。施普林格（包括之前的克鲁尔学术出版业务）主攻的则是 STM 领域的期刊和图书。

目前的全球 STM 市场由四大巨头引领，他们占据了超过 50% 的市场份额，这四大巨头分别为：

（1）爱思唯尔；

（2）施普林格；

（3）泰勒·弗朗科西斯；

（4）威利·布莱克威尔。

除了上述四家巨头以外，英国市场上还活跃着其他著名的学术出版商，比如帕尔格雷夫·麦克米兰（享有著名期刊《自然》的所有权）和世哲出版公司（世哲是以社会科学出版商的身份起家的，但现在其出版学科范围已经更广泛了）。在英国市场上还有一批来自美国的大型出版商，比较有代表性的有麦格劳·希尔（包括开放大学出版社）和圣智学习出版公司（就是原先的汤姆森学习出版公司）。另外，学术和专业领域规模较小的公司则包括阿希门、连续出版公司、地球扫描、I. B. 德利士、普路托，等等。

大学出版社是非常重要的图书和期刊出版商。牛津大学出版社是全球最大的大学出版社，能与商业出版商一较高下。牛津大学出版社在各大学科领域都出版高水平的作品，包括大学教科书、参考工具书和学术期刊。该社的年度营业额（包括商业出版、参考工具书出版、教育和 ELT 出版）超过了其他所有英美大学出版社的总和。剑桥大学出版社在同类出版社中排名第二，它跟牛津大学出版社有着类似的出版业务，但规模却不及牛津大学出版社的1/3。其他的英国大学出版社的运作规模都非常小，而且涉及的学科范围也比较窄，比如曼彻斯特大学出版社和爱丁堡大学出版社。普里斯出版社是依托于布里斯托尔大学的大学出版社。美国大学出版社在英国也设有代表处，著名的有耶鲁大学出版社（该社在艺术、建筑及人文类图书出版方面很有造诣）。其他的美国大学出版社也在英国设立销售办公室，将自己的图书销售给欧洲、中东和非洲等地。

所有的出版商都专攻于在特定的某个学科或相关学科群的出版业务。即使是全球最大的出版商，它也不会号称自己的出版范围囊括了所有的学科。学术和专业出版商所生产的产品大致可以分为三大类型：

（1）大学教科书；

（2）学术和专业图书；

（3）学术期刊。

（二）大学教科书

英美两国的教学方式迥异。美国大学教科书的出版模式（以培森、麦格劳·希尔、圣智学习出版公司和威利的教科书出版模式为代表）非常具有启发性；从这些出版模式中，我们也能看出教科书的出版方式正在发生变化。美国的这种大学教科书出版模式无疑更加适用于更明确和可量化的学科，比如自然科学、数学、心理学、商学和经济学。但是这种出版模式所涉及的成本非常高，也使得它只能适用于为数不多的持续再版的教科书或者很有可能会畅销的新书，尤其是面向本科一二年级的基础教科书。这些学科是非常国际化的，出版商的目标就是在全球范围内创建可以不断更新升级的教学解决方案。

在美国，教科书出版商分析和综合各个地区的课程需求，然后印刷1000来页的教科书。这些教科书往往设计精美，并附有特别的学习功能。美国的教授们为每门课程选择一本教科书，然后逐章向学生讲解。由于班级规模较大以及采用率较高，美国大学教科书出版是一个巨大且竞争激烈的行业。出版商在这些课本上斥以巨资，在美国市场定价很高而在海外的定价相对较低。美国大学教科书出版商可以从旗下的一些畅销教科书得益，他们在全球的年度收入颇丰。与美国大学教科书出版商的年度销售比起来，中等规模的英国同行相形见绌。

　　出版商开始沉浸于一场虚拟的"军备竞赛"。为了保证自己的图书被采用，出版商争先恐后地为大学教师提供免费的补充材料（比如教学指南），以帮助他们更好地从事教学工作。这些补充材料开始是作为营销手段来使用的，以此来说服大学教师选择自己的教科书，后来它们在篇幅长度和内容深度上都有了很大的发展。作为补充材料的一部分，出版商建立了包含成千上万道多选题的测试题库来支持大型教科书的建设和发展。这些补充材料的出版形式历经了印刷技术的各个发展阶段：印刷版、视频磁带、CD光盘、投影格式版和幻灯片格式版。随着在线传递和在线访问时代的到来，出版商将这些补充材料重新命名为"资源"或"附赠内容"。

　　现在的大学教科书出版商已不再局限于教学内容，同时也提供各种服务，为读者提供定制性学习服务是他们的发展方向。比方说，出版商在传统试题库的基础上开发了用于考核学生学习进展的测评软件，使大学教师能够为所有学生制定评估标准，同时又能做到针对个体学生的个性化设置。这些评估标准能够自动标注，并下载到学生的评分单上。通过这种方式，大学教师大大节省了时间，授课的成本也随之下降了。另外，随着测评软件的发展，也不再仅仅只是提供简单的多选题了。它对学生的反应非常敏感，能够为学生提供帮助（比如提供教科书电子版中的相关章节的链接，有时也提供带有动画和视频的版本），甚至是提供自动化的个人辅导支持服务。出版商声称他们的在线服务可以帮助学生提高成绩和记忆力。大学院系使用诸多不同类型的虚拟学习环境软件或学习管理系统，比如天使学习软件、黑板系统或者基于开放源码的慕多软件。这些都是专业的技术研发公司的作品，但有些出版商也为大学院系提供自行开发的学习管理系统。

一个长期困扰美国教科书出版商的问题是教科书的二手市场问题，这个问题也正在逐渐对英国的同行带来困扰。很多的美国学生通常在课程结束后，将原先购买的教科书重新卖出。这种做法无疑会影响出版商和作者的收入。为了应对这种现象，出版商频频发行新版本，但这种做法有时会引起大学教师的强烈不满（因为他们不得不经常要核对教科书中的新变化），而学生们也经常抱怨昂贵的新书价格。另外，出版商提供受密码保护的账号登陆在线资源的方式也是一种应对措施。

尽管在与教科书同步的网站上，出版商出于市场营销的目的免费开放一些在线资源，但是读者如果希望访问更多的内容的话，仍然需要密码或 PIN。出版商通常会给予大学教师一个试用期，教科书一旦被采用后，出版商就授予该教师特定区域的访问权。每个学生在购买教科书之际同时也会从出版商那里获得一个用于访问出版商服务器的 PIN 码，但这个 PIN 码在课程结束之后就会失效。长期以来，中间商在出版商与学生之间插了一脚（比如校园书店），现在两者可以直接建立联系了。学生还可以访问出版商提供的除教科书之外的额外内容和服务。出版商目前正在努力实现一种服务模式的转向，即从免费提供在线内容和服务转变为额外内容和服务向学生收费。

英国的教学传统与美国有所不同。大学教师不太可能一门课程只使用一本教科书，或者即使他们只是采用一本教科书，也不太会逐章讲解。在美国畅销的教科书可能会受到英国大学教师的批评，认为这些教科书篇幅冗长、过于详尽和价格太贵。在英国，教师不会期望出版商提供大量的免费教学资源，学生对出版商的网站也没什么兴趣。尽管如此，源自美国的教科书在英国仍被广泛使用。管理学和社会科学领域的教科书通常在英国出版地区版，以用于欧洲市场或 EMEA 市场（欧洲、中东和非洲三地的合称）。在英国和欧洲大陆，定制出版技术正在兴起；利用这种技术，大学教师能够利用出版商提供的内容进行个性化定制，以适用于自己特定的教学活动。英国的学生兜售二手教科书的现象也越来越明显。另外，为英国本土出版教科书的出版商也开始加强他们的在线服务。现在已经无法想象出版商出版一本主流的教科书，却没有为师生提供高水平的相关资源和服务。

从20世纪90年代开始，大学教科书的销售量并没有随着英国学生数量的激增而上升。从2003年到2006年，大学教科书的销售量充其量只能算是平稳发展（大概每年1.5亿英镑），而当"学生们觉得教科书有用时，教科书也不再是大学学习中最关键的材料了；它们现在只是众多学习资源中的一部分，除了教科书之外，还有电子期刊、学习管理系统以及定制出版的素材"（卡彭特等人，第1页）。但是，"2005年针对学生开展的调查研究发现学生确实仍然很看重教科书，91%的学生把教科书看成是学习中非常重要的一部分"。

英国本土的大学教科书出版商会尽量避免与美国同行开展直接竞争，他们出版的大学教科书为数不少，而且覆盖众多学科，从本科课程到研究生课程。尽管很难找到像美国这么一个巨大的市场，英国教科书在其他地域仍有很高的出口量。英国的教学非常具有创意性和多样性，应该说，这种特性借助出版商得到了很好的表达和体现。

（三）学术和专业图书

这个领域囊括了供学术机构教学/研究或专业人士办公的各种图书，包括文集、参考工具书、会议录和学术专著。学术专著通常以高价精装本的形式出版，目标销售对象主要是英美两国的图书馆以及其他研究中心。某些带有商业销售性质的图书可以被归类为学术畅销书。从20世纪80年代开始，出版专著的经济可行性一直备受质疑，而出版专著在过去很多年一直是商业学术出版机构和大学出版社致力于传播学术成果的基础工作。英国大学图书馆主要是通过图书馆供应商（比如布莱克威尔、库茨和道森）购买学术专著的。图书馆预算的缩减及其购买行为的变化（比如将购置纸质图书的预算转到订阅期刊和其他数字资源）已经大大地降低了专著的销售量。在20世纪80年代，一本专著的销售量在1500份左右，如今只有三四百份了。现在有些商业学术出版机构已经放弃了专著出版；但是，有些出版商（如牛津大学出版社、剑桥大学出版社、帕尔格雷夫、泰勒·弗朗西斯以及部分STM出版商）通过降低成本的方式仍然维持专著出版业务（包括降低作者版税，有时不支付作者版税）。由于按需印刷技术的诞生，就算图书只是印刷一本，在经济上也是可行的。在线电子书数据库的出现（比如牛津大学出版社、施普林格和泰勒·弗朗西斯在这个方面都做了很多开创性的工作）能够帮助一些非常专业的图书不至于"绝版"。

尽管电子书在大众出版市场上发展缓慢，但是学术型图书馆员一直热心于为读者（包括科研人员和学生）扩充电子书馆藏文献，提供电子书借阅服务。在英国，联合信息系统委员会在促使图书馆收集电子书方面发挥了重要的作用。对图书馆员来说，在面对学校对图书馆投入一直没有增长甚至是削减的压力下，购买电子书无疑节约了上架、储存和保管成本；同时购买电子书的经费还可以从图书馆对数字资源的预算这块直接支付。从供应的角度来看，学术出版商和STM出版商一般通过自己的平台或通过中间商把电子书授权给图书馆。目前，这一市场上也出现了一些新的公司（比如OCLC NetLibrary、brary和Questia）；传统的图书馆供应商也重新调整了自己的业务，比如隶属于美国大批发商英格拉姆的库茨公司就是一个案例。这些公司有时也被称为内容集成商。一般来说，出版商把经过挑选的专业类图书书目（通常是学术、STM和专业图书的再版书目，但不包括教科书）授权给内容集成商；然后内容集成商在这些书目的基础上创建电子书文库或电子书数据库，最后把这些资源授权给订阅机构用户。学术机构的师生人数越多，订阅费也就越贵。最终用户通过图书馆可以免费访问这些电子书资源。电子书的商业模式通常也反映了图书馆对于纸质版图书馆借阅的传统做法。比如说，在同一时段，可以同时访问和借阅某一本电子书的人数是一定的，而且每位用户"借阅"某一本电子书的期限也是固定的。

（四）学术期刊

除了出版学术专著之外，学术出版商的另外一个重要业务是出版经过同行评审的学术期刊并将其销售给订阅图书馆。在 STM 领域，通过期刊出版的收入可能会远远高于图书出版业务。通常而言，期刊的出版利润为 25%–30%（毛利超过 80%），而图书的出版只有利润 10%–15%。实际上出版商往往利用期刊出版所获取的利润来资助学术专著的出版。学会/协会也会出版他们自己的期刊（比如美国的化学学会和英国的物理协会）。对于很多学会/协会来说，从事期刊出版业务从经济的角度来说并不是为了投资。

在 STM 领域，全球至少有 2 万种期刊。主要的出版商有爱思唯尔、施普林格、泰勒·弗朗西斯和威利·布莱克威尔。主要的消费市场包括北美、欧洲和亚太地区。科技和其他科研的持续崛起（比如中国在这个方面的发展）给同行评审和图书馆预算带来了越来越大的压力。

罗伯特·麦克斯韦（1923–1991）通过自己的出版公司——培格曼出版公司——出版学术期刊发了大财。后来他将培格曼出版公司卖给了爱思唯尔。由于麦克斯韦酷爱游艇，在其逝世后，他的公司——麦克斯韦传播公司——陷入大量债务中。

期刊出版商（尤其是 STM 期刊出版商）一直站在数字业务的前沿。在 20 世纪 90 年代，纸质期刊越来越多地被转化成电子格式。起初，期刊出版商为电子版收取额外的费用，以弥补提供电子版服务所产生的成本。后来只要订阅印刷版期刊，期刊出版商允许用户免费获取期刊的电子版，主要原因在于英国的增值税规定对于数字内容需要征收增值税而对印刷材料不需要征收增值税。现在，一些出版商对于只订阅电子版期刊的用户开始提供折扣服务。

主要的出版商都已经建立了自己的数字平台。举例来说，爱思唯尔在1997年启动了首个大型数字平台ScienceDirect，这个平台允许STM社区访问其中的期刊和其他数据库（比如文摘与索引数据库）。在2007年的时候，ScienceDirect提供"超过全球在线STM信息的1/4"，包括2000种期刊和4000本电子书（sciencedirect.com，访问时间2007年9月10日）。在2001年，爱思唯尔引进了首个在线同行评审系统；到2003年，又完成了期刊过刊的数字化工作，使其平台成为第一个提供在线访问服务的过刊数据库。威利的在线平台是InterScience，该平台建成于2007年。这些主要出版商规模庞大，有能力可以直接与图书馆员打交道，也可以与图书馆联盟（州立级别或国家级别）签订协议。通过联盟的形式，各家图书馆联合起来一起与出版商协商购买学术期刊和电子书资源的具体事宜。

像ScienceDirect这样的平台已经成为一个品牌。出版商在平台的性能方面相互竞争，包括平台的稳定性、易用性和访问速度等。但是，平台的真正竞争力在于收录期刊本身的品牌价值。如果出版商自己没有平台，可能会使用诸如Ingenta或HighWire公司所提供的服务。小型的出版商大多直接利用订阅代理商（比如布莱克威尔和斯沃茨公司）。通过代理商，图书馆可以从众多出版商那里订阅和访问他们所需要的期刊。美国的期刊和内容数据库的集成商（比如EBSCO和ProQuest）为图书馆提供了同时访问众多出版商资源的快捷途径。这些订阅代理商目前都在发展和完善自己的许多业务和功能。

相对于浏览印刷版期刊，读者在线访问期刊的时候可以享受某些附加的功能。比如说方便地检索篇目或条目，通过点击参考文献直接链接到原文。在很多情况下，期刊本身的概念已经日益模糊，论文开始成为读者使用的独立单元。论文一旦完成后，就可以直接发布，而不需要像传统出版那样必须等到期刊完成整期后才统一发布。出版商也开始从不同的出版商和期刊那里抓取与特定学科相关的素材，为用户提供各个学科领域的门户或社区服务。

期刊的品牌价值通过影响因子得以体现。影响因子是由美国科技信息研究所（隶属于汤姆森集团）计算的，该指标用以测量期刊的被引情况。这里需要指出的是，来自不同学科的学者在引文方面呈现不同的使用模式。在某一学科领域影响因子最高的期刊出版机构往往是英美的学会/协会，而不是商业出版机构。但是，商业出版机构在期刊出版方面具有很强的实力，他们的实力体现在过去多年中创办的数量众多的高质量期刊。由于现行的教育和科研体制对科研人员的评价是基于他们的出版成果，因此科研人员总是试图在各自学科领域内最好的期刊上发表自己的成果。事实上，发表在各个学科顶尖期刊的作者往往也都是来自世界各地顶级研究型大学的教师和科研人员。

在1999年，出版商开展了一项合作项目，数字对象唯一标示符基金会创建了CrossRef。这一系统能够允许用户利用论文的参考文献的链接直接链接到来自其他期刊的原文。

（五）开放存取

互联网的出现不仅带来了电子期刊的发展，同时催生了一个新的概念——"开放存取"（OA）。开放存取是指读者可以不受限制地免费在线访问期刊中经过同行评审的论文。科研人员在基于订阅模式的同行评审刊中发表论文后，根据出版商的政策，可以在网络上公开自己论文的预印本（未经同行评审的版本）或后印本（有时跟出版的正式版本一模一样）。他们通常是把这些文稿存储在自己所在大学的机构知识库或集中式知识库（比如公共医学中心）。科研人员可以选择在 OA 期刊（比如生物医学中心所创办的 OA 期刊）上发表论文，这些期刊为读者提供免费访问服务。他们也可以选择把文稿投给商业出版机构的复合 OA 期刊。当论文经过同行评审被正式录用后，他们再选择出版商提供的 OA 路径发表论文。作者（或所在单位，或科研资助机构）为出版商支付一次性出版费，使这篇论文成为 OA 论文。这种做法有时被称为"作者付费"模式。有些科研资助机构（特别是维康信托基金会）要求受它们资助的科研成果应该以某种程度的开放存取形式出版发行。应该说，医学领域的出版最能感受到开放存取的影响。对于社会学科和人文艺术领域的学者来说，由于受资助的机会很少，他们觉得为 OA 期刊付费似乎存在很大的问题。

截至目前，大多数的 OA 出版商要么受科研资助机构直接资助，要么受科研机构间接资助，同时自身也在寻求其他更为稳定的收入来源。但是，OA 出版商的长期可持续性发展前景尚不明朗。同样，开放存取对图书馆和学术机构、学会/协会、出版商以及整个学术传播体系的影响也有待时间的实践。

附

参考文献

英国教育传播与技术署，《关于中小学利用信息技术的调查研究》，2007（Becta, Harnessing Technology Schools Survey, 2007）.

艾瑞克·德·贝尔莱格，《1970 至 2000 年的英国出版：去管制化和资本如何改变行业规则》，逻各斯，17/3，2006（Eric de Bellaigue, "British Publishing 1970 – 2000: How deregulation and access to capital changed the rules", Logos, 17/3, 2006）.

菲利普·卡彭特，艾德里安·布洛克，简·波特，《教学中的教科书：基于师生的视角》，发表在《布鲁克斯大学教学电子期刊》2007 年第 2 期（Philip Carpenter, Adrian Bullock and Jane Potter, "Textbooks in Teaching and Learning: The views of students and their teachers", Brookes eJournal of Learning and Teaching, 2: 1 (2007)）.

保罗·理查森，《英国出版市场概览》，出版商协会，2007（Paul Richardson, Publishing Market Profile: The United Kingdom, The Publishers Association, 2007）.

约翰·汤普森，《数字时代的图书》，珀勒缇出版公司，2005（John B. Thompson, Books in the Digital Age, Polity Press, 2005）.

英国连续出版物集团，《电子资源管理手册》，2007（UK Serials Group（UKSG）, The E‑Resources Management Handbook, 2007）.

网络资源

www. direct. gov. uk/en/EducationAndLearning/index. htm 关于教育和国民课程的英国政府资料

议题聚焦：英国中小学的数字内容

虽然英国的教育系统较早地采纳了信息传播技术，但是数字内容的发展和普及在英国却是非常困难和缓慢的。

从20世纪90年代开始，英国政府就启动系列项目以提高中小学对信息传播技术的使用，包括增加硬件和软件的供应，加强教师的培训工作以及加强数字课程资源的建设。最初市场上充斥了来自美国的产品，但这些产品不是根据英国的课程和文化需求而设计的。在众多英国多媒体出版商当中，许多都已经破产或者损失严重。培森在收购了多林·金德斯利之后，马上关掉了它的多媒体出版部。课程出版商只是开展一些成本不是很高的试验项目，倾向于沿袭传统图书出版的商业模式。在2006年被一家私人股权金融机构收购的格拉纳达学习出版公司存活了下来，但同年账目就显示亏损严重。

2002年，英国政府引进了数字学习信用体系，为中小学购买数字内容募集资金。这种努力至少延续到2008年。但是，这种政府为刺激数字内容发展而对产业的投资并不能有效地促进用户对数字内容的购买和使用。与此同时，政府要求BBC利用其授权收入免费提供部分课程资源。但是，这种做法引发了出版商的顾虑，出版商认为这种做法将会打击私营企业的投资热情，也不会催生长期可持续发展模式的诞生。BBC的这项业务在2006年启动，但由于教育出版商向欧盟起诉，这项业务一年之后就宣告暂停。对使用数字内容更为普遍的担忧是教师对信息传播技术的使用还不如学生熟练，同时也在顾虑学习效果和投入产出比可能还不如使用纸质材料。

截至 2007 年年底，英国每所小学使用互动白板的平均数量达到 8 个，而每所初中使用的平均数量则为 22 个。一半的小学和超过 4/5 的初中开始使用无线上网技术（英国教育传播与技术署，2007）。中小学加大对数字资源的投入，而最大的收益者是一些新成立的公司，比如板词公司、浓咖啡公司和太简单公司。课程出版商开发了数字资源（包括自学素材和考评软件），也尝试了众多的商业模式。比如说，CD 光盘的销售模式是基于简单授权模式。换言之，对于同一个光盘，中小学首先以相对高的价格购买第一个复本，然后以非常低的价格购买其他复本。虽然目前的趋势是向在线访问方向发展（购买纸质版就可以免费访问在线资源或者以订阅模式访问），老师们还是倾向于 CD 光盘。因为用户一旦购买 CD 光盘后，在以后的使用中，就不需要其他的支出了。在线订阅依赖于可靠稳定的资金来源。交互式白板在英国中小学的普及和成功在很大程度上激励了课程出版商生产数字资源的热情，将这些数字资源作为教科书的补充资源。

议题聚焦：商业教育

教育出版一个很重要的分支就是"商业教育"，也称"消费者教育"。这个领域包括出版学习指南和复习材料，以满足急于提高成绩的学生或家长的需求。之所以被称为"商业"，是因为从历史的角度来看，这些图书和资料通常是家长通过书店为孩子购买的，而不是学校购买用于课堂教学之用的。当然，现在这些资料也开始被广泛应用于课堂了。

专业的出版商占据着这个市场。比如具有悠久历史的莱茨（隶属于 Huveaux 教育）一直占据着这个市场的领头羊地位。2007 年，莱茨市场老大的地位被位于坎布里亚郡的独立出版商——协作出版公司

——所取代。课程出版商的典型代表则有霍德教育（包括自学出版公司）和培森教育；后者通过购买BBC的教育分支（BBC环球学习出版公司）进一步加强了自己在这个领域的地位。

议题聚焦：英国研究评估

在英国，研究评估（Research Assessment Exercise，简称RAE）将决定政府如何将10多亿英镑的教育预算分配给各个大学的科研工作。第六次评估是在2008年开展的。从本质上说，研究评估考察的是各所大学科研人员所产出的科研成果的数量和质量。科研人员的出版物数量以及质量级别是最为关键的两大评价指标。被研究评估鉴定为具有国际领先水平的院系（主要集中在英国顶级大学）将受到大量的资助。在评估过程中，评估人员赋予研究型出版物（尤其是期刊论文）更大的比重，这种做法加强了作者和出版商之间的关系。但是，这种做法也有副作用，尤其会导致大学对教学质量的重视程度不够。比如说，为了在研究评估中胜出，大学往往要求员工集中精力撰写研究论文，因此出版商很难委托科研人员撰写教科书。这种做法同时也产生了大量的一手研究出版物。

第4章 主要出版类型的特征

在前两个章节,我们追溯了各种图书出版类型的发展简史。我们能够从中发现一些共性,但事实上各大出版类型为不同市场出版图书的方式也存在诸多差异。不同类型的出版商专攻自己特定的市场,每个市场都有自己的生态环境。相应地,在各类出版类型中,从业人员的工作技能、他们所从事的出版活动以及出版产业的结构这三者都是彼此对应的。

一、英国出版

表4.1的数据来自出版商协会,该表提供了2006年英国出版销售规模的信息。从最终购买者的价格来看,国内市场规模在33亿英镑,比上一年增加了3%。注册增值税的图书出版机构在2300家左右,此外,还有上千家出版少量图书的个体或机构。

英国在2006年出版图书的数量大抵与10年前的规模相当(参见表4.2)。2005年在英国本土市场销售的图书超过62.5万册,其中销售量排在前500位的图书就贡献了24%的销售量。

表4.1 英国出版商在2006年的销售规模

	本土销售	出口销售	总共
销售量(百万册)	472	314	786
销售额(百万英镑)	1814	999	2813

(来源:出版商协会)

表 4.2　英国年度出版图书量（1996–2006）

年份	出版图书数量
1996	114153
1997	112916
1998	123580
1999	130053
2000	124941
2001	123679
2002	125449
2003	131271
2004	124027
2005	110925
2006	115522

（来源：尼尔森图书数据）

所有类型的出版商都可以说是服务于特定的利基市场。不管出版商的规模大小如何，在特定领域拥有一定数量的读者，同时在最小的学科领域拥有完备的再版图书清单，都是至关重要的。因为这样可以使编辑能够充分理解这个特定的领域，能够与领域内的作者和相关人员保持联系，并可以针对他们的目标市场提出图书出版方案。如果再版书目中有许多知名的作品和作家，那么就会吸引更多的作者愿意选择这家出版商出版他们的作品。而且，出版商也需要依靠相对畅销的图书来保证利润。这些利润反过来又有效地帮助出版商开展市场营销活动，培育新的读者市场。

在英国，图书跟定期出版的报纸和杂志，以及印刷音乐作品一样，都不需要交纳增值服务税。但英国政府对数字产品（比如 CD 光盘）和在线内容收取增值服务税。

各大出版类型拥有共同特征，包括数字出版的发展、出版流程的变化、物色新的出版人才（有时从出版业之外招聘或引进）。规模较大的公司逐渐对企业社会责任表现出浓厚的兴趣。培生集团运用联合国全球契约的十大原则指导自己在劳工标准、人权、商业道德和环境保护方面的行为，并参考该契约评估自己的表现。在环境保护方面，哈珀·科林斯制定了在2007年底之前实现碳中和的目标，其下属的第四产业出版公司出版的图书都采用可循环利用的纸张。

二、大众出版

大众出版在整个出版业中是最吸引人的类型。大众出版商往往出版精装本和平装本这两种版本。位于城市主要商业街上的书店和其他零售商都会把大众图书摆放在最为显目的位置，大众媒体也经常报道或刊登这些图书。广告的目标对象为"一般读者"（这些读者通常难以准确定义），有时广告也会直接针对某一领域的热心读者或专业人士。大众出版物是构成公共图书馆和图书俱乐部的主要馆藏资源；在某些情况下，它们也会渗透到学术出版市场。根据尼尔森图书扫描数据（该统计数据库追踪几乎所有的图书零售数据），2006年英国大众出版的图书销售量为2.25亿册图书，销售额高达17亿英镑。这也就意味着图书的平均销售单价（区别于图书标价）为每册7.56英镑。

大多数大众出版商都位于伦敦，因此他们可以方便地联系作者、代理商、其他出版商、大众媒体的记者和编辑，以及某些从决策上能够影响整个国民生活的权威人物。少数的大众出版商则分布在全国各地（牛津和爱丁堡两地也聚集了大量的出版商），相对而言，这些出版商出版范围更加集中。

大众图书出版是高风险的经营行业。图书失败是家常便饭；畅销书的收益却是巨大无比的，但成为畅销书极具偶然性。目前位于畅销书榜首的是《哈利·波特》系列图书。这些图书的潜在读者非常复杂，难以精准定位，营销成本昂贵；虽然可以大体描述他们的兴趣和品位，但就某一特定图书来说，却又很难进行准确匹配。可以说，出版商为自己对公众的兴趣和品位判断下赌注，结果显然是难以预测的。

有时，一本图书的出版能开拓出新的读者市场；一旦作品受到市场的追捧，作家本人也能开创属于他们自己的市场，作者名字本身就成为一个"品牌"。这种情况在虚构类图书出版领域中并不少见。在获得图书稿源（尤其是优质稿源）方面，出版商彼此之间的竞争非常激烈。

很少有其他商品像大众图书一样，它们的销售生命周期非常短暂。通常而言，要使图书的销售大举获胜，出版商需要确保在出版前就能收到订单，在出版后的几个星期内就能看到市场对图书的正面评价。大多数新书的销售高峰是在出版后的一年之内。许多成人小说（包括精装本和平装本）在出版后的三个月或甚至只是在几周内就会"死亡"；由知名作家撰写的精装本非小说和平装本小说类图书"存活"时间可能会稍久些。与非大众图书出版商相比，大众图书出版商的营业利润大部分都来自主打图书的销售。出版商越来越把精力放在重点打造的几本新书上（这些新书成为书店促销的重点对象，在超市中被摆放在显目的位置），因此，来自主打图书的收入相对于再版书目的比例也越来越高。在出版书目清单中，有些出版商的主打图书比例很高，比如与电视和电影公司有密切合作关系的出版商；但有些出版商也努力保持其再版书目仍具有很强的生命活力，具体做法包括为老版图书更新封面、以不同开本和装订方式再版图书、增加内容或修改内容。积极推广再版书目能够为出版商带来长期的利润，为图书零售商提供可以预测的销售信息，同时也能够使作品不至于绝版。

《哈利·波特和死亡圣器》 于2007年7月21日正式出版发行，当日在英国的销售量就高达260万册。

许多读者错误地认为造成精装本和平装本的巨大价格差异是因为精装本更为昂贵的制作和装订成本。事实上，这两者的价格差异并不是反映制作和装订成本的差异（装订成本其实是很低的），而是反映出版商细化市场的做法。换言之，他们根据市场需求相继推出同一图

书的不同版本和不同价格,从而使利润达到最大化。比如,一本小说可以首先以高价精装本出版,以满足迫不及待想先睹为快的读者;之后出版低价的平装本,投放到更大的读者市场中。另外一种做法就是出版商在最初就统一出版大量的平装本。对于有些只有少数人群感兴趣的图书,如果一早就直接推出廉价的平装本,试图采用薄利多销的手段来获利,那么可能就意味着血本无归。在图书精装本出版之后,随着时间的推移,对于某些类型的图书而言,购买精装本的读者会越来越少。斗牛士出版公司在 2007 年宣布:对于大多数文学小说,他们将以平装本形式出版;只有对于少数作家的小说,他们才会出版精装本。

第四频道的理查德·朱迪图书俱乐部坚持认为一本大众图书在未出平装本之前很难会跻身最有影响力的图书排行榜,这种做法加速了精装书的消亡。在过去,图书馆通常会购买几乎所有新出版的文学小说的精装本(这等于给精装本图书市场下了一份保险单);时过境迁,现在图书馆已经将购买资源的重心转向音乐碟片、计算机软件和 DVD 光盘。(《卫报》,2007 年 11 月 17 日)

大众出版的核心特征如下:

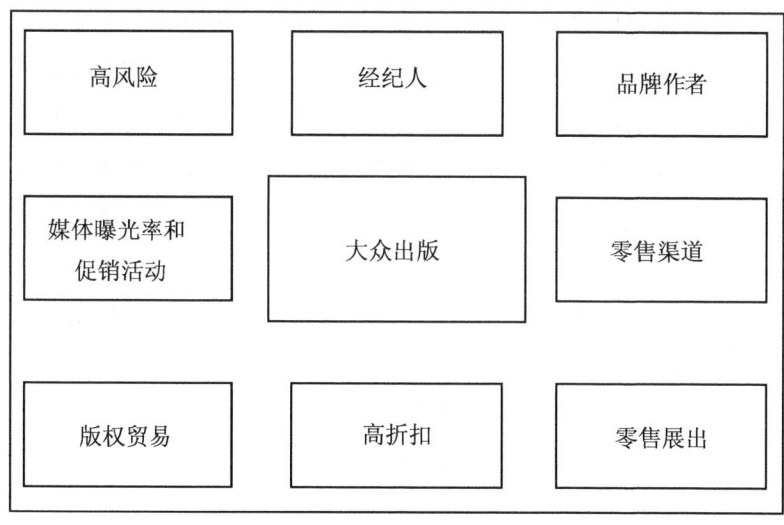

一是高风险。大众出版是高风险行业。新书投资巨大，印数也非常大。但是，现金回报率也可能非常高。大型出版集团有实力为众多新书项目下赌注。

二是经纪人。大众出版商在很大程度上受到经纪人的挤压，这些经纪人代表作者的利益，与出版商谈判以争取更高的版税和预付稿酬。主要的大众出版商为作者支付的费用可能占整个销售额的30%，这一比例是非大众出版商的两倍多。

三是品牌作者。在营销成本的分配和出版日期的选择方面，大众出版商把更多的精力和资源都往知名作者身上倾斜。作者品牌对图书销售大有裨益。

四是零售渠道多样。市场销售渠道多种多样，包括：连锁书店、独立书店、超市、网络书店、批发商、图书俱乐部和直销渠道。

五是零售展出。大众图书的销售在很大程度上依赖于零售商在商店里摆放图书的位置，同时也依赖于把图书作为礼品购买的行为（圣诞节的前一段时间是最为关键的销售时段）。

六是高折扣。大众出版商也受到大型零售商的挤压，他们往往给出版商施加压力，逐年提高进货折扣。为了使图书销售商把图书摆放在商店中的显目位置，出版商给出的折扣可能高达60%。这个比例至少比非大众出版商给出的比例高出10%－20%。同时，零售商和批发商将没有售出的图书退还给出版商，出版商一直饱受高退书率之苦。

七是版权贸易。在大众出版领域，出版商与出版商之间的版权销售范围更广，出版商还可以与图书俱乐部或海外同行共同出版印刷"合作版"。

八是媒体曝光率与促销活动。图书的媒体曝光率对销售情况有很大的影响。各类营销活动能够提高图书在零售商和消费者心中的地位和形象。为了确保来自主要零售商的大笔订单，出版商可能事先需要承诺将对图书开展大型的促销活动。

儿童出版

在2006年，儿童出版的销售量占英国大众出版销售总量的29%（理查德森，13页）。儿童图书的出版主体一般是主要的大众出版商的儿童出版部或独立出版商。儿童出版的重要意义在于培养未来的图书购买者。儿童图书的文本和插图必须能够吸引不同的年龄组读者和不同阅读水平的少儿读者。它们也必须能使以下两类成年人产生兴趣：供应链中的成年人（主要图书零售商、批发商和图书俱乐部）；购买或能够影响购买决策的成年人（父母、图书馆员和中小学教师）。许多儿童图书都是彩色图书，因此出版商需要注意控制出版成本。出于这个方面的考虑，英国出版商往往与美国、欧洲和其他地区或国家的同行建立"合版印刷"的伙伴关系，也就是说，在多个国家地区同时进行文字制作、翻译、排版和印刷，以多种语言同时出版一本图书，生产这本图书的多语言版本。建立这种伙伴关系的目的就是为了实现印刷的规模经济效应。

儿童图书通常根据年龄段分级出版，以反映儿童阅读水平的不同发展阶段。出版商提供给图书交易方的书目信息通过图书工业交流会的童书营销种类标准进行规范化处理。这些图书往往被区分为以下几类：

(1) 0到5岁；
(2) 5到7岁；
(3) 7到9岁；
(4) 9到11岁；
(5) 12岁以上。

0到5岁儿童组是指从呱呱落地的婴孩到刚学会走步的小孩。针对这一组儿童开发的图书包括：所谓的"新奇图书"（这类图书同时也适合其他年龄段的儿童）和在持续发展的"发明类"图书，比如为儿童特别开发的不怕撕的硬板图书、儿童在洗澡时可以玩耍的不怕水的澡盆书、带有电子控制板的有声故事书、提供诸如游戏等互动内容的活动书、问答书、跳弹书（里面包含一页或多页，当打开图书的时候，就会呈现三维的立体结构图）；同时也包括最初级的儿童绘本。为这一年龄组儿童开发的图书必须持久耐用，因此在材质方面通常选用布料或塑料，而在装订方面采用硬皮书的装订方式。儿童出版商的生产部需要特别关心产品的安全性问题。

5 到 7 岁的儿童被称为"开始阅读期"。在为这组儿童开发的图书中，绘本占了绝大部分。这些绘本无一例外地采用彩图印刷、32 页左右、具有很强的故事叙述性，文字数量可能是寥寥数字，也可能会是几百字。由作家或插图画家或两者合作完成。为这组儿童开发的故事书的文字稍微要多些（通常在 2000 字到 7500 字之间）。图书出版形式往往是小开本平装本，附有黑白或彩色插图。这些图书可以说是开启儿童在人生中阅读小说故事的"历史"。在市场中，存在由主要的大众出版商出版的系列童书以及由教育出版商出版的阅读书目。等孩子再长大一些，也就成为 9–12 岁的儿童了。针对这一年龄组儿童出版的小说篇幅明显加长，最多可以达到 35000 字。针对 12 岁以上的儿童，市场上则出现了可供他们选择的青少年小说，这些针对青少年的小说通常都是以平装本形式出版发行的。

> 弗朗西斯卡·西蒙的故事书《捣蛋鬼亨利》在5到9岁的儿童群体中很受欢迎。

一些青少年小说因其含有成人内容备受争议。比如说，当海雀这家儿童出版商在 2003 年决定出版由梅尔文·伯吉斯撰写的《做》的时候，儿童桂冠奖（儿童桂冠奖每隔两年颁发一次，用于表彰在儿童出版领域作出重要贡献的作家或插图画家）得主安妮·法恩就对这一决策进行抨击：

所有接触过这本小说的出版人都应该为自己感到惭愧。令人惊讶的是，他们大部分都是女性。他们该是时候坐下来好好反省反省自己

了，深刻认识到出版这本图书是不可原谅的行为。他们现在应该把自己出版的图书捣成纸浆。(《卫报》，2003年3月29日)

正如家务技能学习图书、参考工具书（比如字词典）、诗文选集和人物书一样，非小说图书（有时也带有大量的插图）也能适用于多个不同年龄组的儿童。

书店一般不会把儿童图书放在显著的橱窗位置或促销书架上。当然，《哈利·波特》是个例外。儿童出版商的利润往往来自再版图书。儿童和青少年市场经常演绎着风靡一时的狂热浪潮（这种短暂的狂热浪潮一般由广告驱动或者受某一人物影响）。最近英国儿童出版市场也受到海外出版现象的影响，尤其是受漫画的影响。

与成人出版的发展类似，儿童出版商也没有足够的时间慢慢地培育作者。出版商把工作的重点放在挖掘有可能首次就畅销的作家，笼络为儿童写作的知名作家，寻找容易改编适合其他媒体的图书。

英国的儿童出版一直是通过批发商将图书推向众多零售窗口，包括食品杂货店和玩具店。这些零售商——也有部分图书俱乐部——倾向于销售儿童图书。从世界的范围来看，于每年春季举办的博洛尼亚书展是儿童出版商和销售商的盛会。跟成人出版领域一样，英国出版商在销售儿童图书海外版权的国际贸易活动中长期占据主导地位，图书的进口数量远远不及出口数量。

三、非大众出版

与大众出版商相比，教育和STM图书出版商具有很多优势：
(1) 消费市场更明确；
(2) 作者（或出版顾问）和目标读者大多来自相同领域；
(3) 可以通过顾客的工作场所直接接触到他们；
(4) 再版图书的销售（尤其是教科书和参考工具书）是构成出版业务的主要部分；
(5) 机构和企业顾客更愿意购买基于数字格式的内容资源。

中小学出版

据统计，在 2005 至 2006 年度，英国教育出版市场的销售总额为 2.87 – 3.4 亿英镑（很难确定确切数据）。其中，核心教科书占了 1.76 – 2.14 亿英镑，中小学图书馆占了 0.34 – 0.39 亿英镑，而数字资源和软件则占了 0.65 – 0.75 亿英镑。当地图书馆也通常为本地的中小学提供额外的图书供给，这一数据在 2005 年约为 0.12 亿英镑。职业教育市场价值为 0.42 亿英镑（理查德森，第 8 页）。在 2006 年，中小学图书和 ELT 图书两者合计占英国所有出口图书销售量的 38%，占销售额的 25%（理查德森，第 10 页）。

教育出版商为中小学提供图书。其中，最为主要的图书是批量购买的教科书，有时也提供用于课程使用和教师参考的教辅材料（以印刷版图书为主，也包括视音频、CD 光盘和网站）。有些图书可能是单本出版，也有可能以系列形式出版（比如反映课程从基础到高级的不同级别）。教育出版商往往专注于中小学的主要科目，他们大多位于伦敦的中心城区之外。

下面罗列了中小学出版的核心特征：

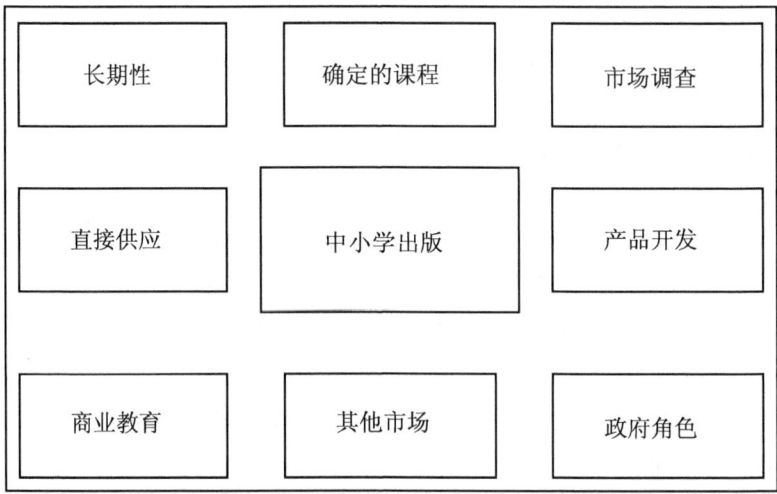

一是长期性。与大众图书出版相比，教育出版在销售方面更具有长期性。事实上，出版商的大部分收入来自再版图书的销售。中小学也无法经常更换教科书。在启动新书项目之初，出版商就希望在之后的几年中可以重印或再版这本图书；但事实上这些新书项目有可能会失败。教科书的出版要求出版商将大量的运营资金（即公司的流动资产）进行长期投资。开发数字资源的成本也是非常昂贵的。

二是确定的课程。中小学图书的市场分得非常细，比如根据全国国家统一科目、级别和年龄组进行精确定制。尽管大体内容是预先确定的，出版商、外部顾问和作者仍然可以在教学方法方面大做文章，包括迎合部分更为保守的教师的需求。从某种意义上来说，中小学图书能够起到提高教学质量的作用。

三是市场调查。了解市场对于开发一本新的中小学教科书是至关重要的。市场调查的手段包括向中小学教师发放问卷或使用焦点小组访谈法。

四是产品开发。许多图书有大量的插图，并且彩色印刷，这就要求出版商在产品开发环节付出更多的努力；但这些图书还必须以较为低廉的价格出版发行。另外，开发配套的数字素材也需要很大的成本投入。

五是政府角色。教育出版商的商业运作在很大程度上依赖于中小学的财务预算。公立中小学的图书购买经费总是紧缺的；而且政府已经为中小学提供了购买数字资源的资金。

六是其他市场。部分教育出版商出版的图书是为继续教育（尤其是职业资格认证）和家庭/图书馆提供参考之用。将中小学教科书定位于供英国本土使用，这一做法本身就大大降低了其出口销售给国外国际学校的可能性。不过仍然存在一定的余地，比如出版某些需要特殊准备的教科书（比如在自然科学和数学科目的教科书）。

七是商业教育。用于自学和复习之用的图书市场销售额在持续增长，这类图书主要是通过书店卖给家长和学生本人。当然，老师可以通过推荐图书的方式在很大程度上影响这个市场的发展。

八是直接供应。出版商将关于新书和再版书的信息通过邮件的方式直接发送给中小学教师，或直接由营销代表在学校中或展览会上宣传这些图书。教师在决定是否采纳这本教科书之前首先要非常仔细地研读样本。直接供应是教科书销售的主要形式，除此之外，也有部分教科书的销售通过销售商、学校承包商和当地直接采购的权威部门。销售商同时也备有一些存货，以备学生家长购买之用。这种直接供应给中小学学校的方式为出版商提供了很有价值的市场信息。

四、ELT 出版

在 2006 年，约有 60 万外国留学生来英国求学，他们在购买学习资料上花费了大约 2400 万英镑（理查德森，2007）。但是，ELT（英语语言教学）出版或者 EFL（作为外语的英文）出版是出口导向型的出版类型，超过 90% 的 ELT 图书是出口到经济较为发达的国家，这实际上弥补了英国中小学教科书出口总体衰退的行情。ELT 出版的主要出口市场是南欧（西班牙、法国、意大利、希腊和土耳其）、东欧、日本、远东和东南亚（中国、中国台湾、韩国和泰国）、拉丁美洲（阿根廷、巴西和墨西哥）以及中东地区。ELT 出版商在上述地区创办分公司、成立办公室、兼并当地出版商，或者与当地出版商合作出版相关图书。

开发多媒体的 ELT 教科书是个巨大的投资项目，在必要的时候还需要根据当地的文化对教科书进行适当的改编，有些教科书可能就是直接为当地教育部门开发的。这些为小学生、中学生和成人开设的语言课程同时还需要补充材料（比如课外阅读图书、字词典和语法书），这对出版商也很有吸引力。这些图书或材料的主要销售对象为私立语言学校、公立中小学，有时也包括大学。在英国，存在专门的 ELT 图书销售商，他们提供针对英国当地和出口到国外的销售服务。

之前英国出版商可以把同样的教科书销售给世界各地，但现在不同的市场已经开始出现不同的需求,这反过来也提高了产品开发的成本。一个比较明显的变化是公立学校在某些地区和国家(比如意大利、西班牙、阿根廷和东欧)得到了较快的发展,这些公立学校的需求赶上甚至超过了私立语言学校。在公立学校中,其课程大纲都有自己的特定要求,需要符合所在国家的国情,这样就为当地出版商进入这个市场提供了很好的机遇。对于 ELT 出版商来说,成功的关键在于能够适当地处理好与当地学校和教育部门的关系。

五、学术和专业图书出版

作为术语,"学术出版"或"专业出版"这两个词经常交互使用,并没有很严格的区分。专业图书总是有明确的应用指向性,用于直接帮助某一领域的实践人员从事他们的工作,比如中小学教师、医护工作者、工程师、建筑师、管理人员和从事法律或金融工作的专业人士。STM 图书、参考工具书和信息参考类图书往往属于专业图书出版领域。另外,还有一些学术/专业图书的出版目的是用于职业培训和继续职业教育的课程。这些图书的定价差别很大,其价格主要取决于目标读者的支付能力和购买方式(个体购买还是机构购买)。

学术/专业图书出版的经营模式正在发生改变。出版商的传统角色是确保信息供应过程中的质量和准确性(比如开展学术期刊的同行评审工作),但是在当前环境下,出版商的角色得到了很大的扩展。除了发挥传统的作用之外,出版商还需要为最终用户直接提供服务和研究工具。目前出版商提供的一项核心增值服务是为用户提供快速访问内容的途径,在用户需要的时候以他们希望阅读的载体提供个性化服务。在场所方面,如果是科研人员或律师,可以提供在办公室或在住宅的服务;如果是临床医学人员,可以提供随时移动服务。为医生提供个性化信息传递服务的一个很好的例子就是把信息传送到个人掌上电脑。

即使是最大的出版商,也不能声称自己在所有的学科领域都具有很强的出版能力。出版商往往致力于特定学科领域，对不同种类的图书给予的关注程度很不一样。在专业图书中，其市场不局限于教学机构的图书主要集中在应用科学领域（这些图书服务于科研人员和行业或政府部门的实践工作者）和应用性的行业门类（比如法学、医学、管理学、会计学、金融学和建筑学）。这类高价图书通常是由比较富有的个人或机构购买（商业办公室和商业图书馆等）。比较特殊的销售渠道包括：服务于公司、代理商和个人的图书销售商和培训公司；专攻商科、计算机科学和医学领域的图书批发商；可以与最终用户直接接触的图书俱乐部；学术会议和展览组织者；等等。

在传统意义上，各类专业出版商（尤其是法学和金融学方面的出版商）利用活页更新他们的图书内容。已经购买原始图书的用户可以收到出版商更新后的活页。这类出版商通过邮件订阅的方式直接把大部分内容传递给最终用户，当中绕开了销售商的环节。参考类图书（包括指南）时常是由编辑部自己撰写完成的。专业出版商已经将自己的业务重点转移到数字信息服务领域，有些也同时出版印刷产品，有些则完全取代印刷产品。他们的产品可以通过 CD 光盘或在线网络直接获取，出版商通常采用年度授权的方式允许图书馆或个体用户访问。具体做法可以是基于事先订阅或统计机构内部网上的使用量。专业出版商的核心竞争力在于他们能够明确用户的信息需求和用户使用信息的方式，并利用合适的媒体或技术把信息转换为产品、工具和服务。

英国 2006 年高等教育出版销售总额约在 4 亿英镑，如果将进口计算在内，市场总额则达到 6 亿英镑（理查德森，第 11 页）。西欧和北美市场占了英国出版出口销售额的一半有余，其次分别是远东、东南亚和澳大利亚。对于许多出版商来说，欧洲大陆是他们最为重要的市场，但这个市场本身也是非常多样的，同时处于发展变化之中。对于英文教科书而言，北欧诸国和比利时、荷兰、卢森堡经济联盟是非常重要的市场。从销售的角度来看，在英国出口诸国中，荷兰是仅次于美国和澳大利亚的国家，这个国家的图书销售由几家大型连锁书店掌控。而作为另外一家市场大国的德国，其图书销售服务主要是由本地众多的销售商所提供。出口到南欧（比如西班牙和意大利）市场的主要是研究生专业教科书，尤其是STM领域的图书。本科教科书往往是翻译出版或由本地直接提供。将翻译权销售到东欧、中国和韩国的业务也处于快速增长的态势。

高水平的教科书和专业图书通过姐妹公司销售到美国，这是一个最大也是最富有的市场。如果英国公司在美国没有总部或分部，通常则采用以下方式：选定美国一家公司合作出版、将版权授权给美国出版商、通过进口商进行销售。销售到次发达国家通常需要依赖援助机构的资助。当然，出版商有时也依靠自己的力量出版一些教科书的低价版本，具体做法可以是通过出版商在本地的分公司或者授权给当地出版商直接出版廉价版本。但需要保证的一点是，这些版本与原先版本的封面必须不同，以免有商人利用传统或网络途径将这些版本的图书渗透到发达国家的市场中去。

学术和STM出版商大多数都位于伦敦中心城区之外，很多这类出版商都集中在牛津。他们的出版物包括：大型教科书（大型出版商经常保留这类出版物）；供高年级或研究生使用的教科书；供学生或学者使用的论文汇编；研究专著；专业图书；参考工具书（大多数都是在线版）和学术期刊（同时提供印刷版和在线版）。需要说明的是，上述对出版物的划分是比较笼统的，界限并不十分清楚。比如，供高年级或研究生使用的教科书里面就有可能包括原创性的研究论文。

（一）大学教科书

对于什么是"大学教科书"，并没有一个被普遍接受的定义。事实上，有很多这样的例子：这些图书最初并不作为或打算作为教科书撰写，但之后被大学教师采用，被学生购买。比如，本书——《透视图书出版》——就是一个典型的例子，这本书从1988年开始逐渐被大学教师和学生作为教科书采用。但是，从出版商的角度来看，大学教科书从一开始就被有计划地组稿、设计和定价,以符合特定领域和特定水平的教学和学习需求,向有意采用这本图书作为教科书的大学教师开展推广工作,最后的结果就是学生购买大量的副本。

在英国,存在许多会影响大学教科书销售的因素。这些因素包括:学生对互联网的使用、高于通货膨胀率的价格涨幅、学生合用教科书的行为,以及二手图书市场的崛起。

通常而言,大学教科书是以平装本的形式出版的,但有些用于专业技能培训的图书(比如医学和法学领域)也有可能采用精装本的形式。出版商偶尔也会针对图书馆出版高定价的高等教辅,这些教辅图书通常是与平装本教科书同时出版,很少再版。与之形成对比的是,印数很大的大学教科书可能被固定下来,每年需要重印。在适当的时候,修改并出版新版本。对于成功的图书,竞争者经常试图分一杯羹。许多校园书店也都由大型连锁书店经营。但是,相对于大众图书出版商,大学教科书出版商在以下两个方面做得更为成功:其一是抵制图书销售商高折扣进货的要求;其二是有效控制了作者版税和预付稿酬。同时,大众批发商很难进入大学教科书的供应环节中。

出版商主要通过信函、电子邮件和电话等方式向大学教师、科研人员和行业从业人员推广他们的教科书。跟大众图书出版商相比,大学教科书出版商不需要庞大的营销人员队伍。他们主要针对数量不多但目标很明确的图书销售商开展市场营销活动,有时也会参加一些图书展览会。但是,有些公司也出版一些主题更为宽泛的图书;在这种情况下,销售商或许可以拿到类似大众图书的高折扣。这些图书通常集中在人文领域而非社会科学领域,比如史学方面的图书。部分技术方面的图书(比如计算机操作)和医学方面的图书(比如个人养生)的专业批发商也通常能拿到高折扣。这些图书有时也会被专业图书俱乐部购买。

其他图书——有时被称为"补充材料/教辅"——可能收录作者原创性论文,这些图书的定价会充分考虑学生或其他人出于学术需求的个人购买行为，也能在印量不大的情况下（平装本大约1500本起）实现赢利。不同的是，如果大学教科书中出现作者的原创性研究成果的话，很有可能会被视为过于独特或高深而严重影响其销量。销量大的大学教科书往往反映的是当前该专业领域的主流观点。大学教师和学生有可能购买其他类型的图书，比如课程读物和资料选集。有些出版商仍然同时出版精装书和平装书两个版本：平装本是为个人购买出版的；而少量高价的精装本（比如150份，定价是平装本的大约3倍）销售对象则是来自全球各地的学术型图书馆。

下图展示了大学教科书出版的核心特征。

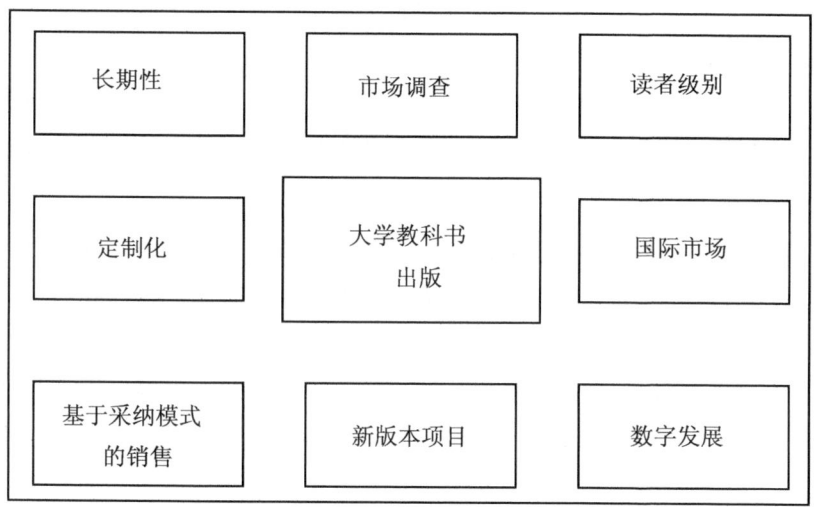

一是长期性。启动并开发一系列大学教科书需要系统的规划，并投入很多的精力。产品开发编辑需要掌控内容创作、时间进度和财务预算。

二是市场调查。正如中小学教育出版一样，在投资新的大学教科书之前，出版商需要对市场和竞争者开展全面系统的调查工作。

三是读者级别。在大学教科书市场中也存在不同级别的读者，从本科一年级学生到研究生。基础性的大学教科书潜在销量更大，但同时竞争也更激烈。

四是国际市场。某些专业或领域可能存在巨大的国际市场潜力。商科是个很好的例子,世界各地可能都在使用同一本商科的教科书,一些非英语国家的商学院也以英文授课。当然,成功的教科书往往会根据不同的市场特点进行本土化改造。比如管理学经典教科书——科勒的《市场营销原理》——就提供了欧洲大陆版。根据特定地域特点和需求对教科书进行适当改编有助于在当地开展销售工作,并展示自己向其他高定价地区的出口能力。

五是数字发展。出版商为某些特殊的学科开发大型教科书,这些教科书的设计和生产的标准都更为严格,比如在书后附上 CD 光盘,或者提供定期更新的同步网站(网站上提供数据、教学活动和网站链接,以及教学人员的教学指南)。

六是新版本项目。为了确保素材及时更新,同时也为了尽量减少因为读者使用二手图书所带来的新书销售降低的经济损失,大学教科书经常定期出版新版本。

七是基于采纳模式的销售。大学教科书销售的关键在于说服教师采用它,说服书商存储它,说服学生购买它。目前大学教师和学生对教科书的要求越来越高。

八是定制化。大型出版商允许大学教师定制图书内容,以满足他们特定的教学需求。比如说,如果大学教师希望删减图书内容或使用更老的版本,出版商应该为这门课程调整和印刷这本图书(如果学生数量足够的话)。或者是这样的情况,即大学教师希望在教科书的基础上通过调整内容和增加素材(包括研究论文和案例分析)的方式形成自己的教科书。出版商通常会在三个月内调整和印刷这本图书,如果可能的话,同时也会解决第三方的版权问题。教师的名字会出现在这本定制图书的封面上,可以说,出版商为教师的特定需求开发了一个独特的产品。

(二) 专 著

通常而言,专著是为图书馆市场出版的高价精装本图书。大多数专著出版复本数量不多，而且只出版一次，只有少数专著会以平装本形式再版。这种短程出版是颇具风险的，利润也许就来自最后销售的50本图书。现在，这些专著可以依靠按需印刷技术和被收录到电子书数据库这两种方式继续存活而不至于"绝版"。对于社会科学和人文学科学者来说，如果能在优秀的出版机构以专著的形式出版他们的研究成果，这对他们的学术地位和职业发展无疑是非常有帮助的。

随着研究人员职位招聘和晋升的竞争越来越激烈，学者（包括有希望成为科研人员的学生）出版学术作品的压力也越来越大。相对应地，学术出版商发现他们需要出版的学术专著越来越多。学术内容的供应量在大幅扩展……与此同时，对学术专著的需求市场却在不断萎缩。（汤普森，第175页）

正如我们在上个章节所述，专著的平均销售额逐年在走下坡路。解决问题的答案会是以电子版形式出版专著吗？印刷版至今仍然非常重要，但有人预言在2020年之前，大约40%的专著将只会出版电子版。对于自然科学家来说，他们发表在权威同行评审刊上的研究论文更是如此。

（三）期刊出版

全球期刊市场的总额在2006年约为70亿英镑，其中英国出版商控制了1/3的整体市场份额，而在出口市场方面更是占据了3/4的份额（理查德森，第12页）。STM期刊的全球市场总额在2004年约为50亿英镑（电子出版服务中心，第14页）。不同于杂志，学术期刊的内容不是事先预定好的，也不是编辑部自己撰写的，而是投稿者将自己基于原创研究产生的论文提交给编辑部，编辑部则需要开展评审工作，进而决定是否收录这篇论文。经过同行评审的期刊论文是主要的信息源，并服务于科研团体。通常而言，学术期刊不是依靠广告生存，它们的收入来自读者的订阅。部分出版商也出版杂志用于学术使用目的，这些杂志则往往依赖广告经营。

期刊的出版主体往往有两类：非营利性学会/协会或研究机构（少部分在经营期刊和图书出版方面非常有实力），学术和 STM 出版商（包括大学出版社）的期刊出版部。商业期刊出版机构自己创办期刊，或者跟学会/协会或其他机构签署合同，合作出版或推广期刊。对于部分期刊出版商来说，为学会/协会提供这类服务可能是他们的主要出版业务。

在一家期刊出版机构内部，核心人员包括：责任编辑（负责创办或引进新的期刊）；生产编辑（负责组织和生产期刊）；销售人员（包括直销人员，负责与图书馆联盟、个体图书馆或中间商商谈购买事宜）。有的时候，也包括广告营销人员。出版商为学术编辑和编辑部提供建议；资助办公费用和举办会议费用；维护同行评审管理、在线提交和在线追踪系统；承担生产环节；直接向目标群体推广每份期刊以吸引作者投稿和读者订阅（通过所在图书馆）；将印刷版和电子版销售给中间商；管理订阅和发行系统（包括在线网站的维护和更新）。

相对于其他学术领域，STM 期刊的数量比较多。出版商通过信函和学术会议推广 STM 期刊，直接通过出版商平台或通过中间商把自己的期刊销售给世界各地的学术图书馆，偶尔也会直接销售给个体读者（这种情况在美国比英国更为普遍）。应用科学、管理学、经济学和法学的学术期刊同时也销售给行业机构图书馆或商业公司图书馆。有些期刊为学会/协会的成员提供免费或优惠订阅服务。期刊一般为学术编辑支付薪水（为部分编辑支付基本的劳务费；为部分编辑支付可观的薪水），但投稿者和评审人员往往是没有报酬的。在论文被期刊录用之后，作者会把论文的版权转让给期刊出版商或期刊所隶属的学会/协会。当然，这种授权模式正在发生变化。

跟图书出版不同，期刊出版并不需要复杂的海外代理网络。出版商给中间订阅商提供的折扣通常在 0% 到 10% 之间。交易当中基本不存在信用风险，对于没有销售出去的期刊，很少存在退还给出版商的情况。期刊的其他收入来源包括：广告和插页广告（尤其存在于 STM 期刊中）、来自商业文档销售商的版权支付费、订阅清单租赁费。出版商可以利用期刊和期刊列表为自己的图书做广告。在图书和期刊出版商之间存在许多合作开发资源的机会。

出于保存的需要，大多数期刊仍然保留印刷版。一些图书馆员认为纸质印刷是唯一被证明可以持久的技术。印刷同时还可以表达作者地位和取悦作者心情。但是，科研人员、学生、行业实践人员大多都已经习惯直接从图书馆网站在线访问期刊。据估计，在英国和美国，90%的英文期刊都可以在线访问（EPS，20页）。基于论文下载量这一数据，图书馆员就能够轻松地评估购买该期刊或数据库是否物有所值。

学术期刊出版的核心特征如下：

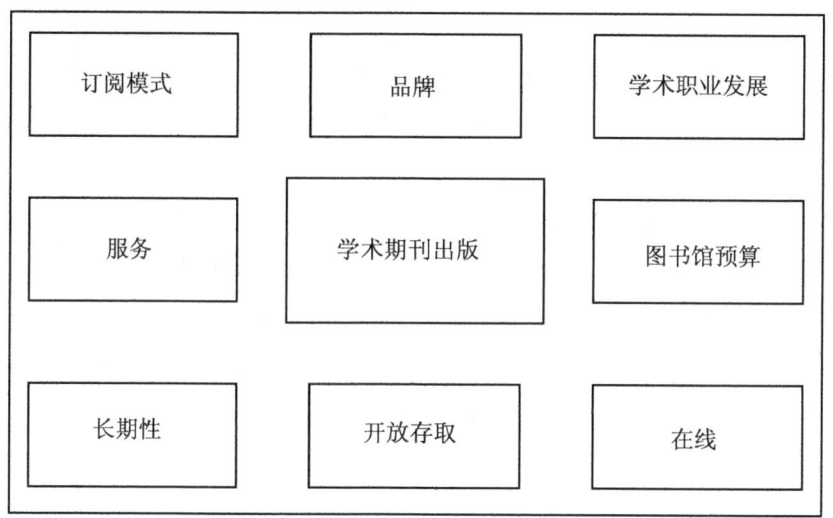

一是订阅模式。图书出版商的商业模型是基于图书单个复本的销售。与此不同，期刊出版商采用的商业模式是在出版前就收取年度订阅费，这种方式非常好。期刊出版的利润率往往高于图书出版。从历史的角度看，期刊出版的销售毛利通常在80%以上，其利润率比图书出版高出25%-30%。

二是品牌。拥有悠久历史的期刊（比如《自然》）已经树立了自己的品牌，从而能够从作者那里吸收到最好的稿源。

三是学术职业发展。在排名靠前的期刊上发表论文能够确定和提高作者在学术领域的地位，有助于作者成功申请科研资助基金，为今后的职业晋升增加法码。

四是图书馆预算。学术期刊的销售取决于大学和其他科研机构用于图书馆的财务预算。目前出版商都提供"大宗交易"，即把大量的期刊进行捆绑销售，这对图书馆具有较大的吸引力。但是，有些图书馆员也对这种销售模式表示担忧：一方面，这些合同的年限都比较长；另一方面，出版商也在不断提高"打包"数据库的价格。

五是在线。学术期刊出版走在数字出版的前沿。大型期刊出版商在网络平台建设方面投资巨大，这些网络平台使得他们能够将产品直接销售给顾客。

六是开放存取。开放存取运动认为最终用户应该免费访问期刊论文。目前存在多种开放存取模式，包括"作者支付"和机构存储模式。

七是长期性。创办新期刊可能耗资巨大，一份新期刊收回成本往往需要较长的时间。对于 STM 期刊来说，一般为五到七年。创办时间比较早的期刊，通常赢利性更强。但是期刊一旦成功创办，相对于图书而言，出版商能够更加容易地预测其销售前景、对资本要求更低（人员管理费也是如此）、雇员的人均销售额会更高。

八是服务。学术期刊向数字出版的转变意味着这个行业从物理产品的生产行业转变为提供电子服务的信息产业。学术期刊出版商持续致力于改善为顾客提供的服务，包括在线访问、在线工具和产品的覆盖范围。比如，行业内多家机构合作开发 CrossRef 系统，实现论文从引文到全文的直接链接。

附

阅读书目

保罗·理查森，格雷厄姆·泰勒，《出版业指南》，出版商协会，

2008 (Paul Richardson and Graham Taylor, A Guide to the Publishing Industry, The Publishers Association, 2008).

参考文献

大英图书馆,《大英图书馆预测"在2020年之前转向数字化"》,新闻稿,2005年6月29日(British Library, "British Library Predicts 'Switch to Digital by 2020'", press release, 29 June 2005),网址是http://www.bl.uk/news/pressrelease2005.html,检索时间为2007年9月10日.

电子出版服务中心,《英国的学术期刊发展:2006年报告》,发布时间为2006年9月12日(EPS(Electronic Publishing Services), UK Scholarly Journals: 2006 baseline report, 12 September 2006).

大卫·葛拉多尔,《英语走向何方》,英国文化委员会,2007(David Graddol, English Next, British Council, 2007).

公平贸易办公室,《关于沃尔沃斯集团收购伯特伦集团的报告》,2007年4月16日(OFT(Office of Fair Trading), report into completed acquisition by Woolworths Group plc of Bertram Group plc, 16 April 2007).

保罗·理查森,《英国出版市场概览》,出版商协会,2007(Paul Richardson, Publishing Market Profile: The United Kingdom, The Publishers Association, 2007).

约翰·汤普森,《数字时代的图书》,珀勒缇出版公司,2005(John B. Thompson, Books in the Digital Age, Polity Press, 2005).

议题焦距:参考工具书出版

各种类型的出版商——从大众出版到专业出版——都会销售参考工具书(包括文本、图片、数字和地图)。尽管部分参考工具书的销售生命比较短暂,但一般来说,参考工具书基本都会长期再版的。大型参考工具书可能需要百万的投资，并花费数年才能完成。《牛津英国传记大辞典》在2004年正式出版，共有两个版本：在线版和60卷印刷版。该项目由牛津大学于1992年立项，受到英国科学家和牛津大学出版社的资助，两家机构的资助额分别是350万英镑和2200万英镑。

　　参考工具书是非常适合采用新技术的。新技术可以帮助出版商以不同的载体（比如印刷版或在线版）对同一内容产品开发形成系列产品，同时也可以为了满足不同市场的需求开发不同规模和不同价格的产品。可以说，如果没有计算机的参与，《牛津英语大词典》不可能修订成一本包罗万象的全面完整的大词典。词典编撰者再也不必依赖手工确认和从一次文献源中检索单词的方式了，双语工作者和翻译人员也是如此。工作人员可以使用包含大量原始的资料；利用这些资源，工作人员可以检索、处理乃至在一定程度上以电子化的形式分析单词的显性意义和句子的情境意义。一旦建立了大型的词典数据库，随后就能根据需求出版更为简短和用于特定目的的词典。通常而言，在线数据库出版商——比如法学数据库出版商——会长期致力于提高该数据库的质量，比如，为用户完善操作界面的可用性和强化分析工具的功能。

第5章 创造和保护价值

一、出版价值链

图书出版商的目的是通过出版和销售来获得利润。非赢利性出版机构也希望至少可以在出版之后收回成本,除非他们有来自总机构的资助或补贴。以前的出版商可能会通过出版畅销书所获得的利润来补贴那些不太受欢迎的图书,但是很多出版商已经不再使用这种方法了。当然,图书的价值可以体现为作为藏品,也可以体现为作为被后世推崇或研究的经典文学作品;但是,本章聚焦于作为商业机构的出版商所创造的商业价值。

在获得原始材料(作者书稿)后,出版商为其增加其他价值,从而能够以高于成本价销售最终产品。出版商开展许多业务使得作者书稿成为消费者愿意购买的具有吸引力的产品。这些业务如下图所示。本书的相关章节会对每一种出版功能给予详细阐述。

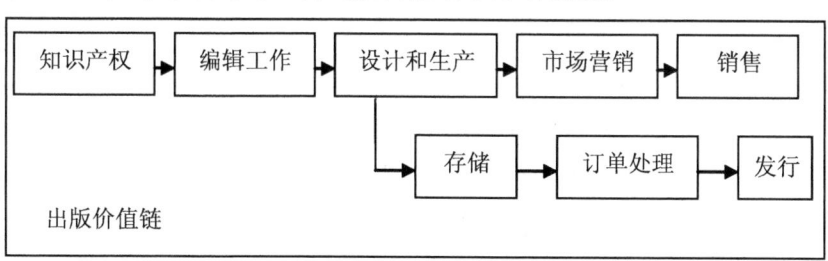

出版价值链

出版商从作者手里拿到书稿后,需要对它进行编辑、设计、制作、推广并销售给书店或最终购买者。在完成图书的印刷工作后，出版商会存储图书。在收到零售商或消费者的订单后，出版商就会从仓库中发送图书。

出版商可以选择承担价值链中的哪些业务，并决定把哪些业务外包给第三方。比如，新书的选题和策划通常是出版商自己完成的，而编辑和校对工作则往往外包给兼职编辑。出版价值链条上最为关键的业务包括获取图书的版权、编辑、设计与制作、市场营销和销售发行。出版商可以考虑融合上述出版价值链上的诸多业务环节。比如说，出版商可以将编辑、设计和生产整合为一个业务环节，现在越来越多的出版商会发布招聘生产编辑的岗位通知。

出版商都试图在市场中获得竞争优势，并且通过获取和掌握优秀图书版权的方式来达到这一目的。让最优秀的人才从事选题策划工作，这一点是许多出版商取得成功的关键因素。当然，出版价值链中的其他环节也能体现出版商的价值所在。比如大型的出版商能够站在较为有利的位置上跟印刷商、纸张供应商、重要的零售商和批发商开展谈判。"两家独立大众出版商的经历就能说明这一点，在被合并到大型出版集团之后，他们发现印刷成本至少减少了25%"（德·贝尔莱格，第192页）。有些出版商（比如多林·金德斯利）非常擅长图书的设计业务。《人人文库》现在隶属于兰登书屋，相对于之前出版的廉价平装本，目前这套文学经典提供的是具有更高制作价值的精装本。出版商为图书销售商提供大幅度折扣，其目的是提高图书在书店的上架率，进而希望提高图书的销售额；但是这种做法同时也挤压了自己的利润空间。如果出版商可以越过中间商，直接向读者销售图书的话，就可以获得更多的利润。如果出版商可以把通过合作出版获取的订单同时付诸印刷的话，在生产环节也能获得规模经济效应。利用按需印刷技术印制少量的图书或者销售电子书，这些做法或许能在最大程度上降低甚至是完全消除库存成本。相对于大型出版商来说，规模较小的出版商在选题策划以及其他出版环节方面行动都要快速，也能从对市场的反应中赢得先机。

由于目前出版业在图书的物理渠道发行方面的服务水准都比较高，所以出版商很难在这个方面取得竞争优势。但是，大型出版商仍然可以受益于图书发行在下述领域的规模经济，包括对信息系统的投资、订单规模、与运输商就运输成本的谈判、从顾客那里回笼成本。在数字发行渠道方面，由于大型出版商对作品的知识产权拥有更大程度的聚合能力，所以也能从中获益匪浅。

（一）为作品增值

出版商通过很多方式为作者的作品增值——这些方式既反映了出版商的创造力，也反映了他们的商业敏锐性。下图总结了出版商为作品赋予的附加值，而这些附加值贯穿于本书的始终。

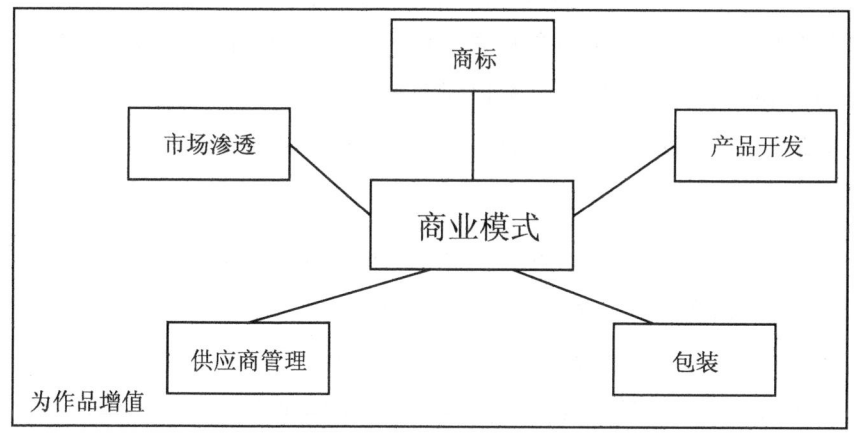

为作品增值

1. 商　标

出版商通过提供他们的商标或版权标志来体现作者作品的价值。换言之，这部作品是值得投资者（即出版商）出版发行的。同时，商标（或版权标志）也为作品提供了附加值，并提高了作品的认可度。在大众图书出版领域，不同机构都会试图解读出版机构的商标特征及品牌价值。比如作者经纪人（作者经纪人会影响图书和作者的供应）；

媒体公司（媒体公司会影响对某本图书的关注和报道力度）；国内外中间商和销售商（这些机构会影响图书的销售渠道和订单数量）；以及国外的出版商（这些机构会影响图书的版权贸易）。在非大众图书出版领域，同行（比如高校教师）和供应链上的相关主体（包括科研机构和商业公司等购买者）也非常重视出版机构的商标及品牌价值。主要的教科书出版商的商标为作者提供了一个平台，用于展示自己比现行教科书更佳的教学方法以及更好的在线支持服务。著名品牌的学术和专业出版商（包括学术期刊）则为作者提供了被来自全球各地同行都认可以及用于个人职业晋升目的的机会。

2. 产品开发

出版商熟悉和了解市场现状，并能够判断市场的发展趋势，从而能够为被自己选中的作者提供附加值。出版商为作者提供符合市场和读者需求的建议，包括帮助作者填补特定市场的空白（也包括如何模仿成功的图书），帮助作者意识到市场上存在的潜在机会。当然，出版商也会为作者提供其他各种各样的指导和建议。

3. 包　装

作为出版商，另外一项富有创造力的专业技术就是设计和呈现作者的作品，使其达到适合销售的最佳效果。具体的内容包括图书的篇幅、尺寸、版式、可用性、内容的质量、触感和外观以及对销售起重要作用的封面。比如，艺术类精装本图书的制作标准会非常高，当然定价也不会低；而廉价的平装本图书的制作成本就要低很多。出版商组织和管理传递图书的整个工作流程。电子分销打破了内容编排和物理包装这两个环节之间的界限，典型的例子就是直接下载图书的某个章节或期刊的某篇论文。

4. 供应商管理

出版商通过获取来自外部个体（比如兼职编辑和兼职封面设计人员）或外部公司（比如排字厂、印刷厂、纸质供应商和技术支持公司等）的诸多服务精心安排图书或期刊的制作。出版商通过外包或借力的方式提升了自己在世界各地的销售和发行能力。在出版商看来，作者是最为关键的"供应商"，对于他们的"管理"无疑也是最伤脑筋的。

5. 市场渗透

出版商会为作者选择出版作品的最佳时间，其目的就是最大程度地扩大销量。出版商选择的出版时间或许跟某个特定营销机会或市场需求有关，或许跟出版商其他图书的出版时间有关，当然也许也是受到零售商需求的支配。

图书的销量在很大程度上取决于出版商是否有效地推广和宣传这本图书，是否通过众多渠道把这本图书推向市场（比如在本地销售或出口到国外），以及是否有效地回笼资本并与作者分成。

借助与作者签署的合同，出版商从作者那里获得使用作品版权的专有许可。出版商有义务也有能力以印刷格式和数字格式充分开发作品的各种版权，并利用技术和法律手段有效地保护作者版权免受各种非法使用。

6. 商业模式

从根本上来说，出版商需要建立一个可以赢利的商业模式（当然也有可能不止一个商业模式）。这个模式可以保证有足够的回报来支持作品的出版工作，也可以为作者提供应有的报酬，这些报酬体现为读者、金钱和社会地位等多种形式。

出版商在一开始就会评估作者作品的潜在经济价值。出版商会预先考虑产品的包装形态、出售价格、潜在需求和销售收入，同时也会估算产品的制作成本以及给作者的支付报酬，并最终计算自己的利润。到底应该不应该投资这本图书，出版商其实是基于多种因素在做一项颇具风险的决定。如果出版商决定跟作者签约，也就赋予这部作品以经济价值了。

(二) 网络的影响

网络的发展为出版商提供创造价值的良机。网络技术加快了出版商与各方之间的沟通速度,而且鼓励在设计、排版和印刷方面形成国际市场,从而降低出版商的成本。网络也为图书的市场营销提供了新的途径——既可以通过网络推广图书,又可以利用网络发掘和确认个体消费者。对于哈珀·柯林斯的首席执行官维多利亚·巴恩斯利来说,这意味着:

我们必须接受一个事实,那就是图书出版正在演变为直接面向消费者的行业。我们建有一个网站并且可以借此直接与读者对话。我们可以获取您的姓名并最终把某个东西卖给您。这是一种完完全全的改变。(《独立报》,2007年11月19日)

数字内容提供商通过增加服务为作品创造额外价值。具体方式可以是通过整合众多不同信息源为读者提供最新的内容(包括图片、视频和动画)以及可供检索的服务。虽然这些服务的启动成本会很昂贵,但一旦启动之后,它们可能会为出版商带来巨额利润。如果读者越来越愿意接受电子书,出版商就可以节省发行物理图书的成本,或者也就不需要给中间商(比如书店)提供大幅度的折扣了。

当然,网络也给出版商带来了系列新的问题。首先,网络上大量的信息都是免费的,这无疑会给图书出版(比如参考工具书的出版)带来一定的影响。当网络上涌现这么多"够好就成"的信息的时候,消费者还会愿意为出版商的产品付费吗?Web2.0时代的来临更是凸显了UGC(基于用户创造的内容)的生产途径,比如博客和维基。史蒂芬·弗莱曾经把Web2.0描述为:

Web2.0是一个存在头脑中的想法而非现实……这种想法尤其强调内容使用者和提供商之间的互惠互利……用户既可以下载资源,也可以上载资源。(videojug.com网站,访问时间为2007年8月21日)

在相当短的时间内,维基百科就主宰了在线信息的检索。维基百科创建于 2001 年，允许用户编撰和编辑条目及其内容。在 2007 年，英文版的维基百科所收录的词条已经超过 60 亿。相比而言，32 卷印刷版的《大英百科全书》在同年只有 4.4 亿个词条。另外，UGC 内容也包括视频（比如 YouTube）和图片（比如 Flickr）。

> *在2007年，维基百科收录的文章大约为200万篇。*

当人人都期望网络内容应该是免费的时候，就很难给电子产品定价。正如安德鲁·基恩所说的，"当网络上用户自行创造的内容越来越多的时候，就很难从海量信息中区分出质量还不错的信息，也就很难基于这些质量还不错的信息来赚钱"（基恩，第 31 页）。在将在线服务销售给图书馆和商业公司等机构用户方面，出版商已经成功地建立了可行的商业模式，也在这些用户群体中树立了强烈的品牌意识。但是，出版商怎么把这些服务销售给那些不愿意掏钱支付的个人消费者呢？如果广告市场形势一片大好，那么基于广告销售或许是一种可行的商业模式。比如说，出版商通过鼓励用户点击销售相关产品的公司的网站来获得收入，然后从相关产品公司的销售额中获取一定比例的提成。另外一个更值得思考的问题是如何为电子书定价。应该保持与印刷版一样，还是要便宜些呢？如果要便宜，又是便宜多少呢？

如果某位作者本身就拥有很强的市场开发能力，那么出版商该如何阻止这位作者去抢夺市场呢？举个例子，酒评作家简思·罗宾斯迅拥有自己的订阅网站。该网站提供"上千篇包括小贴士在内的文章、将近 2000 篇品酒方法介绍说明书（并且最新还增加了基于品牌的检索功能）、及时更新的会员论坛，以及《牛津品酒指南》这本手册在全球范围内唯一的电子版本"（jancisrobinson.com 网站，访问时间为 2007 年 8 月 21 日）。

关于在线出版还有很多其他方面的问题。出版商往往不能直接把用于印刷版的品牌用于网络开发，因此一些出版商会为自己的网站创建新的品牌。由麦克米兰经营的服务于从事 EFL（作为外语的英文）

教学工作的教师的资源——"英语资源一站式服务网"（网址为 onestopenglish.com）就是一个例子。另外，许多出版商并不拥有所出版图书的全部版权，这种情况就很有可能会妨碍他们把某些内容（比如图书中的插图）转变为数字产品并为用户提供服务。

在印刷出版的世界里，作者和出版商为物理图书的制作付出了很多的努力。以物理形态存在的图书是作为整合的信息集合体出售的。读者通常需要购买整本图书，即使他们只是需要其中的部分内容。进入数字出版世界后，这点就发生了变化。正如约翰·汤普森曾写过的论述，出版商已经越来越意识到"在某种程度上，他们所拥有的核心资源已经不再是图书本身了，而是图书的内容以及能够决定他们对内容做哪些处理的版权"（汤普森，第9页）。数字出版积极鼓励出版商在内容和形式两个方面都要有所创新，包括对视音频的使用和对文本的组织方式。

在印刷图书时代，内容是被包裹在图书里面的。现在，通过谷歌、微软和亚马逊等信息搜寻工具能够轻松地检索到这些原先被隐藏的内容。在数字世界里，用户可以以不同级别的"粒度"购买内容。用户或许只是希望购买图书的一个章节甚至是少数的几页或几幅插图。出版商则担心如果消费者只挑选最好的章节购买，整本图书的销售可能就会受到严重的影响。但是，从另外一个角度来说，这对出版商也不啻是个潜在的机会。对于那些不考虑购买整本图书的用户而言，购买部分章节的行为显然会给出版商带来额外的收入。那么版权在数字世界中对出版商意味着什么？本章在后面部分将会对这个问题开展深入讨论。

（三）风　险

图书出版的传统商业模式建立在基于物理实体交易的基础上。这种传统商业模式存在一些风险问题，比如说，零售商会要求提高大幅度的折扣，出版商需要数月的时间处理退还的图书。当然，对于不同的出版类型来说，各自存在的风险程度也是不同的。比如说，大众出版就会比学术出版存在更多的不确定性。在大众出版领域中，往往需要为明星作者支付高额的预付稿酬；但是，在图书出版之后，出自明星作者之手的图书的销售情况可能并不如预期的那么理想。因此，这种商业行为是颇具风险的。如果大量印刷某本图书的复本，也存在根本卖不出去的风险。为了确保图书在书店具有较高的显示度，出版商需要花钱推销这本书，还要给零售商高折扣。在出版的数周之后，出版商才会收回之前的成本，因为零售商通常要求在为出版商支付之前有一段宽限期（即信贷期）。相对而言，期刊出版的商业模型更为安全，而且赢利更多。订阅者需要预先付费，事实也证明这个市场价格弹性很低。换言之，如果出版商提高定价，需求也不会明显降低。

图书销售商往往要求更高的图书折扣，在图书出版价值链中努力追求更高的利润。与此同时，图书的价格战已经降低了图书的实际售价。当图书的销售折扣高达50%的时候，图书的利润被大大压缩，甚至没有利润可言了。正如出版商试图通过直销的方式获取更多的利润一样，零售商也一直尝试自己开展出版业务。美国的巴诺书店在这个方面已经探索了多年。

出版商在试图改变传统的图书出版模式，麦克米兰的"新写作"计划就是其中的一个例子。该计划启动于2006年，通过该计划，新晋的小说作家可以直接拿手稿联系麦克米兰。在这之前，麦克米兰倾向于从文学经纪人那里购买新的小说；同时为了获得好的作者，麦克米兰必须在支付版税之前先支付预付稿酬。现在，如果作者希望在"新写作"计划下出版作品，这些条款都是不可协商的。为了获得更高的版税率，作者必须放弃任何的预付稿酬。这项计划在业内引起了不小的轰动和争议。对于这项作者收不到预付稿酬还有可能需要承担编辑成本的计划，《印象派》的作者哈里·库恩茨路将之形容为"出版业的瑞安航空公司；就像您要自己花钱去买制服一样"。文学经纪人娜塔莎·费尔韦瑟称这项计划"是在做无用功"。相反，麦克米兰认为这项新启动的"新写作"计划为众多的作者提供了"生命线"，因为这些作者的作品本来就很难到达文学经纪人的手里，更不用说到达编辑的手里了。(《卫报》，2005年4月30日)。

(四) 财务业绩

从财务的角度来看，出版商努力提高公司资本的回报率，提高公司的利润率，并回报股东。财务管理的目标如下：

(1) 将收入最大化，将成本最小化。

(2) 确定合理的作者版税，使其在保持具有竞争力的同时尽量降低版税。在大众图书出版领域，非常有必要评估预付稿酬的金额大小以及风险程度。

(3) 控制合理的库存。确保在图书出版之后尽快地售出大部分的印刷版图书；对于再版书目，库存够用即好。按需印刷技术正在改变出版商对库存的管理方式。

(4) 定期对再版书目调整定价（通常是提高定价），以符合当前的图书市场行情。

(5) 在保证管理有效性的同时严格控制公司的管理费用（比如员工工资和办公开销）。如果公司的利润下滑，必须削减管理费用。

(6) 如果能在供应商那里赊账，要尽量拖延支付现金的时间。比如延期给印刷商支付费用或推迟为作者支付版税。

(7) 尽可能地压低折扣优惠力度，在维持各个零售终端一定存货量的同时最大程度地减少其图书退还率。

(8) 尽快从顾客那里讨回拖欠款。

(9) 从资本提供者（比如银行）那里争取到最有利的条款。

(10) 只有在相比于外包项目或租赁设备而言具有明显更好的回报的情况下，才考虑投资固定资产（比如仓库和信息系统）。

(11) 变卖不能充分利用或效益不佳的资产，包括建筑和图书书目。

(12) 从国内外购置对现有业务具有有效补充作用的业务。

（13）定期预测在未来一段时间内的现金流（现金在公司、供应链上游和供应链下游之间以及在公司内部之间的流向）；即使一家原本赢利的公司也有可能因为越过借贷红线并最终破产。

财务管理的一项重要内容就是至少提前半年编制下一年度（或未来更长的时间）的财务计划和财务目标。编制财务计划的工作在一定程度上是基于过去的运营成本记录和对未来的预测（包括预测出版新书的成本以及新书和再版图书在下一年度通过国内外各种销售终端的销售收入）。部门经理也都会为自己即将开展的业务做好财务预算。随后，公司在每个月都会定期将实际的财务业绩跟计划做比较，也会跟去年的同期表现做比较。在比较之后，公司有可能会调整或更新计划本身。有些出版商会编制长达五年的滚动计划。出版商的年度利润和年度亏损清单反映了公司整体业务的成本结构。不同的出版类型和不同的出版商在公司业务的成本结构方面都是不太一样的。下面的数据可供参考。

出版商总的销售收入就是基于图书在国内外实际售价销售的总和，即已经扣除了折扣力度。假定收入为100%，扣除图书的生产成本（大约30%，上下浮动5%）、未售图书的报废成本（2%–10%）和版税成本（10%–15%），最后出版商保有的毛利在45%–55%。大众图书出版商可能还需承担为作者支付的不可回收的预付稿酬成本，但是他们也会从版权贸易中获得更多的收入。从毛利的角度来看，出版商的管理费用可以平摊如下：

编辑成本	5%–7%
制作和设计成本	2%–4%
市场营销和销售成本	5%–10%
广告和促销成本	3%–6%
订单处理和发行成本	8%–11%
日常管理成本	7%–12%

这些管理费用和支出大致总共为30%–50%。再把这些成本从出

版商的毛利中扣除出去，留给出版商的净利润为 9% – 12%（尚未扣除资本的借贷利息和政府税收）。在扣除利息和税收之后，出版商就会为股东支付股息，并将剩下的利润用于支持业务发展的再投资。

（五）公司估值

出版商的价值可以通过有形资产来衡量，比如建筑和库存；但是，更重要的衡量指标是它所掌握的作品版权。目前对于出版公司的估值（即被出售和被收购的市场价格）越来越倾向于建立在公司的财务收入和它们所属的出版类型。部分原因是因为显示出版公司资产的资产负债表很难被解读。比如说，公司所拥有的财产包括为作者支付的预付稿酬和库存的图书，但是为作者支付的预付稿酬可能永远都赚不回来，而库存图书的价值因为堆积在仓库售不出去而贬值；同时，出版公司隐性的债务则可能包括由于海外批发商会把上万册图书退还给出版商而造成的损失。相对于大众图书出版商而言，涉及法律、STM 和电子出版业务的出版商有可能以数倍于实际销售额的价格被另外一家公司兼并。这种现象反映了不同类型出版商对作品版权的控制程度。具体来说，在法律和 STM 出版领域，出版商对作品版权的控制程度更高，也更容易获得作品地域权和其他邻接权，潜在的风险也就更低。同时，在法律和 STM 出版领域，公司的赢利水平也普遍更高。

出版商通过创新创造价值，比如针对现有图书书目出版不同的版本。大型出版商努力维持创新的重要方式就是保持被自己兼并的小型出版商的传统特色。相对而言，小型出版商更有可能试用新的作者和新的版式。版权法赋予作品知识产权价值并为这些价值提供保护机制，从而推动出版创新。无形资产也体现了公司的价值，比如出版营业执照和公司声誉。作为一个专业术语，声誉代表了有助于形成公司竞争优势的诸多因素，包括商标和员工。如果公司被收购了，公司的无形资源就会以货币的形式直接体现出来。"声誉"收购方的资产状况表中就会出现被收购方的"声誉"及其价值。知识版权可以保护出版商的营业执照和公司商标不受他人侵犯。

二、知识产权

出版商拥有或掌握的知识产权包括作品的版权和许可。出版商可能拥有图书的所有版权（比如参考工具书），出版商也有可能是从作者那里获得许可。其他的知识产权也许是可以被注册的商标，商标的涉及范围则包括可以用作识别产品和服务的文字和图片等。

> *在英国，虽然版权不需要登记就可以自动取得，但是商标权只有在登记之后才会生效。*

出版商控制他们的版权和许可是有依据的，了解这些依据也非常重要。在当今的图书出版领域，出版商对于作品版权的控制基于版权法。版权属于一种保护方式，赋予作者和其他创造性艺术工作者合法拥有自己作品的权利。换言之，版权确定了作品是属于作者个人的专有资产。也正是因为作品是属于作者个人的专有资产，他们才享有将作品转让或许可给他人的绝对权力。

正是这些专有权使得出版商对作者的作品产生了兴趣。出版商希望从作者那里获取的就是专有权，借助这些专有权，出版商可以在最大程度上出版和销售作者的作品。如果没有版权法的保护，作者就无法给出版商授权，也无法要求对方支付报酬。同样，出版商也不会冒险去出版图书；因为一旦成功，竞争者就会马上复制这本图书。版权激励市场经济中的创新行为和保护作者的声望，这也是出版产业和其他文化产业共同的发展基础。

如果文学作品（文字作品、口语作品或演唱作品）希望获得版权法的保护，该作品必须具有"原创性"。也就是说，为了获得版权法的保护，作者必须为作品付出一定的努力。同时，该作品必须以书写形式或其他形式记录下来。版权存在于具体的文字表达之中。

> *图书的内容和题名不受版权的保护。*

在英国，版权的保护期限是作者生前及身后 70 年。过了版权保护期，作品就进入了公共领域。例如，如果一位作者于 1928 年 1 月 11 日去世，他/她作品的版权将于 1998 年 12 月 31 日起失效。这就是小说家托马斯·哈代的例子。原先，版权的保护期限是作者生前及身后 50 年。如果按旧的保护期限来计算的话，哈代的作品在 1978 年底就已经进入公共领域了。但是，为了与欧盟的做法保持一致，英国的保护期限在 1995 年延至作者身后 70 年。因此，哈代的作品在进入公共领域后又重新拥有了版权，直到 1998 年再次失效。出版商针对已经进入公共领域的经典作品（比如简·奥斯汀的作品）在定价方面展开激烈的竞争，因为出版商不再需要为这些作品支付作者版税。欧盟和美国的版权保护期限也是作者生前及身后 70 年。

员工在工作期间创作的作品的版权属于工作单位。如果出版商委托兼职编辑、插图作家、索引编撰者和软件工程师帮助完成出版的某些任务，通常会通过双方签署书面协议的方式来确保版权归出版商所有。页面的版面设计的版权也是属于出版商的，这项版权持续的时间为自作品出版起的 25 年。索引的版权归编撰者所有（除非已经转让给了出版商）；翻译的版权归翻译者所有。如果汇编作品（比如数据库）在选择作品和重新编排方面具有一定的原创性，那么汇编作品同样也具有版权。

(一) 人身权

根据《英国 1988 年版权、设计和专利法案》，作者还享有额外的法定权利，即所谓的人身权。这些人身权源于欧洲大陆的做法，具体包括以下几个方面：

1. 署名权

首先，人身权中的署名权赋予作者被公认为是自己作品的作者的权利。在实施这项权利保护之前，作者首先要主张这项权利。图书的版权页通常会声明作者的署名权。比如本书的例子。在版权页上注明"根据《英国1988年版权、设计和专利法案》，贾尔斯·克拉克和安格斯·菲利普斯已经主张对这部作品拥有版权"。

> 为了获得署名权，作者必须主张这项权利。

2. 保护作品完整权

第二种人身权是保护作品完整权，这一权利能够保护作品免受他人的篡改和曲解。

3. 避免错误署名权

第三种人身权是保护作品避免错误署名权，这一权利能够避免作者不会因为不是自己撰写的文字而得到署名。

4. 保护隐私权

人身权中的最后一个权利是保护个人的隐私权。比如说，个人委托摄影师拍摄结婚照，摄影师拥有照片的版权，但个人却拥有隐私权。

人身权在数字出版时代可能会越来越受重视。因为在数字出版领域，经常会涉及对作者和插图作家的作品进行大量的改编工作。新技术的应用和普及使得对作品的操纵越来越容易，同时发生侵权的概率也越来越大（比如没有注明原著作者姓名，甚至是剽窃）。作者也有可能会放弃对作品的人身权。如果出版商希望拥有图书在这个方面的版权，通常会要求在双方签署的合同中附加作者放弃作品人身权的相关条款说明。人身权中的署名权和保护作品完整权跟版权一样拥有相同的保护期限，而避免错误署名权的保护期限为作者生前及身后20年。

（二）版权或授权许可

出版商应该满足于与作者协商取得版权许可，还是应该完全拥有版权呢？从理论上来说，后者显然赋予出版商控制作品的更多权利。比如说，期刊出版商在过去往往取得所有发表在自己期刊上的论文版权。但是目前存在这么一个趋势，即图书出版商认为授权许可已经可以保证他们获取所需的版权了。授权许可是指由作者授权许可出版商出版和销售自己的作品，同时也授予出版商禁止他人复制该作品的权利。如果授权许可赋予出版商所有必需的权利，那么也就没有必要从作者那里取得版权了。休·琼斯和克里斯托弗·本森写道：

一份专有排他性的出版授权许可如果涉及的条款非常全面（比如包括允许出版商在必要的时候采取法律行为这样的条款），就可以满足出版商大部分的需求。许多评论员把出版授权许可比作是取得房屋的租赁权（而非通过购买房屋获得房屋的所有权）。如果租赁期够长，而且能够满足各种目的，其价值也就不会亚于所有权。（琼斯和本森，第74页）

英国的版权法可以保护英国境内的版权所有者的权利。对于那些未经允许就擅自使用自己作品的个人或组织，版权所有者或者专有许可证持有者可以把他们告上法庭。在系列国际条约和协议的框架下，在英国受版权保护的作品在全球范围内也是受到保护的。这些国际条约和协议包括始于1886年的《伯尔尼公约》和1996年签订的《世界知识产权条约》。根据1952年签署的《世界版权公约》，图书的所有副本都应该提供版权声明，就像您在本书的版权页上看到的标准措词：© 贾尔斯·克拉克和安格斯·菲利普斯 2008。这里给出的日期就是图书的出版年。如果出版图书的新版本，则提供新版本的出版年。正如本书的这个例子，版权可以为多人共同所有。

根据通用的版权公约的规定，要求受版权保护的作品需要标注©，即版权的标示符。

（三）授权许可

如果作者需要引用其他作者作品的内容，通常需要事先征求出版这部作品的出版商的许可。出版商往往代表作者本人拥有汇编和引用的权利。但是，根据《英国1988年版权、设计和专利法案》，如果引用是在允许的范围内（比如引用的内容是用于"评论"），就不需要事先证得对方的同意了。作家协会和出版商协会将下列的使用行为视为"合理使用"：

（1）摘录的单词不超过400个；

（2）对文章进行多次摘录，每段摘录的单词不超过300个，总摘录单词不超过800个；

（3）从诗歌中摘录的行数不超过40行（在没有超过诗歌总行数1/4的前提下）。

所有摘录的内容仅限于用于"评论"性质的文章。（societyofauthors.net，访问时间为2007年8月21日）

如果引用图书中的插图，则需要征得出版商或插图原出处（可能是图书馆或美术馆）的许可。获得使用网站内容的许可往往会比较困难，因为很难追踪到最原始的版权所有者。

（四）数字版权管理

数字化大大降低了图书复制和发行的成本。但是，来自作者和出版商的信息和创意从时间和金钱的角度来看都是非常昂贵的。出版商靠销售信息和创意谋生，并努力制止他人的非法复制。他们十分担心自己的作品会流入到网络上，这意味着他们收不到来自用户的付费。所有旨在控制用户使用的技术手段被称为DRM（数字版权管理）。正如休·琼斯和克里斯托弗·本森写的，DRM不仅仅只是技术加密：

DRM允许版权所有者借助诸如DOI这样的元数据标识符明确自己对作品拥有知识产权。DOI是数字对象唯一标识符，目前在出版界正在被广泛使用……DRM 为潜在用户在一个可值得信赖的授权许可的环境中提供了与版权有关的付费和访问条件。除此之外，DRM 还能够追踪作品的被使用情况，并帮助作者收集收入。（第 134 页）

现在为 DRM 设计的许多软件都存在不少问题。经常有黑客攻破 DRM 系统，每次系统授予某位用户以密码形式访问某项内容，但随后就有人破译了该密码。世界各地的黑客都在破译密码，然后把破译后的内容放在网络上供他人自由访问。如果有用户扫描一本印刷图书，然后把电子版放在网上供他人免费使用，其实也就是避开了 DRM 的限制了。

当读者购买一本印刷版图书的时候，基于"合理使用"的原则，出版商很难再对用户的其他"深入使用"行为另加限制。

如果您阅读一本图书，这个行为不会受到版权法的制裁。如果您转售一本图书，这个行为不会受到版权法的制裁……如果您睡在这本图书上，或者用这本图书支撑一盏灯，甚至是允许身边的宠物咬这本图书……这些行为也都不会受到版权法的制裁，因为所有上述的这些行为都没有再为图书制造复本。（莱西格，第 141 页）

但是，对于电子书的使用却可能会存在诸多限制，因为读者是基于特定的许可条件购买这本图书的。读者通过互联网访问图书的时候，就会产生复本，这个时候版权法就产生了效力。出版商对用户阅读同一本电子书的次数是有限制的，不管是打印出来阅读，还是拷贝给其他的阅读设备。

既然消费者对数字内容的使用是基于许可协议的，所以对于出版商来说，他们必须承担这么一个风险——消费者足够诚实和值得信赖，他们不会滥用所获得的权利。一个很好的例子便是出版商通过图书馆把数字内容许可给大学。通过这种许可方式，用户群体是事先明确界定好的，也就是这所大学的教工和学生，他们通过登录加密的系统，得到身份认证后，才可以访问机构站点。身份认证系统可以确保出版商能够识别任何来自用户群体之外的访问并阻止这种行为的发生；身份认证系统也帮助大学更好地承担自己的责任，以免发生对出版商的侵权情况。

（五）版权的未来

如果没有版权制度，出版商便无法防止作品被任意复制。图书将会被随意地影印、打印和贩卖，而复制图书的人员或机构不需要给版权所有者或版权许可证持有者支付任何的报酬。因此，出版商会很自然地担忧任何破坏版权制度的举动。他们目睹在音乐产业中正在发生的变化，音乐被免费下载并免费分享就是一个明显的趋势。他们开始担忧公众态度的转变和图书的数字化将会导致类似的情况也发生在自己的身上。如果类似 iPod 这样的电子设备作为图书的阅读设备迅猛发展，消费者会不会共享内容，而作者和出版商会不会得不到公正的回报呢？

大型的图书数字化项目都是由商业出版公司、图书馆和技术公司（比如谷歌）开展的。谷歌从大型图书馆（包括纽约公立图书馆和牛津博德利恩图书馆）搜集了大量的已经过了版权保护期限的公共图书，并对它们开展数字化扫描工作。谷歌也对来自众多出版商的图书进行数字化扫描，并允许用户以题名检索图书，然后为用户提供购买印刷版图书或访问电子版图书的链接。出版业界对谷歌的做法有两种不同的看法。有些人支持谷歌，认为这是开展图书营销的一种新的手段；也有人担心这种行为是在用户没有付费的情况就为他们传播出版商的图书，这种行为跟音乐产业中所发生的情况一样，最终导致免费下载量的增长。

对于有些作者而言，他们希望看到自己的作品（文本或图片）能够在更大范围内传播，因此会认为现行的版权制度并不能充分地满足他们的需求。如果出版商每年只是销售少量的图书，作者也只是收到为数不多的版税而已，那么是否存在一种更好的方式呢？创建于 2001 年的"创作共用协议"就是一种积极的尝试，该协议为作者在被广泛应用的出版商许可协议之外提供了将作品授权给出版商的另外一种方式。作者基于"创作共用协议"提供自己的作品并不意味着放弃自己的版权,而是说基于某种条件把自己的部分权益让渡给公众。(creativecommons. org,访问时间为 2007 年 8 月 21 日)比如说,摄影师可以选择以"创作共用协议"发布自己的作品,只要用户注明出处,就可以自由地复制、分发和展示这些摄影作品。作者这样做的目的就是让更多的人可以有机会看到自己的作品。

在期刊出版领域,开放存取运动开展得如火如荼。开放存取运动认为受公共资助的研究成果(尤其是在自然科学和医学领域)应该为公众免费提供服务。目前有些主流的出版商也为作者提供开放存取选择。如果作者本人、所属机构、科研资助机构(这种情况更为常见)为论文的发表提供出版费,这篇论文自出版之时就为读者提供免费访问服务。"作者付费"模型的可持续性还有待时间的检验。开放存取也鼓励作者的"自存储"行为。期刊出版商通常允许作者将论文的预印本发布在自己的个人主页上(所谓"预印本"是指论文在评审之前的版本),有些也允许作者将论文的后印本(即正式出版之时的版本)存储在所属机构的机构知识库中。当然,开放内容模式也是建立在保留版权的基础上的,发布开放内容许可的最早倡议就是由版权所有者本人提倡的。

> **机构知识库是指存储机构成员的研究性论文的数字文库或数据库。**

如果图书的数字出版变得跟期刊出版一样普遍,图书的版权制度是否也会迎来更大的变化呢?纸质图书的出版仍然会遵循出版商熟悉的出版模式。他们对纸质图书非常熟悉,对其运作也得心应手:销售以物理实体存在的图书,并产生销售收入,用于弥补之前可预见的出版成本。数字出版则给出版业在版权运作方面带来了很多的不确定性,比如,谁会控制图书的知识产权(出版商还是诸如谷歌这样的技术商)?控制的方式又如何?

附

参考文献

艾瑞克·德·贝尔莱格,《作为商业的英国图书出版业:自从20世纪60年代以来》,大英图书馆出版社,2004(Eric de Bellaigue, British Book Publishing as a Business since the 1960s, British Library Publishing, 2004).

比尔·叩普,安格斯·菲利普斯(编),《图书在数字时代的未来》,钱多斯,2006(Bill Cope and Angus Phillps (editors). The Future of the Book in the Digital Age, Chandos, 2006).

休斯·琼斯,克里斯托弗·本森,《出版法》(第3版),劳特里奇,2006(Hugh Jones and Christopher Benson, Publishing Law, 3rd edition, Routledge, 2006).

安德鲁·基恩,《门外汉的崇拜》,尼古拉斯·布里厄利,2007(Andrew Keen, The Cult of the Amateur, Nicholas Brealey, 2007).

劳伦斯·莱西格,《自由文化》,企鹅,2004(Lawrence Lessig, Free Culture, Penguin, 2004).

尼古拉斯·尼葛洛庞帝,《数字化生存》,霍德&斯托顿,1995(Nicholas Negroponte, Being Digital, Hodder and Stoughton, 1995).

蒂姆·奥莱利,《Web2.0是什么?》,2005年9月30日(Tim O'Reilly, "What is Web 2.0?", 30 September 2005),网址是www.oreillynet.com,检索时间为2007年9月3日.

丽奈特·欧文,《版权贸易》(第5版),劳特里奇,2006(Lynette Owen, Selling Rights, 5th edition, Routledge, 2006).

安格斯·菲利普斯,《图书还有未来吗?》,收录在由西蒙·埃利奥特和乔纳森·罗斯主编的《书史指南》,布莱克威尔,2007(Angus Phillips, "Does the Book Have a Future?", in Simon Eliot and Jonathan Rose (editors), A Companion to the History of the Book, Blackwell, 2007).

迈克尔·波特，《竞争优势：创造并维持更好的业绩》，自由出版社，1985（Michael E. Porter, Competitive Advantage：Creating and sustaining superior performance, Free Press, 1985）.

迈克尔·波特，《战略与互联网》，发表于《哈佛商业评论》2001年3月份期，起讫页码是63 – 78（Michael E. Porter, "Strategy and the Internet", Harvard Business Review, March 2001, pages 63 – 78）.

约翰·汤普森，《数字时代的图书》，珀勒缇出版公司，2005（John B. Thompson, Books in the Digital Age, Polity Press, 2005）.

网络资源

www.jisc.ac.uk 联合信息系统委员会，该网站提供了关于开放存取的相关白皮书

www.creativecommons.org 创作共用协议网站

考家视点：Web2.0 和出版：变革、挑战和机遇

艾伦·诺伦（奥莱利媒体公司副总裁）

在2007年的夏天，我拜访了一位就职于一家知名纽约出版公司的同行。这家出版公司的大楼在这个行业中堪称标志性建筑，大楼高耸，玻璃墙面，宽敞的大厅，大厅里面的玻璃展示箱中摆放的都是销量超百万册的经典作品的首版。公司的员工也有好几千号，所有的员工都在服务于这部机器，精心"照料"着传统的但日益过时的出版工序。这次的拜访饶有兴趣，但与我之前拜访其他出版公司的经历非常相似。相似之处就是出版从业人员在面对整个社会和整个行业的快速变化的时候普遍存在担忧和畏惧情绪。这种变化类似于之前发生在音乐产业的身上，没有人能够明确未来的道路该如何走。

这种变化在很大程度上归因于被称为Web2.0的网络现象。Web2.0商业模式的特点是内容创建容易和操作应用便捷。跟以往任何事物相比，Web2.0的这种特点能够对拥有多年运作历史的传统商业模

式轻易地造成重大影响。这在出版和媒体领域更是明显，试举几个例子。克雷格列表只有28名员工，却被谴责为将整个美国的报纸产业屈膝在它的脚下；维基百科是一个基于用户创建内容的非营利性网站，却严重缩减了曾经被《不列颠百科全书》所主导的每年6.5亿的百科全书行业的年度收入；任何一个文档分享网站都使得用户可以像下载自己的电子邮件一样非常方便地下载最新的音乐、电影和图书；Youtube是一个视频分享网站，被它吸引的观众比几大传统电视公司所吸引的观众总和都还要多。

在奥莱利，我们自己的业务也同样受到影响，并且我认为我们处于出版变革的最前沿。一方面是因为我们出版内容性质的缘故（我们出版的是计算机图书和技术类图书）；另一方面也是因为我们的大多数顾客都能非常熟练地使用网络。

但这不是一个独特的现象。有人曾经说过年轻人的责任就是要去摧毁过去，在历史的时空中漫步，犹如穿越于那些曾经看起来牢不可摧但最终死于创新潮流的诸多行业。出版业现在最大的麻烦就是太多的行业翘楚更加卖力地维护现行的商业模式而不去思考创建新的模式。与此同时，一些宅在家里或坐在咖啡店的年轻人却在创造这个行业的未来。

我的意思是说，未来是属于那些在思考下一代出版模式的人。用户对优质内容的需求不会消失，正在发生变化的是内容制作和传递方式、商业模式以及游戏规则。这是一个令人激动的时代。

在最后，我要给出一条建议：像新手一样思考问题。正如著名的禅修大师铃木俊隆所说的，"在新手的头脑里，可能性到处可寻；在专家的头脑里，可能性却无处可寻"。

专家视点：如何评估出版公司的价值

艾瑞克·德·贝尔莱格（《作为商业的英国图书出版业：自20世纪60年代以来》一书的作者）

对出版公司的估价在以下几种不同的情景中尤为重要，在这些情况下，它们面临估价的压力：

（1）在出版公司的主要股东去世的时候。这种情况经常发生在私人企业中，为了征收遗产继承税的目的评估公司市值。

（2）当出版公司卖给另外一家公司的时候。这可能涉及一家独立私企的整体售卖（比如创办人希望实现自己的投资目的）；也可能涉及公司内部的一个部门或甚至只是一份出版书目清单的售卖（根据要求也需要对这些部门或书目清单进行估价）。

（3）当出版公司获得在股票市场中挂牌机会的时候。有时在挂牌的同时招募资金。

（4）当出版公司收到其他公司或金融集团（比如私人直接投资公司）投标的时候。这些投标可能是各方协商的结果，也可能是未经协商对方直接提出的（这种投标往往被认为是带有敌意的）。如果有多家投标方进入竞争环节，这个过程很有可能会演变为拍卖。

一方面存在上述多种情况，另一方面对出版公司的估价也需要符合出版产业类型多样化的特征。其中，最主要的出版类型为大众出版、教育出版、STM 出版和法律出版。许多出版集团的出版兴趣往往跨越多个出版类型。

尽管在为出版公司估价的时候，涉及的因素千变万化；但是人们普遍认为应该把销售额作为基本的指标。虽然销售额是一个比较粗略的衡量指标，但却具有相对明确的优点，而利润作为一个指标却不太明确。因为不同公司对利润的统计方法存在差异，私人公司与公立企业的报表方式也不太一样，比如不同的大型出版集团把管理费用平摊到各项出版活动的方式也存在很大的不确定性。

销售数字往往跟支付金额相关联，这被描述为销售额的倍数。举个例子，如果出版公司的码洋是 150 万英镑，实洋是 100 万英镑，那么就说公司的价值是销售额的 1.5 倍。在公司的资产表中，其他所有的资产都会添加进去，最后的价格才是这家公司被收购的价格。同样在这个例子中，假设把其他所有的 25 万英镑的资产加上去，那么公司的总价值就会上升到 175 万英镑，也就是销售额的 1.75 倍。

把这个测量方法运用到各个出版领域，基于过去 15 年的数据就可以得出各个出版领域的不同结果。具体数据附在下面。在各大出版领域内部，可以找出通用的模式。其中，法律出版公司的市值最高，其次是 STM 出版公司和教育出版公司。大众出版公司虽然是最吸引人的出版领域，但在这个方面却排在后面。

从销售额倍数的角度看出版公司的市值：

（1）大众出版公司：0.7 – 0.8 倍；

（2）教育出版公司：1.7 – 2.5 倍；

（3）STM 出版公司：1.8 – 4.0 倍；

（4）法律出版公司：2.5 – 4.2 倍；

（5）跨领域出版公司：2.0 – 3.4 倍。

专家视点：开放内容授权许可

理查德·麦克拉肯，ECCH 总裁

通过互联网和其他数字网络媒介对内容进行在线发行和传播使得很多个体用户第一次开始直接跟版权打交道。许多用户（尤其是来自学术界的用户）往往访问并共享研究成果或者在线查询教学素材，这个时候他们发现传统的版权许可模式既费时又令人沮丧。在这种令人失望的情况下，相关人士提出了"开放内容"的概念。换言之，有关人员开始启动一系列能够轻松地访问和共享数字内容的许可模式，而不需要涉及复杂的版权管理和许可谈判。

作为术语，"开源代码"和"开放内容"经常交互使用。但是，"开源代码"通常用于开放软件的发布和交换；而"开放内容"指的是其他类型的媒体内容。在开放内容许可的框架下，用户能够出于复制或再使用的目的方便地获取文本、图片、音频文档或者多媒体素材。

目前存在许多标准的开放协议，其中最常见的要数"创作共用协议"、AEShareNet 协议和 GNU 协议。每种协议在文本规定方面会有所不同，相对于其他的协议，每种协议会更加适用于某些类型的开放内容。但是，所有的开放协议都具有几个共同的特征：

（1）用户可以复制、分发和展示作品，可以以任何格式制作作品的复制品；

（2）许可的使用范围是全球性的，而非地域性的；

（3）不用启动数字版权管理限制用户对作品的访问；

（4）必须在作品中或随作品之后声明版权；

（5）必须要注明作品的出处。

目前最常用的开放内容许可协议恐怕要属创作共用协议。劳伦斯·莱斯格是斯坦福大学的法学教授，他被公认为是创作共用机构或创作共用运动的主要倡导者之一。这位法学教授提倡在全球范围内推广开放内容。作品以创作共用协议发布的目的是使自己能够被他人方便和快速地使用或改编，而不需要等到版权失效或协商的那一天。跟传统版权的许可协议不同，创作共用协议是以标准化形式运作的，每条内容都链接了创作共用协议，这样用户就能轻松地查看许可条款。当然，创作共用协议的具体形式是多种多样的，每种形式都具有上述罗列的共同特征，但彼此之间又存在一些差异。这些不同形式的创作共用协议允许授权者标注额外的信息以表明作品被允许使用的具体方式，授权者可以根据回答下面几道非常简单的题目来标注额外的信息。

（1）是否允许用户出于商业目的使用作品？

（2）是否允许用户创作演绎作品，还是必须保持作品的原始形式？

如果允许用户创造演绎作品，使用者也必须基于原始作品的授权协议发布该作品。这就是所谓的"以同样的方式共享"。

在创作共用协议的网站上，列出了个人或机构基于该协议发布的具有代表性的作品。有些主要媒体机构已经选择基于创作共用协议或类似的协议发布他们的部分内容。比如说，BBC 和第四频道在创作共用协议的基础上出炉了自己的修订版，并基于修订版发布自己的档案素材。图片分享网站 Flickr 使用创作共用协议，英国开放大学也使用创作共用协议通过自己的开放教学网站发布教学素材。

很容易了解为什么个人或公共机构会选择开放自己的内容。"开放"的理念跟政府关于访问公共信息的政策和有些教育研究机构的公共性质不谋而合。对于商业出版机构来说，最大的难处在于评估开放内容许可模式在多大程度上是个机会还是个挑战。有些分析家认为商业市场或许可以建立在开放内容的基础上。开放部分内容或许可以起到宣传效果或达到营销目的，从而提高企业的品牌和声誉，或者也能帮助企业实现增值服务（比如咨询服务）的商业利润。

第6章 作 者

作者的写作动机因个人特质及图书类型有所不同。作家写作诗歌和小说可能完全是内心喜好的驱动，他们是因为喜爱写作而写作；科研人员写作是出于职业发展和职称晋升的需要；专业作家以写作为生，写作就是他们的工作。

> 小说家珍妮特．温特森认为写作是自己要奋斗和追求的事情。

对于许多作者来说，写作的现实就是经济回报较低。作家许可和集体协会于2007年发布了一份调研报告，该报告显示了英国作家的平均年收入为16531英镑，大多数作家的平均年收入只有4000英镑。对于那些成功的作家，回报会非常丰厚，排名前10位的作家的经济收入占总额的半壁江山有余。另外，调查对象中只有20%的作家完全是靠写作为生的。

有些作家在写作方面安排得井然有序，丹·布朗就是其中的一位。在2006年的《达·芬奇密码》案件的审判过程中，丹·布朗在伦敦高院的辩词中声称：

写作也是一门学问，跟演奏乐器极其相似；需要坚持不懈地练习和训练写作技能。正因为如此，我一周坚持七天写作。每天早晨4点钟左右在无人打扰的时候我就开始工作。我把写作看成是每天中最为重要的事情，赋予写作在我的生活中的崇高地位，这样做有助于保持写作动力。如果哪天日出之时我没有坐在书桌之前，我就感觉自己错失了一天中最有效率的时光。为了早点开始工作，我在书桌上摆放了一个陈旧的沙漏，每隔一个小时，我就做几个俯卧撑、仰卧起坐，有时也会伸伸懒腰。我发现做点运动有助于保持血液流通，同时也能保持思路畅通。(《书商》，2006年3月31日)

《达·芬奇密码》在出版的头一年就销售了大约4000万册，为丹·布朗带了巨大财富。但是，对于许多作家来说，通过写作赚钱倒是其次，将文字变成白纸黑字所带来的愉悦本身就是一种对写作的回报。世界上绝不缺乏希望出版自己图书的作者。那么，作者怎么才能着手出版自己的作品呢？传统的做法就是把自己的手稿寄给多家出版商，寄希望于能够引起某位编辑的兴趣。毕竟，J. K. 罗琳在被布鲁姆斯伯里相中之前曾经被多家出版商拒绝。现在尽管有些出版商仍然接受大量非约稿类的来稿，但这种做法已经不太普遍了。在大众出版领域，许多出版商不太接受非约稿类的来稿了，所以作者首先要联系一家代理商，这在当下的出版界中是非常重要的事情。代理商每月收到的来稿多达上百篇，因此被采纳的概率比较低，但有些新人确实是通过这种方式被发掘的。罗伯特·麦克拉姆写道：

在这个竞技舞台上，每天都上演着非常繁荣的交易活动，文学经纪人和出版商不断地收到各种电子邮件。作者在邮件中添加各类附件(包括样章、大纲、图书计划书、故事梗概和较为夸张的市场潜力说明书)，以寻找可能的买主。(《观察者》，2004年11月14日)

大多数直接投给编辑的学位论文都不能如愿出版，但少数确实最后能成为专著。如果教科书不是出版商主动邀请作者写作的，这样的教科书在结构方面通常很难具有商业吸引力，但同样偶尔也有少数未经主动邀请的教科书被出版商相中并出版。在非虚构类图书和教科书出版领域，出版商总是希望在写作的第一阶段能从作者那里获得图书写作计划书。所谓计划书就是图书的大纲，列出写作的要点有助于出版商判断这本图书的潜在商业价值。这样做的好处就是作者只有在跟出版商签署协议后再开始写作,不需要承担完成书稿后却无人愿意出版的风险。

图书计划书的主要内容罗列如下:

(1) 题名。题名必须能吸引读者的眼球,这对图书的成功至关重要。

(2) 简介。简要概述图书的主要内容和潜在市场。

(3) 目录。提供图书的架构,并说明每个章节的大致内容。

(4) 读者。谁将会购买这本图书,读者对象是谁?这里的问题可能会是提供过于笼统的读者对象,不能只是笼统地说谁有可能需要这本图书或对这本图书会有兴趣。(另外一个类似的问题就是试图把这本图书推向太多的用户群体)。对于一本关于网球的图书而言,需要清楚这本图书是否有助于人们学会如何打网球?对于一本商科的教科书来说,需要明确其读者对象(是大一本科生还是研究生?)。

(5) 市场竞争。成功的作者深谙潜在读者行情,同时也对具有竞争关系的图书情况了如指掌。自己的图书如何跟市面上现存的同类图书区别开来,并如何在它们的基础上有所提高?存在同类图书也许并不是坏事,因为至少可以说明这类图书是有市场的。

(6) 营销计划。如何对这本图书开展营销活动呢?营销计划可以包括即将来临的重要事件或周年纪念活动、能够勾起媒体兴趣的噱头以及跟这本图书有关的重要人物。

(7) 作者信息。这是指作者的个人信息(比如之前的出版记录)。对于非虚构类图书作者来说,非常有必要提供能够证明自己在写作领域处于专家地位的相关证书。出版商对作者能否成为媒体宣传的卖点会有兴趣,比如说对于那些首次出版的小说作者。作者在这里也可以展示自己推广的才能,比如拥有自己的网站或博客。来自偶像图书出版公司的西蒙·弗林非常强调作者个人背景的重要性:

除非图书本身非常叫卖,否则很有必要看看作者对图书的营销是否有帮助,比如我们如何利用作者开展公众宣传。这对于图书推广来

说是个额外的噱头。如果作者被公认为是专家，这显然对图书的推广会起到一定程度的作用。(《卫报》，2007年10月6日)

在图书计划书中，还可以包括其他的材料，比如样章。在样章中，不应该出现拼写错误或文法错误。

当作者自行完成或在代理商的帮助下完成图书计划书后，就可以发送给相关出版商的编辑。如果编辑对图书计划书感兴趣并希望有所作为，会提出自己的修改意见，并将修订后的计划书传给从事销售工作的决策制定者。最终的决定通常是在由多方人员参与的编辑会议上敲定的。

着手出版和自助出版

出版图书可能是件非常困难的事情。对于作家来说，一般是在小型出版商那里开始自己的出版生涯。与大型出版商相比，小型出版商在策划书稿方面不是那么保守，他们的难处是没有足够的资金留住那些已经成名的作家。

> *2007年的一项民意调查显示"在令人向往的职业列表中，将近10%的英国人梦想成为作家，排在后面的职业分别是体育明星、飞行员、宇航员和组织管理者"（《卫报》，2007年8月21日）。*

现在出版界的某些潮流趋势会影响出版商对图书类型的选择。比如说，"在2006年的畅销平装本图书中，有11本都是悲惨的回忆录。这11本图书的总销售量为190万册，销售收入也颇丰。在畅销的前100位平装本图书中，这11本占了单位图书销售额的8.8%"（《书商》，2007年2月23日）。悲惨的回忆录是最近一段时间的热门图书，尤其受到超市顾客的青睐。作为对这种现象的一种积极响应，出版商出版了更多的经历过心灵创伤（比如受到虐待、毒瘾或来自不正常家庭）的作家的忏悔故事。名人回忆录也颇受读者欢迎，其中许多都是由专业操手撰写的。当然，最有看头的当属名人的悲惨回忆录了。

出版商通常会跟首次出版的小说作者签署两到三本小说的出版合同，这样做在一定程度上可以确保签约的小说作者能够出版一本成功的小说。如果作者首次就取得成功，这往往是成功和压力并存的事情，因为出版商会给他们施加压力，让他们出版另外一本畅销书。如果作者出版的头几本图书市场表现平淡无奇，出版商就很有可能抛弃他们，转向被认为更具"可推广价值"的新人（比如被有些人认为是更年轻更美貌的新人）。

现在可供作者选择的出版渠道更多了，其中就包括自助出版。自助出版是基于网络媒介的一种廉价出版形式，目前基于印刷媒介的自助出版成本也越来越便宜。网络为作者提供了各种类型的自助出版。比如，在同人文小说领域，基于《哈利·波特》系列丛书中的人物创造的新小说就不计其数，这些小说基本都可以通过网络在线阅读。对于纸质图书出版来说，按需印刷技术的发展意味着图书的印刷数量可以很低，甚至只有一本也可以印刷。有些公司为作者提供了廉价出版的渠道，比如创建空间（隶属于亚马逊），作者屋和卢鲁网站。只有读者在卢鲁网站上下订单后，这本图书才会被打印并邮寄给预订者。卢鲁是由数字创业家鲍伯·杨创办的，因为他察觉到市场上需要有一种渠道帮助作者出版诸如诗集和技术手册这样的小众读物。"相对于目前市场上由少数几家主要出版商提供的非常狭窄的渠道，我们认为卢鲁为将这些作品推向市场提供了更好的方式"（《独立报》，2005年12月12日）。但是，采用自助出版形式的作者也通常发现图书销售商并不愿意存储他们的图书。

出版商一直努力从原创博客或大量创意写作课程中挑选合适的书稿。布鲁克奖创建于2006年，用于颁发给那些源自博客的优秀图书。首届布鲁克奖花落于2005年出版的朱莉·鲍威尔的《朱莉与朱莉娅》。在获奖之前，这本图书的销售超过10万册。朱莉·鲍威尔先是在她的博客之后又在她的图书中详细叙述了如何根据《掌握法国烹饪艺术》一书烹饪524种不同食品的配方。其中，第一天的第一个配方被命名为"由韭菜和土豆铺设的通往地狱之路"。布鲁克奖评审团的主席科里·多克托罗先生把鲍威尔的图书描述为"是震撼心灵和好玩有趣的谈资，这是她的自我发现之旅"。博客也为出版商提供了一个测试市场反应的平台，看看作者和他们的作品在多大程度上能够吸引和留住读者。网络上也有一些同行评审的网站，作者可以把部分章节和短篇小说发布在上面，以征求同行的意见。

在2007年，全球活跃博客数量超过8亿个。

近些年来，英国涌现了许多创意写作课程。著名作家伊恩·麦克尤恩是第一位出现在东安格利亚大学创意写作硕士课程班上的作家。这个硕士课程班的课程主管是马尔科姆·布雷德伯里和安格斯·威尔逊。最近，玛琳娜·柳薇卡的第一部小说《乌克兰拖拉机简史》就是在她参加谢菲尔德哈勒姆大学创意写作课程班的时候被一家代理商相中，最终出版于2005年，那时她已经58岁了。

在我的抽屉里，有两本已经完成但尚未出版的小说，还有一堆出版商的拒信，以及许多只是开了头但就发觉不能继续的书稿。因此，我就好像一直在写作上忙来忙去。事实上，自我有记忆以来，我就一直在撰写诗歌、剧本和小说。我的第一篇诗歌是四岁的时候写的，所以您可以说我是一个"大器晚成者"。至于《乌克兰拖拉机简史》这部小说，我10年前就开始了，就是每天下班后晚上有空的时候写一点。后来我决定参加创意写作硕士课程班，正是这个决定激励我完成这部小说。在完成后，我又搁置了大约一年半的时间。（loaded-shelf.com，访问时间2007年5月16日）

在英国，近些年也出现了一些为作者提供服务的咨询机构。在收取费用后，这些咨询机构为作者评估书稿的质量和市场前景，并提供文字编辑服务。基于2005年对作者需求的调研，作家服务这家咨询机构提供下列帮助作者出版图书的建议（writersservices.com，访问时间为2008年2月24日）：

(1) 成为记者，或者撰写社论（这将为您提供人际圈）；

(2) 做好撰写读者所需内容的准备；

(3) 准备好至少联系10家代理中介或出版商的准备；

(4) 不要忽视自助出版。

作者代理商

为了反映代理来自不同出版领域的作者的事实，"文学经纪人"现在被称为"作者代理商"。作者代理商大多位于伦敦地区，其地域优势方便了他们与主要顾客的联系。他们的主要顾客是虚构类图书编辑和非虚构类图书编辑，这些编辑来自成年和儿童图书出版商以及其他的媒体公司。作者代理商的业务就是代表作者把图书的版权销售或许可给国内外不同的媒体公司（包括但不局限于图书出版商）。作者代理商在作者收入的基础上收取一定的佣金，佣金一般是作者国内销售额收入的10%－15%，如果是国外业务的话，则通常会上升至20%。随着管理成本和销售成本的不断提高，英国作者代理商目前收取的佣金比以往至少提高了10%。如果是把图书销售给电影和电视公司，佣金往往在15%－20%之间。具有相当实力和影响力的作者代理商集中在英美传媒产业；在欧洲大陆和其他地方，作者代理商并不多，而且大多数都是英美作者代理商或出版商的子公司。英国的母公司收取20%的佣金，子机构分享其中的一半。有些英国作者代理商直接向非英语的市场销售图书。市场上也有一些所谓的"文学探星"，他们发现新的作者或者找到在其他国家或地区已经有点名气的作者后，就把这些信息通报给作者代理商和出版商，并从中赚取一定的小费。

作者代理商所服务的市场是个日益两极化的市场环境，在这个市场当中，少数最为畅销的作者可以收到超过10万英镑的预付稿酬，而大多数的作者所得的预付稿酬往往不到1万英镑。作者代理商在这两类作者身上所花的时间是一样的，但是其经济回报却相差很大。比如说，一家作者代理商帮助作者争取到6000英镑的预付稿酬，自己收取15%的佣金，那么他们的所得就只有900英镑。

> 在2003年，米歇尔·佩弗（《狼兄》的作者）与一家出版商签约了出版6本图书的合同，并为此取得了180万英镑的预付稿酬。

作者代理商往往代理多位专业作家，也就是那些以写作为生的作家。虽然也有一些作者代理商会审理来自未经约请的来稿，并收取一定的审阅费用；但是大多数作者代理商不太鼓励这种方式，他们只会接受来自可靠来源推荐的新客户，这些所谓可靠的个人推荐包括媒体和他们自己的其他客户。作者代理商往往经营相对固定数量的作者，他们接受新的顾客可能就会意味着需要放弃老客户。作者代理商一般很少代理来自学术界的作者，除非他们的作品具有较大的读者群体。作者可以多次提交书稿，也就是把书稿同时提交给多家作者代理商；但是，作者务必要慎重使用这种做法。作者代理人安德鲁·劳尼曾说：

作者代理商理解作者将稿件同时提交给多家代理商的做法，但不喜欢所谓的"美女游行"。代理商不太喜欢被告知自己只是被提交的一百家中的其中一家。不过作者的时间是宝贵的。如果代理商觉得作者应该另投他处，应该一开始就得拒绝作者。作者对于一稿多投应该保持沉默，在同一时刻就投少数几家，然后根据反馈意见进行适当修改。（andrewlownie. co. uk，访问时间为2008年2月22日）

当作者代理商代理了某位作者之后，他们的工作就是为作者的图书寻找最合适的出版商以及最合适的编辑。文学出版商乔纳森·凯普很少会签署商业性较强的图书。汤姆·马什勒在他的个人回忆录《出版人》中提到，有一次他收到了来自文学代理人狄波拉·欧文寄来的稿件《一分不多，一分不少》。这部稿件的作者在当时还不为人所知，他就是杰弗里·阿切尔。

她没有说这是第一次投稿，但是从某些作者代理人往往喜欢误导出版商的行为方式来看，这其实暗示了某些东西。阿切尔这本图书最能激起我的好奇心的是他本人也参与了一场欺诈案并丧失了大笔金钱，包括他自己的和别人的。现在他写了这么一部惊悚小说，这部小说的主人公跟他本人很像。同时，他撰写这本书的目的是为了赚钱还债……我发现这种别出心裁的类比是很容易激起读者的好奇心的。因此，尽管这本小说的写作水平一般，但我最后还是签署了出版合同。我必须承认我之所以做出这个决定，部分是因为觉得杰弗里是一位很有抱负的人，他会在任何他投入精力的领域中获得成功。（第200页）

作者代理商从商业的角度经营作者的写作职业生涯。比如，为作者的作品寻找合适的出版商；激起出版商争夺作者作品的竞争（为图书设立竞标活动）；与出版商谈判争取最有利的条款；站在作者的立场将合同提交给许可方；向出版商咨询预付稿酬金额和版税额度；以及为作者追款等。

本书在第八章给出了一个作者和出版商合同的例子，这个例子是站在出版商的立场展示作者是如何通过出版合同把自己的作品在世界各地的地域权授权给了出版商。由于大多数的作者没有能力在全球范围经营作品的版权，所以他们允许出版商代表自己的利益行事。但是，代表作者利益的代理商或许会限制作者把地域权授给出版商，而由自己代表作者向国内外的其他出版机构授权许可。比如说，英国出版商的许可证或许只是适用于英文语种，同时罗列出这家出版商拥有专有出版权的地域和国家（比如英联邦国家和欧洲诸国），以及这家出版商没有出版权的地域和国家（比如美国和加拿大）。然后，作者代理商可以把这本图书的英语语种版权直接许可给美国出版商。在拥有专有出版权的地域或国家，英国出版商能够被授予多种版权。比如精装本图书出版权，平装本图书出版权、有声图书出版权、电子书出版权，以及拥有许可他人的权利（包括授予许可给图书俱乐部、重印权、第二和第三次连载权、引用权和汇编权、重新制作权、广播阅读权等等）。而作者代理商则保留以下权利：外语翻译权、首次连载权、改编权（比如为适合舞台、广播、电视和电影等等多种媒介改编作品的权利），以及数字版权等。

但是，关于图书的版权和所覆盖的地域范围并没有泾渭分明的界限，每本图书都会有所不同。如果是出版商自己策划并为编辑和设计工作付出了很多精力的图书，或者出版商投资了巨额资金的图书（比如与新作者签署了出版两本图书的合同），出版商就会强烈要求获取最大范围的地域权，并共享图书的其他版权。为国际市场制作插图版图书的出版商通常也需要获得所有语种的出版权。为了收回初期投入的大量成本，出版商需要获得更多的图书版权。制书商和部分出版插图版图书的出版商经常争取直接从作者那里获得版权，这样的话，对图书随后的重新设计或对图书内容的循环使用就不需要与作者再签署合同，也不需要另外付费了。

拥有作品版权的英国作者代理商可以把这些版权直接销售给美国出版商、电影和电视公司、欧洲大陆出版商，也可以利用与他们有合作关系的海外作者代理商共同代理版权。反过来，英国作者代理商可以代表美国同行（有时通过版权贸易经理直接代表美国出版商）代理著名的美国作家。本书第十二章从出版商的角度介绍了版权贸易业务；作者代理商的工作与此非常类似，唯一不同的是作者代理商代表的是作者的利益。

作者代理商另外一项工作属于编辑性质。比如说，作者代理商把作者图书的大纲和原始书稿发给有关专家，征求他们的意见和评价；并建议作者需要撰写什么内容以及为什么类型的媒介写作；同时也跟作者一起构思文稿。出版商有时也会让作者代理商向他们提供作者资源；作者代理商自己有时也会启动图书策划项目，并把图书销售给出版商。借助这些措施，部分作者代理商事实上也在从事原先属于出版商编辑的工作业务。如果所代理的作者和出版商之间发生了矛盾，他们在中间可以发挥裁断的作用。

面对经常变更的出版商和编辑，作者代理商可以为作者提供一定程度的稳定性。但是，有些作者会决定变更作者代理商或者被其他的机构挖走。其中比较知名的一个例子就是马丁·艾米斯在销售自己于 1995 年出版的小说《信息》的时候变更了自己的代理商，新的作者代理人是安德鲁·怀利，但先前的那家代理商可以基于他们签署的合同继续收取佣金。具有多年运作历史的作者代理商往往经营经典作家仍在版权保护有效期内的文学作品。

作者代理商通常专攻某些特定的图书题材，比如成人虚构类图书、成人非虚构类图书或儿童图书。许多作者代理商是从单人家庭作坊式公司起家的。市场上存在由数名作者代理人和助理组成的中等规模的作者代理商，也存在像柯蒂斯·布朗和 AP. 瓦特这样的主要作者代理商。大型的作者代理商则拥有多名作者代理人，虽然每位代理人都需要打理特定的作者群，但每人致力于不同类型的图书或者销售某些特定的版权。其中专业化程度较高的一个业务就是销售电影和电视权。具体而言，作者代理人需要选择适合用于荧屏改编的图书，并把这些图书投递给相关的制片人。有些作者代理人的助理也完全具备自己发展作者客户的能力，新的作者代理人往往来自出版公司内部的从事版权贸易和编辑业务的工作人员。大型的作者代理商通常在大西洋两岸都有作者代理人，并与好莱坞保持良好的关系。也有些作者代理商代表出版商或其他作者代理商专门销售某些特定的图书版权，比如翻译权和电影电视权。有时，作者代理商会为电影制片公司提供包括图书、明星和导演在内的组合服务。

附

阅读书目

本书的第七章《策划》（Chapter 7, Commissioning）.

卡罗尔·布莱克，《从选题到出版》，潘，1999（Carole Blake, From Pitch to Publication, Pan, 1999）.

参考文献

朱莉娅·贝尔,《创意写作教程》,潘,2001(Julia Bell(editor),The Creative Writing Coursebook, Pan, 2001)。

亚历山大·戈登·史密斯,《撰写畅销童书》,无限创意公司,2007(Alexander Gordon Smith, Writing Bestselling Children's Books, Infinite Ideas, 2007)。

汤姆·马希勒,《出版商》,斗牛士,2005(Tom Maschler, Publisher, Picador, 2005)。

《苏格兰出版年鉴》,苏格兰出版社,2008(Publishing Scotland Yearbook, Publishing Scotland, 2008)。

雷切尔·斯多克,《内幕人告诉您如何出版自己的图书》,怀特拉德出版公司,2005(Rachael Stock, The Insider's Guide to Getting Your Book Published, White Ladder Press, 2005)。

以下的指南提供了关于出版商和文学经纪人的实用信息,这些指南均为年度出版物:

《作家和艺术家年鉴》,A&C 布莱克(The Writers' and Artists' Yearbook, A&C Black)。

《作家手册》,拉姆利图书出版公司(The Writer's Handbook, Bramley Books)。

《英国作家市场》,大卫和查尔斯出版公司(Writer's Market UK, David and Charles)。

网络资源

www.fanfiction.net 该网站包括成千上万本畅销小说,从《哈利·波特》到《指环王》

www.freakonomics.com/blog/ 这是作者博客的一个实例,是为史蒂文·德·莱维特和史蒂芬·达布纳撰写《魔鬼经济学》一书创办的作者博客

www.jeanettewinterson.com 该网站包括一个简要介绍作者图书的 flash 文件

www.societyofauthors.net 作家协会网站

www.youwriteon.com 由英国文化委员会资助创办的同行评审网站

专家视点：代笔写作

克莱尔·斯夸尔斯（《为文学作品做市场营销：英国当代作品的生产》的作者，牛津国际出版研究中心资深讲师）

现在的代笔写作已经不像以前那么鲜为人知了。市场对由运动明星、影视明星和其他各类明星"撰写"的图书的需求量不断增加，意味着越来越多的代笔作者有机会与名人合作，帮助他们从事写作工作。不管图书是否刻意忽略对代笔作者的致谢，是否在版权页标注代笔作者，或者是否直接署名为"某人与某人"的合作，代笔写作已经成为当代出版产业的重要组成部分。

有些代笔写作的合作关系是"在天堂中"组配的。运动作者休·迈克尔维尼和足球经理亚历克斯·弗格森的合作就是这么一个例子。代笔作家亨特·戴维斯曾经跟足球运动员保罗·加斯科因、韦恩·鲁尼以及政客约翰·普莱斯特克等人合作过，现在已经成为一位非常引人注目的代笔作家。他本身的地位和声望就可以为他所执笔的图书增加权威性和市场卖点。名人经常没有时间首先阅读据称由自己撰写的图书；有些代笔作家过于有自己的想法，往往用自己的言语去表达所代替写作的名人。

在一个名人自传、悲惨回忆录和政客日记泛滥成灾的图书出版市场中，代笔作家扮演了多种角色，包括从对原有稿件的重新组织到对原有稿件的重新创作。甚至有些小说也是代笔写作的产物，比如拿饿米·坎贝尔的《天鹅》和凯特·普赖斯的《天使》。普赖斯在《天使》之后的另外一部小说名叫《水晶》，这部小说的销售额在 2007 年超过了所有获得布克奖图书的销量总和。正因为如此，普赖斯一直是个备受争议的人物。詹妮·埃达尔的回忆录《代人写作》讲述了她为出版商奈姆·阿塔拉赫代笔创作小说的故事。代笔写作令人着迷的地方还在于它可以开展虚构描述。罗伯特·哈里斯的小说《代笔作者》描述的人物负有将前任首相的故事进行重新塑造的任务。

　　许多代笔作家在从事代笔写作的同时自己本身可能就是一位编辑、记者或作家。不同的作者和他们的代笔作者之间的收入分配比例会有所差异。代笔作家会从出版商支付给作者的预付稿酬和版税中按比例进行分成，或者双方商定一个固定的费用标准。有些代笔作家会主动联系出版商提议写作项目，而有的时候是出版商主动寻找代笔作家（有时也会通过文学代理人）。代笔写作的流程等同于是开展编辑工作，从大量文本校对和编辑到对文本的完全重新创作。虽然有些文化评论家为代笔写作的普及感到痛心，认为这些代笔作家的存在意味着文学审美标准的下降；但是，对于出版界的大多数人来说，他们认为代笔写作是一种合法的、有必要的出版活动，也是一种与工作繁忙的公众名人（或自己不能写作的人物）合作生产和促销他们的图书的一种方式。

第7章 策 划

策划编辑负责构思具有市场潜力的创意，并为这些创意寻找合适的作者。策划编辑是整个出版流程中最为关键的角色之一，他们直接对编辑主任或出版商负责，而后者负责管理整个编辑团队。资深的策划编辑会从战略的眼光审视出版商目前出版的图书书目，而资历较浅的策划编辑则基于既定的框架参与策划和组稿工作。

一、编辑策划

在大众图书出版领域，策划编辑负责的领域可能是成年小说类图书、儿童图书，或者是非虚构类图书，他们专攻于精装本图书或平装本图书。在教育、学术和 STM 出版机构，策划编辑可能负责数个学科领域，涉及不同的学术级别和销售市场；也有可能同时经营不同的产品类型，比如学术期刊或教科书。策划编辑的态度和努力决定了每本图书的风格和特点。

出版商依靠策划编辑提供大量适合出版的项目来维持既定的出版计划及其活动。比如出版商规定每位策划编辑的年度新书出版量为 15 到 30 本，有时少于这个标准，有时也会三倍于这个标准。出版商评估策划编辑工作绩效的标准就是他们所出版的图书给出版公司所带来的利润或其他贡献。有些出版商也将策划编辑视为市场运营者。有些出版商也会使用数字系统，策划编辑可以在这个系统中记录策划的图书并预测潜在的经济收入。如果策划编辑在对图书运作的理解方面与出版商格格不入，或者不能为出版商带来经济利润，就得自动辞职或面临被解雇的风险。可以说，这份工作的风险系数是比较大的。

不过也存在例外。比如在小说类图书领域，策划编辑不需要通读整本书稿就可以评估其出版价值。大多数图书（包括一些小说类图书）是基于图书计划书或者图书样章从作者那里组稿的，或者是直接从代理商那里购买的。通常而言，策划编辑不会考察作品的具体细节。这份工作往往交给兼职人员或内部初级员工来做。当然，资深策划编辑有时也会从图书结构的角度给作者提供批评和建议，帮助作者写作最好的作品，以符合市场的需求。

从代理商/作者本人那里获取的图书跟由策划编辑从零开始组稿而获取的图书是有所区别的。前者的创意往往来自作者本人，而后者的创意则出于策划编辑（策划编辑根据自己的创意寻找合适的作者）。比如，教科书的出版就是典型的基于策划和组稿的例子。

（一）立项书目

出版商立项的出版书目应该能够体现自己的特色。即使在一家大型的出版集团，出版商也会有意识地保持下属不同出版书目的独立性，每套出版书目都有自己与众不同的"风味"。在大众出版领域，出版书目可以帮助市场有效地意识到大量新出版的图书或再版的图书。书目的发展可以基于作者（比如在小说出版领域）、主题（比如关于运动类图书的"黄杉系列"）、品牌（比如《自我》系列和《傻瓜书》系列）或者设计元素（比如只运用文本还是配以插图）。有时，出版商也会要求策划编辑从零开始创建一套新的书目，以反映市场的需求变化或强化现有书目的实力。这个时候，编辑就要根据书目的特点和未来发展的需求寻找新的作者和探索新的项目。

出版新版本对于非虚构类图书或许非常重要，对于教科书而言，更是如此。通过出版新版本，出版商可以使这些图书与时俱进。给老版图书更换新的封面，也能达到这个目的。其他具有战略性的举措还包括发展图书的数字版本，比如在旅游类图书和教科书出版领域。

> 黄衫出版公司目前隶属于兰登书屋。该公司是瑞秋·库诺尼于1998年创办的，她这么回忆道："在创办黄衫之后的两年是我人生中最糟糕的时间。在这之前，我从来没有策划过一本图书，更不用说编辑一本图书了。但不管怎么说，最后还是成功了。真的要感谢主，哈利路亚！"

(二) 人际关系和市场研究

对于策划编辑来说，拥有良好的个人关系是最重要的。在出版公司内部，策划编辑需要打交道的人是有权接受或拒绝项目提议的资深管理者、制作和生产图书的工作人员，以及从事市场营销业务的工作人员。但是，策划编辑更需要与出版公司之外的人打交道。公司之前已经签约出版的作者是出版新书的主要的作者来源。这些作者经常会有新的点子，或者策划编辑给他们提供新的想法，然后双方共同讨论并最终成为新的创意。

1. 大众图书

在大众图书出版领域，策划编辑往往通过聚餐与作者及其代理商建立互相信任的良好关系。代理商每次都会将小说手稿或非虚构图书的提案发送给策划编辑；对于有些具有潜在高销量的图书，有时代理商也会在多家出版商之间进行竞卖。反之，策划编辑也可能会主动联系代理商索要代理商代理的某些作者，或者策划编辑首先有个想法，然后通过代理商帮忙物色合适的作者。小说编辑通过识别写作功底扎实的人（不一定是擅长小说写作的人）来挖掘新的写作天才。这些对象可能是新闻记者，也有可能是之前只是通过非商业媒介写作的作家。

非虚构类图书编辑需要跟多个领域的人员建立联系，持续关注当前的事态，察觉民众的热情所在，留意媒体报道的热门话题。他们努力预测即将成为公众兴趣点的事件及其发展趋势，监测大获成功的图书及其作者并分析他们取得成功的原因。编辑会给那些善于捕捉公众想象力的人写信并征求他们的意见，正如代理商所做的那样。专业活动场所、俱乐部、学会/协会以及这些机构的杂志和网站都可以成为策划编辑获取创意和物色作者的主要渠道，编辑也能从中了解读者的兴趣及其程度。对致力于将图书改编为电视或电影剧本的编辑来说，还需要及时掌握新制作的情况，并监控观众的反馈意见。

策划编辑往往通过各种渠道（比如法兰克福书展）与潜在的生意伙伴建立联系。如果是负责出版插图版图书的策划编辑，他们还会与制书商建立联系。英国的策划编辑会与美国的同行以及版权贸易经理保持联系，以便收集关于新项目的市场反馈信息。儿童图书的策划编辑则会与代理商、制书商、中小学教师和图书馆员保持联系；如果出版的是插图版图书，他们还会认识来自美国或其他语种地区的出版商，并开展可能的版权贸易活动。

尼尔森图书扫描数据库为出版商提供自己以及竞争对手的图书销售数据。

2. 非大众出版

教育、学术、STM 和专业图书的策划编辑服务的读者市场更为确定。这些市场可供获取的统计信息也更多，包括学校招收学生的数量以及在各个领域工作的科研人员和专业人士的数量。这些图书出版领域的策划编辑除了查阅学校的课程大纲和相关期刊之外，也直接参与到市场调查和产品开发工作，这种情况尤其是发生在教科书出版领域。定量调查的内容包括：

（1）学生数量；

（2）专业课程的数量；

（3）同类图书的销售数量；

（4）该领域最为主要的出版商和图书所占的市场份额（可通过亚马逊获取）。

定性调查的内容包括：

（1）对学科领域发展趋势的分析；

（2）对具有竞争关系的图书的分析——作者、特征、优势及不足；

（3）关于用户产品使用和未来需求的问卷调查；

（4）针对学生、教师和图书馆员开展的焦点小组访谈数据；

（5）针对中小学和大学开展的实地调查。

学术和STM出版商可能会聘用各学科领域的资深顾问，负责向出版商引荐新的作者。这些顾问往往是具有国际人脉的大学教授或专业人士。出版商（尤其是非大众消费领域的出版商）也会雇佣专家编辑，帮助策划编辑开发和编辑新书，并为之支付一定数额的佣金。

对于策划编辑来说，理解当前和未来的市场发展形势是至关重要的。教育出版领域的策划编辑需要拜访当地的教育课程咨询专家、教科书审核人员、从事教师培训的教员、中小学校长以及在课堂上使用这些资料的老师，他们也需要参加一些相关的会议。ELT出版领域的策划编辑除了在英国本土与相关人员保持联系之外，还需要经常出国、参观各地私立语言学校和英国文化协会在当地的办事处、联络当地的出版商和发行商，并最终与关键的决策者建立持久的联系。大学教科书出版领域的策划编辑一周需要数次光顾大学和拜访教学人员，以此了解学科的发展趋势、洞悉他们对当前所使用的教科书的看法，并努力销售自己公司出版的图书。学术出版领域的策划编辑应该与研究机构、学会/协会、行业机构建立联系，为这些机构出版发行图书或期刊。他们经常参加学术会议，提高自己在相关的学术群体中的知名度。如果策划编辑认为某本图书可能在美国具有较大的销量，就应该与美国的同行共同编辑素材，并拜访在美国的分公司或合作公司。但是，不管是服务于哪个图书出版类型，所有的策划编辑都会从销售部获取内部反馈意见。

（三）出版的决定

影响策划编辑是否决定从事一项新的项目有很多的因素。

与已有书目的兼容性

出版的新书必须要跟所属书目的总体风格和目标相符，这样才能与公司特定的营销系统和销售渠道相匹配。在未曾涉足的学科领域出版一本新书不仅仅事关编辑工作，对市场营销和销售工作也会产生重大的影响。策划编辑在评估新书价值的时候，往往会考虑出版书目的整体平衡、发展方向以及该书的创新程度。

（四）评估作者

对作者的评估包括分析作者的资历、写作能力、写作动机、可用于写作的时间、社会地位、是否能够按时交稿以及对编辑意见的回应程度。对于某些领域的大众图书来说，"作者是否具有推销潜能"是一个非常关键的问题。这个问题可以被解释为该作者是否具有亲和力，当然也有人将这个问题的回答扩展到作者的年龄和外表。

（五）独特销售主张

出版的新书究竟与其他图书有何不同，或者说靠什么从同类图书中脱颖而出？是作者的实力、主题的创新性，或者是在定价和版式方面的差异？图书借以推广的市场营销机会都有哪些？比如说，将图书改编为电视剧，利用特定的体育赛事为体育传记造势，或者利用作者的社会地位和名人效应也都是不错的选择。

> 独特销售主张是使图书在同类具有竞争关系的图书当中脱颖而出的关键要素。

（六）市　场

有必要了解图书的主要读者对象（即谁会购买这本图书）和国内外读者的购买比例。可以参考该作者之前出版的作品的销售数据，也可以参考同类图书的销售数据。有时也需要评估潜在的版权销售收入，比如销售图书俱乐部权、翻译权和合作出版所获取的版权收入。大众图书尤其需要开展这个方面的评估工作。

（七）竞　争

需要评估这本图书相对于具有竞争关系的图书的特色和优势。这对于教科书和参考工具书而言十分重要，当然，这对于其他众多非虚构类图书也是如此。需要认识和承认具有竞争关系的图书的优势，而不仅仅只是关注它们的劣势。

（八）主打新书/再版图书的潜力

这本图书作为主打新书能够持续多长时间？是否具备成为长期再版图书的潜力？

　　出版商重点打造的新书被称为主打新书目录（frontlist）；而已经稳定下来并不断再版的图书被称为再版书目（backlist）。

（九）投资与回报

需要花费多少时间和金钱才能从作者或其代理商那里获得这本图书，比如用于支付的预付稿酬和用于制作印刷、市场推广的成本是多少？希望获取的收入和利润又是多少？其获利能力是否能对得起在这些时间和金钱方面的投资？

（十）风险和创新

都有哪些会影响风险投资的外部因素？比如出版的最佳时机、与当前时事热点的关联度、读者对这本图书的认知程度以及竞争对手的动作。如果没有实现预期效果，那么负面效果又是什么？这本图书在多大程度上可以被看成是一种试验或尝试（比如签约新的作者、涉足新的领域出版、利用新的出版格式或者采用新的定价策略）？不懂得冒险和创新的出版商势必会被竞争对手打败。

（十一）内　容

在对图书内容的质量进行评判的过程中，策划编辑可以求助于外界。小说类图书的策划编辑会让初级编辑或者社外读者提供图书的情节梗概或者写作建议。非虚构类图书的策划编辑会针对特定的图书征求相关专业人士的意见。来自其他出版领域的策划编辑则主要依赖于特定领域的专家，比如中小学教师、科研人员或者实践行业专家；有时这些专家可能来自全球各地。所有这些社外读者都会得到一笔小额的报酬，并且他们对于作者而言是匿名的。在学术期刊出版领域，开展并管理同行评审工作更是重要非凡。

（十二）包装和定价

策划编辑会事先设想这本图书如何在包装和定价方面取得最佳的销售效果，包括图书的篇幅、插图、开本、装订风格、纸张质量、成本以及合理的售价范围。

（十三）批准过程

有些策划编辑会拒绝一些创意，尤其是收到负面的反馈消息之后。有些作者也会根据策划编辑的意见重新提交修改稿。如果策划编辑希望继续这本图书的出版项目，他们必须征得高层的同意才能与作者或代理商签署出版合同。策划编辑需要向高层同事征求意见并取得他们的认可。比如，他们需要与市场经理或销售经理讨论图书的定价及可能的销量；需要与生产经理讨论图书的制作成本。对于大型的图书投资项目（比如需要支付大笔的预付稿酬的项目），还需要跟财务经理沟通协商。策划编辑需要准备一份出版提案计划，包括图书的内容、格式、市场定位、读者反馈、出版日期以及出版理由。在成本说明部分，需要阐明预计的销售收入、图书的制作成本和作者的版税；换言之，需要向高层说明公司将可以获取多少利润（在图书能够销售出去的前提下）。对于常规版式的图书出版来说，预估其生产成本有相对固定的方法。不同的定价、销售预计、成本和版税的组合会带来不同的收益。策划编辑需要对此进行多种尝试。

许多出版商会召开正式会议让高层来听取策划编辑的方案——这些方案通常会被通过，但有些也会被要求修改甚至被直接枪毙。策划编辑必须做好充分的准备，阐明自己提案的可取之处，并表现出自己愿意全身心投入的姿态。汤姆·马斯开尔曾经说过：

> 出版商想把出版做好，就必须对图书怀有激情……一旦作出决定，整个任务随即开始。首先要把做好这本图书的信念在出版机构内部释放出来，然后再传递到出版机构以外。（第282页）

如果方案得以通过，策划编辑便会与作者或代理商协商签署出版合同（参见本书的第八章），双方敲定图书的题名，并确保作者领会出版商对图书的要求（包括内容、篇幅、交稿时间等）。为图书取名是一项非常重要的技能。在错综复杂的图书市场中，与众不同的书名能够博取读者的眼球。保罗·托迪于2007年出版的小说——《到也门钓鲑鱼》——就是一个成功的例子。网络搜索引擎对专业领域的作品要求具备清晰明确的标题。有些图书的标题能直接表明图书内容，比如安德鲁·马尔于2007年出版的《英国现代史》。有些图书的标题则是一语双关，比如英格兰球星弗兰克·兰帕德于2006年出版的自传《完全的自我》；又如前保守党交通部长斯蒂芬·诺里斯将自己的图书取名为《正在变化的列车》（该书于 1996 年出版）。

> 《书商》杂志设立戴尔格姆奖，该奖每年颁发一次，颁发给该年度最怪书名的图书。曾获该奖项的图书包括《古墓再利用》《希腊乡间邮差和他们的盖销数量》和《小鸡的快乐》。

当与一位写作小说的新作者签约之后，策划编辑或许会决定与这些作者继续签订第二本乃至第三本小说的出版合同。如果作者的第一部作品就取得了成功，基于之前签署的出版合同，那么这位新作者的第二部小说就有着落了。出版时间的选择对图书的销售会有一定的影响，如果出版商能够把握住最佳的出版时机，图书的销售量就会达到最大值。出版的图书可能是基于某个当前热点事件，也可以是为圣诞市场定制出版。对于教科书来说，因为教师需要及时获取样本并仔细审读（进而决定是否把这本图书添加到为学生推荐的阅读书目中），所以这类图书应该是在元旦前后出版，最晚也应该在三月份前出版。

二、新书成本核算

出版商的获胜之宝在于签下能够大卖的好书，每本新书都能为出版商的成功添砖加瓦。决定是否出版某本图书是整桩生意的关键。如果决策失误，试图控制成本的所有努力都将付诸东流。如果某些图书没有达到它们的销售数量和赢利水平，那么必须由获得成功的图书来弥补和抵消它们所造成的损失。

之前曾提到过，为了使自己的方案被通过并立项，策划编辑必须准备一份成本表（损益表），以证明自己所策划的图书可以营利。损益表可简可繁，目前很多人会使用电子模板来制定损益表。当然最重要的还是要理解构成新书成本背后的基本原则。策划编辑不仅仅只是简单地计算出这本图书的成本，同时要在价格限制和选定版式的前提下比较成本和利润，以期实现利益最大化。

（一）净销售收入

出版商的净销售收入也被称为净收入，指的是扣除图书交易折扣价之后出版商所获得的收入。举个例子。一本图书的建议销售价格为20英镑，但出版商以五折的力度把该书销售给书店，换言之，书店每购买一本图书，就为出版商支付10英镑。这个10英镑就是这本图书每个复本的净销售收入。

定　价	20 英镑
平均折扣	50%
净销售收入	10 英镑

为了计算一本图书的总收入，首先要预测这本图书的销量。如果定价过高，这本图书的销量肯定会降低，总收入也会降低。如果定价过低，这本图书的总收入就不能达到可能的最大程度。定价是一门艺术，需要根据市场情况制定具有竞争力的价格，从而最大程度地提高图书的销量和收入。我们在第十章对定价问题展开更为详细的讨论。

对图书销售的预测跟时间段密切相关。出版商只会针对有限的一段时间印刷充足数量的图书（这个时间往往是 6 – 12 个月；对于简装本图书来说，这个时间可能只有几个月），从而达到节省现金支出、降低库存成本以及规避超量印刷的风险的目的。精装本图书的生命线可能只有一个销售季，随后这本图书就进入平装本销售期。也就是说，当图书的平装本出现在市场的时候，精装本的销售就叫停了。确定图书的印数是一门复杂的艺术。如果将印数压低，一旦图书大卖，就会带来利润的损失；而如果将印数放高，则有可能导致库存过多无法卖出。在上述两种情况中，后者的风险往往更大。

针对不同的顾客和销售渠道，每本图书通常会提供不同的折扣；但是通过了解来自不同类型的顾客或不同地域的订单，出版商基本就可以确定其平均折扣。通过对不同类型的受众的区域进行一个排序就可以得到一个平均折扣。另外，出版商也可基于来自销售部门或海外分公司的销售数据对图书的折扣进行估计。

不同的国际出版商跟集团内部成员的交易方式往往不尽相同，具体的交易方式取决于在哪个地方进行交易能够更好地降低税收和给股东带来更大的好处。比如说，出版商会通过内部方式将一本在英国出版的图书以非常高的折扣销售给他们在美国的姐妹公司，从而大幅度提高该书在美国的销售利润。

（二）成　本

图书的出版成本通常分为两个方面：固定成本和可变成本。固定成本是在投入印刷前就已经确定的，不会随印数的改变而改变。这种成本包括：

（1）付给外部读者、翻译者或其他贡献者的费用；

（2）法律费用（比如出于检查内容是否存在诽谤嫌疑而委托相关专业人士事先阅读的费用）；

（3）为使用第三方拥有版权的材料（包括文字和插图）而支付的许可费用（除非作者本人已支付此费用）；

（4）为兼职的技术编辑、校对人员、插图作家、排版人员和封面设计人员支付的费用；

（5）为编制索引所支付的费用（如果作者没有提供索引的话）。有的时候，这笔费用会从作者版税中扣除；

（6）为排版、插图原作、校对等工作支付给供应商的费用。

可变成本是在印刷开始后产生的，并与图书的印数直接有关。这部分成本包括印刷、装订以及纸张成本。印数是预计销售量与特殊量（包括可能产生的废品、为了让读者试读而免费发放的复本等）之和。总成本则是固定成本与可变成本的加总。

将总成本除以印数，就会得到图书的单位成本，即生产每个复本的平均成本。单位成本会随着印数的提高而降低；在印数从500增加至2500的过程中,这种效应尤为明显。当印数增加到2500以上时,减小的速度趋于缓慢。单位成本之所以在特定印数区间内明显减小,是因为固定成本被"分摊"到了庞大的印数上。当然,尽管随着印数的增加生产图书的单位成本不断降低,但出版的总成本仍在增加。因此,对于策划编辑而言,核算图书的成本工作存在一定的风险。大印数带来的低单位成本固然诱人,但如果印数超过销售就会造成库存积压,这无异于浪费大把的现金。

> 在20世纪90年代末期,多林·金德斯利公司将其作品《星球大战》首印1300万册,而最终的销量只有300万册左右。

作者的版税是出版商根据海内外销售市场的销售预期和不同的版税率综合得出的。在与作者签约之前,出版商会根据成本核算推荐一个版税率。这个版税值可能建立在图书的定价或者是净销售收入的基础上。来看一个之前提到的例子:假设一本图书的定价为20英镑,提供的平均折扣为50%,所获得净销售收入为10英镑。如果版税为图书定价的10%,每卖出一本作者将会得到2英镑。如果版税定为净销售收入的10%,作者只能从每本书的收益中拿到1英镑。出版商更倾向于后者(即基于净销售收入的版税),从而降低自己的成本。当然,作者并不一定会接受这种计算方式。不过有些时候,作者并不清楚这两种计算方式有何差别。但是,优秀的代理商会帮助作者争取到最好的条件。

定　价	20英镑
平均折扣	50%
净销售收入	10英镑

毛利润是指净销售收入扣除单位成本和版税之后剩余的利润。

净销售收入	10 英镑
单位成本	4 英镑
作者版税（为净销售收入的 10%）	1 英镑
毛利润	5 英镑
毛利润率	50%

  毛利润率是指毛利润在净销售收入中所占的百分比。在上述例子中，毛利润占净销售收入的比例是50%。

  管理层可能会对策划编辑说："我们希望看到每份图书的策划书所应达到的最低毛利润率是55%到60%之间。"这个比例代表了出版商是在假设图书售罄的前提下净销售收入扣除生产成本和作者版税之后剩余的利润总额。从理论上讲，这个利润总额应该能够弥补管理成本以及其他各种费用，并最终保证出版商获得纯利润。出版商的纯利润是指刨除所有的运营成本之后所剩余的利润总额。对于出版商而言，所需要的管理费包括员工的薪水、市场营销和销售费用、库存成本、日常管理费用、办公场所以及供暖供电成本，当然也包括其他诸如银行利息和坏账等各种成本。

  策划编辑费尽心思平衡图书的成本和收入，从而达到理想的毛利润，这被称为"最经济管理法"。如果毛利润太低，那么就要降低生产成本（减少页数、减少插图或使用更便宜的纸张）或者削减作者的版税。反过来讲，出版商可能会提高图书定价和增加图书销量。出版商更多地会考虑图书的成本和利润，但是终端用户在乎的是图书的价格和感知价值，他们不会去考虑图书的成本、印数或作者的版税。降低图书的生产成本（比如使用更为廉价的纸张或启用颜色单一的封面设计）可能会在一定程度上影响图书的销量。当然，这取决于出版的类型和市场的预期。通常而言，在诸如艺术或烹饪图书市场上，读者对图书的印刷质量要求会比较高。对于出版一本目标市场极其有限的图书，最大的风险就是误以为存在一个更大的读者市场，从而试图通过增加印数来达到降低单位成本的目的。

  当出版商要最终敲定图书的价格和印数的时候，图书的固定成本已经确定了，也不能再更改了。由于对读者需求的预估存在不确定性，谨慎的出版商往往采取的是高价低量而非低价高量的出版策略。如果图书的实际需求量低于预估量，图书的高价策略或许仍然可以产生利润，但是低价策略无疑会导致惨重的损失。低估成本、高估需求量和定价偏低都是颇具风险的举动。这些错误不仅会导致这本图书的损失，而且可能还会影响其他图书的利润。对于已获成功的图书，出版商会选择重印出版，但得重新制定图书的价格和印数，以此规避遭遇损失的风险。如果出版商认为一本图书有可能加入再版书目，通常在第一次印刷的时候会接受低于平均值的毛利润，理由是重印本的利润显然更为可靠。中小学教科书的首印本可能没有任何利润可言，出版商往往寄希望于第二次和随后多次的印刷本。同样，精装本图书也能忍受一个较低的毛利润，因为随后出版的平装本已经不存在固定成本的问题了。但是，像选题离奇的大众图书（比如《死猫的101种用法》）则必须要尽快地赚到钱。

  影响出版商出版决策的其他因素还包括投资的风险系数，比如昂贵的作者预付稿酬或者对大型教科书的高投入。出版商可能会事先尝试图书的价格和印数的几个组合，包括"最坏的情况"，从而计算出成本和收益的收支平衡点。一本图书的收支平衡点是指图书必须要完成销售的最低印数，从而弥补生产成本和作者预付稿酬/版税，有时也包括公司管理费。对于某些图书的策划来说，如果出版商认为可以达到收支平衡的话，通常就会有足够的信心往前一步。有些出版商会计算用于一本图书出版所需要的现金流量以及这些现金在整个图书出版周期中所产生的银行利息。从最初的准备到图书出版，在收入超过成本之前，出版商通常需要承担净亏损的压力。预计的收入来源于未来一段时间内被分割成整块时段内（比如月度、季度和年度）的销售预期。

在最初的成本核算中，通常不会把可能会存在的版权贸易收入（不包括来自合作出版的利润）计算进内，因此版权贸易收入往往被认为是额外的利润。当然，有的时候，出版商在做成本核算的时候也会将其考虑进来，尤其是当需要为作者支付大笔的预付稿酬的情况下。

有些出版商通常只会计算图书的毛利润；有些出版商则往前一步，将继续刨除管理成本（按某一比例进行折算，比如编辑和市场营销成本、销售和分销成本），最终得到一个净利润值。至于如何对管理成本进行折算并摊派到一本图书的成本上，各个出版商的计算方法不尽相同。继续我们上面提到的例子：

净销售收入	10 英镑
单位成本	4 英镑
作者版税	1 英镑
毛利润	5 英镑
毛利润率	50%
编辑和市场营销成本（15%）	1.5 英镑
销售和发行成本（15%）	1.5 英镑
净利润（刨除管理成本后的毛利润）	2 英镑
净利润率（基于净销售收入的某一百分比）	20%

上面所列出的这种计算方法是存在一定问题的。问题就是管理成本是按照图书预期收入的比例进行分摊的，但图书预期收入可能与实际收入有较大的出入。另外，这种计算方法更加看重的是百分比而非实际金额，比如说，一本毛利润率为25%的图书可能比一本毛利润率为55%的图书所带来的现金更多。因此，考察金额总数是非常重要的，而不能单单定睛于百分比数字。成本核算表中应该有一栏用于显示出版商收到的和支付的金额总数，包括销售收入、生产成本和作者版税。

推荐价格	20英镑
平均折扣	50%
净销售收入	10英镑
单位成本	4英镑
作者版税	1英镑
毛利润	5英镑
毛利润率	50%

印数	10000
销量	9500
净销售收入总额	95000
生产成本总额	40000
作者版税总额	9500
毛利润	45500

在上述例子中，版税是根据图书的实际销量计算的，但是为了获得图书的出版权，出版商可能为作者支付了大笔的预付稿酬。即使图书的实际销量不甚理想，预付稿酬也不能再追讨回来了。如果出版商为作者支付的预付稿酬为15000英镑，剩余的现金则要减去5500英镑（预付稿酬与作者版税的差价）。一份更为详尽的成本核算表还应该包括来自平装本图书销售和版权贸易销售的收入。

（三）加成法

另外一个备选的成本核算方法就是加成法。这是一个传统的也是非常简单的方法，尽管该方法备受批评，但仍可作为简便计算公式来使用。单位成本通过将总的生产成本除以预定的图书总数来获取。然后，在这个单位成本的基础上乘以一个倍数（比如对于大众图书而言通常为5-8倍）作为图书的出版价格。不同类型的图书为作者提供的版税不同，为销售商提供的折扣也不尽相同。会计部门根据图书的类型（比如大众图书或者学术图书）为策划编辑计算出一个倍数。在图书售罄的前提下，这个倍数能够平衡公司的成本和利润。但是，如果图书定价被认为过高，会计部门就会劝服策划编辑增加印数，降低单位成本，其目的就是在乘以某一特定的倍数后其定价看起来是比较合理的。相反地，出版商也有可能印刷了一定数量的图书并且认为肯定都能售罄，但由于定价过高导致其实际销量低于印刷数量。即使行事非常谨慎的出版商也会面临图书卖不出去导致亏本的情况。加成法显然是基于预先确定的出版活动，忽略了成本不会随着产量增减而增减的事实（当然这个方法是有意忽视这个事实的）。更为糟糕的是，这个方法过于注重单位成本，同时轻视市场和价格弹性，容易促成出版商僵化定价的习惯。

我们也可以从逆向角度利用加成法。通过将总零售值（图书定价乘以预计销售量）除以某一倍数得出图书的单位成本。然后对图书的制作和生产可以根据这个单位成本开展。

当大众图书出版商从制书商那里购买图书的时候，经常会使用加成法。对于提供所有服务的制书商（比如已经包括为作者提供的版税），通常倍数是6-7倍，出版商据此确定图书的出版价格。如果出版商是在翻译一本图书并需要对译本重新进行排版的话，这个倍数则通常为5-6倍。

（四）个案研究：《透视图书出版》（注：此案例以英文版为研究样本）

出版商很少会向作者提供图书成本核算的机密信息。但是，劳特里奇（隶属于泰勒和弗朗西斯出版公司）为我们提供了《透视图书出版》这本图书的预算表。在作者将打印稿提交给出版商的时候，由于期间图书在制作要求和销售预期方面有所改变，所以也对这份成本核算表做了相应的调整。

现将这份成本预算表提供如下，其中包括三个部分：

* 产品规格；

* 预估的生产成本（针对于平装本图书而言）；

* 收入和花费，用于展示这本图书的预估毛利润和净利润。

当然，在这些数字背后，还有其他的成本核算表，这里不再一一列出。

出版商计划为这本"小型"教科书（所谓"小型"教科书是指为特定专业学生提供的教科书）出版新版本；在这之前，这本图书已经销售了 20 年。但是，出版商是把它作为新书进行成本核算的，当然在成本核算的时候可以根据过去的销售记录明确其潜在需求。自第 3 版出版后的七年内，该书平装本的年度销售量大约为 350 册。在互联网上，之前三个版本的二手图书交易情况也非常活跃。从载体的角度来看，这本教科书被归类为"印刷产品"。从销售的角度来看，这本教科书采取基于复本的销售商业模式。在这里，我们不再介绍这本教科书的其他销售或授权方式（比如电子书或翻译版权销售方式）。

这本教科书同时发行两个版本：平装本和精装本。每个版本拥有一个独立的 ISBN 号。出版商的计划是首先印刷 1200 册平装本，用于满足头一年半内的销售需求；之后再重印 500 册，用于满足从第 18 个月到第三年之间的销售需求。因此，这本教科书的生命周期为三年，这也是教科书典型的生命周期。通常而言，主要的教科书都以三年为一个周期，然后根据情况决定是否进行修订并出版新的版本。这本教科书的平装本在英国的定价为 19.99 英镑，在美国的定价为 35.98 美元（按当时的英镑与美元的汇率 1：1.8 计算）。精装本在英国的定价为 65 英镑，在美国的定价为 117 美元。出版商计划印刷 10 册精装本，其目标销售对象定位于图书馆（尤其是学术型图书馆）。

出版商对这本教科书进行成本核算的时候首先考虑了自身的性质，即劳特里奇目前是国际大型出版商泰勒·弗朗西斯的一家子公司。这份成本核算表总结了这本教科书平装本的生产规格（为了节约篇幅，我们删除了精装本生产规格的具体信息）。在该表中，"页码范围"明确为 224 页（但事实上后来增加为 320 页）。刚好是 7 张 32 页的印刷纸，没有"零头"。版式（或称"开本"）是拧冠四开本。利用平版印刷方式将 PDF 文档以单色（黑色）印刷在 90 克重的纸张上。封面是全新的设计，利用四色原理印刷在 240 克重的纸张上。装订方式是胶装，利用胶水将书脊与纸张粘在一起。出版商估计了所需的插图和表格。根据所需花费的工作量，文字编辑难度被界定为"简单"，表格排版难度被界定为"基本级"。自动成本审核系统利用泰勒和弗朗西斯当前所使用的成本计算方式，并根据上述的生产规格信息，得到了关于这本图书出版的成本。

初步的成本核算——《透视图书出版》（第 4 版）填写时间：2007/11/28	
ISBN：978 - 0 - 415 - 44157 - 5	
页数：224　每张页数：1　总张数：224　生命周期计算 √	
生产项目/产品	
出版商	人文
出版部门	媒体和文化研究
载体	印刷产品
版本类型	平装本
装订风格	平装
MS 类型	磁盘
重印类型	
原始编辑语言	
文字编辑难度	简单
页数（罗马数字）	
页数（阿拉伯数字）	224
印刷方式	平版印刷
装订方式	胶装
格式	拧冠四开本
内部颜色	1 种

（续表）

印刷文档格式			PDF	
排版难度			中等	
字体			Scala	
排版格式			MSWord	
装订	完成	纸张质量	外部色彩	内部色彩
新设计	Matt	laminat	每面240克重	CMYK

章节	总页数	零头	纸张质量	色彩	出血版	纸张重量	纸张大小
TEXT	224	无	Matt Blade 90 克重	1 种	无	90 克重	716 * 1008
插图	色彩	Qty	表格			公式	
插入即可	1 种	41	B/w		17	数学公式	
需要重绘	1 种	8	色彩			化学公式	
			难度		基础级	难度	

平装本				
成本要素			第一次印刷	第二次印刷
货币：GBP			1200	500
F	作者/编辑费		0.00	0.00
F	贡献者费用	46.15	46.15	0.00
F	补贴和赠款		0.00	0.00
F	插图许可费	369.23	369.23	0.00
F	法律咨询费		0.00	0.00
F	翻译费		0.00	0.00
F	文本许可费		0.00	0.00
F	封面设计	350.00	350.00	0.00
F	插图费用		0.00	0.00

（续表）

F	额外的设计费	150.00	150.00	0.00
F	文字编辑费用	543.46	543.46	0.00
F	校对费用	255.45	255.45	0.00
F	内部费用	220.39	220.39	0.00
F	排版费用	820.38	820.38	0.00
F	排版更正费	143.69	143.69	0.00
F	清样排版	60.92	60.92	0.00
F	表格制作费	69.23	69.23	0.00
F	再标签 a/w		0.00	0.00
F	重绘线 a/w	59.08	59.08	0.00
F	重绘地图		0.00	0.00
F	艺术绘图		0.00	0.00
F	A/w 定位	68.32	68.32	0.00
F	润饰 a/w		0.00	0.00
F	A/w 组织		0.00	0.00
F	扫描线	30.00	30.00	0.00
F	封面原创	36.93	36.93	0.00
F	数码打样	24.00	24.00	24.00
V	封面印刷	0.23	276.00	188.66
V	装订	0.21	252.00	157.88
V	纸张	0.32	384.04	160.01
V	平版印刷	0.45	540.95	532.58
F	其他生产中产生的意外开支		99.41	100.00
	总的固定成本		3346.62	124.00
	总的可变成本		1452.99	1039.12
	总成本		4799.61	1163.12

（续表）

			2.79	0.25
	单位固定成本			
	单位可变成本		1.21	2.08
	单位成本		4.00	2.33
版本类型	ISBN	项目号	计算编号	在英国的价格	在美国的价格
精装书	978–0–415–44156–8	13094	59538	65 英镑	117 美元
平装书	978–0–415–44157–5	13855	59539	19.99 英镑	35.98 美元

三年销售计划								
	第一次印刷图书的销售(18 个月)			第二次印刷图书的销售(18–36 个月)			三年图书销售计划		
	销售量	销售额（英镑）	销售占比(%)	销售量	销售额（英镑）	销售占比(%)	销售量	销售额（英镑）	销售占比(%)
精装书	100	3894	20.00%				100	3894	20.00%
平装书	1200	14273	80.00%	500	6487	100.00%	1700	20760	80.00%
净收入销售	1300	18166	100.00%	500	6487	100.00%	1800	24653	100.00%
毛利润		10305	56.7%		4385	67.6%		14689	59.6%
直接可变成本									
		成本（英镑）	销售占比(%)		成本（英镑）	销售占比(%)		成本（英镑）	销售占比(%)
生产成本		5298	29.16%		1164	17.94%		6462	26.21%
作者版税		1656	9.11%		614	9.46%		2269	9.21%
不可控开支		908	5.00%		324	5.00%		1233	5.00%
总额		7862	43.28%		2102	32.4%		9964	40.42%
管理费用									

(续表)

	成本（英镑）	销售占比(%)	成本（英镑）	销售占比(%)	成本（英镑）	销售占比(%)
分销成本	1998	11.00%	714	11.0%	2712	11.00%
分配成本	6800	37.43%			6800	27.58%
总额	8798	48.43%	714	11.0%	9512	38.58%
净利润						
	成本（英镑）	销售占比(%)	成本（英镑）	销售占比(%)	成本（英镑）	销售占比(%)
	1506	8.92%	3671	56.6%	5177	21.00%
投资回报率						
		销售占比(%)		销售占比(%)		销售占比(%)
		9.04%		130.39%		26.58%
盈亏平衡点						
精装本		83				83
平装本		1000				1000
总销售		1084		113		1084
印数占比		83.36%		22.56%		60.21%

净利润	第一次印刷图书的销售 单位:英镑	第二次印刷图书的销售 单位:英镑	总共 单位:英镑
收入	18166.36	6486.76	24653.12
生产成本	-5297.80	-1164.00	-6461.80
作者版税	-1655.67	-613.69	-2269.36
不可控开支	-908.32	-324.34	-1232.66
分销成本	-1998.30	-713.54	-2711.84
分配成本	-6800.00		-6800.00
净利润	1506.27	3671.18	5177.46
净利润率	8.29%	56.60%	21.00%

1. 成本核算

做出这些成本的预估是建立在由泰勒·弗兰西斯（这是一家光在英国每年就出版 1600 多本新书的大型出版商）所提供的大量真实成本信息的基础上的。页数范围是决定出版成本很重要的一个因素，出版商会计算出每页成本的范围。在这本教科书的产品规格说明表格之后，我们提供了对其平装本图书的成本预估表，其中用的币种是英镑。每一行都有一个前缀单词：F 或 V。F 代表不会随着印数的变化而变化的固定成本，V 代表随着印数的变化而变化的可变成本。在标有 F 前缀的行中，从第一行到"封面原创"都是针对第一次印刷 1200 册平装本的固定成本，这些成本在第二次印刷 500 册的时候不再产生。用于封面印刷、装订、纸张、平版印刷等项目的可变成本则与第一次和第二次的印数直接相关。通过预估，我们发现在第一次印刷 1200 册平装本图书的总成本中，总的固定成本所占比例为 70%。显然，固定成本对第一次印刷的总成本具有很大的影响。

（1）第一次印刷 1200 册平装本图书的总成本为 4799 英镑，单位成本为 4 英镑；

（2）第二次印刷 500 册平装本图书的总成本为 1163 英镑，单位成本为 2.33 英镑。

上述提到的这些预估成本属于直接成本，也就是出版商根据这本教科书的出版本身可以确定的人工和物资方面的投入，这些费用可以以支付给外部供应者的形式得以体现。总之，出版商能够以不超过 5000 英镑的投入完成这本教科书的出版工作。

2. 销　售

现在，我们来看看对头一年半内这本教科书两个不同版本（精装本和平装本）的销售预期，根据目标地域来进行区分，如下所示：

	精装本	平装本
英国	20	700
美国	40	100
其他国家或地区	30	300
免费	10	100
总共	100	1200

这本教科书的出口量——我们这里预测为总销售的36%——在过去处于增长态势。这在很大程度上归功于泰勒-弗朗西斯出版集团国际市场营销能力的提高，以及出版学教育在各国的发展（尤其是在快速发展的图书市场）。免费复本是指赠送给作者、其他贡献者以及评论人员的图书。对于有意采用并为学生推荐购买这本教科书的教师，出版商为他们提供的试用本是电子版（而非印刷版）。

在题为"三年销售计划：针对第一次印刷的销售（18个月）"的表格中，出版商把图书的预期销售量转化为销售收入。预计精装本图书（共印刷100册，其中90册用于销售）共收益3894英镑的净销售收入，占整个净销售收入的20%。预计平装本图书（共印刷1200册，其中1100用于销售）共收益14273英镑的净销售收入，占整个净销售收入的80%。出版商是如何得出这些净销售收入的数字的呢？出版商的管理系统一方面是考虑了出版商的销售预期值，另一方面也自动扣除了图书行业的平均折扣（平装本图书的平均折扣大致为40%），当然也将那些没有销售收入的免费复本纳入了计算范畴。

来自精装本图书的净销售收入占到了整个净销售收入的20%，这个比例跟精装本图书的销售册数（仅仅只有90册）明显是不成比例的。图书馆往往购买的是精装本，他们用三倍于平装本的价格购买装订更为牢固的图书版本，为多个读者提供免费借阅服务。在这里，还存在精装本图书和平装本图书之间的"跨版本资助"问题。如果出版商不提供精装本图书，势必要提高平装本图书（主要购买群体是学生）的定价。这本教科书的精装本只印刷一次，不再重印，并希望在头一年内都能售罄。

3. 毛利润

在总的纯销售收入下面的一行是毛利润。计算第一次印刷图书的销售毛利润的方法如下。首先，将支付给相关供应者的直接可变成本进行加总。这些直接可变成本包括生产成本（同时生产精装本图书和平装本图书的总成本，共 5298 英镑）、为作者支付的版税（作者的版税率乘以出版商的销售图书数量，共 1656 英镑）、意外开支（包括图书报废成本，比如有些图书从销售商那里没有卖出的话，就退给出版商，但是外表已经遭到损破，无法再次利用。这类意外开支共计 908 英镑）。其次，从总的纯销售收入 18166 英镑中扣除上述的直接可变成本的总和（共计 7862 英镑），从而得到毛利润是 10305 英镑，即占总的净销售收入的 56.7%。

第二次印刷的图书用于第 18 个月到第三年的销售，这次的印数为 500 册，反映了出版商对销售预期的降低。这第二次印刷的 500 册图书的毛利润是 4385 英镑，但是，当我们用占净销售收入的比例来看的时候，由于出版这本图书的固定成本在第二次印刷的时候不再产生，所以毛利润率一下跃至 67.6%。从整个三年的销售计划期来看，图书的毛利润是 14689 英镑，其毛利润率为 59.6%。这一比例达到了出版管理层通常为策划编辑设定的毛利润目标值（60%）。

4. 净利润

为了计算净利润（就是所谓的"账本底线"），还必须刨除出版商的各项日常管理费用。由于这些费用不能很明确地分摊到每本图书上，所以有时也被视为间接成本。通常而言，我们把公司内部不同部门和不同业务的运营管理成本进行汇总，然后用百分比的形式体现出图书的间接成本。我们可以用这个百分比乘以净销售收入，然后从净销售收入中扣除这些成本。出版商计算各项日常管理费用的方法不尽一致。

在我们这个特定的例子中，泰勒·弗朗西斯公司将下面的两项管理费用分摊在这本图书的成本中：

（1）分销成本，占净销售收入的11%；

（2）分配成本，占净销售收入的37%。

分销成本包括库存成本、订单管理成本以及运输成本。分配成本（或称"直接管理费用"）涉及编辑和市场营销费用。出版公司运作中的一般性成本或间接管理费用（比如IT成本和人力资源成本）并不在我们的计算范围之内。只要图书处于印刷发行状态，分销成本会一直存在。但是分配成本只是在第一次印刷的时候存在，之后在重印的时候就不再产生。在实际中，工作人员的时间和精力主要是集中在图书正式出版的前一年中以及正式出版的前后一段时间。

表格中显示的净利润是将毛利润扣除直接管理费用后得到的数字。在第一次印刷的时候，总的管理费用占净销售收入的48%，也就是8798英镑（18166×48%）。然后将这笔管理费用从毛利润中扣除，得出净利润为1506英镑（10305－8798）。如果以占净销售收入的百分比来表示的话，就是8.29%（1506÷18166）。

从表格中，我们可以看出出版商从第一次印刷中得到的净利润低于向作者支付的版税。所以，如果这1200册图书销售不理想的话，出版商就会亏本或最多也只能是维持微利。但是，在第二次印刷的时候，净利润急剧上升为3671英镑，即净利润率高达56%。从整个销售的三年期来看，预计可以获取的净利润为5177英镑，净利润率为21%。如果出版商对这本图书的销售预测比较保守，尤其是没有将过多的现金投放在库存中，并且实际销售情况又超出了销售预期，那么出版商最终所获取的净利润会比我们计算的要多，而且拿到这笔钱也不需要三年的时间。

5. 投资回报率

还有一个指标可以用来评估图书的出版经济价值：投资回报率（ROI）。表格中分别以百分比的形式列出了出版商第一次印刷的图书在头一年半内销售的投资回报率、第二次印刷的图书在从第18个月到第三年销售的投资回报率，以及这本图书在三年计划销售期内的投资回报率。举个例子，如果出版商投入1万英镑出版某本图书，并最终得到1.5万英镑的收入，那么这本图书的投资回报率就是50%。其计算方式就是用利润除以投资额：5000÷10000 = 50%。

对于《透视图书出版》这本教科书而言，在第一次印刷的时候，出版商的投资包括直接可变成本（7862英镑）和直接管理成本（8798英镑），这两部分的总额为16660英镑。预计对于第一次印刷的图书，净销售收入为18166英镑，所以净利润为1506英镑（18166 – 16660）。用百分比的形式来表示的话，其投资回报率就是9.04%（1506÷16660 = 9.04%）。

但是，从整个项目三年期来看的话，投资回报率为26.58%（5177÷19479 = 26.58%）。这个数值将近通常出版管理层设置的目标值（30%）。如果图书的投资回报率达到了30%，就足以弥补出版商的成本并且提供可观的利润。

6. 收支平衡

所谓收支平衡点是指出版商为了弥补出版成本（包括直接可变成本和直接管理成本）而需要销售的图书册数。对于《透视图书出版》来说，在第一次印刷的时候，为了达到收支平衡，出版商需要销售83册精装本（用于销售的精装本共有90册）和1000册平装本（用于销售的平装本共有1100册）。换言之，对于第一次印刷的图书而言（包括精装本图书和平装本图书），出版商的收支平衡点是83%。这个数字是出版商在作风险评估的时候需要考虑的。

这份初步的成本核算表的最后部分是题为"净收入"的表格，这个表格对上述所有的数字做了简要的汇总。这个表格的右边是留给编辑和出版商签名和签署日期的空白区域。

（五）成功与失败

如果第一次印刷的图书能够售罄，那么出版商基本已经收回了开发和市场营销的成本。如果这个时候有机会重印，那么其毛利润就会大大上升，因为在重印的时候已经不再额外产生开发和市场营销成本了。但是，对于出版有实质性修改的新版本，又会产生新的固定成本和管理成本。可以说，出版是一个高利润的行业，出版商能够大赚一把。但是，对于众多出版商来说，这些高额利润宛如海市蜃楼，因为他们经常会犯太多的错误。

有些作者没有及时提交作品或者提交的作品质量不符合出版商的要求。大众图书出版商在与作者签订合同的时候往往已经支付了一大笔费用，所以如果作者没有提交作品，他们就很难弥补已经支付的成本。如果一本图书没能顺利出炉，必须由其他图书帮它分摊所产生的各项日常管理费用。相对于教科书出版商来说，大众图书出版商能够更快更容易地弥补这一缺口，比如从代理商或美国同行那里直接购买类似的图书。出版商关于图书质量、目标市场、图书定价和销售潜力的所有决策都基于出版之前的主观判断。在出版的新书中，不可避免地会出现某些销售情况不甚理想的图书，这些图书不能弥补自身的出版成本，不能抵消为作者支付的预付稿酬，更不能分摊出版活动所产生的各项管理费用。通常而言，出版商很难从新书的第一年销售中就获得较高的利润。出版商的利润主要来源于那些有机会得以重印的图书。话虽如此，但在圣诞节前后畅销的图书确实能够为出版商带来巨额利润，有些出版日期与某体育赛事或周年活动碰在一起的图书也是如此。

随着按需印刷技术的发展，能够使某些图书以少量复本得以印刷，这种模式开始逐渐被应用于不同的出版类型。

一家主动进取、赢利能力很强的出版商也会出版一些无利可图的图书。事实上，对于出版商来说，这种做法也是有充足的理由的。出版一本图书的目的可以是树立出版声望（而非单纯获利）。小说出版商或许认为这位小说家最终会赢得市场的认可（尽管当前出版的这本小说没有赢利的希望），或者希望借此来争取这位小说家下一本更具市场潜能的作品。教科书出版商或许是希望借此跨入一个新的出版领域，削弱竞争对手对这个领域的控制力。大学出版社或许是有义务出版一本优秀的学术专著（有时会得到相关机构的资助）。有些出版商在明知库存成本超过销售收入的情况仍然印刷发行这本图书。比如说，一家小说出版商或许数年以来一直出版某位作家的主要作品，而一家大学出版社则可能长期以来一直出版发行某些学术专著。

附

阅读书目

吉尔·戴维斯，《图书策划和组稿》（第2版），劳特里奇，2004（Gill Davies, Book Commissioning and Acquisition, 2nd edition, Routledge, 2004）.

参考文献

戴安娜·阿西尔，《保留》，格兰塔，2000（Diana Athill, Stet, Granta, 2000）.

艾瑞克·德·贝尔莱格，《作为商业的英国图书出版业》，大英图书馆出版社，2004（Eric de Bellaigue, British Book Publishing as a Business, British Library Publishing, 2004）.

罗斯·杰伊，《怀特·拉德日记》，怀特拉德出版公司，2004（Ros Jay, The White Ladder Diaries, White Ladder Press, 2004）.

汤姆·马希勒，《出版商》，斗牛士，2005（Tom Maschler, Publisher, Picador, 2005）.

安格斯·菲利普斯，马克·桑德斯，休·潘伟迪，德什尼·切迪，《试论作者与编辑关系的本质》，发表于《出版研究季刊》2005 年第 21 卷第 2 期（Angus Phillips, Mark Saunders, Sue Pandit and Deshini Chetty, "The Nature of the Relationship between Authors and Editors", Publishing Research Quarterly, 21：2（Summer 2005））.

克里斯托弗·波特，《演变为某物》，发表于《出版研究季刊》2000 年第 16 卷第 1 期（Christopher Potter, "Evolving into Something", Publishing Research Quarterly, 16：1（2000）, pages 20 - 25）.

《使美酒重新焕发香味》，对雷切尔·顾诺尼的采访录，发表于《书商》网站，时间为 2007 年 5 月 24 日（"Refreshing that Vintage Appeal", interview with Rachel Cugnoni, The Bookseller, 24 May 2007）.

专家视点：与作者一起工作

休·弗雷投恩（来自橡树出版公司的出版人）

对于任何一名图书的策划编辑来说（尤其是对我而言），这个世界上最美好的事情就是作者邀请您进入他/她的观察世界，有时甚至是被邀请参与写作过程本身。

《银河系漫游指南》的作者——道格拉斯·亚当斯——曾经打电话问我："如果您是挪威的雷神，并因此具有神明的力量，但是没有人再相信您，然后当您醒来时发现自己被牢牢地黏在一个位于伦敦南部的仓库的地板上，您会有什么感受？"在那个时候，我心已飞扬。当我回答"道格拉斯，我想这是您所擅长的话题"的时候，我知道我们已经踏上了另外一条极其疯狂的但注定辉煌的冒险旅程。这次的书名是《属于灵魂的又长又黑的茶歇时间》，这本书可能是道格拉斯最具有自传体性质的一部小说。关于道格拉斯的事情是这样的：当他写作《银河系漫游指南》的广播脚本的时候（这本小说后于广播脚本出版），他是和一个写作团队一起合作的。因此，这次他同样希望在写作过程中，能像上次那样得到及时的反馈意见。也就是说，只有我实实在在跟他在一起的时候，他的写作才能顺利进展下去。他总是跑来跟我讨论他的想法，然后离开并写一页篇幅左右的文字，然后再跑过来找我。当写作进展顺利的时候，这可以说是世界上最令人愉快的时刻；但是，当写作遇到困难的时候，这简直就是地狱了，道格拉斯整个人都陷入绝望之中。在这个时候，我的工作就是打趣他，跟他开玩笑，把他从绝望中拉出来，并抛给他不同的点子，直到他重新为这些新点子发狂并再次步入写作的正轨。

但是，并不是所有的作者都像道格拉斯那样希望编辑能如此密切地参与到他们的写作过程中。塞巴斯蒂亚·福克斯最初只是告诉我他正在撰写关于第一次世界大战的故事，除此之外，别无其他信息。一段时间后，他就给我递交了经过润色的作品——《鸟鸣》。每个作者都是不同的，所以您首先要洞察他们的需求，然后根据他们的需求给予适当的帮助。首先（也是最基本的一点），就是您必须热爱作者的写作。如果做不到这点，您将无所适从。其次，您必须能够跟踪作者写作的进展。只有做到这一点，当他们迷失方向的时候，您才能指引他们回到正确的写作道路上。还有很重要的一点就是，在出版公司内部，您必须成为作者的拥护者。令人惊讶的是，出版商有时会忘记在大众图书出版领域，作者是最关键的灵魂人物。没有作者，一切都无从谈起。我总是向作者介绍出版团队的每一位成员，试图让作者感受到有这么一支完整的团队在为他们服务，不管是图书的生产，还是图书的销售。这在一定程度上可以减轻作者在写作过程中感受到的孤立感，并提醒我们整个出版团队，我们在做什么，以及我们为什么要做这个事情。

如果这些工作听起来甚是困难，那恐怕这不是一份适合您的工作。如果您觉得这些事情是世界上最美好的工作，那就赶快去从事这份行当吧！相信您也一定会爱上它的。

专家视点：教育出版领域的策划编辑

布伦达·斯通斯（教育出版领域的作者、编辑和演讲者）

教育出版有何特别之处？

由于教育出版市场的内容和规模都是固定的，因而英国教育出版的竞争相当激烈，而且出版商之间的竞争更多地聚焦于对顾客提供的服务而非内容本身。教育出版的内容是由国家课程和考试大纲规定的，因此出版商并没有什么机会对这些规定做出自己不同的解读。教育出版的市场规模也是固定的，这通常取决于每一学年的学生总数、学习某一特定专业或课程的学生人数，以及政府给学校的拨款额度。因此，出版商扩展教育出版的市场规模的机会也是非常有限的，比如只能通过向其他国家或地区输出教材或者吸引父母提高在子女教材方面的支出。通常而言，教育出版商会直接向中小学教师销售图书，中间并不需要通过诸如书店或经销商这样的中间环节，这也为出版商提供了与购买者直接联系的机会。

教育出版策划编辑的主要任务是什么？

从事教育出版的策划编辑必须全面地对教育出版市场进行调查研究，借此熟悉课程体系并预测未来的变化。他们也必须研究其竞争对手和目标消费者。前者涉及竞争对手的市场份额以及竞争对手产品的核心竞争力，后者包括制订采购决策的老师和最终购买图书的学生。每位策划编辑都要制订一份图书和多媒体产品出版的计划书（这些图书或多媒体产品涉及一系列的学科主题和水平等级），以符合出版商对赢利目标的期望。然后，策划编辑需要选择合适的作者或作者团队根据计划的要求撰写素材。在整个项目的开发过程中，策划编辑要保持与作者或作者团队的密切沟通。

策划编辑的其他任务包括简化产品的设计，使其能更容易地用于教学和阅读，也能更容易地引起老师和学生的兴趣。在教育出版领域，策划编辑仍然需要亲手从事一些编辑工作，以确保文本符合课程大纲要求、内容是准确无误的、语言的难度对特定的学生是适中的。策划编辑需要为新的出版物撰写促销素材，并向销售人员讲解这个新的出版物的特点和可取之处。最后，策划编辑还需要依据收入、赢利和市场份额等预定目标监督出版物的销售情况。

教育出版策划编辑需要具备怎样的经验和技能？

（1）教学经验（尤其当这项工作涉及撰写教学素材的话）；
（2）根据读者不同语言水平撰写和编辑素材的能力；
（3）对细节的精准把握；
（4）计算能力及解读数字化数据的能力；
（5）视觉敏感及组织可视化信息的能力；
（6）对不同年龄的孩子及其兴趣有一定的洞察能力；
（7）对教育作用和孩子学习方式抱有浓厚兴趣。

专业技能：策划技能

没有哪位策划编辑可以只是坐在办公室或家里，等着具有市场潜力的想法和作者自动送上门来。策划编辑需要富有创新意识，因为他们需要对收到的创意进行加工，或者他们需要自己提出创意然后为此寻找合适的作者。创新不可避免地会招致失败，所以作为策划编辑，必须能够敏锐地物色那些前卫的作者，必须能够狠心地遏制那些错误的项目，必须能够坚强地承受他们的提议在被枪毙时的压力。

出版是一门生意，因此，具有敏锐的金融嗅觉对于策划编辑来说是至关重要的。出版的营利机会也取决于策划编辑对市场发展趋势的洞察和对出版时间节点的把握。优秀的策划编辑往往能先于竞争对手取得机会。在教科书出版领域，这个提前准备期可能是整整三年。在专业出版领域，策划编辑的工作包括向专家提出正确的问题，并能够跟他们开展不失水准的对话。获得这种技能取决于选择正确的咨询人员和读者。作为大众图书的策划编辑，他们很难明晰市场的需求，往往需要综合以往的销售经验、当前的市场行情以及专业人士的直觉做出自己的判断。凭自己的直觉做决策需要相当程度的胆识和自信。

策划编辑需要具备评估写作提案质量和评估作者写作能力/动机的能力，这一能力对于选择图书和选择作者具有非常重要的作用。而策划编辑的这一评估能力需要快速阅读文本和从文本中快速抽取关键章节的能力做支撑。大多数的策划编辑根据稿件的前几页就能判断作品的质量，这种技能会随着经验的丰富而不断提高。策划编辑应该能够对完善作品的结构提出富有建设性的意见。尤其是在专业出版领域，对于作者来说，策划编辑不应该仅仅只是一个能够发表评论的普通读者。

当作者只能依靠自己的经验、学识和想象力进行写作的时候，他们会处于一种长期的孤立感中。在图书中，他们寄托了自己的梦想和希望。在作者的眼里，编辑是为自己所独有的；但是在编辑的眼里，作者只是自己众多顾客中的一位而已。作者希望编辑能够代表他们的利益，能够站在作者的立场帮忙完成作品的编辑工作。事实并非如此，编辑在与作者打交道的时候必须代表出版商的利益，甚至有时必须采用精心设计的欺骗手段。优秀的编辑能够成功地说服作者为出版商写作，恳请他们向出版商提交作品，并培养作者对出版商的忠诚意识。作者需要鼓励和表扬；从这个意义上讲，编辑的处世之道也显得非常关键。那些依靠写作为生的作者（不同于教师或科研人员）往往把写作看成是他们生活中最重要的部分。对于部分这样的作者来说，编辑可能是他们私生活中的不可或缺的人物。

策划编辑需要具备一定的关于印刷方法、数字出版和签署合同的知识，同时也需要具备跟作者、代理商和其他人协商和谈判的能力。作为图书的捍卫者和拥护者，策划编辑必须具有能够影响他人的热情和能够说服他人的技能。

第8章　出版合同和产品开发

一旦出版商批准了新书的出版计划和成本核算，接下来就需要着手与作者签署出版合同。本章将介绍与作者签署的出版合同，并分析策划编辑在整个出版开发的过程中所继续扮演的角色和发挥的作用。

一、出版合同

作为从作者手中购入版权的买家，每个出版商都会拟订自己的合同（亦称协议）。合同内容会根据不同的图书和不同的作者进行拟定，但大部分出版商都有统一的标准模板。策划编辑负责与作者或其代理商就合同事宜进行协商，并根据双方同意后的条款修改标准模板。通常而言，出版商在起草合同模板的时候更多地会考虑自己的利益。有些作者会直接在出版商提供的合同上签字；但是，另外一些作者（或其代理商）会要求提高版税和预付稿酬，或者要求修改某些特定的条款。如果作者提出修改某些特定的条款的话，策划编辑就得把作者的要求提交给出版商的法律事务部，由后者负责审核并决定是否通过作者的要求。

合同以正式的形式规定了作者与出版商之间的关系。现在的图书出版合同可能比较冗长，因为出版商会诉诸各种方式来攫取尽可能多的权利，同时合同也需要详细地阐释双方（出版商和作者）的义务。如果出版商获取了一本图书的所有版权，之后不管是在全球范围销售这本图书，还是开发这本图书的电子产品，都不会碰到任何的版权麻烦了。同时，出版商也可以毫无顾虑地把部分版权授权给第三方，从而实现利润的最大化。虽然将图书转变为诸如茶巾或者被套这样的产品的概率微乎其微，但是确实也有这样的案例。在艾迪斯·赫尔顿的《一位爱德华时代妇女的乡村日记》和弗罗拉·汤普森《雀起乡到烛镇》在出版的多年后，就发生了这样的事情。

合同通常是由双方（作者和出版商代表）签订的合法公文。对于一份具有强制性的合同来说，符合下面的几个要求是非常重要的（琼斯和本森，第62页）：

（1）清晰明了的协议条款；
（2）行动意向受法律的约束；
（3）达成协议会带来有价值的回报。

如果符合这些条件，一份非书面的口头协议也足以构成一份合同。1991年的马尔科姆诉牛津大学出版社就是一个例子。在这个案子中，牛津大学出版社的一位编辑在电话中向马尔科姆承诺出版社将出版他的作品。但是，后来出版社拒绝出版马尔科姆的图书。在法庭上，马尔科姆披露并提供了与编辑的对话录音资料。最终，法院站在作者的一方，马尔科姆由此获得了一笔为数不小的赔偿金。自从这个案子发生以后，编辑们不再轻易为作者口头承诺出版作品了。大多数出版商也开始严格管理编辑与作者的工作步骤，以便所有的交易最终都以书面合同得以落实。当然，作者与出版商之间的争端很少会诉诸法院，现实中的相关判例也并不多见。

> *如果符合相关条件，一份非书面的口头协议也足以构成一份合同。*

（一）合同的主要内容

下面所罗列的主要内容取自于一份作者和出版商签订的合同。与作者利益最相关的主要是版税率和预付稿酬的金额。其他有可能会引起作者和出版商争端的条款包括：对作者下一部作品的处理方式；对图书新版本版税率的处理方式（是否需要提高版税率）；对插图成本的支付数额和方式（由作者还是由出版商来承担这部分的成本）；为作者提供的免费册数。

1. 序　文

注明合同的日期、缔约双方的姓名（他们的委托人或继任者）以及确定图书的题名。

2. 作者授权

通常而言，作者授予出版商以多种形式（印刷版和电子版）、所有语种在版权保护期限内（作者生平及死后 70 年）在世界各地出版图书的专属许可和权利。通过授权许可，作者仍然保留对版权的所有权。有的时候，作者（比如合作图书或者插图作品的供稿者）也会出让他们的版权，也就是说，把所有权和对作品的控制权都转让给了出版商。对电子版权的授权可能包括"出版商拥有以任何一种目前尚未发明的媒介载体出版作品的权利"或者其他类似的表述，其目的就是出于对将来技术发展的考虑而事先为出版商"投保"。

3. 作者担保

作者需要保证他们对其作品拥有版权、作品是原创作品（而非剽窃品）以及作品不含侵害名誉、诽谤或非法的内容。如存在不实信息，作者保证赔偿给出版商带来的任何损失或造成的任何伤害。

4. 具有竞争关系的作品

作者同意并承诺不会为另外一家出版商撰写与本作品具有直接竞争关系的图书。

5. 书　稿

合同将明确原稿的篇幅（以字数计比以页数计更为可取）、提交的日期和形式（磁盘和两份打印稿、两倍行距）。合同将注明作者需要承担提供插图和目录的责任，也需要承担获取和支付第三方具有版权的相关素材（除非另有协议）的责任。如果作者没有及时交稿或者提交的原稿不符合事先的合同约定，出版商保留不出版该作品的权利。

6. 修　订

在编辑完成校对后，作者不能在校对稿的基础上进行大量的修订工作，除非存在的错误是由出版商或印刷商造成的。如果作者的修订工作所造成的后续费用超过排版成本的某一特定比例（比如15%），那么作者需要自己支付这部分的费用。作者必须在指定的期限内完成对校对稿的修订工作并返还校样，这个期限通常是两到三周。

7. 出版物

出版商对出版物拥有完全的控制权，包括生产、设计、宣传、定价、制定销售的方法和条款。在现实中，出版商可能会就某些事项（比如封面设计）征求作者的意见。出版商会为作者提供一定数量的免费图书（通常为6本）。在这个免费图书之外，如果作者希望购买更多的图书，或许可以享受一定的优惠折扣。

8. 作者稿酬

对于出版商自己出版的版本，作者通常以版税的形式得到报酬。具体可能是所有销售复本的图书推荐价格的某个百分比，也可能是出版商净销售收入（即扣除图书折扣后出版商收到的总金额）的百分比。因此，作者的收入是跟图书的价格（或扣除折扣之后的净价）和销量成正比的。这个版税率适用于出版商自己出版的图书（精装本图书和平装本图书）；也适用于在本土市场的销量（英国和爱尔兰）以及出口市场。考虑到可能的更高折扣的因素，出口图书的版税率一般会低一些。合同中也会注明出版商销售电子版本需要支付给作者的版税率。

合同中还可能注明如果图书的销售达到一定的数量（尤其是在本土市场上的销量），出版商给作者提供的版税率会提高2%－2.5%。如果采用以图书定价作为百分比的基准，版税率一般会在5%－15%

（许多作者从来不会超过基准版税率）。在作者的版税率超过这个范围（不管是基于图书定价还是净销售收入的基础上）的前提下，如果出版商出版图书新版本的话，那么作者的版税率又回到原先的基准版税率。当图书作为廉价图书处置的时候，出版商不会向作者支付版税。合同中也会陈明启用更低版税率的其他限制性条文。举个例子，如果版税率是基于图书定价的话，同时出版商以高折扣（比如52.5%甚至更高）向大型连锁书店销售图书的时候，往往会启用更低的版税率或者改用基于出版商纯收入的百分比。对于印数不大的重印版图书，也可能会启动更低的版税率。

9. 附属版权

在合同中，也会罗列作者授予出版商的其他更多的版权。出版商可以将这些版权再授权给其他公司，并从这些附属版权的净收入中抽取一定的份额（从50%到90%不等）支付给作者。比如说，如果作者授予出版商图书的北美权（在美国出版发行的版权）、图书俱乐部权（销售给图书俱乐部的版权）以及翻译权，出版商可以将这些版权再授权给其他公司；而获得这些版权的公司可以出版发行相应的版本，并为兜售这些版权的出版商支付与作者共享的版税。但是，出版商自己也可能会印刷大量的图书（比如为具有合作出版关系的合作方）。出版商以高折扣（折扣力度达到80%甚至更高）销售这些图书，并为作者支付基于出版商实际收入的百分比（一般为10%）。除此之外，还有其他的附属版权，比如连载权和摘录权，电影、电视和广播的改编权，广播阅读版权，电子书版权，引用和选编权，大开本印刷权，文摘权和电子出版版权等。本书的第十二章将对这些内容展开更为详细的讨论。

10. 资金结算

出版商为作者提供的结算周期往往因图书类型有所差别。对于大众图书而言，通常是6个月；对于教育类和学术类图书来说，通常是

1 年。大众图书出版商通常会在结算周期中扣留一部分的版税，作为抵消后续来自零售商未售图书的退还成本之用。

11. 修订本和新版本

在出版商提出要求或请求的时候，作者应该同意自行修订图书内容，或者同意自费交给他人开展修订工作。

12. 版权归还

如果出版商不能答应作者继续重印或再版作品的要求的时候，版权可能会归还给作者本人。版权归还比之前更为复杂了，因为按需印刷技术和电子书的诞生意味着图书将永远不会绝版。现在，有些代理商认为销售率应该成为是否归还版权的决定因素。与此大相径庭的是，许多学术专著的作者倒是非常乐意看到他们的作品永远处于可以出版的状态。

13. 仲　裁

在作者和出版商间发生争执的情况下，仲裁是必不可少的。

14. 选择权

作者会给予出版商对于自己下一部作品的优先取舍权。

15. 人身权

本书的第五章已经详细地介绍了这方面的内容。

16. 预付稿酬

如果出版商为作者支付预付稿酬的话，那么这笔预付稿酬可以抵消今后的作者版税。在合同中需要注明出版商通过这本图书赚取的利润还不足以弥补这笔预付稿酬之前，是不会再为作者支付额外的版税的，注明这一点非常重要。大多数作者要么只能是收到出版商支付的小额预付稿酬（比如，对于初出茅庐的小说家来说，出版商与他们签约两本图书的出版合同，并支付最多 12000 英镑的预付稿酬），要么是一分钱都没有。如果出版商为作者支付了巨额预付稿酬，这一事件往往会成为行业报纸的新闻，有时也能荣登全国性的报纸。举个例子。报纸曾经报道了出版商为韦恩·鲁尼——英格兰足球球星——支付的巨额预付稿酬："曼联球员韦恩·鲁尼签署了运动类图书出版史上金额最大的合同。20岁的韦恩与哈珀．柯林斯签订了一项为期12年的合同，约定至少为其撰写5本图书，并得到出版商500万英镑的预付稿酬。"（bbc.co.uk，2006年3月10日）出版商可能在不同的阶段分批为作者支付预付稿酬，包括在签署合同的时候、在作者提交被出版商认可的手稿的时候以及在图书的正式出版之际。

1996年，纽约兰登书屋起诉琼·柯林斯，试图追回一笔130万美元的预付稿酬（这笔钱原是出版商购买她的两部小说的）。出版商起诉的理由是琼·柯林斯提交的手稿根本无法出版。这位撰写《天国王朝》的明星最终还是赢得了这场官司，因为合同原件仅要求手稿达到"完整性"的要求，而没有要求达到"令人满意"的要求。

17. 双方签名

作者和出版商代表将签署至少两份合同复本，其中一份由作者本人保管。

合同签署并生效之后，出版商就可以为图书申请国际标准图书号，编辑也向作者发送作者调查问卷，其调查结果将为今后图书开展市场营销活动提供参考价值。

（二）电子版权

在上文的例子中，经过作者授权后，出版商所拥有的出版精装本和平装本的版权或"基本权利"都包含出版和发行印刷版和电子版这两种不同媒介的版本。有些富有远见的教育图书出版商、学术和STM图书出版商早在20世纪90年代（甚至是在80年代）在与作者签订出版合同的时候已经将图书的电子版权包括在内。在2007年之前，许多主要的出版商都已经跟作者重新修订旧合同（这些旧合同中都没有涉及图书的电子版权问题），并获得图书的电子版权。由于学术期刊供稿者通常会把版权转让给出版商或学会/协会，所以学术期刊出版商也可以自由地出版电子版的学术期刊。同样地，许多制书商和插图版图书出版商通过版权变更的方式也拥有了文本、艺术作品和摄影作品的电子版权。

但是，大众出版商通常并不拥有再版书目的电子版权。出版商认为自己所拥有的图书版权必须包括电子书的版权，但是代理商可并不这么认为。代理商拒绝将图书的电子版权转让给出版商，往往把电子版权（包括电子版权的其他类型，比如将图书改编为互动游戏的版权）与其他版权区分开来，并转让给另外一家出版商。出版商为作者支付的电子书的版税率低则等同于纸质版图书的版税率，高则达到出版商纯收入的30%。

大众出版商对电子版权的利用处于过度开发的状态。2001年，在美国发生的兰登书屋与罗赛塔图书之间的法律纠纷更是引起了人们对这个问题的关注。在此案中，法院判定，即使出版商获得了出版特定图书的版权，它也并不自动享有其电子版权。如果在合同中没有明确表明电子版权的问题，那么图书的电子版权仍归作者所有。

在众多出版领域，许多图书都包含第三方的素材（比如内容摘要和摄影图片），这也是影响出版商对再版书目和新书目图书开展数字出版工作的又一障碍。版权拥有者（不管是图书出版商还是图片资料的代理商）都不太愿意出让电子版权，或者开出天价——实际上等同于拒绝出让。因此，电子版的图书里面或许缺乏来自第三方的素材。从这个意义上讲，那些拥有对内容的全部控制权或者不受第三方内容限制的出版商和版权所有者就最有可能从电子出版中获益。

（三）代理商的影响

在作者有代理商的情况下，作者与出版商方就可能会签订由代理商提供的合同，这份合同往往会比较偏重作者的利益。当与主要出版商签合同的时候，为避免双方在标准条款的措辞上发生争执，代理商会使用所谓的"定型合同"（即标准合同）。代理商还会有选择性地保留一些附属权利（对他们而言这些权利绝非附属），如连载权和翻译权等。代理商要么自己再把这些版权销售给其他出版商，要么等这家出版商提出购买意向后再与之磋商。代理商也可能会对英语语言地区进行划分，分别销售图书的英国地区发行权和美国地区发行权。对畅销书作者来说，这种做法会给他们带来更高的收入。

代理商的合同通常要比出版商的合同简短，反映的是作者提供的更为有限的授权许可。

（四）地区出版发行权

按照传统，英国和美国的出版商（特别是大众出版商）拥有各自独立的地区出版发行权，并彼此瓜分了英语图书市场。两国的出版商分别为大西洋两岸出版的图书物色了独占性的市场区域（也就是所谓的"封闭市场"）。在各自的市场区域中，彼此是不允许出现对方出版的同一图书的具有竞争关系的版本。美国出版商的独占地区基本为美国全境，英国出版商的独占地区包括英联邦国家、爱尔兰、南非以及一些其他国家。剩下的地区双方都有权进入，这些地区被称为"开放市场"（比如欧洲大陆）。在开放市场中，同一本图书的英国版和美国版狭路相逢，直接竞争。至于在加拿大的出版发行权，如果是英国出版商原创的图书，则由英国出版商拥有独占权利，如果是美国出版商原创的图书，则由美国出版商拥有独占权利。对于某些图书而言，这一划分方式仍然有效，从而会影响代理商和制书商将版权授予出版商的方式以及出版公司内部彼此交易的方式。举个例子，一个掌握着全世界出版发行权的英国出版商可以通过有合作关系的美国公司将自己印制的图书售往美国，也可以授权给美国的出版商。但在后一种情况下，双方就要进一步地协商美国出版商的独占性地区、非独占性地区和被排除的地区范围。相应地，一家英国的出版商可以从美国出版商或由代理商代表的作家那里购买在美国原创的图书,而双方也会对英国出版商所能获取的版权和出版发行区域进行深入的讨论。

出版商将英语出版发行地区划分为独占性地区、非独占性地区(开放市场)和被排除的地区,这种传统的划分市场的做法正在受到政府、消费者群体和网络交易商的反对。印度在上世纪60年代末已成为一个非正式的开放市场。新加坡在80年代中期利用法律手段确定了自己"开放市场"的合法身份。澳大利亚在1991年提出如果英国出版商仍然在澳大利亚维持独占性出版发行权的话,那么就要求在英国版本首印后的一个月内推出本地版本,这个时间实际上就是美国版本的出版时间。新西兰也在1998年宣布自身成为一个开放市场。

(五) 欧盟统一市场

欧盟统一市场于1993年推出商品自由流动原则,这与传统的英美出版商制订的契约形成龃龉。按照英国出版商制订的契约,英国是英国出版商的独占市场,而欧洲大陆是开放市场。英国出版商最担心的事情是英国本土市场将充斥着从欧洲大陆导入的更为便宜的美国版本,从而在事实上否定了英国出版商对英国本土市场的独占权。这种"平行式"的进口贸易方式虽然不是因为美国出版商违背双方的约定而造成的,但是却能够通过在美国或欧洲大陆的第三方交易商得以实现。英国出版商主张欧盟和其他加入欧盟的国家应该被视为一个统一的市场,并且这个市场应该是英国出版商的独占性区域,就像美国出版商把整个美国作为统一市场那样。在英国原创的作品通常是通过代理商向欧洲大陆销售其独占性版权;英国出版商有可能把在加拿大的出版发行权提供给美国出版商,作为交换条件,后者则赋予前者在欧洲大陆的独占性出版发行权。出版商协会的主席蒂芬·佩吉曾说道:"目前有项基本原则正处于岌岌可危的境地。我们需要独占欧洲市场以确保我们独占英国市场。"(《书商》,2006年6月23日)

20世纪90年代末期网络购物的发展使英国消费者能够轻易地从

位于美国的网络书商那里购买图书。英国的部分主要网络书商达成协议，根据尼尔森图书数据书目数据库提供的图书地区发行版权信息，只是在他们的网站上罗列图书的英国版本。

地区出版发行权是个棘手的问题，解决这个问题的方法之一是出版商从作者那里获取图书的全世界出版发行权。这个方法在某些出版领域内比较好操作，比如教育出版和学术出版领域。但是，大多数英美主要的大众出版商都在努力提高自己的实力，可以获取对作者作品在英语世界中独占性版权。这也使得两国的出版商能够克服世界各地的法律障碍，改善第三方交易者从事的任何买卖行为。但是，代表作者利益的代理商依然认为通过区分图书的地区出版发行权，作者能够从不同的国际出版商那里争取到更高的价码。

地区出版发行权的土崩瓦解绝非大势已定。如果这类版权涉及到了美国传媒集团的利益，美国政府就会出手相护，以确保这种版权能够继续发挥作用。美国和欧盟的主要权力集团同样也在努力解决因为海外网络交易商逃避传统的税收所造成的潜在税收损失及相关问题。在互联网上，消费者对书商的选择受到图书运费和邮递时间等因素的影响。如果可以在线获取图书（比如电子书就是如此），那么这些因素就不值得一提了，只要图书在全球各地的出版日期保持同步即可。

> **在英国，纸质版图书不需要交纳增值税，但是数字产品（比如电子书）则需要交纳增值税。**

除去具有竞争关系的版本之间的价格差异外（这些价格差异受到英镑、美元同欧元以及其他币种间汇率的影响），同一本图书的不同版本的上市时间是另外一个重要的影响因素。英美大众图书出版商往往采用以不同版式和价格连续出版同一内容图书的策略，其目的就是使利润达到最大化。比如说，出版商将图书的第一版定为定价昂贵的精装本，随后陆续出版平装本和简装本。针对出口市场（尤其是日益成长的欧洲大陆市场），英国出版商都试图用平装本抢占其他出版商的互竞版本的份额，与此同时，以精装本的形式独占本国市场一段特定的时期。因此，欧洲大陆的市面上会比英国本国更早地出现由英方出口的平装本（当然这种平装本也能在英国机场商店里买到）。欧洲大陆的平装书进口商会同时从英美两国出版商那里订购存书，来确保他们能从动作最快的卖家手中收到货品。进口商也会比较互竞版本的价格，并且四处寻求特价版本。

拥有全世界出版发行权的高等教育出版商和学术出版商目前面临着这么一个问题，即如何在不同地区维持其图书的不同定价。第三方交易者可能会想方设法首先从低书价地区（如部分亚洲地区）购买图书，再将这些图书倒卖给高书价地区（如美国）。

二、产品开发

一旦作者与出版商签署了出版合同，即使这本书还处于写作状态中，出版商也会对它进行监督。同时，出版商开始筹划图书的编辑、设计和生产工作，而这些工作环节又都与图书的市场营销工作息息相关。

在图书的开发过程中，出版商需要给予不同程度的关注。策划编辑通常会等到作者完成小说或人物传记的初稿。有些作者希望编辑能在他们写作过程就逐篇阅读图书章节。尤其是对于教科书和参考工具书来说，编辑会时刻关注文本的篇幅。如果存在多个撰稿者，编辑就得开展一些必要的协调工作。同时，编辑也会建议撰稿者采用统一的写作模板，这将对电子版的标记工作大有裨益。作者或许按时向出版商提交完成的书稿，或许会推迟交稿，而不能按时交稿是许多作者固有的习惯。如果作者迟迟不能交稿，出版合同很有可能会被取消。编辑在收到作者提交的书稿后，会对其篇幅、完整性和质量进行审核。结果就是有可能将文稿退还作者要求重新修改，也有可能直接接受并进入生产环节。编辑也会提醒作者完成作者问卷调查表，其调查结果将作为开展图书的市场营销的参考资料。

策划编辑负责联络初级编辑、设计者、生产人员和市场营销人员。编辑将会为图书的封面和产品目录撰写推荐广告和宣传信息。这些推荐广告和宣传信息将是图书"进度信息表"的基础材料，该信息表需要在图书正式出版前的6－9个月就要准备完毕。虽然策划编辑在行政上没有权利向其他部门发号施令，但是他们必须努力确保自己的图书受到各个部门的足够重视。在定期的销售会上，策划编辑会向出版机构内部的市场营销人员介绍自己的图书。

有些策划编辑（尤其是负责开发插图版图书或大型配套在线资源教科书的策划编辑）会开展大量的产品调研工作，并参与到不同的开发阶段。有些教科书出版商会设置产品开发编辑岗位，招聘相关人员用来直接支持策划编辑开发大型教科书。这些编辑需要与市场营销部门共同开展市场调查、组织外部专家评审作者书稿、帮助作者团队顺利推进项目进展。

在清样校对阶段，出版商将确定图书的零售价格和印刷装订的册数。最终印刷的数量需要根据图书的版式和价格稍做调整，因此和最初预期的数量可能会有所不同。导致出版商调整图书印数的因素包括来自大型零售商的反馈意见、销售市场的变化以及对最佳出版方式认知的改变。编辑可能也需要决定是否重印图书，并管理库存清单。在某些规模较大的出版商那里，这项工作是由销售和库存控制专职人员来负责的。

策划编辑可能会亲自从事图书的开发工作，也可能会把这项工作分配给级别稍低的编辑，这些编辑的头衔比较多样，比如编辑、开发编辑、生产编辑、助理编辑或者编辑助理。如果编辑的工作同时涉及印刷版和电子版的图书，他们有时也被称为内容编辑或内容经理。策划编辑与作者保持沟通，以确保作者在最合适的时候提交书稿，并确保图书在生产过程中进展顺利。

一年中有一些特殊的时间段对大众图书的上市是十分有利的。出版商需要确保图书在最佳的时候出现在市场上，包括相关的体育赛事、纪念日（对于人物传记来说）或相关的节日（比如在圣诞季出版烹饪类图书、在春节出版园艺类图书）。公共宣传机会也会影响出版商对图书出版日期的选择，比如媒体曝光率和特殊节日（比如情人节）。新年（读者通常会在新年之际做些决定）为出版商提供了出版健康类或个人提升类主题图书的很好机会。夏季则是出版商出版跟沙滩主题相关的图书的好时候。精装本图书通常会在春季（跟文学相关的节日集中在春季）和秋季（一直延续到圣诞季）这两个时段更容易得到更多的媒体报道。

新年是出版个人提升类主题图书的好时机。

插图是否可以增加图书的价值，出版商会在产品开发阶段深入讨论这个问题。插图对于解释文本（比如中小学课本）有帮助吗？插图在艺术和烹饪类图书中是必需的吗？因为配有大量插图就可以定价更高吗？高定价会不会影响图书的销售？出版商需要在添加配图所需要的成本和这些插图所提供的附加值之间寻求一个平衡点。

一、编辑项目管理

作为产品开发过程的一部分，计划任务书包括以下内容：
（1）用于编辑、设计和生产阶段的进度表；
（2）为获取文本和插图使用的相关许可；
（3）用于文本和封面设计的简要说明；
（4）撰写用于封面的宣传资料；
（5）制订预算表。

1. 进度表

进度表最好在作者提交书稿之前就拟好。这样一来，就可以事先预约文字编辑，也可以根据预计的出版日期提前安排好设计和生产环节。进度表可简可繁，可以利用软件进行制作，也可只用 A4 纸张。一般来说，完成每个阶段所需要的时间都是相对固定的，但也不是一成不变的。如果有一本具有竞争关系的图书即将打入市场，或者需要满足某一特定财务年度的收入要求，整个进度表可能会被大大缩短。当然，如果出版商都以这种方式处理每本图书的话，那么图书的质量就不能得到很好的保障，而且也会给员工带来极大的工作压力。下面是一份进度表的样本。

2. 获得相关的使用许可权

在图书中使用文本或插图是需要征求相关许可的。不属于合理使用范畴的长篇引用也需要征求相关许可。对于诗歌或散文的选集来说，出版商可能需要寻找其版权持有人，出版商可能会将这项工作委托给兼职工作人员。通常而言，首先想到的方法就是寻找原始出版商，他们可能拥有这些作品的附属权。有的时候，您会在图书中看到这么一行说明文字——"我们已经竭尽所能试图联系版权持有人"。也就是说，出版商在没有获得版权许可的情况下已经使用了这段文字或这幅插图。当然，出版商这么操作可能会面临一定的版权风险。

按照出版合同的规定，可能需要作者本人去获得使用相关材料的许可，并且需要自己支付许可使用费。出版商可能也还得亲自或委托他人进行相关调查，并在为作者支付的版税中扣除这部分的许可使用费。如果由出版商负责征得版权持有人的许可的话，编辑或出版商委托的调研人员将会联系版权持有人。编辑要给每幅插图和表格标号，并配以相应的标题或文字说明。图表的标题和来源也可能存在版权问题，编辑也需要获得它们的使用许可权。

插图的雏形可能取自之前已经正式出版的文献，也有可能取自作者未经加工的原始作品或创意。但在将插图交给设计者或插图作者之前，编辑要对它们进行适当的处理，以确保图片的一致性。插图的位置由文本来决定。

3. 向设计者简要介绍图书的相关情况

出版商可以使用标准的格式和内容向封面和页面设计者简要介绍

相关要求。对于封面设计者来说，最主要的是向他们介绍这本图书的内容和目标读者群体。对于页面设计者来说，最主要的是向他们说明需要沿用另外一本图书的设计或者自行设计一些新颖的、富有特色的元素。如果作者提供一两个样章，设计者就可以在作者提交完整的书稿之前着手准备图书封面和页面的设计工作。对于重要的图书来说，分发和传播图书样章有助于出版商销售这本即将出版的图书，也有助于作者将作品的篇幅控制在合适的范围。

向设计者的简要介绍包含以下内容：

（1）图书的目标市场——比如读者的性别和年龄；

（2）图书的内容——概要和目录；

（3）部分内容元素——文本（包括标题的层级结构）和插图；

（4）单栏或双栏格式——双栏排版适用于更小的字体，经常被用于参考工具书中；

（5）楣题的风格——相对于图书题名，各个章节的标题包含的信息更多；

（6）备用书名——在该书被类似的图书所模仿的情况下可使用。

4. 撰写用于封面的宣传资料

出于市场营销的目的，封面需要在印刷图书之前被设计好。封面信息（比如题名、作者、腰封广告和国际标准书号）可能早在作者提交书稿之间就已经准备就绪。对于编辑来说，腰封广告的写作是一项重要的技能。以小说为例，腰封广告必须能够通过恰如其分地透露部分情节以引起潜在读者的兴趣。有的时候，编辑也会在封面上刊登名人的书评摘要和美誉之辞。对于重要的图书，编辑需要邀请营销人员对护封广告提供反馈意见。

在腰封广告中，使用短句子可能会起到非常好的效果。

5. 制定预算表

图书的成本核算需要预估图书的主要成本，包括编辑成本、设计成本以及为获取相关许可而支付的许可使用费。成本核算会根据实际产生的成本以及图书出版规格（比如开本、页数以及插图的数量和类型）的变化而做出相应的调整。

（二）编辑工作

虽然策划编辑或者初级编辑也会对作者书稿的细节进行文字编辑，但文字编辑这项工作通常会外包给兼职的文字编辑。虽然出版商仍然直接控制着图书封面的设计，但目前市场上活跃着一些项目管理公司或制书商，他们从事整个图书的生产流程，并为出版商提供可直接用于印刷的图书电子版。有些位于印度的高科技公司的强项就是处理数字文档和标注图书页码。他们最初为期刊出版商提供编辑和生产服务，现在也把服务触角延伸至学术图书出版商和教科书出版商。这些公司现在所从事的业务之前是由英国出版商的兼职员工或独立的生产公司来运作的。

初级编辑负责监督图书从作者提交书稿到装订成册整个过程的进展情况，他们与生产/设计部门密切合作，并为市场营销人员提供图书的相关信息。他们可能亲自对作者书稿进行文字编辑，对插图进行组织排序；他们也有可能只是大致通读作者书稿，然后把文字编辑的具体工作交给兼职工作人员。在完成对作者书稿的文字编辑工作后，初级编辑会将校对稿发给作者和兼职校对人员，并从编辑的专业视角监督图书的生产环节。有些学术图书出版商和期刊出版商也会雇用生产编辑，生产编辑负责图书的设计和生产环节，同时负责与供应商的接洽工作。生产部门也许也会组织兼职人员从事文字编辑和校对工作。在插图版图书出版商和制书商内部，编辑会与设计者一同工作，共同打造图书。

只有在那些工作界限不是很明显的公司里，或者当您有幸碰到富有同情心的策划编辑的时候，您才有可能体验作为策划编辑的经历，而且通常不需要负实质性的责任。是否会发生这种现象，在很大程度上取决于公司的规模。一个常见的工作角色就是策划编辑助理，其职责涉及为策划编辑提供各种支持服务,包括事务性服务和编辑工作;其中编辑工作又包括文字校对、为文本寻找插图、向拥有版权资料的第三方申请使用许可以及处理图书的重印再版等相关事宜。在大众图书出版领域,初级编辑还可能从事撰写新书计划书的工作。在教科书出版领域,产品开发编辑可能负责新书的策划和组稿工作。

(三) 文字编辑

文字编辑可能是图书在正式出版之前除作者本人之外唯一阅读该书的人。文字编辑的职责是要确保为印刷商和最终读者提供清晰无误、前后连贯的文本和插图。"优秀的文字编辑对图书所开展的编辑工作应该是不被读者注意到的。如果作者没有足够的写作时间和写作经验,撰写的书稿往往会存在一些瑕疵。文字编辑的目的就是帮助作者更好地向读者展示图书,而不是像某些刚入行的文字编辑所认为的,其目的是提供带有编辑修改痕迹的版本。"(布彻等人,第 32 页)

小说家艾瑞斯·默多克 (1919 – 1999) 拒绝编辑对他的作品进行编辑,甚至反对编辑对标点符号的修改。

文字编辑还需要发现图书中可能存在的对他人构成诽谤的内容。

如果发表在图书、杂志、报纸或其他出版物(例如广告、电子邮件或网站)等媒介的文字中含有不真实的断言,或者含有诋毁他人名誉的言辞,都有可能构成诽谤的风险。(琼斯和本森,第 163 页)

如果是关于某位名人未经授权的传记,出版商可能会邀请专业律师通读一遍,并从作者那里收集用于有利的证据(供在将来有可能会产生的法律纠纷案件中使用)。在 2007 年,由于格雷姆·麦克拉根的图书《弯曲的铜》(该书于 2003 年出版)遇到法律纠纷,调查性报告类图书一度盛行。"该书讲述的是苏格兰警场反腐败的故事。"法庭判定作者在写作此书之时已经相当有分寸。法庭支持所谓的"雷诺兹特权",基于该特权,记者有权出版以大众利益为出发点的素材,即使他们不能证明这些素材是否属实或者这些素材后来被证明是虚假的（《卫报》，2007年10月2日）。这是法庭第一次将"雷诺兹特权"应用在图书的判例中。

在获悉图书的定位和市场信息之后，文字编辑首先要检查的是作者是否提交了所需的所有内容，以及是否对这些内容进行了清晰的标注和标点。文字编辑会向作者索要尚未提交的内容。如果作者未能及时提交，图书的编辑工作就会被搁置。

文字编辑工作可以分为三个相关的内容：

（1）确保连贯性；

（2）实质性修改；

（3）结构性标记。

1. 确保连贯性

文字编辑最基本的任务就是确保文本在许多方面保持一致性，包括单词拼写、断句、大小写、主谓一致、引号和括号的前后完整，以及出版商编辑手册中涉及的其他方面。出版商自己的编辑手册或许是在参考特定参考工具书（比如《牛津编辑手册》）的基础上撰写的，或许完全是出版商自己制定的。在美国，大多数编辑使用的是《芝加哥编辑手册》。遵循编辑手册有许多好处，其中之一就是参与同一本图书的文字编辑、校对人员和其他工作人员将会使用一套统一的规则，并有助于解决在生产环节可能会出现的问题。

如果文字编辑是在电脑上开展工作的，那么搜索之类的工具可以帮助编辑确保单词拼写和断句的前后一致性。但利用这些工具也存在问题，有些本不该修改的单词（比如出现在引文和参考文献中的单词）也被错误地修改了。文字编辑必须仔细核对出现在不同部分的文本之间的关系是否正确（比如同一文本中的插图、图表说明、注释的互见关系）；内容页中的标题与正文是否匹配；引文和参考文献列表是否与正文内容相对应。对于作者不太确定的页面排序问题（比如图书正文前面的序言页、目录页等），文字编辑同样也需要注意。对于书稿中存在的每个问题，文字编辑都需要用特定的编辑符号给予详细标注，并决定运用相关的编辑规则对这些问题给出解决方案。

2. 实质性修改

虽然有些出版商把文字编辑这项工作限定于确保文本和符号的前后一致性，但是有些出版商也期望文字编辑能够进行二次编辑过程，这个过程可被称为实质性修改或者内容编辑。从事实质性修改就需要文字编辑对作者的写作意图有清晰的认识。文字编辑需要注意书稿中看起来比较突兀的地方，包括：存在语义模糊、语义混乱和模棱两可的句子，或者没有事实依据的任意推断；无意地混合使用隐喻或重复等修辞；在句子里错误地使用标点符号；过多或过少地使用标题。而且，文字编辑还可能需要核实在故事情节或立论中可能存在错误的事实和前后不连贯或不符合逻辑的语言表述。实质性修改可能会要求编辑重写句子，对句子进行重新组织，或者提供同一内容的其他表述方式。但有一点非常重要，就是不要做没有必要的修改，以免惹恼作者。

文字编辑会找出一些读者不太熟悉的缩略语和术语。对于针对海外市场开发的图书，非常有必要确保图书中不会出现狭隘的民族主义或者跟英国文化相关的特殊例子。文字编辑可以采用英式英语、美式英语或者甚至中大西洋英语作为编辑语言。避免图书中出现令人不快的语言（比如性别歧视或种族歧视的语言）、价值观和相应的表述框架也是文字编辑、设计者和插图作者需要注意的问题，在教育类和儿童类图书的出版中更是如此。同时，教育类和儿童类图书的文字编辑还应该确保语言和插图的级别需要符合目标年龄群读者的认知和理解水平。

3. 结构性标记

不管之前是否已经经过实质性的编辑工作，出版商还需要开展另外一次编辑工作，其目的就是向设计者和排版人员展示文本的结构。加上标签或者经过编码的条目包括标题层级（每章标题、每节标题以及再下一级的标题）和其他元素（比如引语、列表、注释、表格、图表标题等）。下面的这个例子就展示了一个章节的 XML（可扩展标记语言）标签。每个起始标记一定对应一个结束标记。

<ch>图书有未来吗？<chx>

<au>安格斯·菲利普斯<aux>

<epig>传统媒体不会消亡；他们只是不得不慢慢变老。（道格拉斯·亚当斯，2001）<epigx>

以结构化形式标记的文本独立于任何平台，可以以不同的格式出版（比如电子书或在线资源），也可以轻易地被授权给第三方使用。一项推动出版商（尤其是教育出版商）使图书成为结构化和数字化格式的举措就是1995年通过的《残疾歧视法案》。有阅读障碍的人群（不仅只是指视觉障碍者）以及他们的机构也需要图书。数字文本的字体大小、字体风格和颜色对比度应该可以根据用户的需求做调整。图书还应该具备有声阅读的功能，或者提供导航信息（比如这一行是标题还是短句）。出版商还应该制作可供下载的音频文件。

4. 编辑的工作方式

文字编辑的工作方式因人而异。常见的方式是文字编辑首先快速通读全文，大体了解作者书稿的质量和风格。编辑标准（比如单词拼写、断句、大小写和术语等）最好在编辑之初就要确定好。文字编辑需要制订编辑表单，一方面用于帮助自己在编辑过程中保持前后一致性，另一方面也可用来帮助校对工作的顺利完成。图书的校对工作通常会外包给兼职工作人员。

形式性编辑与实质性编辑在某种程度上相互冲突的，因为过于注重一个方面必然就会导致忽略另外一个方面。称职的文字编辑通常会以不同的语速多次通读全文，每次都设定一个编辑等级水平，在每次审稿过程中都可能会翻前翻后。文字编辑可能直接在打印稿上从事编辑工作，也有可能在电脑上借助某些软件或工具从事这项工作。当然，有些文字编辑会兼用打印稿和电脑。

如果文字编辑能够熟练操作电脑，充分使用诸如寻找和替代这样的软件功能，就能提高编辑工作的速度和效率。如果文字编辑能够向排版人员提供完全经过纠错和编码的文档，那么排版人员就能够轻松地将这些文档输入到排版系统，从而大大地缩短工作进度。（布彻等人，第15页）

出版商也许会为文字编辑提供宏功能，用于帮助整合基本的编辑元素。

在每次审稿过程中，文字编辑会就某些内容（尤其是关于文体方面的规范）做些修改。他们认为自己需要对这些内容进行修改，但是作者有可能会反对。当需要征求作者的意见的时候，文字编辑会使用修订格式在文本的电子版上予以标注。当所作的修改可能会影响到图书的设计和生产的时候，文字编辑需要向设计或生产部门报告这些修改工作。

如果需要通过电话、电子邮件或传统书信联系作者的话，文字编辑需要十分的老练。他们需要以合适的方式向作者解释做了哪些修订工作（比如向对方介绍具有代表性的修订之处），提出需要作者协助的事项，并最终就双方关心的修改问题达成一致意见。还有一个重要的环节就是将编辑文稿返回给作者，让作者再次确认，减少在校对阶段可能会出现的问题，从而达到降低成本和节省时间的目的。有的时候，文字编辑还可能会跟作者进行会晤沟通。文字编辑通常会站在读者的角度提出一些修改意见，并说服作者同意做这些必要的修订工作。如果文字编辑是在电脑上从事编辑工作的话，那么编辑后的文本就形成了校对版的雏形。

5. 前文页和结文页

文字编辑通常会起草图书最前面几页的素材，这些素材被称为前文页。具体而言，图书的前文页包括刊登图书题名、作者信息、出版商名称、版权说明以及国际标准书号的页面，也包括目录页、图表目录页以及致谢页（感谢那些为作者提供意见和支持的相关人员/机构，或者那些为图书提供拥有版权的素材的相关人员/机构）。另外，也包括作者本人撰写的前言和第三人提供的序言。与此同时，出版商也需要申请在版编目数据（在版编目数据是由大英图书馆和美国国会图书馆提供的）。

图书的前文页通常是按照一定的顺序排列的，当然根据图书的实际情况可能会稍作调整。对应右手的页面被称为正面页，对应左手的页面被称为反面页。从视角效果的角度来看，正面页往往比反面页更为重要。

（1）简名正面页——提供题名，但不提供副标题和作者姓名；

（2）简名反面页——通常是空白页，或者列出作者之前出版物清单；

（3）题名正面页——提供书名全称和作者姓名，同时也提供出版商名称；

（4）题名反面页——提供出版历史和国际标准书号等版权信息。

其他的前文页紧随其后，包括题词页、致谢页、序言页、目录页以及图表目录页。这些前文页是用罗马数字标注页码的，进入到绪论或第一章节之后，则改用阿拉伯数字标注页码。采用这种编注页码方式的最大好处就是如果在校对阶段前文页有所删减的话，不至于会影响图书正文的页码标注（如果正文的页码标注发生了变化，就会对书后索引产生连锁反应）。另外，如果需要删减图书页码以符合篇幅范围的话，也可以对前文页进行调整。图书的结文页（即图书最后的页面）则往往包括附录、注释、书目和索引。

（四）校　对

大部分没有插图或只有少量插图的图书直接进入样书校对阶段。排版人员安排分页符、插入图片、标注页码，并将完成校对之后的文稿以打印版返回给编辑，或者直接以 PDF 格式发送给编辑。通常而言，作者和出版商会再次阅读校对稿，而出版商通常又会把这项工作外包给兼职工作人员。在这个时候，作者和出版商可能会比照着原始文稿逐一审查校对稿（这种校对方式显然成本更高），也可能只是扫描校对稿以发现明显的错误。文字编辑使用标准的校对符（由英国标准研究所制定的校对符）标注错误之处和插入修改意见，或者直接在电子版上予以标注。按照传统做法，纠错符会启用不同的颜色（比如红色用于标注排版人员的错误，蓝色或黑色用于标注作者和出版商的错误），以方便测算纠正这些错误的成本该由谁负责。但在实际操作中，并不一定都会遵循这一传统做法。如果需要纠正的错误太多的话，出版商可能会向作者收费。之后，经过再次校对的文稿又会返回到排版人员那里，然后排版人员制作第二版的校对稿，并检查确定作者和出版商的校对结果都已经体现在这个新的版本中了。如果图书文本中配有大量的插图，那么其校对工作可能遵循另外一种不同的路径。设计者可能会向排版人员提供一份页面设计图，或者自己逐页校对。随后同样也是由作者和出版商对其校对稿再次进行校对。

大多数的文稿在不同人员之间是以光盘或者邮件形式传达的，在这个过程中并没有必要对文稿进行加密。这会尽可能地降低在校对阶段可能会出现的错误。如果文字编辑是通过电脑从事工作的，高质量的文本就可以直接传给排版人员。在有些出版公司，生产编辑和设计者负责准备直接用于打印的数字文档。如果出版商丢失了数字文档，他们也会让排版人员重新设置图书的新版本。在现在的出版编辑界，排版人员对自己的角色进行了重新定位。比如说，他们扩展了提供排版和标注页码的传统服务范围，把服务触角延伸至提供诸如文字编辑、制作插图，甚至是设计这样的业务。有些出版商会启动项目经理或者"全面服务提供者"这样的角色用于协调文字编辑和文档传递的所有工作。排版人员有时也需要从事结构化的标签工作，并将结果返回给出版商，便于出版商以其他格式或数字授权的方式对作品进行再次利用。

（五）索　引

非虚构类图书往往需要高质量的索引，以满足读者的需求。通常而言，作者本人需要负责准备索引并且支付相关费用。要么作者自己编制索引，或者外包给兼职的索引编撰者。有时编辑也帮助作者从索引工作者协会那里物色合适的索引编撰者。当然，排版人员自己也能利用标准的软件制作简单的索引。索引工作始于页码校对阶段，因为正式出版日期迫在眉睫，所以对索引编制工作的速度要求会很高。一般来说，专业的索引编撰者已经通过索引工作者协会的课程考试，并使用专业的索引软件，他们有可能会希望保留对索引的版权。

附

阅读书目

朱迪斯·布彻，卡罗林·德雷克，莫林·利奇，《文字编辑：面向编辑和校对工作者的剑桥手册》（第4版），2006（Judith Butcher, Caroline Drake and Maureen Leach, Copy – Editing: The Cambridge handbook for editors, copy – editors and proofreaders, 4th edition, 2006）.

休斯·琼斯，克里斯托弗·本森，《出版法》（第3版），劳特里奇，2006（Hugh Jones and Christopher Benson, Publishing Law, 3rd edition, Routledge, 2006）.

参考文献

艾莉森·鲍恩.《版权拖轮》，发表于《书商》2007年7月13日（Alison Bone, "Tug of Rights", The Bookseller, 13 July 2007）.

芭芭拉·合恩，《编辑项目管理》，合恩编辑图书出版公司，2006（Barbara Horn, Editorial Project Management, Horn Editorial Books, 2006）.

芭芭拉·合恩，《文字编辑》，合恩编辑图书出版公司和出版培训中心联合出版，2008（Barbara Horn, Copy – editing, Horn Editorial Books and Publishing Training Centre, 2008）.

布莱克·莫里森,《蓝色铅笔的黑暗日子》,发表于《观察者》网站,时间为2005年8月6日(Blake Morrison,"Black Day for the Blue Pencil", The Observer, 6 August 2005)。

《芝加哥文体手册》(第15版),芝加哥大学出版社,2003(The Chicago Manual of Style, 15th edition, University of Chicago Press, 2003)。

R. M. 里特,《牛津文体手册》,2003(R. M. Ritter, The Oxford Style Manual, 2003)。

R. M. 里特,安格斯·史蒂文森,莱斯利·布朗,《面向作者和编辑的新牛津大辞典》,2005(R. M. Ritter, Angus Stevenson and Lesley Brown, New Oxford Dictionary for Writers and Editors, 2005)。

凯瑟琳·拉什顿,《出版的时代》,发表于《书商》网站,时间为2007年6月29日(Katharine Rushton,"A Time to Publish", The Bookseller, 29 June 2007)。

网络资源

www. indexers. org. uk 索引工作者协会

www. sfep. org. uk 编辑和校对工作者协会

专家视点:撰写图书腰封广告

凯西·道格拉斯(文字编辑工作者)

图书腰封广告是出版商对印刷在图书上的广告的统称,通常是印刷在平装本图书的封底或者精装本图书护封的上半截位置。许多人认为图书的腰封广告并不重要,只是一种事后添加的东西。但事实并非如此。对于大多数图书来说,它们并没有大量的宣传资金预算,图书腰封广告恐怕是读者所能看到的关于它们的唯一广告。一项由企鹅和猎户这两家出版商联合开展的研究发现,图书腰封广告是读者决定是否购买图书的主要因素。因此,图书腰封广告的重要性不容小觑。同时，撰写一则质量上乘的图书腰封广告也绝非一件容易的事情。

首先需要考虑的是图书腰封广告的实用性。人们在阅读图书腰封广告的时候，通常是在拥挤的人群中（很多人背着旅行包或者推着婴儿车），同时又有可能得留意来自火车和飞机的各种广播通知。因此，潜在购买者只有不到40%的注意力是在图书产品上的。另外，现在的图书越来越厚，这种发展趋势使得读者的注意力很容易被封面所吸引。读者单手拿起一本书，并翻页去看腰封广告，这实在令人不舒服。所以，任何图书腰封广告都不要超过120字（小说的腰封广告最好不要超过100字），而且要符合以下几个要求：

（1）有冲击力；

（2）有吸引力；

（3）有相关性；

（4）简短干练。

平装本图书可以引用一些书评中的句子。非虚构类图书的腰封广告在保证简短的同时需要提供完整的信息。换言之，当您去书店购买这本图书时可能会询问销售员哪些问题，图书腰封广告就需要回答这些问题。在制作图书腰封广告的时候，可以使用着重号凸显图书的重要特征，尽量使用短句（短句的效果往往更好），同时避免使用行业术语。总之，花点时间进行遣词造句是非常有必要的。

小说类图书的腰封广告往往富有感情色彩。因此在撰写的时候，您应该使自己完全进入到故事情节中。最好能用头几句就抓住读者的眼球。安妮·泰勒的《意外的旅客》这部小说的图书腰封广告的第一行是这么写的："一个在做爱之前都要用牙线清理牙齿的男人，他习惯沉溺于每日的例行生活中。这样的男人如何处理日常生活中出现的混乱场景呢？"这句话显然能够抓住几乎每个读者的眼球。任何一个醒目的字句都应该为读者营造一种氛围，而不是向读者讲述一个故事。想象一下电影和香水的广告，一张关于夫妻的黑白老照片向您传递的是一种情绪，而不是内容本身。《异行》的那句大家耳熟而详的标语是"在空间里，没有人能听得见您的呐喊"，而不是"与侵犯您的身体和扭曲您的人格的外星人展开悲壮的对抗"。

专家视点：出版商编辑体例

R.M. 里特（《牛津体例手册》作者）

从最为广泛的意义上来讲，所谓的出版商编辑体例是出版商或印刷商制作其作品的方式，囊括出版物呈现方式的方方面面，包括单词拼写、语法、标点符号、字体、字号、参考文献著录方式和排版布局。这个概念还可以延伸到出版物的物理特征，比如装订、纸张、版式、护封，甚至是体现出版商商标的特定颜色和呈现方式。在实践中，制订出版商编辑文体的目的是让参与图书制作的每个人都有章可循，确保图书前后的准确性和一致性。如今，编辑体例是文字编辑和校对人员在编辑过程中必须要参考使用的手册。

这些体例的大部分规定都是非常不起眼的，比如正确的语法、标准的拼写和合理的标点。因此，没有参与到编辑或校对的人往往都会认为这些体例过于把注意力集中在那些没有实质意义的方面。比如："她说她喜欢的颜色是'红色，白色和蓝色。'"这句跟下面一句几乎完全相同：'她说她喜欢的颜色是"红色，白色和蓝色"。'拼写、标点和引用符号的细微差别并不会影响语义的表达。那么，为什么还要费劲地去做这些"古怪"的修改工作呢？

自印刷术诞生以来，印刷商就意识到作者的行文普遍存在前后不一致的现象。这一点倒不怎么稀奇：当我们写作的时候，我们专注于说的内容，而不会在意说的方式。不管长文本，还是短文本，在表述方面都可能有不同的方式。对于更加专注内容而非形式的作者而言，这些不同的表述方式可能无关紧要。但是，对于读者而言，尽管他们不会刻意去寻找这些形式上的毛病，但还是能指出这些毛病来。即使这些形式方面的前后不一致并不影响对语义的理解，但可能会降低阅读的舒适感和愉悦感。如果这些形式上的错误达到一定的程度，读者可能就会质疑作者或出版商的学术质量和学术声誉。

　　有人认为最明智的做法就是如实地反映作者最喜欢的表达方式，就这么简单而已。不幸的是，这项任务不仅耗时费钱，而且也不太准确，因为作者在第一页中使用的表达方式绝不会始终如一地被沿用到图书的最后一页。如果希望能够准确无误地完成这项任务，就得把所有出现的表达方式进行汇编，然后判定哪些表达方式是最常用的，之后再用最常用的表达方式去替代或修改其他表达方式。这是一个全面修改的过程，对于每一部作品都是如此。因此，为了避免针对每个文本都需要做类似全面修改的工作，出版商就启动了自己的编辑体例。因为参与编辑的工作人员都熟悉自己出版商的编辑体例，这样也可以保证图书的编辑工作从一开始都会是前后一致的。

　　现在，出版商使用能够反映自己所在国家的国家标准的编辑体例。对于学术作品来说，使用的是自己学科领域的标准体例。当然，出版商或许不会同意这些标准体例的某些细节，通常会在自己的网站上列出与这些标准体例不一致的地方。如果作品需要在较短的时间内出版，或者汇编类似的作品，或者作品本身是非虚构类题材，在编辑过程中出版商很有可能会单方面地强制运用自己的编辑体例。如果作品是一部小说或者大型的作品，那么出版商通常会保留作者的表达偏好，在自己和作者之间确立一种令双方都满意的方式。

专业技能：文字编辑技能

　　作为文字编辑，需要具备的核心技能包括能够熟练地与作者、资深编辑和其他出版公司内部员工打交道，并向他们简要介绍图书的情况。与作者就某些修改的内容达成一致意见，并让作者在规定的时间返回校对稿，这项工作需要文字编辑具备机智、自信、坚毅、说服力和谈判技能。对作者书稿进行编辑和校对需要文字编辑具有一双能够发现细节的眼睛、超人的记忆力、持续的注意力、足够的耐心和能够核对作品前后一致性的能力。作者经常会对策划编辑和文字编辑产生信任，进而对出版商产生忠诚感。他们可能会在图书的致谢页里表达对编辑的感谢。

从某种程度上来说，可以通过书本学习文字编辑和校对的技能。除此之外，文字编辑必须具备对语法和拼写的高超的掌控能力，并需要做好时刻查阅字词典的准备。不管手里拿的是哪个主题方面的素材，文字编辑都应该能够把自己放置在读者的立场来阅读它。优秀的文字编辑和校对人员在图书出版过程发挥着非常重要的作用。

对作者作品进行修改不仅需要熟知当前的语言风格，而且对这些语言风格的应用程度也应该有所判断，知道在什么时候应该做修改，在什么时候不应该做修改。为了取得效果而打破规则，并不是在编辑小说中才可以用的。重视运用作者的声音也是非常重要的，尤其是在儿童图书的出版中。

虽然文字编辑需要具备参透细节的能力，但是同样也需要具备把握文本的整体风格的能力。对视觉传达的意识也是非常有用的，尤其是在配有大量插图的成人图书出版、儿童图书出版以及低年级的中小学教科书出版领域。熟悉和了解产生过程以及在各个环节中降低成本的方法，对于文字编辑来说也是相当重要的，就好像需要具备清晰无误地标注文本的能力一样。由于文字编辑的范围也在不断地扩大，因此掌握运用出版软件的能力也变得日益重要。

出版公司的办公室是一个很难令人集中注意力的地方，编辑需要处理许多处于不用生产阶段的图书。与此同时，编辑需要承受来自生产部门的截止时间的压力，也经常会被希望获取即时信息的同事所打扰。优秀的编辑能够冷静地处理各种问题，他们能分清主次，有效地管理时间，同时兼顾多个项目，能够从一项事务中快速地进入到另外一项事务中，并勇于面对可能随时会发生的危机。

第9章　设计和生产

在图书的出版过程中，来自设计和生产部门的贡献与编辑工作同等重要。优秀的设计有助于图书的销售，不管是能够吸引书店中冲动消费者的小说图书封面，还是在中小学教科书中合理搭配的排版格式和插图。有些出版商（尤其是出版插图版图书和艺术图书的出版商）非常注重图书的设计。他们的设计水准足以被用作在全球范围内开展图书市场营销的工具。生产经理负责图书质量的重要决策，这些质量往往影响市场对这本图书的定位。通过有效的项目管理，出版商确保这项工作能够控制在预算范围之内，并且在既定的时间内完成。

原先在设计和生产环节中存在的界限如今都已经被打破了。现在，作者、编辑和设计者都更多地参与最终文本的生产工作。从事生产用于印刷文档的人员可能是设计者而不是传统的排版人员。反过来，随着自动标页排版软件的发展，出版商也不太有必要雇用设计者设计配有插图的文本；在过去，这项工作则往往是由设计者手工处理的。与此同时，数字出版的要求意味着用于印刷图书的文档实际上可以呈现为不同的输出格式。如今的出版商都有必要将图书以合适的文档进行存储，使其能够以其他格式进行出版。事实也是如此，越来越多的出版商开始用 XML（可扩展标记语言）标识和存储文本。正在向数字出版转型的出版商必须要重新改造自己的工作流程。

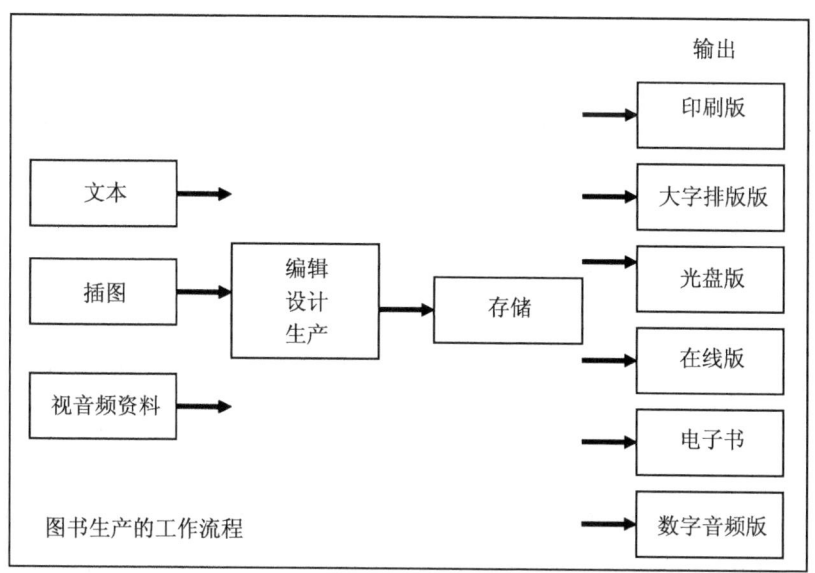

图书生产的工作流程

一、设　计

在文本设计方面，图书设计者的基本工作就是视觉规划——基于现有的技术、成本和时间开展工作，同时需要考虑编辑、生产和销售部门的意见。他们的任务是对作者的原始素材（包括文本和插图）进行转换和完善，他们的目标则是确保印刷出来的图书具有美感和符合读者的实际需求（不管读者是出于娱乐消遣、获取信息还是自我提升的目的阅读图书）。这份工作的绘图部分通常会为其他人（技术插图工作者、艺术家、排版人员、图片绘制人员或者印刷商）开展下一步工作提供蓝图或初步的视觉素材。设计工作在很大程度上取决于图书内容的性质。

出版商将图书或图书网站的设计工作外包给兼职工作人员或相关机构，这在当前的出版界是非常普遍的现象。通常而言，出版商内部往往是由编辑、生产人员或雇佣的全职设计者负责寻找外包对象。小型出版商通常不会雇佣全职设计者，他们可能会向一家不错的印刷商寻求设计方面的帮助。

在一些规模较大的公司，当他们出版相对简单的图书的时候，编辑或生产人员在把图书封面设计工作外包给兼职工作人员的同时，往往自己负责设计图书的版面。许多图书（比如小说、没有插图或只有少量插图的非虚构类图书以及专业类图书）都会按照预先设定的模板进行排版设计。

中大型出版商倾向于雇用全职的设计者，负责设计图书封面或更为复杂的插图版图书（包括成人插图书、儿童非虚构类图书以及中小学教科书等）。长期开展业务的制书商也倾向于雇用全职的设计者。这些全职的设计者一般就职于设计部门或者生产部门，他们直接向部门经理负责。设计经理负责公司所有图书的品牌建设，操心公司内外的诸多事情，包括服务、预算、进度和管理性事务的安排。资深设计者可能需要协调初级设计者的工作。出版公司内部可能还设有设计助理的职位。不同的设计者致力于某些特定图书的设计工作。除了那些最实用的参考工具书之外，大多类型的图书都需要进行封面设计，这项工作要么由出版公司内部图书封面设计者负责，要么在艺术总监的监督下由兼职工作人员完成。

图书封面设计工作跟文本的排版设计工作是两项不同的分工。

宣传材料的设计可能是由出版公司全职图书设计者负责，可能是由附属于推广部门的设计者负责，也可能是由推广部门外包给公司外部的其他设计者或机构。艺术图画的准备工作主要是通过外包完成的。只有少数的大型出版商（比如出版地图集和旅游指南的出版商）配有全职的插图画家或制图人员。有些出版商和制书商往往基于短期合同临时雇佣插图画家和设计者。摄影工作通常也是由外包委托完成的。

（一）向设计者简要介绍图书情况

设计者何时开始参与新书的设计工作？对于这个问题的回答，不同的图书都有不同的答案。可能是在作者完成书稿之前，也可能是在作者完成书稿之后。设计者收到的可能是经过编辑的书稿，也可能是没有经过编辑的书稿。但不管是在哪个时间点，图书的基本生产参数（比如版式、篇幅、插图、装订方式和用纸要求）都已经确定下来了。

在一些出版机构中，编辑会通过个人形式向设计者介绍图书的相关情况；而在另外一些出版机构中，编辑会专门召开会议，邀请生产团队参加，有时负责销售的员工也会参加。会议的结果就是确定图书的生产规范、项目预算和时间进度。编辑在一开始就要向设计者清楚地介绍图书的相关情况，这一点非常重要。设计者或许会提出更好的替代方案，以达到节省成本或者提高销售潜力的目的。如果一本图书不附属于任何一套丛书，或者之前的设计不适用于这本图书，那么设计者的任务就要准备型号规格和页面布局，这些是对于图书基本生产规格信息的补充。

（二）型号规格和页面布局

型号规格明确了主要的图书内容或者元素在字体、大小、行的长度、位置等方面的排版方式。这些元素包括：

（1）正文内容；

（2）标题——章节标题的层级结构、小标题等；

（3）引用语——独立于正文内容；

（4）图表；

（5）插图的说明文字；

（6）楣题；

（7）页码。

> 通常对正文内容的排版工作是用Scala语言，有些规定是约定成俗的（比如页面右侧的空隙大小是可调整的）；对文本框中的内容的排版工作是用Scala Sans语言。

页面布局是印刷页面（即总是由相对的两张页面构成）的图形表征。所谓的布局是建立在网格的基础上，而所谓的网格就是潜在的网框，文本和图片都放置在页面的网格中。

在图形设计中，网格相当于建筑物的基石。当我们从左到右、从上到下阅读文本的时候，网格就是一般意义上的众多水平线和垂直线的集合体。垂直线跟每列的宽度相关，而水平线则是由一行文本所占据的空间决定的。（罗伯特和思里夫特，第 18 页）

页面布局和排版风格在很大程度上会影响读者对图书的看法。布局和排版两者互相关联，优秀的设计会综合考虑图书的内容、目标、性质、市场、技术和成本等多种因素，让作品的呈现方式保持前后一致，同时又不失灵活性。图书的排版有四个主要的功能（米切尔和怀特曼，2005 年）：

（1）可读性——读者能够舒适地阅读文本；

（2）条理性——读者能够清晰地把握结构；

（3）导航性——读者能够容易地找到信息；

（4）一致性——总体应该达到统一的效果。

需要考虑的因素包括：将作者书稿进行改编的程度；特定字体处理数学或外语的能力，或者适应视力不佳者阅读的能力；是否适用于可能的删减工作（考虑到图书可能在将来需要出版删节的平装版）；供应商那里拥有的字体。设计者会为编辑和生产人员提供一种或多种设计方案（通常会首先制作样本页面），用于征求他们的意见并最终获得认可。

常用于图书排版的字体多种多样，包括传统的字体（比如本博字体或加拉蒙字体）和没有字母笔画延伸的灯芯体（比如孚瑞锑格字体、赫尔维提卡字体和尤尼维斯字体）。

博客和网页的常见字体是佐治亚和沃达娜这两种字体。

（三）排版标记

一旦结束对作者书稿的编辑工作之后，设计者就要开展排版标记工作，这是作为对书稿或磁盘进行排版的额外指令。有些指令（比如标题层级的标记、正文中运用斜体或粗体等）可能在文字编辑阶段中已经完成。文字编辑也许已经应用一套编码系统标记不同的文本元素。如果文字编辑已经做了标记工作，设计者则需要对标题层级进行核实，以确保这些标记符合事先约定的型号规格；如果有误，则需要让对方修改。在这个过程中，排版人员需要遵循约定的型号规格或文体编码。然后，设计者需要根据处理材料的复杂性，对于那些不在型号规格涉及范围之内的文本进行设计处理，比如使用缩略语或代码进行标记。对于复杂的文本（包括表格）以及某些特殊的文本（比如图书前文页的诸多内容），设计者可能需要对它们进行特殊的标记工作。

（四）插　图

可能早在作者将书稿提交给出版商之前，设计者就已接手了插图的工作。设计者可能已经向作者简要介绍了插图的相关说明，或者为编辑提供了指南（用于帮助作者准备原始插图）。通常而言，由设计者负责物色执行最后绘制工作的技术人员（比如利用 Adobe Illustrator 软件进行绘制工作）。相比而言，童书插图仍然更多地使用传统绘制技术。

如果需要绘制大量的复杂图示，设计者则会专门准备相关的说明文档，用作插图人员在工作过程中需要参考的技术文档。

设计者可能直接物色兼职插图人员或艺术家，也可能会通过代理商或商业工作室进行招募。在为作者绘制插图或重新修改插图之后，设计者向招募的技术人员说明每幅插图的目的和制作规格（包括最后的尺度大小），并给出提交的截止期限。设计者需要事先对成本进行估算。

当技术人员返回完成的作品后,设计者需要检查对方是否遵循了之前约定的相关说明,并确认作品在技术上是否适合印刷商进行下一步的处理和生产工作。如果存在问题,设计者把作品返回给技术人员让他们继续完善,直到作品符合要求为止。同时,在这个过程中,设计者需要确保由技术人员造成的错误不应该由出版商买单。

(五)校对阶段

没有配有插图的图书将直接进入页面校对环节,也就是说,出版商直接把已经经过编辑和编码的文档(连同型号规格和网格)发送至排版工作人员处。如果图书配有插图的话,那么设计者也提供排版布局。当插图和文本穿插出现的时候,经过大小处理的艺术作品和摄像作品连同文本一起被发送至排版工作人员那里,或者由设计者告知排版人员为插图预留位置,以方便将来再行插入。在校对阶段,设计者可能会对版式进行微调,并纠正任何一个错误的页面分隔符或布局排版。

对于更为复杂的插图图书,设计者将利用 Adobe InDesign 或 QuarkXPress 软件在屏幕上手动对图书的排版布局进行规划。设计者可能会参与图片的最后选择工作,并就如何改善它们的重印效果给出自己的意见。页面的排版布局会影响对图片的选择,文本和插图的整合也会影响图片的尺寸大小。也就是说,设计者需要根据排版布局对图片的大小进行调整或裁剪。在这个阶段,设计者可能使用的是低分辨率图片扫描件。设计者还需要调整和确保任何一个页码和任何一幅插图都是准确无误的,并要发现作者、编辑和校对人员未识别出来的视觉错误。

> 设计者是使用 InDesign 软件完成本书的版面设计工作的。

当整本图书准确无误并可用于印刷的时候,排版人员就会制作图书的数字文档，其文档可能是一种格式，也可能是多种格式（比如高分辨率的 PDF 文档、低分辨率的 PDF 文档或 XML 文档）。随后印刷商可能会开展"起飞前的最后检查"，确保所收到的 PDF 能够在自己的系统里使用，对于彩色图书，则需要确保这些颜色在自己的系统里能够再现并可以复制。

（六）插图版彩色图书

有些图书的销售依靠的是它们的设计和图片内容的质量，比如配有插图的非虚构类图书和教科书。对这些图书进行设计的方法和步骤与设计高品质的杂志非常类似，相对于其他图书而言，设计者在这些图书的设计中扮演着更为重要的角色。从一开始，设计者就要逐页规划文本和插图的内在关系，考虑色彩在图书中的使用和定位。设计者需要制作样本，方便作者和供稿者的写作。出版商也有可能利用这些样本（连同封面）用于吸引图书俱乐部和海外出版商，并探讨开展合作出版业务。通常来说，设计者对图书的版式、外观、制作方面拥有更多的发言权，这也为设计者提供了更多的空间，他们可以变换图书的网格和行距，提供更多的创意元素。有些图书（包括中小学教科书和 ELT 教科书）针对某些主题可能会使用横跨两个相对版面的图片。强劲有力的标题、引人注目的插图以及加注的文字说明通常会在第一时间引起读者的关注，能够抓住书店浏览者和邮购读者的眼球。

用于开展国际合作出版目的的图书对设计会有特殊的要求。为了在合作印刷方面（即同时印刷两个或多个版本）获得规模效应，设计者应该保证彩色插图在原位不动，虽然翻译之后的文本在排版方面已经有所变化了。在版式设计方面，需要注意以下事项：翻译文本可能比原文字数更多（比如从英文到德文）；选择的字体应该具备一整套重音标注符号；文字只是选择黑色打印；避免出现文字环绕插图的情况；选用的插图不应局限于只是具有英国文化特征的图片。

（七）封面设计

图书的封面或护封可以保护图书不受损坏，可以明确作者和书名，还可以刊载腰封广告，起到宣传的作用。读者可以利用封底的国际标准书号和条形码直接订购图书。封面的主要用途是帮助图书开展更好的销售工作。因此，封面的设计一方面要突出图书的信息，另一方面要使图书具有吸引力。也就是说，封面的设计既要忠实于图书内容，又要符合图书的市场定位。相对于其他领域的图书，读者的购买冲动在大众图书（尤其是平装本图书）的销售中会起到更大的作用；相应地，大众图书的封面设计也就更加注重图片的设计。销售部门也会在图书正式出版之前就利用图书封面向批发商和零售商推销这本图书。图书封面上所配的图片应该具有一定的吸引力，能够在第一时间促使书店浏览者随手拿起这本图书。图片同时也应该非常清晰，能够被重新制作用于出版商、图书俱乐部、海外出版商或代理商的图书目录上或者出版商和销售商的网站上。

通常而言，封面至少要在图书正式出版前的六个月就设计完毕。在听取策划编辑对图书的内容介绍后，设计者完成封面设计初稿，然后征求编辑和市场营销部门的意见。随后，设计者需要对被选中的方案进行修改完善，并在必要的时候寻求插图人员、摄影人员以及图片调研人员的帮忙。设计者将对样本进行排版工作，并校对封面。出版商可能会征求作者对封面设计的意见，也可能需要说服作者要采用出版商的方案。封面设计会激发所有参与者的热情。在这项工作中，最坏的情况就是临近出版之前否定原先设计并重头再来。

二、图片调研

图片调研是指对各类插图的收集、选择和购买。在出版公司内部，专门从事图片调研的工作人员数量很少。他们集中在出版插图版非虚构类图书（包括成人和儿童图书）的出版公司和大型教育出版公司。

有些出版商还雇佣全职的摄影人员。但是，出版商更有可能雇佣兼职的专业人员，他们擅长于某些特定的主题领域，并同时服务于几家媒体。还有一种情况，就是为正文和封面从事图片调研工作可能只是编辑助理或设计助理的工作之一。

图书的规范工作文档是由编辑部起草的，包括书名、作者、出版日期、印刷数量、市场定位、发行范围、所需图片的数量、黑白色与彩色的比例、开本大小以及用于图片调研的预算。在作者将书稿提交给出版商之前，编辑或设计者就向图片调研人员简要介绍相关情况，以确保及时收集相关图片，用于设计所需。图片调研人员获取的信息可能非常具体（作者或编辑直接向他们提供完整的图片清单），也可能稍微不太具体（作者或编辑只是提供相关的主题范围），也可能非常模糊（要求提供与文稿相符的图片）。对于图片调研人员来说，搞清楚编辑或设计者的要求是非常重要的。

图片调研人员可能需要首先阅读作者书稿或其大纲，然后列出一些想法，并征得编辑和作者的同意；或者对作者提供的图片清单进行补充和完善。图片调研人员根据自己的经验制定预算单，指出出版商分配给自己的时间和经费是否合理，并列出潜在的图片信息来源。

如果图片调研人员不知道去哪里寻找图片，或者没有这方面的联络人和联络机构，就不能顺利地开展这项工作。

（一）寻找图片

图片的来源可能来自国内，也可能来自国外。其来源机构分布广泛，包括：

（1）博物馆；
（2）图书馆；
（3）档案馆；
（4）商业图片代理商；
（5）摄影公司；

(6) 公关部门；

(7) 专业和旅游机构；

(8) 慈善机构；

(9) 个人。

有些图片库将其低分辨率版本通过网络发布，有些图片库则通过磁盘进行低价销售。图片调研人员可以查阅相关图片名录、博物馆和图书馆的馆藏目录、宣传资料和书中致谢清单等多种途径获取相关图片的来源信息。他们与收藏图片的图书馆和代理商建立个人联系，采访摄影师，参观摄影展会，并联系国外的相关个人和机构。图片调研人员也编制自己的图片档案库，为书中的图片编制索引。通过一次一次地编制索引，他们不断积累自己对图片调研的认识和了解。

照片的拍摄工作可以委任给摄影师。在了解出版商的需求之后，摄影师将直接为出版商拍摄照片。出版商可能需要为这项工作支付昂贵的费用（有时也需要为拍摄对象支付报酬），但对方也必须提供高质量的图片。出版商通常会招募工作人员的亲戚朋友来充当摄影的对象。在拍摄的过程中，有可能会将图片放在网上，以确保获得最合适的图片。

选择图片的标准包括：所需材料的性质（比如主题范围、素材类型、质量要求）和该图片所能提供的服务（访问速度和可靠性、借阅或使用的条款、使用的成本）。图片调研人员知道哪些图片库使用成本更高，使用哪些图片库会涉及特殊的使用条款。英国图片图书馆和代理商协会的主席琳达·洛娥女士这么说道：

如果您正在做一本特定主题的图书，建议您去咨询专家，比如这个领域的教授或者在这个领域收有大量图片的人。但如果只是某个人给您打电话，让您设计一份图书的宣传册，那么通过网络搜寻相关的图片也许就可以了。（《书商》，2006年8月25日）

在完成所需图片的清单之后，图片调研人员接下来的任务就是通过电话、邮件或亲自拜访等方式收集图片了。通过网络，浏览图片样本比之前更为容易了；现在，大多数的图片都可以从代理商那里在线获取。在有限许可的前提下，图片调研人员可以获取图片的电子版制作样本。但如果要将这些图片运用到正式出版的图书中，则需要与图片的所有者或代理商签署完整的许可使用协议。对于那些非数字化的图片，调研人员需要仔细查看对方的回复，记录对方寄来的材料，并在上面签上来源机构的名称。图片调研人员需要对图片的质量负责，因此，他们需要选择合适的图片，并在使用完毕后及时返回给对方，从而避免产生长期持有成本和降低丢失风险。

调研人员从大量图片中筛选合适的图片，其筛选标准之一就是图片的编辑内容。比如说，这幅图片是否传达了作者希望传达的内涵和情绪？图片的构图也是一个重要的选择标准。图片的构图应该起到帮助传达文本内容和提高文本传播效果的作用，同时图片还应该能够被重新制作。调研人员需要评估所产生的成本，包括图片的复制成本、数字使用费用、打印费用和搜集费用等。有些图片可能是因为使用费用的问题而没有被调研人员选中。

一旦调研人员收集到足够多的插图后，就得需要开展第二次的费用评估工作；同时与编辑和设计者会晤，并开展下一轮的图片甄选工作。在敲定最后的选择之前，调研人员也许还得必须快速地找到更多的图片。一般来说，照片必须在开展第一次图书校对工作时就要准备好，以便设计者可以开始设计页面布局。图片调研人员组织好照片，并交给设计者；同时把用于撰写插图说明的信息（由照片来源处提供）也提供给相关编辑。

图片调研人员接下来的任务是跟图片来源处取得联系，征求图片的使用许可，并与对方协商使用费。使用费的多少将取决于使用该图片所涉及的地域范围、语种范围、图书印数、尺寸大小（整页、半页还是四分之一页），同时也要取决于图片的使用位置（用于图书的封面护封还是图书的内部）和使用格式（是否也用于出版图书的电子版）。图片调研人员审阅和批复来自供应商的报价清单，并计算总共所需的成本。在完成校对之后，图书就要付诸印刷。图片调研人员的最后职责就是要将从印刷商那里返回的图片尽快归还给其供应商或代理商。

三、生　产

出版商的生产部门是内部编辑、设计者和外部供应商之间的纽带。作为出版商最大的花钱部门，生产部购买供应商提供的材料和服务。随着出版商日益进入数字出版领域，生产部开始与新技术开发商打交道，并负责重组出版流程业务。另外，生产部也负责管理电子印前技术和产品的电子存档工作。

生产和图书设计这两项工作结合得非常紧密。如果出版公司内部没有细分生产部和设计部，生产员工要么自己负责图书的设计工作，要么自己招募兼职的设计人员。即使出版公司备有设计人员，这些设计人员也需要向生产部的主管汇报工作。生产部向财务部提供关于图书成本、所需时间、工作进展和库存材料等方面的预估信息。

在一家小公司，编辑可能承担生产方面的职责，或者负责将生产工作外包给提供项目管理或生产服务的个人或公司。随着公司规模的扩大，出版商会雇用专门的生产人员。

在有些出版公司，生产部门本身又会细分为两个不同的部门。其中一个部门负责处理印前工作，主要是与外部提供商合作创造产品或者自己创造产品，同时也负责数字文档的维护工作。另外一个部门组织和购买制作图书的材料，主要是与印刷商和纸张供应商打交道，有时也购买一些非印刷类的材料（比如 CD 光盘、DVD 以及包装材料）。

（一）初步的成本预算

生产经理或者成本自动计算系统会为策划编辑提供一份出版这本新书的成本预算表，有时也会提供一种更好的解决方案。在对新书出版成本进行预估的时候，出版商会考虑诸多方面的因素，比如图书的版式、篇幅、插图数量、纸张质量以及装订方式。预算表会同时列出在不同印数下各个项目的成本支出。有些成本（比如编辑和设计成本）不会随着印数的变化而变化，单位成本则会随着印数的增加有所下降。所涉及的成本包括：

（1）制作插图；

（2）取得插图的许可使用权；

（3）设计；

（4）编辑（包括文字编辑和校对）；

（5）排版；

（6）印刷和装订；

（7）纸张；

（8）封面印刷。

一旦作者签署了出版合同，生产部就会直接或通过编辑向作者建议如何输入文本，有些出版商会向作者提供范本。生产部的质检人员收集来自编辑或讨论会的相关信息，并制订一份详细的说明书，用于描述图书的具体生产规格。

在确定生产流程和选择生产材料的过程中，出版商需要考虑希望图书所具备的物理属性、可以支配的经费和时间，以及任何特殊的市场需求（比如文本中是否需要使用任何特殊的字体、在图书正式出版后是否需要出版平装本等）。在儿童图书出版领域中，确保产品的安全性能是出版商需要考虑的一个非常关键的因素。

（二）印刷和纸张购买

出版商会把图书的生产规格要求发给一家或多家供应商，供应商可以据此提供产品及报价单。虽然有些印刷商会承包所有的流程，但是他们并不一定做得好或具有规模效应。出版商也可能会把排版和印刷的规格要求发给不同的专业公司，就是所谓的行业供应商。

出版商往往愿意跟固定的供应商打交道，因为出版商熟悉对方的技术、设备、员工、优势和劣势，并认为对方是可值得信赖的合作伙伴。当然，出版商偶尔也会尝试新的供应商。有时，出版商会与主要的印刷供应商针对某些标准的工种商定价格表，避免每次都需要讨价还价，同时也简化了成本预算环节。针对批量处理的图书或在淡季送交的图书，供应商往往会提供一定的折扣优惠。另外，如果图书生产环节预留了充足的时间（比如6到18个月），那么出版商就可以考虑将印刷工作承包给海外的供应商（比如位于欧洲、美国或远东的供应商）。现在，大多数的彩色图书都选择在海外印刷。海外供应商的竞争力主要取决于英镑与当地货币的汇率，当然出版商也会考虑其他的因素，比如额外的运输成本、更长的印刷时间以及图书运输的最终目的地。

　　虽然单色平装本小说仍然由英国图书印刷商负责印刷，但是越来越多的高质量的图书印刷工作都开始转移到欧洲大陆，包括意大利、西班牙和法国。随着欧盟成员国数量的增加，英国出版商就可以把印刷工作放在更多的国家开展。（《书商》，2007年3月23日）

　　出版商会根据以下五个标准对供应商进行评估：

（1）价格；

（2）工作质量；

（3）服务——按时完工和货运等能力；

（4）性能——技术和机器设备；

（5）生产能力——处理大型业务和迅速重印的能力。

　　出版商根据工作类型优先考虑上述五个标准中某一个或多个标准。比如说，如果供应商生产的是低质量的图书，那么选取最为廉价的货源以此控制成本就显得更为重要。出版商可以通过外包给国外的印刷商来达到节约成本的目的，但如果时间比较紧张（比如需要快速重印），那么更为明智的方案还是直接在英国本土印刷。有些出版商目前正在就运输成品对环境的影响这一课题开展研究工作。

出版商会对供应商的报价进行评估,有时在协商过程中,出版商会压低对方的报价。基于协商后的价格,出版商会再次开展成本预算工作。纸张是一项主要的成本开支,纸张可能是由印刷商负责购买,也可能是出版商从纸业商人或直接从造纸厂购买。作为原料的木浆和作为成品的纸张都是全球性的商品,其价格经常受汇率的影响而不断波动。在价格波动或货物短缺的时候,出版商可能试图会通过提前采购的方式来稳定纸张的价格,或者存储纸张以备快速重印所需,尽管这些做法都会套牢出版商的现金并产生库存费用。有些出版商还会考虑环保问题,比如他们会选择购买产自永续林的纸张,并且在生产过程中尽可能少地产生污染物;再比如,他们会使用无酸材料以确保出版的图书和杂志能够被长久保存。《哈利·波特》丛书的最后一册——于2007年出版的《哈利·波特与死亡圣器》——所使用的就是可回收再利用的纸张,这些再生纸混合了产自拥有森林管理委员会认证证书的森林的原浆。这里存在一个争议,就是从环境保护的角度来说,选用再生纸还是选用经过森林管理委员会认证的纸张,哪个才是更好的选择。

纸张有重量和厚度(或松厚度)。篇幅简短的图书可以使用厚纸张印刷,而篇幅冗长的图书则需要采用薄纸张印刷。再生纸往往比原始纸更薄。判断纸张的标准还包括纸张的不透明度和色彩。所谓不透明度是指从纸张的另外一面看文本或图片的显示度;而色彩包括从纯白色到奶油白或象牙白。铜版纸往往被用于印刷诸如美术书这样的配有大量插图的图书。另外,中性纸(无酸纸)相对于普通纸拥有更长的使用寿命。

图书印刷在尺寸上也有一系列的标准。普通平装本的尺寸是198×129mm(或称为 B 版式);简装本的尺寸是 178×110mm(A 版式)。精装本的通用版式是德米八开(216×138mm)和王裁八开(234×156mm)。图书印刷的长度尺寸最早是由英国提出的,但其他欧洲国家和美国习惯把宽度尺寸作为优先考量的要素。

表9.1　标准图书版式

版式	规格
A4	297×210mm
德米四开	276×219mm
王冠四开	246×189mm
拧冠四开	248×175mm
王裁八开	234×156mm
德米八开（C版式）	216×138mm
A5	210×148mm
B版式	198×129mm
A版式	178×110mm

（三）进度安排和项目管理

　　生产质检人员负责起草操作时间进度表，进度表的结束时间节点一般为将图书运至出版商指定的仓库的那个时候（往往在图书正式推向市场的前一周）。这份进度表会与其他图书的进度表密切相关。在制订过程中，生产质检人员需要考虑最佳的出版日期、现金的运转需求和项目所需的时间（包括从供应商拿货和向购买商运货的时间）等诸多因素。

　　生产质检人员负责监督项目进展，并督促编辑、设计者和外部供应商遵守事先约定的进度安排和完成时间。由于所有的图书素材都会在编辑和设计者、出版商和供应商之间流转，所以生产部在每个阶段都会参与处理相关的问题，包括与供应商可能会出现的问题。生产部会为借给外部的材料提供说明文档，会为从外部借来的材料进行登记。然后把从外部借来的材料发送给编辑和设计者，并跟对方约好返还的日期。如果相关的工作没有严格遵守约定的时间节点，出版商将会错过与印刷商预定的印刷时间，图书的出版日期也因此会被延误。

（四）内容管理系统

在有些出版公司，印前过程是由内部人员负责的，图书文档完全是以数字格式从一个阶段传递到下一个阶段，从一个员工传递到下一个员工。内容管理系统最早是被学术期刊和参考工具书出版商所采用，这两类出版商需要面临处理和重复利用大量文本数据的问题。内容管理系统的应用有助于出版商创建、处理、存储和传递内容。在存储的时候，内容不会被捆绑于某种特定印刷类型的格式，典型的做法就是利用 XML 语言对内容进行标注，并使用标准的模板。随着数字出版的重要性日益显现，出版商调整了他们的工作流程，将内容以合适的格式进行存储，这些存储文档随后被用于制作成适合发布在不同平台上的产品。可以说，期刊出版商已经成功地创建了一套生产模式，现在他们已经能够快速地开展在线出版和发表学术论文。

内容管理系统还具备其他的功能，比如流程管理和访问控制。这些系统通过监控不同阶段的工作交接情况、工作完成情况以及员工表现来监控工作进程，并利用手动或自动化序列功能跟踪文档的进展情况，并为相关使用者提供自动提醒服务。同时，内容管理系统授予不同类型的使用用户不同级别的访问权限。作者可能也需要参与出版的工作流程，比如期刊可能会要求作者使用标准模板撰写论文，作者本人也会跟踪自己论文的出版进展情况。

（五）成本和质量监控

许多图书（尤其是插图版图书）有可能会在写作和设计阶段改变最初的一些想法。比如，改用新的版式或增删插图的数量。因此，出版商需要对可能产生的偏差和成本进行监督和重估。对于出版商来说，一个不可避免的风险就是实际所需的成本经常会超过最初的成本预算。大量的纠错工作会使图书的出版利润迅速降低甚至化为乌有。出版商需要随时记录新产生的成本，并更正原先的总成本预算，尤其是在清样校对阶段。然后，出版商在参考多个因素（比如来自图书销售商的实际订单）的基础上确定图书价格和印刷数量。接下来就是核实供应商的发货单，并支付费用或咨询其他事宜。

生产质检人员负责核实每个阶段的材料是否完备、来自编辑和设计者的指示是否准确、来自供应商的原始插图是否符合质量要求，以及返还材料的质量如何。编辑和设计者也会向他们提供一些技术性的建议，帮助他们顺利开展工作。出版商需要与来自供应商的代表保持联系，也需要在必要的时候拜访供应商以维持并加强双方的良好关系。

如果出版的是高质量的插图版彩色图书，生产经理或质检人员需要批准每个部分的每个印张（不论是在英国还是在国外），代表出版商或制书商负责开展质量监督工作。在完成图书印刷之后，质检人员需要将印刷成品与最终的校样进行仔细比对，以确保在校样中标注的所有需要修改的地方都已经在印刷成品中体现出来了，同时也需要确保彩图的质量已经符合合同的要求。

在完成装订之后，质检人员需要对装订成册的图书做进一步的检查工作，以确保图书的制作已经使用所需的特殊材料，并确保其装订方式（包括图书的总体质量）已符合出版商的标准。如果在这个时候，质检人员意外地发现一个比较明显的错误，出版商将会开展调查工作，明确导致这个错误的责任方和赔偿方。最后，质检人员需要汇总生产这本图书的所有成本。

合同上规定的清样版本就是最后的彩色清样版本，这一版本也是代表出版商和印刷商之间签署的约定。

另外，质检人员还可能需要对重印图书或再版图书进行成本核算，并组织协调相关部门或人员开展这项业务。有些大规模的出版商雇佣工作人员专门从事这一工作。对于备有数字文档的出版商或制书商来说，他们在重印图书或再版图书的时候不一定会选用最初的印刷商，

转而寻找新的供应商。

电子印前技术发展迅速，基于不同形式开展数字出版的机会也在不断出现。出版商需要引进相关技术并确保出版的图书以适当的数字文档进行存储，以便在将来对这些图书展开深入的开发工作。应该说，生产部在这个方面发挥着重要的作用。

如果出版商需要为其他公司印刷新的版本（比如印刷英语和其他语种的合作版），则需要为版权部提供成本预估表。所涉及的成本包括印刷大宗订单图书所需的成本（如果版权购买者自行印刷，则需要计算的是提供数字文档的成本）和变更相关版权信息的成本（比如合作出版商的名称需要出现在题名页，代替原始出版商的名字；再比如版权页的某些细节也需要做相应的变更）。所有这些修订工作都会拖延图书的出版进度，同时也会增加成本。当出版商或制书商需要印刷外文版图书的时候，海外出版商会提供翻译目标语种的文本，生产部则需要对对方提供的翻译文本进行检查，以确保该文本符合彩色插图的排版要求。生产部的工作人员还可能需要考虑采购非用于印刷所需的其他产品，也需要考虑来自零售商和邮购商对图书包装方面的特殊要求。

出版商会基于成本、技术和质量三方面的综合考虑来选择供应商。通过将排版和印刷工作外包给位于远东或欧洲国家的公司，出版商能够节省大量的成本。比如说，印度的许多公司不仅提供排版服务，同时也提供某些技术支持服务（比如将文本转换为数字文档并添加标签）、编辑服务和设计服务。现在，出版商可以将整个出版流程中的所有工作都外包给其他公司，包括从收到作者书稿开始一直到为印刷商提供数字文档为止。

（六）生产部门的组织工作

在生产部门中，通常设有以下三个不同级别的岗位。

1. 生产经理或生产总监

生产经理（或生产总监）负责制订货源的采购政策、确定图书开本和用纸的标准、管理工作流程以确保质量、与其他部门共同启动新的出版项目（参与方式为制定进度表和成本预算表）、对主要的技术变化做出及时的回应（比如管理电子印前服务）。通过采购最为经济实惠的材料和服务、拖延为供应商付款的时间（以保有手头的现金），以及从供应商那里争取最长付款期限等方式，生产经理（或生产总监）为创造公司利润作出自己的贡献。他们也可能需要直接处理某些特定的重要图书的生产工作。

2. 生产质检人员

生产质检人员负责监控图书的整个生产过程，从接受作者书稿开始直到收到装订成册的图书为止。他们可能擅长某些图书的编辑出版工作（比如与某些特定的编辑一道工作）。

3. 生产助理

有些员工从这个级别的岗位开始他们在生产部的职业生涯。生产助理为部门提供文书或事务性管理支持服务。他们负责监控图书的校对和生产进度，敦促编辑和供应商的工作进度，并记录生产过程中产生的各项成本。

四、生产过程

（一）排　版

排版人员的核心业务就是负责文本处理。这项工作可能是非常低效率地重新输入作者书稿，或者直接是在由作者提供的磁盘上插入编辑的内容。排版人员可能只是简单地在由出版商提供的磁盘基础上制作排版页面，也可能是在图书印刷后把出版商的文档转换为 XML 文档。另外，他们还可能需要对出版商的再版书目进行数字化。

如今，设计者通常会提供成型的文档。在这种情况下，排版人员的作用日渐削弱。

现在还继续存在的排版人员专攻大型和复杂的排版工作，比如从事法律、科学或医学领域的参考工具书的排版工作。由于这项工作属于劳动密集型工种，所以基本上分布在诸如印度这样的国家。有些出版商为作者提供撰写模板，但对于教科书来说，作者在写作的同时已经在对图书进行排版工作。（班恩，第48页）

有些公司提供额外的编辑和设计服务，有些公司则集中提供高科技素材或文本数据库管理服务。大多数没有插图或只有少量插图的图书并不需要设计者对版面进行专门的排版工作，排版系统的自动标页功能就能完成这项任务。如果是10万字的文稿，这些公司通常能在两周内为出版商提供图书清样。如果出版商提供的是经过编码的磁盘文档，速度有可能会更快。

排版人员使用各种各样的应用软件，比如 QuarkXPress 和 Adobe InDesign。只有经过专业训练的排版人员才会操作那些既昂贵又复杂的软件，比如专门用于学术图书和期刊设计的软件——Arbortext 高级印刷出版软件（该软件的前身是3B2）。LaTeX（读做"laytek"）是一项具有多功能的开源软件，该软件是由芝加哥的多位数学家设计的，其目标是帮助物理学家和数学家能够以更加受人欢迎的方式呈现通篇布满方程式的论文和图书。

排版人员将为出版商和作者提供纸质版的清样或 PDF 文档，以方便他们进行最后的核对工作。出版商通常会要求排版人员将自动编页系统产生的文档转换为 PS 文档（PostScript）或 PDF 文档。PS 是一种页面描述语言，也是一种编程语言；而 PDF 是一种特殊的文档格式，它能够"包括字体信息、图片、印刷指令、用于检索和索引的关键词、交互超链接和视频文档"（adobe.com）。基于这些文档，印刷商能够直接将文本和图表制作印版。

（二）插图的制作

插图有可能直接是以数码格式存在的，出版商往往以 EPS 文档（封装式 PS 语言）的形式把插图提供给排版人员。对于半色调的文档，出版商则往往以 TIFF（标签图像文件格式）或 JPEGs（联合图像专家组格式）的格式提供给排版人员。对于原始文档不是数码格式的插图，出版商需要把它们首先转换为数码格式。这项工作可以在公司内部完成（使用诸如 Adobe Photoshop 这样的软件），也可以外包给专业的制作公司、排版人员或印刷商，他们根据设计者规定的尺寸大小完成插图的数码格式转换工作。

图书印刷机不能直接复制照片或铅笔画中的连续阴影或色泽，因此会使用"半色调工艺"。这种工艺将原始的黑白或彩色插图进行分屏，比如利用不同大小的点将图片分割成不同的部分，在阴影区域加上更大的、间隔更小的点，而在明亮区域加上更小的、间隔更大的点（或者干脆不加点）。在印刷的时候，这些点就能自动形成一种连续阴影的效果。

印刷全色图片需要四色彩印工艺。图片被分解为四种基本的颜色：青色（蓝色）、品红（红色）、黄色和黑色。在过去，通常是将不同颜色的墨水倒在纸张上面。这些颜色被称为四原色（CMYK）或者印刷色；如果不包括黑色，那么就是减色法三原色。另外一种三原色由红色、绿色和蓝色组成，即 RGB。RGB 是加色法三原色，通常用于电视和电脑的显示屏，但不能用于印刷。可以应用扫描仪进行色彩分离，数字影像能够以 CMYK 格式存储在诸如 Adobe Photoshop 这样的软件中。如果希望打印四色图片，应该需要使用四色彩印机，这种机器能够在一次印刷中同时打印所有的颜色。利用双色彩印机也能打印出四色图片，但是效果会不太好，而且还可能会导致严重的质量问题。通常而言，印刷商只有在收到插图的最终数字版之后，才会给出版商提供不同类型的清样。如果有必要的话，可以采用六色印刷图片。比如说，凯文·麦克劳德于 2007 年出版的图书——《颜色选择》——就采用了六色印刷工艺，即在印刷 CMYK 四色之后，再印刷了橘黄色和绿色，最终形成了六色彩印的效果。

（三）拼版和制版

印刷机上的印刷版并不是一次只印一页。每个印张都是双面印刷，而每个纸张可能包含 8 页、16 页或 32 页（或这些数字的倍数）。随后，印刷商把已经印刷的印张进行叠加和切割，形成用于装订的书页。由于不同的印刷商所配备的印刷机规模大小不一，装订机也不尽相同，所以每家印刷商都要负责自己的拼版工作。也就是说，需要安排好书页在印张单面上的位置，以便当印张印刷完毕之后，所有的书页的顺序和位置都是准确无误的。出版商将为印刷商提供由设计者或排版人员准备好的 PS 文档或 PDF 文档。在收到这些数字文档后，印刷商把这些数字页面放置在每个印版中，这种技术被称为 CTP（计算机直接制版）。

（四）在线内容

出版商可以很方便地把低分辨率的 PDF 文档发布在网络上，供读者下载或在线阅读。换言之，读者可以查看最终印刷版的"复制品"。通常而言，期刊论文采用 PDF 格式进行发布，这种格式方便图书馆员（或希望拥有通用格式的人）和出版商（这些出版商需要与印刷设计文档打交道）查看期刊论文。"PDF 文档能够提供纸质文档的大多数属性（包括页面结构、复杂图形和精心设计），同时也拥有只有电子版文档所具备的诸多特征"（卡斯多夫，第 26 页）。

内容有可能在一开始就是 XML 数据，也可能是在后来再转换为 XML 数据。XML 是一种独立于任何印刷方式的标记语言，出版商利用这种语言对文本进行结构化的标识后，就可以以不同的方式出版同样的内容。基于源 XML 文档，同一内容的出版形式可以是纸质图书，也可以是电子书、在网页上发布的 XML 文档或存储于手持阅读器上的数字文档。出版商同时也意识到相对于原始文档，把 XML 数据卖给第三方更为容易。这种标记语言的应用大大方便了对在线内容的链接（比如书目参考文献或正文插图）。Adobe InDesign 软件在出版业的普及也大大方便了出版商创建 XML 文档。"对于那些使用更为复杂的数字工作流程的出版商来说，InDesign 软件也能将其排版转换为 XML 文档……从而为将来可能的跨媒体出版准备好内容资源"（马丁，第 7 页）。

出版商或内容集成商目前正在积极探索提供在线增值服务的方式，比如为正文提炼关键词、提供在线检索功能、通过元数据定位正文模块或条目。举个例子，期刊出版商启动 DOI（数字对象唯一标识符）项目，用这一个标识符来定位一篇论文或论文中的一幅插图。

DOI 适用于数字环境中任何形式的具有知识产权的作品。DOI 也被称为"知识产权作品的条形码"，就好像以物理形态存在的条形码一样。它们允许在整个供应链的所有工具都可以在此基础上提供增值服务，并节省成本（doi.org 网站，访问时间为 2008 年 2 月 20 日）。另外，CrossRef 则允许读者直接从在线期刊的参考论文链接到被引文献的全文（crossref.org 网站）。

如果出版商提供网站或在线服务的话，由于网站或在线服务需要定期更新，所以他们往往会选择某一个特定的内容管理系统，也就是用于管理网站的软件。对有些出版商来说，网站是一种不同的媒介，需要不同的设计思路，而这种新的设计思路显然不同于原先的线性文本组织和印刷排版设计。很多网页是由 HTML 语言撰写的，并同时包括一些辅助内容，比如动画、视频和音频材料。特里亚·奥斯汀和理查德·杜斯特写道：

网站的外观需要看起来印刷页面一样，这种看法是毫无根据的。新一代的新媒体设计者正在抓住机遇，抛弃原先的规则，并寻求新的突破……设计者完全可以把声音和动作引入到他们的新媒体设计当中。

设计和生产 第9章

(第89-90页)

(五) 印　刷

大多数图书的印刷都采用平版印刷方式,这种印刷方式在英文中被简称为 offset 或 litho。用于平版印刷的金属版的表面被处理成扁平型,以便需要印刷的区域能够吸墨并排水,而不需要印刷的区域则能够吸水却排墨。印版被固定在印刷机的圆筒上,并通过滚轴弄湿上墨。印版对着橡胶滚筒旋转,并把已经着墨的图片印在其上,进而其墨水又转印到纸上。

大多数的平版印刷机都是单张纸给纸的,只是在印版的大小和生产效率方面有所不同。也有一些印刷机可以把内容同时印刷到一卷纸上面,这种印刷机被称为卷筒纸给纸印刷机。单张纸给纸印刷机通常是标准印刷黑白图书的首选,而卷筒纸给纸印刷机在操作结束时会产生折叠的标志。这一特征(加上更快的印刷速度)使得卷筒纸给纸印刷机更加适用于印刷那些印数更多、篇幅更长的图书。

更加快速的数字印刷技术已经开始挑战传统的平版印刷技术,尤其是在出版物印数很小的情况下。数字印刷机并不需要使用印版,它们利用墨水喷射技术或者利用调色剂和静电荷(就像复印机的工作原理)直接在纸上创造打印效果。大量的单份印刷订单也可以逐次印刷,每次不需要单独再制版,电脑会对随后的图书自动排列。目前的数字印刷的质量参差不齐,也不太稳定,但是对于大多数的黑白图书和多色图书而言,数字印刷的质量完全是可以被接受的。

选择平版印刷还是数字印刷,这要取决于图书的印数。曼弗雷德·布里德认为:"如果需要印刷大量的复本,传统印刷具有较好的性价比,这点仍然是数字印刷所不及的……相对而言,就数字印刷设备的成本来说,不管图书的印数是多少,操作设备的单位成本总是不变的。"(叩普和菲利普斯,第35页)如果图书的印数超过3000册,平版印刷肯定更有优势;如果图书的印数不足1000册,数字印刷就具有更高的性价比；如果图书的印数在1000册到3000册之间，则取决于其他的因素，比如所需的质量要求或版式要求。数字印刷不仅使得以少量（比如50册）印刷图书成为可能，而且也实现了真正的按需印刷——即使客户只需要印刷一本图书。

最早开始使用数字印刷技术的是一些高水平的学术出版商和STIM出版商，他们出版一些标准开本的专著。这些出版商在20世纪90年代末开始使用数字印刷技术。在完成了最初的印刷之后（大多用的是平版印刷），这些出版商将面临持续来自读者的小额订单。他们采用平版印刷或数字印刷技术重印少量的图书，或者利用数字印刷技术重印极少量的图书（甚至一本图书）。一旦图书进入"按需"状态，将永远不会绝版。

数字印刷提供了全新的工作方式。批发商可以借助这项技术直接利用由出版商提供的数字文档为最终用户印刷图书。出版商可以通过自己的印刷提供商，使原先的印刷工作模式从"中心式"变为"分布式"。出版商可以为教师提供定制化服务，即从各种图书中摘取所需的资源汇总成为新的教学资料。小型的数字印刷机已经出现在市面上，这些小型的数字印刷机可以被安装在世界上的任何地方（比如书店、大学和图书馆等场所），只要这些地方可以通过互联网访问不受限制的访问图书书目。Espresso印书机在2006年推向市场，该产品在3分钟内就可以完成打印和装订300页的平装本图书。

（六）装　订

完成图书印刷之后，印刷商或专业装订商将整版的印张进行折页，然后将折页形成的8页、16页或32页一沓的书帖按一定的顺序彼此叠加，最终制作成图书成品。部分精装本和高质量的平装本图书（尤其是那些用铜版纸印刷的图书，包括部分教科书）统一对这些折叠的书帖进行裁切。对于高质量的精装本而言，需要对纸张的三边都进行裁切（只有朝向书脊的这一边不需要裁切），然后用胶水把前后的空白页分别粘合在最前面的部分和最后面的部分（除非用于正文的纸张本身已经足够坚硬，否则一般都需要进行这步的操作）。与此同时，在图书的前后部分增加起装饰作用的书签带，添加粘在书脊上的坚固材料以加强书脊的作用（有时需要对书脊的外观做起鼓处理）。同时，精装书的书壳是由构成封面、封底（和书脊）的厚纸板粘贴在印有金色、银色或其他颜色的书名、作者的包布上制作而成的。图书的护封由小型彩色印刷机印刷，有的时候也会外包给其他公司处理。在工艺上，往往会用透明的塑料薄膜对护封进行覆膜，然后才用于装订好的图书。有的时候，制作人员也会在装订之前把就把印刷好的封面粘在书壳上，以此方法制作的书壳就是所谓带有封面的书壳（英文简称PPC）。

用有线装订的图书更加牢固，但成本更高；普通平装本和部分精装本图书一般会采用无线胶粘；而廉价平装本图书会首选无线装。首先利用胶水将每页纸张粘贴在一起，然后再利用胶水把封面套在图书上，最后对图书的三个边进行裁切。封面通常已经经过光泽处理（通过印刷机或专用机器）或者压缩处理。还有一种往往被称为"开槽装订""切口装订"或"破脊装订"的装订方法。这种方法比有线装订法更便宜，比无线装订法更贵（当然也更牢固）。如果采用这种装订方法的话，不会对纸张朝着书脊方向的部分进行剪切，而是在折叠印张的时候对这个部位进行打孔。装订机所发挥的作用主要是注射黏合剂，把不同的纸张进行互相粘合，最后也把封面粘合上去。

（七）包装和分发

印刷商或装订商用压缩包装的方式包装大量的图书，然后运输到出版商指定的仓库。传统上，印刷商都将大量的新书运输到出版商的仓库，出版商然后将它们再分发给主要的零售商和批发商。但是，为了跟国外的印刷商开展竞争，英国的印刷商或许会将图书直接运输给出版商的重要客户。如果是印刷期刊的话，他们则将期刊直接运输给订阅用户。

附

阅读书目

大卫·班恩，《新印刷生产技术完整手册》，洛特维茵，2006（David Bann, The All New Print Production Handbook, RotoVision, 2006）.

基思·马丁，《CS3套件写作》，焦点出版公司，2007（Keith Martin, Creative Suite 3 Integration, Focal Press, 2007）.

参考文献

崔西亚·奥斯汀，理查德·道斯特，《新媒体设计》，劳伦斯·金，2007（Tricia Austin and Richard Doust, New Media Design, Laurence King, 2007）.

艾伦·巴特姆，《图书制作：1945年以来的英国出版设计》，大英图书馆，1999（Alan Bartram, Making Books: Design in British publishing since 1945, British Library, 1999）.

菲尔·贝恩斯，安德鲁·哈斯拉姆，《字体与版式设计》，劳伦斯·金，2005（Phil Baines and Andrew Haslam, Type and Typography, Laurence King, 2005）.

曼弗雷德·布里德，"按需印刷技术将图书出版带回到前工业时代"，发表于比尔·叩普和安格斯·菲利普斯主编的《图书在数字时代的未来》，钱多斯，2006（Manfred Breede, "Plus ca change: Print on demand reverts book publishing to its pre – industrial begnning", in Bill Cope and Angus Phillps (editors). The Future of the Book in the Digital Age, Chandos, 2006）.

罗伯特·布瑞恩赫斯特，Robert Bringhurst，《字型排版精要》（第3.1版），哈特利&马克斯，2005（The Elements of Typographic Style, version 3.1, Hartley & Marks, 2005）.

西蒙·克里希，《欧洲远比您想得要近》，发表于《书商》网站，时间为 2007 年 3 月 23 日（Simon Creasey,"Europe is Closer than You Think", The Bookseller, 23 March 2007）.

哈里特·丹尼斯,《为此作画》,发表于《书商》网站,时间为 2006 年 8 月 25 日（Harriet Dennys,"Picture This", The Bookseller, 25 August 2006）.

安德鲁·狄龙,《设计合用的电子文本》,CRC 出版社,2004（Andrew Dillon, Designing Usable Electronic Text, CRC Press, 2004）.

大卫·埃文斯,《Postscript 与 PDF 的对比分析》（David Evans,"Postscript vs PDF"）,来源于 http://www.adobe.com/print/features/psvpdf/.

威廉·卡斯多夫（编）,《哥伦比亚数字出版导论》,哥伦比亚大学出版社,2003（William Kasdorf（editor）, The Columbia Guide to Digital Publishing, Columbia University Press, 2003）.

马歇尔·李,《图书制作:编辑,设计和生产》（第 3 版）,诺顿,2004（Marshall Lee, Bookmaking: Editing, design, production, 3rd edition, Norton, 2004）.

路阿利·麦克莱恩,《泰晤士 & 哈德逊排版手册》,泰晤士 & 哈德逊,1980（Ruari McLean, The Thames and Hudson Manual of Typograhpy, Thames and Hudson, 1980）.

迈克尔·米切尔,苏珊·怀特曼,《图书排版:设计者手册》,利巴纳斯出版公司,2005（Michael Mitchell and Susan Wightman, Book Typography: A designer's manual, Libanus Press, 2005）.

路斯尔恩·罗伯特,朱莉娅·思里夫特,《设计与网格》,洛特维茵,2002（Lucienne Roberts and Julia Thrift, The Design and the Grid, RotoVision, 2002）.

网络资源

www.bapla.org 英国图片图书馆和代理商协会

www. crossref. org CrossRef 实现在不同出版商之间的引文相互链接功能。

www. doi. org 国际 DOI 基金会

www. tasi. org. uk 图片服务技术咨询机构

www. worldbank. org/infoshop 该视频展示了 Espresso 图书机器在华盛顿特区世界银行的使用情况

专家视点：InDesign：软件竞争力和变革

萨利·休斯（牛津国际出版研究中心资深讲师，兼职软件培训师）

"我再也不愿意回到过去"。这是来自一位在某家杂志出版公司工作的资深设计者的评论，他们的出版公司最近将设计软件从 QuarkXPress 更换为了 Adobe InDesign。这样的评论不仅仅只是在杂志出版领域能听得到。在图书出版业，InDesign 也正在取代 QuarkXPress 并成为常用的图书出版设计软件和页码排版软件。当面临需要更换软件的时候，大多数的设计者都非常希望能有效地提高工作效率。这个软件会对他们如何理解快捷方式产生影响吗？会对他们如何构思文档的意境地图产生影响吗？或者会对他们如何运用不同的印刷样式产生影响吗？不管这些问题的答案如何，有一点是毋庸置疑的，就是当那些已经经过一定培训的设计者转向使用这个新软件的时候，他们可以较为轻松地把原先已经掌握的技能迁移过来。

为什么需要做这种改变呢？用户提到其中的一个原因是很难从 QuarkXPress 获得技术方面的售后服务，价格也是另外一个重要的原因。如果采用个人购买的方式，虽然 QuarkXPress 和 InDesign 的价格大体相当，但是 InDesign 在 Adobe 创意组合包中附带了其他的软件，比如 Photoshop 和 Acrobat。这些软件都是编辑图片和创建/管理 PDF 的行业标准产品。Adobe Illustrator（绘图软件）、Adobe Bridge（文档管理软件）和 Adobe Dreamweaver（网站建设和管理软件）也是创意组合包所提供的内容。可以说，创意组合包的第三版是一个非常吸引人、令人难以抵制的软件组合包。

InDesign 为每一位从事纸质图书项目的人士提供了诸多强大的功能。文字编辑喜欢基于文本的故事编辑视窗，该视窗将文本呈现在可以上下滚动的窗口，而不需要将文本分为几个页面。设计人员非常欣赏能够从面板及其下拉菜单中轻松地获取文本和对象，而生产人员则非常喜欢该软件提供的"预检"功能。

许多出版公司（包括企鹅、牛津大学出版社、爱思唯尔、泰勒·弗兰西斯以及奥斯本图书出版公司等）在近些年的新书出版项目中都转向使用 InDesign。他们仍然在使用 QuarkXPress，但其目的只是用于确保能够访问和获取之前的数字文档（如果在之前完成的图书项目需要出版新的版本或者再版重印的话）。出版商从 QuarkXPress 转向使用 InDesign，这一转变过程也不是没有任何问题的。奥斯本图书出版公司的编辑经理曾经这么说到："我们在一个小部门试用 InDesign，从理论上检验这款新软件到底如何。试用结果是所有的设计人员都喜欢这款软件。但是，站在实用和商业的立场来看，开发商推广这款软件需要加大投资，加强对用户的使用培训，同时也要不断地完善产品本身。从长期来看，InDesign 肯定是越来越棒，但是目前还存在一些问题，比如如何确保每个人能够像熟练地使用之前的软件一样使用这款软件。"

作为 InDesign 的前身，Aldus PageMaker 在 20 世纪 80 年代中期的时候迅速被 QuarkXPress 所取代，其原因就是设计人员非常喜欢 Quark 提供的键盘快捷方式功能，同时也喜欢 QuarkXPress 的准确性。虽然 Quark 完全被取代的可能性并不大，但是出版业越来越青睐于 InDesign 却是不争的事实。用户对 InDesing 的正面评价和勇于面对出版工作流程的改变所带来的挑战的积极态度都使得 Quark 已经不太可能再重新夺取自己的垄断地位了。

专家视点：纸张

艾德里安·布洛克（牛津国际出版研究中心首席讲师）

纸张作为一种材料，用途颇多。硬度够硬的纸张可以在汽车中使用，软度够软的纸张可以用来擦嘴。

纸张的起源可以追溯到公元2世纪初的中国（105年）。在那个时候，纸张是由碎布、大麻纤维和破旧的渔网制作而成的。但自从19世纪60年代以来，大多数的纸张都是由木浆制作而成的，而木浆主要取材于软木（比如松树和云杉这样的针叶树）。之所以会用这些树木，主要是因为这些树木的纤维更长，可以确保纸张的硬度。另外，由于这些树木最适合生长在温暖的气候环境中，所以世界上大多数的木浆都产自位于北方的国家，比如加拿大和芬兰。当然，木浆也能从长有阔叶的硬木（比如橡木或山毛榉木材）中提取，但是这种做法并不常见，因为这些硬木的纤维太短了。对于生长在南美和非洲雨林中的热带硬木来说，也是如此。对树木的威胁并不主要来自造纸业；在当前，出于为畜牧业、农业和采矿业的发展开路的目的，热带雨林正在被清除，树木正在被焚烧。

用于造纸的树木是作为农作物种植的，就好像稻谷和大麦。也像农作物一样，在之后的某个时段对它们进行收割。种植周期通常需要25年到30年，有时甚至更长。对于砍伐到手的树木，只有一部分才可以用作造纸之用。比如说，树干通常是用来制造家具和用于建筑行业。每砍伐一颗成树，至少要栽种三颗幼苗，以确保造纸业和其他需要用木材来支撑自身发展的行业不至于以后没有原始木材可用。

尽管有人预言无纸社会即将来临，但是对纸张的消费在过去的15年中一直在不断攀升。随着对木浆需求的提高，森林的生存压力也越来越大。

在1993年，森林管理工作委员会（FSC）成立，其目的是"加强对世界森林进行切实可行的管理，促进对世界森林的管理工作符合环境发展的规律和社会利益的目的"（fsc.org）。

作为印刷纸张的主要消费群体，出版商日益意识到需要在使用纸张方面负有社会责任感。越来越多的图书上面印有 FSC 的标志或出版商自己的声明，声明的大体内容为"出版商努力确保所使用的纸张源自合法砍伐的木材，同时这些木材取自管理良好和具有认证的森林"。出版商也会循环利用纸张再生产图书，尽管事实表明他们更倾向于基于原始木材直接制作而非重复利用的纸张。

纸张的质量有不同的等级，从新闻纸到铜版纸。正如纸张决定了产品的质量一样，产品本身也决定了对纸张质量的要求。出版商需要具备的技能之一就是能够将纸张与产品进行合理的搭配。

作为天然的产品，纸张的某些特性对于出版商、印刷商和装订商来说都是非常重要的。除了纸张的颜色（色度）、粗糙度/光滑度（抛光），以及用来制造纸张的木浆质量（供应原料）之外，出版商还需要考虑以下几个方面：

（1）重量：以每平方米的克数来衡量，单位是 gsm/gm2。在美国，对于纸张的重量是用每 500 张特定大小的纸张的磅数来衡量的。纸张较重，当然印刷出来的图书也较重。图书太重，对读者来说可能是个问题，因为他们在拿书的时候会感觉手头乏力；对出版商来说也可能是个问题，因为他们需要花费更多的运输费用。纸张的重量范围为 70gsm 至 115gsm。

（2）松厚度：松厚度是指一页纸的厚度，衡量单位为微米。衡量松厚度一个更为有用的方法是利用体积基准这个概念。利用这个概念，我们可以测量一本完整的图书的厚度，而不仅仅只是一张纸的厚度。体积庞大的纸张可能比较厚，但是又相对比较轻，比如用于包装的棉纸。

（3）不透明度：不透明度是衡量纸张缺乏透明度的指标。印刷在不透明度较高（比如90%）的纸张上的内容，透过纸张的另外一面不能看到这些内容。纸张的不透明度对于那些在正反面上印刷文字的作品（比如小说）来说，其实不是一个什么大的问题。但是，对于配有大量插图的作品（比如艺术图书）而言，由于图片会出现在书页的任何一个位置，因此就必须要求纸张的不透明度达到一定的级别。纸张的不透明度主要是跟纸张的抛光度和供应原料有关，跟纸张的重量和松厚度没有什么关系。提高纸张的重量不一定能提高纸张的不透明度。

（4）文理方向：植物纤维固有的文理方向也同样存在于纸张之中。图书制作最好要求纸张的文理方向与书脊走向保持一致（正确的文理方向）。但在实际制作中，不一定总是能做到这一点，尤其是当图书是用卷筒纸印刷机印刷的时候。如果图书纸张的文理方向不对，那么读者触摸纸张时的感觉就不会太好。这个时候，可能需要在纸张的边缘提供波纹。如果图书封面的文理方向不正确，就经常会出现容易弯曲的现象。

应该说，选对正确的纸张是正确生产图书的第一步。

专家视点：XML：是什么以及出版商用它来做什么

梅格·巴顿（威利-布莱克威尔出版公司医学图书电子产品部项目经理）

XML（可扩展标识语言）是标识文本的一种方法。经过这种标识之后，文本不仅可以被排版系统使用，而且也可以被其他程序用来打造诸如电子书之类的电子产品。标识就是将一些隐性的标签添加到文本当中。比如说，人们利用 HTML 标识符表达文本在网页中的显示方式。下面这个例子展示了 HTML 中用于展示斜体的标识符。

昨天看的 \<i\>《傲慢与偏见》 \</i\>这部电影，您喜欢吗？

喜欢，但是我 \<i\>更 \</i\> 喜欢由科林费斯主演的那个版本。

前面是起始标识符，后面需要用结束标识符结束斜体。HTML 有一套标识符语言。

下面是对同样的例子加以 XML 标识符：

< question >昨天看的< filmtitle >《傲慢与偏见》</ filmtitle >这部电影，您喜欢吗？</ question >

　　< answer >喜欢，但是我< emphasis >更</ emphasis >喜欢由< forename >科林</ forename >< surname >费斯</ surname >主演的那个版本。</ answer >

　　下面简述一下 XML 与 HTML 的一些重要区别：

　　（1）XML 标识符是根据语义进行标签，而不仅仅只是说明排版格式。

　　（2）不同于 HTML 拥有一套标准的标识符语言，XML 的标识符并没有标准的规定。比如说，您也同样可以使用< movietitle >（不一定要用< filmtitle >），也可以使用< query >（不一定要用< question >）。

　　任何人都可以定义自己的 XML 标识符名称（取决于需要标识的条目类型），可以设计和使用任何数字，这就是 XML 之所以被称为"可扩展（extensible）"的原因。在上面的例子中，您可以为科林·费斯添加更多的标签。比如添加< namegroup >表示这两个名字是一个整体，可以添加< filmstar >揭示他的更多信息。具体如下：< filmstar >< namegroup >< forename >科林</ forename >< surname >费斯</ surname ></ namegroup ></ filmstar >。除了一些基本的规则之外（比如每一个起始标识符必须对应一个结束标识符），XML 唯一的要求就是对自己所使用的标识符提供参考列表。这份参考列表就是所谓的 DTD（文档类型定义）。任何遵循这些规则的文本都是"合法的"XML 文档。不同的出版商都有自己一套标识符，同时也开发了自己的 DTDs。

　　对文本添加 XML 标识符，这项工作可以由排版人员完成，作为排版工作的内容之一。出版商只需要向排版人员提供一份自己的 DTD 文档即可。排版人员要么在向出版商提供图书印刷文档的同时提供 XML 文档，要么在今后出版商提出要求的时候再添加 XML 标识符。

出版商可以利用添加了 XML 标识符的文本制作各类电子产品：网络上的电子书、刻录在 CD、DVD 或掌上电脑上的文本、数据库中的摘要以及与教科书配套的问题库。更为重要的是，XML 不仅可以被出版商用来制作电子产品，而且也能适用于今后可能会出现的全新的数字媒介。策划编辑和生产编辑需要了解一些 XML 的背景知识，就好像他们需要了解一些关于排版过程的知识一样（虽然不需要具备亲自操作的经验）。出版公司内部的程序员和技术人员则需要详细地了解 XML 的各种应用。

XML 有望成为出版商一直在苦苦寻找的解决途径。利用这种途径，出版商可以有效地存储内容，并在将来可以对它们进行再利用。不同于之前的标识语言，XML 具有简易性和灵活性的特征，因此有望长期发展下去。

专业技能：设计技能

设计者拥有技术方面的特长，也往往拥有职业认证资格证书。为了做好设计工作，设计者需要全面掌握有关排版的知识，并熟悉将图书和封面进行整合的各种方式。熟练使用诸如 Adobe InDesign 和 Photoshop 这样的软件是设计者必备的技能。设计者需要具备敏锐的洞察力、清晰的思维、抓取原始稿件并进行分析的能力（这些原始稿件的呈现方式可能极为糟糕），以及在现有财力和技术限制条件下构思出有效的设计方案的能力。除此之外，他们应该能够预先判断读者的需求。这就要求设计者拥有丰富的想象力、熟练掌握当前的主流技术和软件、深入了解当前图书设计的时尚潮流和发展趋势。对于图书封面设计来说，设计者的创意思维和对图书的直觉是非常重要的。

设计者必须培养自己提炼信息的能力，能够非常巧妙地处理某些编辑提出的奇思怪想和"先入为主式"的看法。他们必须能够清楚地向作者、编辑和销售人员（这些人很少会考虑图书的外观、颜色和排版）解释自己的设计方案以及选用这个方案的理由。同时，他们也必须能够清楚地向其他设计者、插图作者、生产人员和印刷商介绍自己的设计方案和操作说明。

如果处理的是配有大量插图的作品，设计者需要了解每幅插图的主题和意义，在必要的时候开展一些调研工作，就一些复杂的问题咨询专家，并需要注意某些跟伦理和文化有关的敏感问题。与出版商的内部员工和外部供应商建立和谐的人际关系需要时间和技巧。与艺术家、插图画家和摄影师（他们当中有些是很难相处的）打交道需要特别的机智，能够软硬兼施，诱导他们制作出自己最满意的作品。

大多数的设计者在同一时段都负责多本图书的设计工作。因此，跟策划编辑一样，他们也需要具备灵活性和自我组织的能力。

专业技能：图片调研技能

成为图片调研人员虽然不一定需要特定级别的学历，但有些图片调研人员确实拥有艺术学方面的文凭，接受艺术方面的专业教育能够培养他们对图片作品的欣赏能力。掌握一门外语能够方便他们与海外的个人或机构取得联系。当然，能够熟练地运用各种信息传播技术也是非常有必要的。

图片调研人员就像他们手中的图片来源手册以及准确无误的图片记忆棒，熟悉各类图片来源信息。他们必须紧跟潮流发展，能够在调研中施展自己的想象力，不仅能够对已经掌握的图片进行重新利用，而且也应该知道从哪里寻找各类主题的图片。图片调研人员同样还需要具备有条理的思维方式、寻找廉价图片的技巧和跨入新领域的执着精神。与各类图片来源处建立良好的关系是非常关键的，比如通过电话、书信和见面交谈的方式与他们建立定期的联系。另外，图片调研人员还需要能够解读图书试图传达的讯息，（在选择过程中）能够综合考虑技术、成本以及美感等要素并最终做出正确的决策。如果图片调研人员对版权交易的复杂过程以及许可使用有所了解的话，无疑会丰富他们的专业知识。另外，与对预算敏感性同样重要的还有跟对方（尤其是商业的图片代理商）的商业谈判能力。图片调研人员必须能够很好地安排自己的工作。正如一位艺术总监所指出的："这是一个令人神魂颠倒的工作——不仅具有创意，而且也需要商业头脑和管理能力。"

专业技能：生产技能

大多数的生产人员都有职业认证资格证书或等同的专业背景。对于生产人员来说，最基本的是要全面了解当前的技术流程、生产机器和生产材料。在国际贸易当中，还需要了解当前的运输体系和支付方式。在处理国际合作出版业务的部门里，掌握一门外语也是非常有用的。在对图书进行成本核算的时候，计算能力、电脑操作能力和综合分析能力都是非常必要的。生产人员的项目管理能力包括计划项目能力和跟踪项目能力——确定目标、分清主次、评估同事和供应商的优缺点、预测危机以及制订进度表。另外，生产人员还需要具备与众多供应商打交道的协商技能。

与内部员工和外部供应商进行有效的沟通也是一项重要的技能。作为出版商团队的成员，生产人员必须能够与编辑和设计者协作，即使他们的首要目标（严格控制成本和保证项目如期完成）与编辑和设计者的目标会有所冲突。

生产人员的很多工作都是非常事务性的，需要有良好的记忆力以及对细节的洞察力。虽然生产人员需要跟供应商建立良好的工作关系，但是绝不能跟他们走得太近了，否则就会丧失了谈判的优势。生产人员需要坚守职业操守，在有的时候必须非常强硬，比如必须拒绝由供应商提供的任何贿赂。

生产人员的工作压力比较大。作为出版商和供应商之间的沟通桥梁和缓冲角色，可能会遭受来自双方的唾骂。他们必须采购具有市场竞争优势的原料，推迟支付现金但不会超过商定的最后时间，以及在工作中不犯错误（否则纠错的成本可能非常巨大）。他们可能会花费很多时间用于解决纠纷，使每个人都感到满意。生产人员需要解决实际问题，站在客观的角度思考问题，寻找最佳的解决方案，从一项事务中快速地转向另外一项事务，从容地应付工作压力。另外，他们也需要具备强壮的体格，以应付供应商的热情款待（比如来自对方的劝酒）。

第 10 章　市场营销

在过去，人们普遍认为出版业的市场营销就是针对新书搞促销活动。比如说，在大众出版领域，针对新书开展的促销活动包括联系全国性报纸文学专栏的编辑，争取媒体对新书的报道力度以及投放相关的广告。时过境迁，市场营销在当今出版业中所扮演的角色显然比以前要重要了，市场营销人员在图书出版的多个环节都发挥着重要作用。网络的发展使网络营销占据非常重要的地位。相对于传统营销，网络营销在把产品推向潜在受众方面具有更高的性价比，同时也能帮助出版商获取更多的顾客信息。

在大型出版集团中，从事市场营销的工作人员往往只是负责旗下某些特定公司、出版社或图书书目的业务。许多市场营销部门只有一两个人，而这一两个人就包揽了所有的市场营销工作。但是，在大中型出版公司，市场营销部门拥有多名员工，这些员工通常分属于三个不同的职位级别：市场营销主管、市场营销经理（或者产品经理和推广主管）、市场营销执行人员或助理。

市场营销涉及多种不同的活动。市场营销经理早在图书策划阶段或在出版商与作者签署合同之后就需要介入其中。他们对产品开发提供自己的意见，尤其是在投资数额较大的情况下。他们会参与关于图书定价、封面设计和目标市场定位等系列讨论会；基于与策划编辑和销售人员的多次讨论，市场营销人员会对每本图书的市场价值进行评估，并决定制作哪些必需的市场推广素材、应该联系哪些媒体、应该开展哪些公众活动。市场营销的预算往往是按预期销售收入的某一比例而确定的。以同样的力度对每本图书开展市场营销活动是不可能的。尤其是在大众出版和教科书出版领域，重要的图书在市场营销预算方面会得到最大程度的支持。对于每本图书而言，最关键的决定就是，为了最大程度地获取销售利润（而不仅仅只是收回成本）而应该投入多少金额在市场营销活动上。

一、图书市场

为产品开展市场营销的第一步，是先了解和熟悉市场。出版商可以获取关于图书消费市场的读者购买行为和人口特征等诸多信息。表10.1揭示了影响读者图书购买行为的因素，该表格向图书市场营销人员展示了让商店进货并上架图书的重要性、树立作者品牌的价值以及他人推荐图书的作用。相对而言，在媒体上发表图书评论或提到这本图书对图书的销售帮助并不是很大。

表 10.1　促成英国读者购买图书行为的因素

促成购买行为的因素	所购图书的比例
在商店看到该图书	35%
阅读该作者的其他图书	14%
该图书里面包含特别的信息	13%
该图书里面包含有关个人爱好的信息	12%
他人推荐该图书	10%
阅读该丛书中的其他图书	5%
在杂志或图书目录中看到有关该图书的评论	4%
在报纸上看到有关该图书的评论	3%
该图书出现在参考书目清单中	3%
在电影或电视中看到该图书	2%
在电视或广播中提到该图书	1%

（来源：图书事实在线 2006 年数据）

从购买图书数量的角度来看，不同的读者群体之间存在诸多差异。下面的柱状图展示了新书购买者（成人）的分布情况。从中我们看出一些重要的特征。首先，33%的成年人从来不会买书——出版商如何让这部分的人群买书呢？开展系列旨在鼓励阅读的活动对于出版业的发展是非常重要的。其中一个例子就是在世界图书日开展相关活动。在2007年的世界读书日，中小学生收到一份1英镑的图书券，可以购买出版商特别制作的1元图书或者用作现金抵消购买的其他任何图书。2006年的世界图书日启动了一系列快速阅读项目，其目的是"为那些丧失阅读习惯或只希望阅读短篇的快速读物的人群提供由畅销书作家撰写的快节奏和篇幅简短的图书"（niace.org.uk）。在2008年的世界图书日，则宣布了该年度是全国阅读年，其目标是培养更多国民对阅读产生兴趣。其他的活动包括"城市阅读"，比如西雅图于1998年启动该活动，鼓励所有的市民都阅读同一部图书。在2007年的春季，也就是达夫妮·杜穆里埃的诞辰百周年纪念日，在布莱顿生活的每个人都被邀请阅读她的小说《丽贝卡》。2007年的"全民阅读"这一活动则重点推广了黑人作家和来自其他少数种族的作家人群。

　　诸如英国国家文化基金和图书基金这样的机构也参与到阅读和文化的推广活动之中。人们一直担心儿童的阅读兴趣是否会持续下降，而出版商长期以来都在探讨如何使青少年对图书（尤其是小说）产生兴趣。当然出版商也确实察觉到了绘本小说销售在最近几年的增长势头，包括备受儿童和成年读者欢迎的漫画图书。

　　大多数出版商都是现代社会日益变化这股浪潮背后的主要推手。今天的儿童是在数字时代中长大的第一代。相对于纸质图书，他们更加适应电子屏幕。随着无线设备的日益发展和普及，小家伙们越来越习惯于以视觉方式传达的数据或信息。（《出版商周刊》，2007年2月19日）

> *海雀出版公司为青少年读者推出的网站（spinebreakers. co.uk）拥有一支由青少年读者组成的编辑委员会。*

图书馆在阅读推广中发挥着重要的作用。图书馆员尝试各种方式推广图书，包括个人推荐和针对儿童或中小学生举办各类图书评比活动。尽管如此，图书馆的借阅率近年来一直处于明显的下滑趋势，1994/95年度的借阅量是5.346亿人次，而2004/05年度的借阅量是3.30亿人次，十年间的下降率达到38%（LISU，《图书馆年度统计》，2006年）。

对于出版商而言，最为关键的事情就是倾注精力把图书卖给那些"重度图书购买者"，也就是那些会大量购书的读者。这些读者定期光顾书店，因此针对这一群体，出版商必须确保书店会上架他们所需的图书并对这些图书开展促销活动。

（一）购书人口特征

表10.2提供了英国购书人群的性别、年龄和社会经济条件分布情况。

整张表格揭示了图书购买量随着年龄和收入的增长而增长的趋势。60岁以上的读者群是个例外。虽然这一人群往往被认为拥有更多的阅读时间，但是他们的图书购买量呈现下降趋势。乘坐公共交通工具会鼓励乘客的阅读行为，只要到伦敦的地铁上瞅一瞅，就能察觉到大多数人都在阅读。五个成年人当中，就有一个会在上下班途中或外出旅游途中阅读图书（敏特市场调查公司，2007年）。女性读者的购书量比男性读者更大。在所有的图书当中，童书所占比例为25%。对于青少年而言，浏览网站和网络游戏都会占用他们很多的时间。但是，BBC于2007年开展的一项调研显示，65万个青少年每年阅读的图书量在15本以上（《书商》，2007年4月6日），而且他们大多数人都是光顾实体书店而非在线购买图书。读者离开学校时的年龄也是影响他们购书行为的重要因素——离开学校时的年龄越大，他们购买的图书量也会越多。

> **在2006年，英国的女性读者购买的图书量为18.8亿册，而男性读者购买的图书量为12.8亿册。**

表 10.2　英国图书购买人群的人口特征分布情况

	在过去三个月中光顾书店的读者比例	在上个月至少购买一本图书的读者比例
总体	49%	36%
男性	46%	31%
女性	53%	40%
15–24 岁	44%	32%
25–34 岁	54%	38%
35–44 岁	54%	39%
45–54 岁	55%	40%
55–64 岁	50%	37%
65 岁及以上	41%	30%
AB	71%	53%
C1	55%	40%
C2	39%	27%
D	32%	22%
E	30%	22%

（来源：敏特市场调查公司，《图书》，2005 年）

（二）定位目标群体

如果出版商熟悉图书消费者的细分市场，就可以决定是否需要针对某一特定人群开展市场营销活动。这对图书的封面设计、广告的投放渠道和媒体的类型选择都会产生一定的影响。细化市场还存在其他的方式，比如通过零售渠道细化市场，在水石购买图书的人群会与在超市购买图书的人群存在或多或少的差异。人们普遍认为图书是非常适合通过特定渠道开展营销活动的产品。

2005年哈珀·柯林斯出版了迈克尔·马歇尔的《天使之血》。该书的目标读者主要是女性、ABC1人群以及"严肃犯罪小说爱好者"。这部小说的精装本是通过报纸进行宣传的,因为有研究表明犯罪小说的读者人群与报纸人群两者存在某种程度的关联。该书没有选择户外投放广告的原因在于旅行人群往往倾向于阅读平装本图书。(《书商》。2005年6月10日)

二、市场营销组合

所有的市场营销活动都可以被归类为广为人知的4P营销组合:

(1) 产品

(2) 价格

(3) 渠道

(4) 促销

对于重要的图书,市场营销人员将会全面部署营销计划,包括评估图书的目标市场和制订营销战略。

(一)产 品

市场营销部门在新产品的发展过程中始终扮演着重要的角色:从新书创意的诞生,到完善编辑的图书计划书,再到新书的市场测试。市场营销部门也会就图书的封面设计提出自己的意见,以期更好地满足目标读者的需求。

市场调查有助于决策新项目、设计图书封面和制订营销方案。水石儿童类图书经理韦恩·温斯通曾说:

尽管对所谓的消费者调查有诸多的质疑,但是跟顾客交谈并从中发现他们感兴趣的话题确实是非常重要的。杂志对购买人群和竞争态势等方面的详细数据一直饶有兴趣。(《书商》,2007年8月17日)

对图书市场的调查研究可以委托给专业机构，BML（图书营销调查有限公司）就是其中的一家。尼尔森图书扫描数据库定期提供单本图书的销售数据、各类题材图书的销售数据以及读者的需求曲线等数据。亚马逊网站提供的图书销售排行榜则是可以免费获取的信息。

相对于大众出版商而言，教育出版商对读者购买的信息不会那么感兴趣。但是，当开发一部新的教科书的时候，他们肯定也希望评估市场行情及其发展趋势，包括了解该学科领域的学生规模以及分析该目标市场的竞争态势。他们会在中小学开展试点调查，同时对于重要的教科书，开发项目也会启动焦点小组。学术出版商则通常会寻求图书馆员，征求他们对开发图书和期刊论文数据库的相关意见。

（二）品　牌

以前，人们通常会认为出版集团及其下属出版公司的品牌对图书的销售影响甚微。也就是说，人们认为读者不会根据出版商的品牌来选择图书。诚然，除了少数负有盛名的出版商（比如企鹅）之外，普通读者对出版商的品牌认知度是比较低的。但是，从出版商开展业务联络的角度来看，出版商的品牌对于作者代理商、作者、图书批发商以及大众媒体来说仍然是非常重要的。林恩·特拉斯于2003年出版的《吃了东西，开了一枪，然后离开》一举获得成功，在出版后的半年内就售出50万册。显然，该书的成功使书店更愿意采购普罗菲尔图书出版公司出版的图书。中小学教师通常会识别出版商的品牌，这或许会影响他们的采购决策，也会影响他们向学生荐书。出版商的品牌对某些类型图书的销售会起到相当大的作用，比如语言类学习图书、参考工具书、旅游类图书、计算机入门图书，而对儿童图书的销售起到的作用则尤为显著。在ELT出版领域，出版商的品牌往往被海外市场视为确保图书质量的重要标准。当今的网络世界充斥着质量参差不齐的信息，在这种环境中，出版商的品牌应该在提供有质量保证的产品和服务方面发挥更为重要的作用。对于出版商而言，最大的风险在于用户往往只是寻求免费的信息内容。在某些用户看来，信息内容"够用就好了"。

> 帕尔格雷夫·麦克米兰是学术出版领域具有品牌效应的出版商，它的品牌在吸引新作者方面发挥了相当大的作用。

（三）作者品牌和图书封面

由于对作者的熟悉度是影响读者购买图书的一个重要因素，出版商会非常重视作者的品牌建设，尤其是借助图书的封面。来自英特布朗德这家品牌咨询机构的乔纳森·哈伯德说道：

摆放在书店的头二三十步范围的图书是书店销售的主力图书……图书的护封往往会激起您之前可能乐于此道或别人告诉您会喜欢的某种阅读体验。（《书商》，2005年4月22日）

出版商可能对同一作者的图书封面设计保持一致性或连贯性，其目的是鼓励读者寻找并购买自己喜欢的作家的后续作品。作者的品牌也会影响将图书作为礼品赠送的购买行为。大卫·库克——乐购超市的一名图书类产品经理——这样论述女性消费者的购买行为：

如果您考虑为丈夫买一本图书，通常会购买自己比较熟悉的作者的图书。（《书商》，2007年8月17日）

出版商往往会委托其他机构开展读者对作者认知的调查，而基于作者认知定位的封面设计通常会影响图书的销售情况。比如说，安妮塔·施力夫的出版商时代华纳集团通过调查研究，发现读者倾向于把安妮塔的图书跟人的情感和情绪自然地联系在一起。基于这个调查发现，出版商在图书封面上设计了很多有关人性的元素。

图书封面通常能够表达出图书目标读者定位的相关讯息，从而帮助消费者判断自己是否适合购买这本图书。一项针对荣获2000年小说橘子奖图书的调查研究发现：图书的封面和题名是读者判断图书小说类型以及图书性别定位的重要依据。读者根据作者性别、封面颜色、整体外观以及图书题名来判断这本图书到底是女性读物还是男性读物。相对而言，女性读者阅读被定位为男性读物的图书的可能性比较大（这项研究发现的数据是40%的女性读者都会阅读被定位为男性读物的图书）；但是，只有25%的男性读者才会阅读被定位为女性读物的图书。从图书封面的外观设计（包括对粉色的使用）和书名（比如使用"爱"这个字）来看，伊恩·麦克尤恩的《爱无可忍》显然是女性读物。

消费者更喜欢随手翻看封面设计精美的图书，而购买这类图书的概率也会是其他图书的五倍（菲利普斯，第28页）。大多数的出版商都会瞄准"重度图书购买者"，并根据他们的喜好设计图书封面。女性读者更有可能成为"重度图书购买者"，因为她们除了为自己购买图书之外，还会为子女购买图书，也会作为礼品赠送他人。我们可以根据读者对图书的消费时间和场所（读者在什么时候在什么地点阅读这本图书）和读者阅读的收获（读者在读完之后能得到什么东西）这些角度对图书进行分类。图书的封面很大程度上暗示了这本图书是否适合在海滩抑或旅途中开展浅阅读。通常而言，精装本小说会配备精美淡雅的护封，这些图书有可能成为具有收藏价值的作品，它们的目标人群主要是年长的读者群体。相对而言，以年轻读者为目标人群的小说类图书通常直接出版平装本。

有时出版商会对同一本图书配以两个不同的封面，以此来吸引不同细分市场的读者群。当出版商发现《哈利·波特》系列丛书在成年人市场上也有一大批读者的时候，就采用了这种做法。出版商为马克·哈登的《暗夜离奇狗案》设计了四个不同的封面：成年精装本封面、成年平装本封面、儿童精装本封面和儿童平装本封面。最初布鲁姆斯伯里首次出版唐娜·塔特的《小朋友》一书时，图书封面上印有一幅令人不安的图片——带有深深凹陷眼睛的玩偶的面孔。两年之后，这本图书再版时换成新的封面图片，即一个坐在千秋上的孩子。

（四）附加材料

出版商可以通过随书提供附加材料（比如CD光盘或在线资源链接）创造图书本身之外的价值。如今，假使在出版一本大部头教科书的时候没有提供对应的在线网站，这反而是一件不太正常的事情。对于教学材料而言，出版商往往会提供视频、测验和游戏，同时为授课教师提供课程教学大纲。对于大学教科书来说，出版商也会为授课教师提供系列课程讲稿和包括学生测评在内的诸多资源。电子书一般提供包括视频和动画在内的额外内容。

（五）价　　格

市场营销势必会涉及新书的定价问题。影响图书定价的因素包括：用户对图书价值的认知；用户的消费能力；竞争图书的价格。相对于采用订阅直邮方式的图书，大多数图书都是以书店为零售终端，而且能在书店里找到类似的出版物。对这些图书定价的时候，务必需要考虑竞争图书的价格。如果一本图书具有独特的功能和特征，出版商就可以制定更高的价格。其他影响图书定价的因素还包括：图书的主要购买者（最终用户、图书馆、商业公司）；市场上是否存在价格天花板（如果突破某一价格上限，销量就会下降）。

通常而言，图书价格的提高会导致需求量的下降，而降低价格会导致图书销量的上升。缺乏价格弹性（所谓缺乏弹性是指价格的调整对需求的影响甚微）的图书往往专业程度较高。对于提供读者必要信息或知识的图书（比如介绍如何使用某一软件包的图书），职业工作者一般乐意支付更高的价格。读者购买大众图书（尤其是平装本图书）常常是出于一时的冲动。这类图书和许多教科书都一样，具备一定的价格弹性。也就是说，这些图书的价格调整往往对需求有实质性的影响。具体来说，图书的价格弹性空间因图书类型不同而有所差异。比如说，当编辑去说服一本学术图书的作者时，"降低图书的定价会吸引众多热心的读者"的说辞，恐怕难以令作者信服。

　　基于成本的定价方法往往会涉及到图书单位成本的标准加价问题，而这种方法现在已经不太常用了。目前出版商通常关心竞争图书的定价，并根据市场行情制定图书价格。对于小说来说，出版商在定价的时候显然会把市场行情作为优先考虑的因素，而不太考虑其他的因素（比如图书的篇幅）。对于特定类型的图书而言（比如普通平装本图书、简装本图书等），市场上一般存在一个被广泛认可的定价规则。大学教科书的定价也是如此。比如说，人文艺术和社会科学领域的平装本教科书的定价通常低于管理学和STM领域的平装本教科书的定价。但是，一些"勇敢的"出版商也时不时地打破这些所谓被广泛接受的定价规则，提高定价或者为了打击竞争对手降低价格。

　　出版商在为图书定价的时候需要考虑零售商给顾客的折扣。出版商在为圣诞畅销书制订图书推荐价格的时候充分意识到零售商将会大打折扣。如果市场上发生价格战，一本出版商定价为25美元的图书的实际销售价格可能只是半价。

　　出版商为销售商提供的折扣力度其实对于出版商而言就是一种市场营销成本。这一折扣力度也决定了出版商从零售商的销售额中实际得到的回报。严重依赖于零售终端的大众出版商往往针对畅销书给出最大的折扣力度。书店的图书销售大多数是由摆放在入口处二三十步范围内的图书贡献的，这个位置也是为顾客展示打折活动（比如"买二送一"的活动）的场所。如果出版商希望自己的图书能摆放在这个位置，零售商会向他们索要特别高的进货折扣力度，同时索要额外的补贴用于窗口展示或在书目中给予突出显示。

　　由于市场上没有参考价格，所以很难对电子产品进行定价。出版商可能会诉诸于成本定价法以收回前期投资，或者诉诸于低价法来鼓励早期的订阅者。电子书的价格可能与印刷版图书持平或低于印刷版图书（比如是后者的2/3或1/2）。在英国，图书是免征增值税的产品,但是电子产品(比如电子书、CD‐光盘和在线产品)则是需要交纳增值税的。

(六) 渠　道

本书在后面的章节中会详细介绍图书的发行方式和发行渠道。对于从事市场营销的工作人员来说,他们需要全面地了解图书市场,包括消费者需求和众多的销售渠道。比如说,超市和网络作为图书销售渠道的发展是当前影响图书市场营销的重要特征和发展趋势。市场营销经理需要评估一本图书的潜在读者,并同销售部门一道制定营销方案,包括如何利用各种相关的发行渠道,如何向相关决策制订者和最终顾客推销这本图书。

(七) 促　销

促销的目的是让大众媒体、图书行业和消费者注意到公司及其产品,并激发用户对他们的需求。

具体的促销活动可能会分解成不同的任务。在一些出版商(尤其是大众出版商)那里,从事促销的专业工作人员需要开展公共关系活动,或者为零售商制作促销和用于零售终端的素材、书目、媒体广告/户外广告,或者开展网络营销活动。在有些学术和专业出版商那里,具体的任务会区分为教科书、邮购销售或期刊促销。但不管是何种类型的出版商,他们都会聘请广告中介(尤其是重要图书和知名作者做活动的时候)、公关人员、直邮和网站营销人员。营销人员通常会充分利用桌面出版、委托兼职设计者和购置印刷图片,但是由于毕竟这些供应商不是专门制作和生产图书的,所以他们有时也会动用出版公司内部的图书设计和生产人员。有些主要的出版商将市场上现有的内容管理系统进行改造,以适应图书目录和公司网站的创建开发和内容管理的需求。

促销材料有助于销售人员把图书卖给图书销售商、中小学校、高等院校以及最终用户。用于促销活动的预算和细节安排也有助于敲定最后的订阅价格。来自国内外的顾客通常会在订阅图书之前参阅这些相关的促销材料。

1. 网络营销

网络营销的发展对整个营销业务都产生了革命性的影响。在本世纪初，许多出版商的网站都处于早期发展阶段，刚刚开始运作各种功能。例如，提供在线内容的网站在当前主要集中在期刊出版商（提供付费内容访问服务）或者教科书出版商（提供免费或者基于密码登陆的访问服务）。这些出版商建立相关的人际关系圈，并定期为专业人群（包括中小学教师和高端研究社群）提供及时更新服务。

对于大多数的图书出版商来说，他们的网站发布自己出版书目的信息，这在某种程度上相当于发挥了直销的作用。实际上，这些网站就是传统纸质版图书目录的延伸，同时日益具备订阅纸质版图书和电子书的在线功能。有些大众出版商更加重视网站的建设，比如在网页上投放作者访谈视频或其他互动性素材（比如提供特定图书或童书人物的互动游戏的链接）。在2007年，麦克米兰童书出版部启动了一项提供壁纸和铃声的服务，用户在出版商网站上可以免费下载这些壁纸和铃声。如果出版知名作家的大众图书，出版商在公众眼里往往会面临这样的问题——自己的品牌成为了作者品牌的附属品牌。在这种情况下，为了协调图书的促销活动，出版商通常会为作者创建个人网站。在学术出版领域，利用RSS技术向目标读者开展电子邮件营销服务已经成为重要的营销方式。

亚马逊和谷歌的存在对于出版商而言既是机遇也是挑战。学术出版商已经把握这一机遇，他们利用谷歌图书搜索在网络上展示他们的图书，并相信谷歌图书搜索项目为他们的图书提供了前所未有的"曝光"机会。读者浏览图书中用做样本的页面，然后点击购买这本图书。亚马逊也通过"内置搜索"功能提供同样的服务。一些主要的出版商也开始尝试类似的项目；而另外一些出版商则质疑通过谷歌和亚马逊这样的大公司数字化自己的图书是否真的会带有益处。布卢姆斯伯里的首席执行官奈杰尔·牛顿对于这种出版现象提出警告：

有些人把这种方式看成是一种图书营销的好机会，这种看法无疑是目光短浅的表现。也许这种做法能在短期内提高图书的销量，但是20年之后肯定再也没有人买书了。这些大公司在拥有了这些材料之后将会如何处理它们，对此我们都无法知晓。(《书商》，2005年4月21日)

网络营销不管对于大型出版商还是小型出版商确实都具有巨大的潜力。书店不太可能会大量地存储专业和学术图书。出版商可以围绕他们的出版物创建兴趣小组和网络社区，然后把图书直接销售给这些小组或社区的成员。对于部分知名的学术和专业出版商来说，通过自己的网站销售图书这块业务发展得很快；同时他们也会通过专业的网络书店开展销售活动。网络营销意味着他们能及时跟踪市场的变化，以高性价比的方式向目标读者精准地销售图书。

2. 口　　碑

出版商很久之前就已经意识到口碑传播会对图书的销售产生重要的影响。朋友、家人或书商的推荐往往会促使读者购买图书。有时畅销书就是在不经意中产生的，比如路易斯·德·贝尔尼埃于1994年出版的《战地情人》和林恩·特拉斯于2003年出版的《吃了东西，开了一枪，然后离开》。出版商不能保证图书能够获得足够的关注度，但是他们会通过争取媒体报道或将图书摆放在书店的显赫位置来博取更多的注意力。如今，网络为病毒式营销提供了很好的机会，通过社会网络快速地传播一个想法、一个玩笑或一条消息。短信则为营销提供了另外一种方式。出版商正在尝试把图书的相关内容和信息发在博客和社交网站上以期博得更多的关注。多林·金德斯利出版公司特地为凯文·孔兹的《身体完整反射疗法》（2007年出版）开发了一个互动插件，用于展示手是如何连接身体的其他部位的。用户可以把该插件电邮给其他朋友或直接添加在 Facebook 的用户页面上。

在2007年，理查德·道金斯出现在第二生活 (Second Life) 网站的一个视频中，宣布自己的作品《上帝错觉》平装本已经正式发布。

当《观察家》这份报纸对在 2006 年出版业最有影响力的人物进行排行的时候，他们发现排在最前面的人物是阿曼达·罗斯。

她……跟她的丈夫西蒙·罗斯一起经营 Cactus TV。西蒙也是乔纳森的兄弟。他们一起制作《理查德·朱莉》，这是一档白天的聊天节目。借助极受欢迎的同名图书俱乐部，这档聊天节目在某种程度上支配着畅销书的排行。图书俱乐部是罗斯受奥普拉·温弗瑞脱口秀节目的启发而提出的创意，她也是负责挑选图书的人……自 2004 年创办以来，图书俱乐部实际上已经促成了超过 1000 万册图书的销售，为出版商产生了超过 6000 万英镑的收入。这就意味着全英 1/4 的图书销售是基于阿曼达·罗斯的推荐。这同时也意味着她单手就至少让 10 位作家成为了百万富翁。（telegraph.co.uk，访问时间为 2007 年 6 月 1 日）

阅读小组的成功成为了影响图书销售的一个重要因素（阅读小组也被称为"俱乐部"，但这样很有可能会跟具有多年运作历史的作为直销机构的图书俱乐部相混淆）。出版商围绕重要的作家制作纸质和网站资源，用于鼓励阅读小组采纳他们出版的图书。其他影响图书销售的因素还包括：荣获诸如布克图书奖这样的重要文学奖项（参考表 10.3）；小说被改编为电视剧或电影。不管是古典作品还是当代作品，如果它们被改编搬上银屏后，销售往往会大增。

第一届布克图书奖的颁发是在1969年，Man Group 在 2002 年开始成为该奖项的资助者。

表10.3　布克小说图书奖获得者名单（1998－2007）

出版年	作者	题名	出版商
1998	伊恩·麦克尤恩	阿姆斯特丹	乔纳森·凯普
1999	J. M. 库切	耻辱	塞克＆沃伯格
2000	玛格丽特·埃特伍德	盲刺客	布鲁姆斯伯里
2001	彼得·凯里	凯丽帮真史	费伯＆费伯
2002	杨·马特尔	少年派的奇幻漂流	坎农格特
2003	DBC. 皮埃尔	维农少年	费伯＆费伯
2004	艾伦·霍灵赫斯特	美丽曲线	斗牛士
2005	约翰·班维尔	大海	斗牛士
2006	基兰·德赛	失落之遗产	企鹅
2007	安妮·恩莱特	聚会	乔纳森·凯普

作者本身在图书的促销过程中也扮演着重要的角色。比如出席图书签名销售活动，参加相关的文化活动，在发送的宣传材料中随寄作者的圣诞祝福卡，在亚马逊的相关网站上提供指向作者邮箱的链接。在英国规模较大的文化活动要属在爱丁堡、瓦伊河畔海伊和切尔滕纳姆举办的文化活动。

就像小说家简·罗杰斯写道：

出版商不遗余力地向我们推销他们的图书，包括利用媒体广告、图书评论、媒介改编，也包括设计精美容易吸引眼球的封面和撰写护封上夸张的评语。他们争取自己的图书成为考试的指定书目，对获奖的图书大肆开展宣传活动，或者雇请名人亲自操刀。但最终每个读者都清楚地知道，自己拿起一本素未谋面的图书开始阅读的最重要的原因恐怕还是来自朋友的推荐——"读读这本书，确实写得很棒。"（第vii 页）

（八）促销和宣传技巧

在介绍适用于图书的促销和宣传技巧之前，我们先快速浏览一下大众图书出版商市场营销部门是如何着手推广一本重点打造的图书的。出版商将大部分的市场营销人力、财力和物力都集中在具有成为畅销书潜力的图书上。

市场营销部门的首要任务是在图书正式出版的数月前就要计划和开展推广活动，其目标是努力说服图书销售商和书店在这本图书出版之际将要吸引大量的顾客拥入他们的书店，因此他们需要预定大量复本并将这本图书摆放在显赫的位置。出版商同时会吸引核心购买者的参与，比如邀请他们与知名作者会晤，或者邀请他们参观图书中提到的较有吸引力的地方，或者为他们发送先期制作的阅读样本和其他材料（比如免费的礼品和采访作者的 DVD 光盘），以引起核心目标读者的关注。

市场营销的成本预算有很大部分都花在主要零售商的身上，以确保这些零售商能够在书店中把这本图书摆放在显赫的位置，并把这本图书列入重点推销的图书清单（比如"买二送一"、月度重点促销图书、夏季重点促销图书，或者圣诞季重点促销图书）。出版商也积极运用其他的营销技巧以提高图书销售商的订单规模，比如为每种销售渠道定制宣传材料以方便销售商在各自的书店中最大力度地展示这本图书。这些都是针对于图书销售商的营销活动和技巧，之后市场营销部门就开始针对最终客户开展相应的活动。换言之，出版商在临近图书出版之日就会开展针对潜在读者的大规模广告战。这一举动能够证明出版商在全力支持这本图书的推广活动，并促使销售商有信心预定大量复本。同时，出版商的公关人员一直在努力策划媒体对图书和作者的报道，这些报道在图书正式出版的前后一段时间公之于众。再之后，出版商就希望读者能够通过口碑传播的方式彼此宣传和推广这本图书。

1. 儿童图书

儿童图书旨在渗透大众零售市场、图书馆和中小学校，因此往往综合了大众出版商和教育出版商的各种营销技巧。市场营销人员制作和邮寄图书目录、利用免费的宣传机会、组织展览、参加会议以及联系中小学和图书馆。在少数情况下，市场营销人员为了取悦潜在读者，打扮成某一个体型庞大、笨拙不雅的卡通。

我们接下来再讨论多种被出版商普遍采纳的营销技巧。

2. 作者调查问卷

在提交书稿的时候，作者需要完成一份问卷调查表并返回给编辑。在这份调查问卷中，作者需要提供如下内容：个人信息、个人简介、图书简介、内容提要、主要卖点和目标读者。除此之外，作者还有可能会提供他们隶属的各类机构和在线论坛的清单，愿意评论或宣传这本图书的印刷媒体和广播媒体的清单。出版商通常会亲自联系人脉较广的作者，以此获取媒体和其他相关人员的联系方式。作者还可能会提供相关活动、会议和展览的信息。

3. 进展信息表

市场营销部门会制作图书的进度信息表（简称 AI 表）及其对应的电子文档（通常是 PDF 格式）。AI 表包括诸多内容：书目信息（书名、作者、版式、读物难度、插图内容、版本信息、国际标准书号、拟定价格和出版日期）、内容提要、腰封广告、内容大纲和作者小传。上述内容都是关于图书本身的信息，但 AI 表也会阐明阅读这本图书的益处，比如它能为购买者或读者带来什么价值。举个例子，字词典能够帮助读者学习知识或更有效地从事商业工作；旅游手册能够为读者提供所需的重要旅游信息和导游知识。这本图书是否拥有核心的比较优势？换言之，这本图书是否具备独特的卖点？如果是一本非虚构类图书，可以问是否由该领域的权威专家撰写？如果是一本教科书，可以问是否符合最新的课程要求？如果一本图书的读者对象复杂多样，那么找到其核心比较优势就不是那么容易了。但是相对于读者对象比较单一的图书来说，出版商更有必要确认这类图书的核心比较优势。

出版商通常会在图书出版前（最好是在出版前的 9 个月左右）把 AI 表发送给所有销售链环节中的机构和个人，包括：出版商的销售人员、海外代理商、图书销售商、图书批发商以及图书馆供应商。图书批发商和图书馆供应商需要获取这些信息，并把这些信息输入到他们的书目系统和在线数据库中，从而方便顾客下订单。出版商要争取这本图书被亚马逊和相关的书目数据库收录，这也是确保读者发现并购买这本图书的至关重要的一步。

4. 图书封面

图书的封面也是被出版商销售部门、图书批发商、图书馆供应商、网络书店和海外代理商广泛运用的促销元素。图书的封面通常会在正式出版前制作完成（最好是在出版前的 6 个月到 1 年），出版商利用图书封面确保来自书店的预先订单。出版商发现如果图书在亚马逊网站上提供封面显示，那么它通常会卖得更好一些。在图书的最终版本完成之前，出版商也可能使用替代封面将这本图书放在亚马逊网站上。封面上的图书介绍语往往是由策划编辑、市场营销人员、出版公司内部或兼职的广告文案人员撰写的。

5. 图书目录

对于出版公司来说，制作图书目录是一项主要的业务。具体的工作内容包括：从公司各个部门收集图书信息、更新图书信息、收集插图信息和文案信息、向设计者介绍图书的相关情况，等等。

出版公司内部的数据库维护管理工作涉及每本图书的当前状态（出版日期或即将出版的日期、是重印本还是已绝版）、当前价格、产品类别（或学科代码）以及每本图书在过去一段时间内累计的其他信息（比如用于长期营销或短期促销的文案内容、收到的图书评论信息等)。更多的数据还可能包括关于合同的信息，比如出版商所拥有的版权以及可用于销售或许可给第三方的版权。这样的一个数据库相当于扮演了图书中心存储机构库的角色，里面囊括了每本图书的确切信息。利用这个数据库，出版商就可以以最适合中间商和最终用户的形式检索和管理所有的书目信息；并在此基础上可以打印纸质版，也可以直接提供在线服务（尤其是用于在线书目服务）。

图书目录有两大目标：其一是展示公司及其产品，以吸引包括图书销售商和最终读者在内的潜在购买者；其二是为顾客提供信息量充足、易于理解和准确无误的书目参考信息，以便国内外的顾客能够轻松地订阅公司的产品。

大众图书出版商通常会制作图书目录，公布基于六个月销售周期而即将出版的图书的信息。秋季目录和冬季目录是用于来年的夏季中期的图书订货和销售展览会；春季目录和夏季目录是用于下半年的圣诞节前后的订货和销售展览会。大众出版商也有可能会发布每月图书目录或库存清单。这些图书目录发送给图书供应链环节上的所有参与者、主要图书馆、公众读者（通过销售商发送给成员顾客）、书评编辑以及各类媒体。库存清单则包括新版图书和再版图书以及它们的价格。出版商的销售代表和图书销售商通常会利用这些图书目录和库存清单来完成图书的订单交易业务。

来自教育出版、学术出版、STM出版和专业出版领域的出版商通常以学科或学科大类编排它们的新书目录和精选再版书目。他们会根据不同的教育体系级别划定不同的学科类别。对于属于教科书种类的图书，还可以根据年龄组、考试等级或学术等级进行细化。通常而言，出版商每年定期制作图书目录，刊载下一年即将出版的图书；但有些出版商也是每隔半年（甚至更短的时间间隔）制作图书目录。虽然这些图书目录也会邮寄给精选出来的图书销售商、批发商、图书馆供应商和图书出口商，但它们的主要服务对象是中小学教师、科研人员以及专业人士——这些人能够决定采购或采纳何种图书。出版商会在中小学校、学术图书馆、研究机构、大学院系投递或散发这些图书目录；有时也会直接投递给目标专业人士。

有些出版商已经开始试验抛弃印刷版图书目录和库存清单的做法，所以现在的用户可以直接在线访问图书目录和库存清单的电子版。但是，这些试验只能说是取得部分成功，大多数的出版商仍然以某种形式保留传统印刷版的图书目录和库存清单。有的时候，出版商也会制作囊括所有新书和再版图书信息的完整版图书目录。作为了解出版商所出版图书的主要参考信息源，图书目录仍然被国内外的图书销售商、图书馆以及其他机构广泛使用。

6. 书目信息："看不见的市场营销"

为主要的书目编撰机构或人员提供每一本图书基于标准格式（BIC BASIC 新书记录）的准确书目信息是非常重要的。出版商可以通过为对方发送 AI 表或利用某种事先商定的电子格式（比如 ONIX）来向对方提供书目信息。

ONIX 既是一种提供构成产品记录的元素的数据集，同时也是一种标准方式。利用这种标准方式，出版商可以以数字化的形式将产品数据传递给数据集成商、图书批发商、图书销售商以及任何跟出版物的销售有关的机构或个体。（editeur. org，访问时间为 2007 年 8 月 22 日）

这是一种在全球范围推广图书的低成本方法，利用这种方法也能简化图书的订单流程。出版商在图书正式出版前的六到九个月的时候就把图书信息提供给书目编撰机构（在英国主要是指尼尔森图书数据公司，在美国主要是指鲍克公司），然后书目编撰机构会把这些信息添加在他们的电子数据库中。书目编撰机构往往为用户提供不同级别的书目信息服务，包括基本书目信息的免费提供服务以及更加全面的描述服务（包括作者传记和图书封面信息）。

书目数据服务公司是该领域的主要书目提供商，它为图书馆和其他机构提供书目信息服务。该机构擅长利用 MARC 格式提供新书书目信息。MARC 是机读目录格式，是图书馆用来存储和交换信息的标准数据格式。该机构同时每周定期为大英图书馆提供图书在版编目数据；另外，英国国家书目和其他产品也是它的数据提供对象。读者可以在版权页上看到图书的在版编目数据。

法定缴存是指将出版物存储在指定图书馆的行为。英国和爱尔兰的出版商有义务将自己的出版物提交给六家法定版本图书馆，这六家图书馆共同维护由这个联合王国出版的所有出版物的存档工作。这六家图书馆分别是：

（1）大英图书馆

（2）牛津大学博德里恩图书馆

（3）剑桥大学图书馆

（4）苏格兰国家图书馆（位于爱丁堡）

（5）威尔士国家图书馆（位于阿伯里斯特威斯）

（6）三一学院图书馆（位于都柏林）

7. 图书评论

出版商在考虑作者想法和人际关系后，会为作者图书订制一份书评清单。这些评审表往往放在未经编辑的作者书稿或者打印稿的旁边。出版商把它们连同新闻稿或信函（这些新闻稿或信函罗列出这本图书的细节信息）邮寄给相关的评审机构或人员，邀请他们参与书评工作。对于收到的任何评审意见，出版商都会在公司内部开展讨论并反馈给作者。现在书评对于图书销售的影响力已经远不如从前了，出版商将更多的精力都放在对图书开展的公共关系活动上。约翰·萨瑟兰这么写道：

老人们会带着怀旧的情感来回顾那些曾经的日子。在那时，阿诺德·贝内特在伦敦《标准晚报》发表的带着强烈感情色彩的赞扬措词能够让图书售罄一空。现在，就算文学编辑大卫·塞克斯顿在自家屋顶上开膛破肚，也不会对读者的购买兴趣产生太大的影响。（《金融时报》，2004年10月9日）

当然，书评对于传记类图书和学术图书仍是非常重要的。潜在购买者在购买这类图书之前还是希望先了解一下图书的质量。现在亚马逊上的书评往往都是由热心的读者或作者的朋友操刀的。

（九）公共关系

公共关系涉及开展免费的宣传活动，同作者和媒体一道加强出版商的品牌形象建设。相对于市场营销部门庞大的经费预算，公关人员往往只能动用很少的经费开展业务。在印刷媒介和广播媒介上策划免费的宣传广告对于大众图书出版是非常重要的，通过口头传播也是如此。对于那些没有获得营销预算的图书，开展公关活动也许就能促进这类图书的销售；规模较小的出版商也能利用公关活动有效地与大型出版商进行竞争。对于一些尚未签署合同的重要图书，出版商提供的富有创意的宣传想法（以及推广成本预算）往往能够说服作者与自己而非其他竞争对手签约。公关人员会与作者保持紧密的联系，甚至成为好朋友。

公关人员也被称为媒体关系工作者和宣传人员。他们与出版编辑、杂志编辑、新闻记者、广播电视制作者持续保持紧密的联系。由于众多的图书和作者都在争夺媒体空间，出版商务必要对图书或作者进行谨慎的市场定位。

在文稿阶段，公关人员需要定位目标市场和策划宣传计划（该计划在图书正式出版前的 6 个月就要启动）。其中一个关键的工作就是与作者会晤，讨论图书内容、读者兴趣以及推广策略。公关人员选择并确定会对这本图书感兴趣的媒体，然后通过提供合适的宣传角度来促使他们参与这本图书的宣传活动，最后在图书正式出版的前后发布能够刺激市场和读者需求的媒体报道。新闻的报道内容包括作者的促销活动、新闻发布会和举办的派对。出版商有时也会在合同上规定作者有义务参与开展图书宣传活动，比如在公关人员的陪同下旅行宣传、参与文学活动、开展签名售书活动以及出现在广播和电视媒体上。在图书正式出版之际，作者将会在报纸和杂志上露脸，比如回答有关个人喜好的问题。新的作者一般需要事先接受培训，掌握引起媒体关注和回答记者提问的技巧。当然，作者本人也可以提出宣传图书的创意。在 2006 年，玛格丽特·埃特伍德提议运用长笔技术，这是一种利用网络实现作者远程签名（比如跨洋签名）的技术手段（longpen.com）。

> **有的时候，出版商也会以成名作家的方式定位新作者，比如对新人凯瑟琳·库克森的包装就是一个典型的例子。**

举办签名售书会、角逐畅销书、与图书销售商联合举办促销活动也都是公关人员的业务内容，他们通常会与销售部门密切合作，共同安排这些活动。销售人员必须及时监控媒体报道情况，并把这些信息在第一时间告知图书销售商。在了解这些媒体报道后，图书销售商更有可能愿意增加库存并进而提高出版商的图书销量。那些与电视或电影形成连带关系的图书往往能够得到跨媒体的促销宣传机会，进而使出版商和媒体公司互惠互利。通常而言，作品经过改编搬上电影或电视银屏后，图书的销量会大增（通常会是原先的三四倍）。

其他的公关活动包括：争取让行业杂志（《书商》和《出版新闻》）刊载公司概况和即将出版的图书信息，将图书校样发给有一定影响力的人群，参与申报文学奖项的评比活动，帮助策划和参加图书展览会（包括出版商自己的销售会议），与出版商协会、图书基金会和英国文化协会（这些机构都会致力于图书宣传工作）保持联系，回答来自公众、中小学教师、图书馆员和图书销售商的咨询问题。

利用新闻故事是把图书推向报纸头版、广播电视等媒体的好办法。比如说，对于一本大部头字典的新版本，出版商就可以把被收录的新词汇作为新闻故事的素材。

之前，您可能找不到合适的词去描述低腰牛仔裤上面那些突出的难看的肚子。但是，于今日出版的《柯林斯英语词典》第 9 版收录了上百个新的单词和词组。"肚腩肉（muffin top）"就是其中的一个词。另外，同时被收录的还有"爱妻/女友（wag）""零号（size zero）"和"连帽上衣（hoodie）"等新词。（《卫报》，2007年6月4日）

在大众图书出版领域，往往是公关人员而非版权部门将图书的连载权销售给报纸和杂志。如果图书的摘录和连载出现在图书正式出版的前后，就可以增加收入，也可以为图书起到宣传的作用。具体请参考本书的第十二章——版权贸易。

（十）付费促销

1. 销售点材料

出版商往往设计具有吸引力的材料，包括海报、展示品、置书架、宣传册和徽章等。其目的是让图书销售商和读者能够聚焦于主要图书、丛书或者品牌出版商；让书店变得更加有吸引力；获取国内外更多的展示空间。这些材料主要是为大众图书设计和制作的（有时也为大型参考工具书和教科书设计和制作），但是图书销售商往往会拒绝甚至随手扔掉这些材料。尽管如此，这些材料体现了出版商在图书营销方面的用心，也确实在一定程度上推动了图书的销售工作（包括销售给国外的顾客）。有时，出版商会向主要零售商提供摆放丛书的专用书架；但是普通图书在大型书店中通常都是摆放在书桌或标准书架上的。

2. 媒体广告

对于大多数图书来说，其销售所获得的利润往往不能弥补在报纸、杂志、广播、电视和海报上做广告所花费的成本。因此，出版商不得不非常谨慎地选择媒体广告的投放；而且，出版商只有针对重点推广的大众图书才会考虑投放大规模的广告。大型出版商将大部分营销预算都花在媒体广告和户外广告上，尤其是伦敦地区的地铁和公交。尽管户外广告的效果是难以测量的，但确实会促使图书销售商采购图书并在书店进行展销，同时也会取悦作者及其代理商。大众图书出版商也会在行业杂志——《书商》和《出版新闻》——投放广告，通常投放的时间会选择在图书正式出版前的两到四个月，以便销售团队有足够的时间利用这些广告开展销售业务。非大众图书出版商有选择性地在专业杂志和学术期刊（尤其是他们自己的学术期刊）投放广告，表面上是为了宣传图书，但其实主要的目的是为了取悦作者并吸引新的作者。

图书的户外广告包括在伦敦公交上的广告。

为图书投放广告主要的工作就是从编辑的角度构思销售的创意，将广告与其他促销活动进行有机结合，与设计者或代理商共同撰写广告文案，协商争取更低的价格和最佳的广告空间位置，同时严格控制经费预算。

（十一）直　销

对于来自教育、学术、STM和专业图书出版领域和期刊出版领域的市场营销人员来说，其主要工作就是准备宣传手册或传单，并把这些资料邮寄给目标专业读者。相关的读者对象包括中小学教师、大学教师、图书馆员、从事商业和法律的专业人士。市场营销人员会给这些相关目标读者邮寄基于学科分类的图书目录（有时也会附上或详或简的书评），让他们知道出版的新书和再版图书。营销总监通常会跟策划编辑一起制订市场营销的目标和方案，在预算范围内选择合适的邮寄方式（包括电子邮件）、邮寄时间（通常是在图书正式出版的前后）和邮寄对象（比如使用哪个邮件地址列表）。

营销总监撰写文案，也经常设计传单并完成制作。根据出口安排，营销人员会将材料邮寄给选定国家的图书馆、中小学教师、科研人员和图书销售商。其他用于推广促销的材料还包括作者可以用来在学术会议、展览会或其他活动上分发的传单和卡片。

为了制作能够产生效果的宣传手册或传单，营销人员应该要记住一个有用的单词缩写：AIDA。这个缩写代表Attention（引起注意）、Interest（诱发兴趣）、Desire（刺激欲望）和Action（促成购买）。

1. 大学教科书促销

在没有亲自浏览的情况下，大学教师和学者不太可能会为学生指定某本教科书。对于有可能会成为学校大量订阅或被列入学生图书清单之列的图书（不包括专著和专业参考图书），出版商会在图书目录和宣传手册中给予标注，并同时附上教师试用样书的订单。教师可以在出版商网站上直接订阅试用样本或下载订单。教师在获得试用样本之后，往往会根据出版商的要求提供对于这本教科书的评价意见。如果这本教科书被教师采纳并作为学生需要购买的图书，出版商会进一步咨询是作为核心教科书、辅助教科书还是只作为推荐阅读书目，并要求教师提供学生规模和这本教科书的供货商。如果被采纳，教师就可以继续免费拥有这本试用样书；如果没有被采纳，教师则需将其退还给出版商。当然，不同的出版商的政策也不尽相同。有些出版商会主动给颇具影响力的教师免费寄送教科书样本，并将他们的反馈意见和回复率作为市场调查之用。在学术出版领域，市场调查部门将把这些信息反馈给销售人员，由他们直接联系大学教师，并提醒销售这些图书的校园书店和可能会订购大量复本的图书馆。出版不同教学层次的教科书的出版商都会建立用户采纳数据库，具体信息包括采纳该教科书的机构、课程、学生规模，以便进行后期的跟踪工作和目标定位。在中小学教科书出版领域，出版商也会随时记录中小学校的采购信息。

大学教师的推荐是大学生选择图书的决定因素。这些阅读书目或许也能通过网络获取。根据出版商协会在2005年开展的一项调查，在得到大学教师强烈推荐书目的学生当中，有83%的学生购买了所推荐的图书；而在得到大学教师一般推荐的学生当中，只有30%的学生购买了所推荐的图书（openbooksopenminds.co.uk，访问时间为2007年6月12日）。这项调查同样也显示了学生往往不会购买那些没有得到大学教师推荐的图书——74%的受访者承认他们从来没有买过推荐阅读书目之外的图书。

2. 直 销

大多数的图书都是通过图书销售商（包括亚马逊）卖给最终用户的。有些图书销售商（尤其是专攻某些特定领域的图书销售商）也会通过订单邮寄的方式将图书卖给最终用户。图书俱乐部和网络书店就是基于订单邮寄销售的主要渠道。但是，市场上确实也有一些出版商是利用直销的方式把部分产品（甚至是大部分的产品）销售给最终用户的。

在大众出版领域，《读者文摘》是开展大规模直销活动最为出名的出版物。为了应对持续下降的校园书店销售和日益增长的网络销售，大学教科书出版商通过为学生提供多种奖励的方式鼓励他们直接从出版商那里购买教科书。出版定价昂贵的参考工具书和在线产品的出版商往往会针对确定的专业市场（比如法律、会计、财经和商业市场）开展直销业务，尽管他们的部分产品（比如图书）仍然还是通过图书销售商和图书馆供应商卖给最终用户的。同样，学术出版商和STM出版商针对由学者、科学家和专业人士撰写的高水平的专著也会积极地开展用户直接下单服务（有时也会通过中间商）。出版商在相关会议上展示图书也是有效的市场推广方式。

期刊出版商直接向科研人员和图书馆员推广他们的期刊，确保收到来自图书馆的机构订单。出版商对数字期刊的捆绑销售方式为图书馆员提供了选择价值最大化的期刊集成包的机会。当然，期刊出版商也同时以非常低廉的价格为个人提供订阅服务。在个人订阅之后，出版商直接为个人提供期刊。但是，期刊出版商的目标是将个人订阅都变成机构订阅。中小学可以说是图书和新媒体开展直销业务非常理想的市场，因为学校往往会直接从出版商那里多次购买，而且每次购买的复本数量又相当可观。在这种情况下，出版商可以根据购买的数量规模给予一定的折扣，而不需要像其他图书销售一样让利给图书中间商了。

大众出版商很少诉诸直销模式，主要有两个原因。首先，大多数大众图书很难明确它们的读者对象以及读者的邮寄地址。其次，许多图书的价格都是基于零售渠道而制定的，如果出版商再需要利用邮发系统为读者邮寄图书的话，这种价格显然就无利可图了。

直销的具体方式可以是场地广告、杂志或图书里面的插页、邮寄材料（一份图书目录加个性化的信函）或者电子邮件。不管是采用何种方式，营销总监都需要鼓励用户直接从出版商那里购买图书（有时提供特别优惠的服务），同时为用户提供方便下单和支付（邮局汇款、电话付款、邮件付款或使用信用卡）的方法，或者提供方便用户通过图书馆订阅期刊的方法。基于评估用户的响应购买率，市场营销人员可以统计分析不同的优惠方案和创意营销手段（比如信封、信函和传单的设计）的效果。

用户邮件地址列表对于出版商而言尤其重要。列表必须准确无误且及时更新，并且囊括符合产品的目标受众。出版商可以从中间商那里购买、租用或者免费获取用户邮件地址列表。在正式使用之前，需要开展前测工作。具体来说，用户邮件地址列表可以从商业公司（专门致力于收集教育、学术和专业领域的用户信息）、学会/协会、期刊订购者、会议注册者以及作者那里获取。但是，最好的用户邮件地址列表是出版商自己制作的列表，出版商一般会将之前的销售历史进行整理，并录进自己的数据库或者顾客关系管理系统。有的时候，出版商会从其他的出版商那里租用用户邮件列表地址，或者把自己的用户邮件列表地址租给其他出版商使用。出版商会定期将最符合用户需求的图书材料邮寄给最有可能购买的用户，同时也会花时间和精力获取、更新不同级别顾客的信息。

通过邮局邮寄的方式仍然是非常便宜的。比如说，一些出版商在印度还在使用这种方式。虽然电子邮件提供了一种性价比极高的通讯方式，但是公司务必确保是在法律允许的范围内进行使用的。下面是一则来自英国信息委员办公室的建议：

除非您在之前交易过程或谈判中获得了他们的详细信息，否则禁止在没有获得他人同意的前提下联系他们。而且联络时您也只能告知类似的产品或服务，并且每次都留要给对方可以选择拒绝接收更多的营销信息的机会。(ico. gov. uk，访问时间为 2007 年 6 月 4 日)

最好的操作方式就是征求用户是否愿意接收营销信息，而不是征求他们是否希望拒绝接收营销信息。

利用直销方式能够快速地销售图书（大多数用户通常会在数周内就有反馈）。如果有 1%–2% 的反馈率，那么就可以认为这次的营销活动是成功的，当然有时反馈率可能会达到 5%、10% 甚至是 15%。但是如果执行不当，即使图书是以全价或者不太优惠的折扣价卖出，出版商也可能会损失一大笔钱。

出版商有时也会利用自己的员工或聘请其他机构开展电话营销，作为后续跟踪的目的使用。比如说，在办公时间内电话联系中小学教师和专业人士。出版商也会利用电话营销方式跟踪期刊和在线参考工具书订阅的续订事宜。相对而言，电话营销在营销手段中算是比较次要的手段。

附

阅读书目

艾莉森·贝弗斯托克，《如何推销图书：获取最大化利润和利用各类销售渠道的必备指南》（第 4 版），科根·佩吉，2008（Alison Baverstock, How to Market Books: The essential guide to maximizing profit and exploiting all channels to market, 4th edition, Kogan Page, 2008）.

菲利普·科勒,维罗妮卡·王,约翰·桑德斯,加里·阿姆斯特朗,《市场营销原理》(欧洲版),普伦蒂斯霍尔出版社,2004(Philip Kotler, Veronica Wong, John Saunders and Gary Armstrong, Principles of Marketing, European Edition, Prentice Hall, 2004).

参考文献

艾琳·阿姆斯特朗,《进入图书世界的男孩们》,中小学图书馆协会,2007(Eileen Armstrong, Boys into Books, School Library Association, 2007).

图书营销有限公司,《扩展市场图书营销有限公司》,2005年2月(图书营销有限公司(Book Marketing Limited), Expanding the Market, February 2005).

詹尼·哈特利,《面向阅读小组的图书》(修订版),牛津大学出版社,2002(Jenny Hartley, The Reading Groups Book, revised edition, Oxford University Press, 2002).

LISU,《图书馆年度统计资料》,拉夫堡大学(LISU, Annual Library Statistics, Loughborough).

敏特市场调查公司,《图书》,2005(Mintel, Books, 2005).

敏特市场调查公司,《关于图书,音乐和视频出版物的零售调查》,2007(Mintel, Books, Music and Video Retailing, 2007).

安格斯·菲利普斯,《如何在市场上为图书定位》,发表于尼科尔·马修斯和奈克阿恩·穆迪主编的《借助封面判断图书:书迷、出版商、设计者以及小说的市场定位》,阿希门,2007(Angus Phillips, "How Books Are Positioned in the Market", in Nicole Matthews and Nickianne Moody (editors), Judging a Book by Its Cover: Fans, publishers, designers, and the marketing of fiction, Ashgate, 2007).

安格斯·菲利普斯,《对简·奥斯汀进行改头换面》,发表于《逻各斯》2007年第18卷第2期(Angus Phillips, "Jane Austen Gets a

Makeover", Logos, 18：2，2007）。

艾尔·里斯，杰克·特劳特，《定位：头脑争夺战》，麦格劳希尔，2001（Al Ries and Jack Trout, Positioning：The battle for your mind, McGraw – Hill, 2001）。

简·罗杰斯（编），《优秀小说指南手册》，牛津大学出版社，2001（Jane Rogers（editor），Good Fiction Guide, Oxford University Press, 2001）。

克莱尔·斯夸尔斯，《为文学作品做市场营销：英国当代作品的生产》，帕尔格雷夫·麦克米兰，2007（Claire Squires, Marketing Literature：The making of contemporary writing in Britain, Palgrave Macmillan, 2007）。

约翰·萨瑟兰，《勇敢面对新世界》，发表于《金融时报》，时间为2004年10月9日（John Sutherland, "Brave New World", Financial Times, 9 October 2004）。

网络资源

www.literacytrust.org 国家读写素养基金会，该慈善机构致力于将英国打造成一个有读写素养的国家和民族

www.themanbookerprize.com 为小说设立的布克奖

www.nooonebelongsheremorethanyou.com 为作家米兰达·朱莱创办的网站

www.openbooksopenminds.co.uk 出版商协会委托开展的一项针对教科书市场的调查研究

www.publisherspublicitycircle.co.uk 出版商公共圆桌协会，为来自出版商的宣传人员和来自公共关系公司的专业人员提供每月一次的会晤

专家视点：市场调查

盖伊·普洛曼（Three23 公司经理）

是否基于市场调查制定决策能够使一个国家分裂，更不用说一个出版团队了。对于如此常见的一种做法，为什么存在这么多的不同意见呢？反对开展市场调查的最为常见的理由是：

（1）市场调查只是证实我们已经所知的东西。

（2）不管您采用何种抽样方式选择目标调查对象，总会遗漏部分相关人员。

（3）问卷回答者告诉您的是他们认为他们想象的而非他们实际上所要的东西。

上述的反对意见固然是不无道理，但仅仅凭这些理由可以宣告市场调查就是"完全没用的玩意"了吗，就像有些极端反对者所说的那样吗？绝对不是的！

首先，对已知的认识进行证实并不是一件坏事。至少可以说明我们对事物的认识并没有存在实质性的偏误。其次，这些反对意见并没有全面地看待市场调查。大多数人都认同评估市场规模和分析竞争对手是非常重要的。如果首先对讨论市场调查的哪些方面取得共识，就能避免对市场调查的这种误解。最后，有必要认识到通过各种方式（比如问卷、访谈和焦点小组）开展的市场调查对于了解目标受众的想法确实提供了非常有价值的参考作用，不管受访者给出的问答是否是明确的。

牛津学术在线启动于 2003 年，该文库收录了一系列由牛津大学出版社出版的学术图书的全文，用户可以进行跨库检索。产品经理约翰·坎贝尔回忆到，当初正是市场调查结果帮助他们决定从四个学科领域当中选择两个最适合的领域；同样，也是市场调查结果促使他们考虑变更了其他两个学科领域。这在很大程度上使这个项目取得了最后的成功。

而且，这项调查研究表明最佳的全球销售模式应该是订阅模式。尽管英国市场能够很容易地接受这一模式，但美国的图书市场事实上在把订阅预算化在图书产品上会存在官僚问题。在我们开展全面的市场调查之后，这种结果也是预料之中的。但是，如果最初的研究是用来同时了解用户提供的答案以及"答案背后的思想"的话，那么即使是那些不可预测的都可以变成可以管理的了。牛津大学出版社随后采纳另外一种商业模式，即允许用户购买长期的访问权限，也正是因为这种商业模式使得该产品在美国大获成功。

市场调查是澄清想法、理解受众、避免疏忽和发现良机的好方法。作为一种工具，市场调查并非完美，但仍然是非常有用的。

专家视点：品牌和旅游出版

史蒂芬·梅斯基塔（旅游出版顾问）

一个大的品牌能够促进作为消费者的我们对公司及其提供的产品或服务产生忠诚度。当我们对某一品牌的忠诚度很高的时候，往往不加思考地就购买它的产品，因为我们知道这一品牌能够提供自己所要的东西。随着网络的发展，我们经常在没有看见实物的前提下就购买产品及其服务，而这个时候品牌就更为重要了。

一直以来就有人声称在出版领域，其品牌的存在方式不同于其他任何在商业街或购物中心的产品。大众出版领域的品牌往往可能是图书作者或者甚至是图书作品中的某一角色。迈克尔·佩林比猎户出版公司更为出名；哈里·波特比布鲁姆斯伯里出版公司更为家喻户晓；同样地，更多的人知道《达·芬奇密码》，而不是短腿犬出版公司。

在参考工具书出版领域，品牌对于产品及其服务的成功却是非常关键的。拿旅游出版为例。从历史上来看，在这个细分的出版领域，本土的品牌都没有在其他国家或地区取得成功。但是，在过去的几年里，有两家出版商成功地在全球塑造了自己的品牌，同时也获得了丰厚的利润。

在英国市场，66%的旅游出版掌握在三家出版商的手中：孤独星球（这家出版商在2007年被BBC环球收购）、企鹅（多林·金德斯利的目击指南手册和拉夫指南手册）和AA（这一数据来源于尼尔森图书扫描和2007年出版的《旅游出版年鉴》）。在这些品牌中，有两个主要是本土品牌。拉夫指南手册在英国算是这个领域的大品牌，但其国际认可度并不高。同样，AA品牌在英国本土负有盛名，但是它主要聚焦于道路指引业务；这也意味着，在出版领域，它更擅长于出版地图而非旅游指南。

许多主要的出版市场情况也是如此。在美国，福多尔和弗洛莫是美国本土两大旅游出版品牌，但他们在北美以外并没有真正开展业务。在法国，知名的旅游出版品牌包括佬塔德和米其林；后者在全球出版发行，但是在法国以外的市场上所占份额很小。在德国，著名旅游出版品牌贝德克尔和普利格洛特尚未开始把这些旅游出版物翻译成其他语种对外出版发行。

但是，孤独星球和多林·金德斯利出版公司却成功地打造了自己的全球品牌形象，在世界各地都能买到他们的图书。孤独星球从最初的平装本旅游指南手册发展成为现在全球最成功的主流旅游出版品牌。多林·金德斯利对自己出版的旅游指南运用视觉传播手段，使图书的外观成为他们的图书品牌。

这两大旅游出版品牌通过了全球"机场书店"的"考核关"。您通常会在机场书店翻看他们的图书，当您所乘坐的飞机快要起飞、没有时间继续浏览的时候往往就会购买一本这样的图书。不管身处世界的哪个角落，您随处都可以看到这两大品牌的出版物。

这些旅游出版品牌能够经受来自全球在线信息提供商（比如谷歌和雅虎）的挑战吗？为了能在数字信息出版领域继续取得成功，传统出版品牌需要探索将产品传递给新读者群的新途径。同时，他们还应该保证所提供的信息是最优质的内容。

专家视点：为小说做市场营销

克莱尔·斯夸尔斯（《为文学作品做营销：英国当代作品的生产》的作者，牛津国际出版研究中心资深讲师）

一直以来，出版商都在努力推广、发行和销售小说。但是，20世纪末和21世纪初这段时间可以说是为小说做市场营销最激烈的时期了。出版商针对有可能会成为销售书的小说开展营销活动，综合运用了各类营销材料（图书目录、零售点素材等）和营销战略。这些营销活动贯穿于小说从作者达到最终用户的整个过程。

在文学杂志和报纸上发表书评是传统的小说营销手段，今天的出版商仍然在使用这一手段。发表书评对图书销售究竟有多大影响？出版商对此一直颇有疑虑。同时，大多数全国性报纸的书评版面空间在不断缩小。这些因素都促使出版商另想他招来吸引读者。在1969年，出版商协会启动了布克图书奖。自此以后，诸多文学奖项对图书的销量产生了很大的影响。与文学奖项同时崛起的还有包括"作者见面会"在内的相关活动，出版商往往会在书店、图书馆或文化节等场合举办读者与作者的见面会。阅读小组的发展及普及也为出版商提供了另外一种营销的渠道。出版商将图书样本或相关材料邮寄给阅读小组成员，并创建在线阅读指南。出版商为小说本身创建网站，与此同时，许多作家也开设自己的网站。基于印刷媒介、广播媒介以及新媒介的阅读小组大大推动了图书的销售，理查德·朱莉图书俱乐部就是一个很好的例子。该俱乐部为许多小说及非小说类图书提供了前所未有的媒体曝光率，也使得其销量达到历史最高。

废除图书净价协议后，英国的图书零售市场出现了图书大打折扣的做法。小说在价格促销战中尤为显著，比如提供"买二送一"的优惠活动。超市舒适的环境也往往鼓励顾客一边品尝咖啡一边浏览图书。但是，小说领域的品牌推广是相当困难的。虽然有些由畅销作家撰写的小说在出版商品牌（出版商往往通过图书封面设计让读者意识到自己的品牌）的帮助下能够卖得非常快，但是对于大多数小说而言，出版商不得不费劲在混乱的市场中把自己的产品跟其他产品区分开来。图书封面设计一直都是重要的营销手段，自20世纪30年代的纸皮书革命以来，更是如此。读者在书店往往通过封面判断新书，出版商也经常通过重新设计封面使再版图书重获生机。多媒体之间的协同作用也能大幅推动小说的销量；但是，把原版小说改编成电影版或电视版图书的时候，往往仍然保留着原始封面。

在21世纪初，英国的阅读气氛非常活跃。可以说，围绕着图书开展的各种营销活动功不可没。尽管在线零售商为顾客提供长尾销售，但是最近的图书营销仍然聚焦于少量非常畅销的图书，这也导致进一步地把非重点推广图书的作者推向边缘。当前，出版商对《圣杯》这部小说的营销推广采用了口碑传播的方式，许多小说都从基于社会网络的彼此推荐中受益匪浅。当然，我们也应该意识到，对于许多通过口碑传播成为畅销小说的典型案例（比如路易斯·德·伯尔尼埃的《柯莱利上尉的曼陀林》）来说，其实出版商幕后都开展了大量的营销活动，比如设计了具有标志性的图书封面，邀请作者大量参与了相关的促销活动。

专业技能：市场营销技能

市场营销人员需要对公司出版的图书充满兴趣、能够识别策划编辑出版原因以及判断图书的销售潜力。作为一名称职的市场营销人员，需要具备能为各类型图书的营销出谋划策的能力，同时也能洞察每本图书的成本和预期销售之间的关系，从而在营销预算范围内使每本图书的利润都达到最大化。市场营销是一种战略性活动，所以还需要市场营销人员对市场环境和竞争行为有充分的认识。市场营销人员可以通过英国特许营销协会获得从业资格认证。

正如管理技能和规划能力一样，良好的人际关系对于市场营销人员也是至关重要的。这种人际关系表现在与出版公司内部员工（尤其是策划编辑）的关系，也表现在与公司外部相关人员的关系。

制作用于市场营销的相关素材需要市场营销人员具备撰写文案、编辑文字、生产制作和桌面出版等技能。其中，受到良好教育而且能够适应不同文风的员工一般都能通过学习掌握撰写文案的能力。在从事直销工作的时候，市场营销人员就像侦探员一般，他们需要找出目标用户在哪里，并且思考如何将相关材料送到他们手里。从事公共关系活动需要一定的聪明才智，与各类媒体和各色作者建立和谐又彼此信任的关系，知道何时出手、何时收手，能够快速地融入与他人的交谈情景。除此之外，还需要拥有绝对自信，能够容忍与粗俗的人打交道，能够适应非正常的工作时间。

第 11 章　销售和发行

　　了解目标市场需求和制定营销战略是市场营销人员的工作，而销售人员则负责通过不同零售渠道刺激读者的需求。他们与重要的中间商开展面对面的交易活动，实现图书的销售利润。随着独立书店的每况愈下，连锁书店日益占据图书销售的主导地位；同时，随着超市和网络作为图书销售渠道的兴起，销售人员的工作重心在近些年来发生了较大的改变。出版商调整了销售人员的工作角色，新设了客户经理的岗位。客户经理主要负责与连锁书店和其他重要的顾客打交道，而不需要访问个体书店。出版商大大削减了地区销售代表的数量，重新调整其工作重心，希望他们能够更加注重市场营销和发展客户关系。

　　在图书发行方面，规模较大的出版商往往自己开展这方面的业务；而中小规模的出版商要么自办发行业务，要么借助第三方（即较大的出版商或独立发行商）之力开展发行业务。

一、图书销售

　　出版商往往从少数的客户群中获取大多数的销售收入，而余下的一小部分收入则来自数量庞大的客户群。像这种由 20% 的客户贡献 80% 的销售额的现象就是所谓的帕累托效应。在大众图书出版领域，占图书销售主导地位的往往是连锁书店，紧随其后的是批发商和图书馆供应商。但是，来自超市的一笔大订单就很有可能使这本图书跻身于畅销书之列，超市和网络书店的发展已经开始挑战连锁书店的重要地位。

> **本书将在第十二章重点介绍图书的版权贸易。**

互联网还为销售"长尾书"（书店不会采购和展示的图书）提供了很好的渠道（参见本书第十三章）。通过在线搜索一个相关词条，消费者在获取当前畅销书信息的同时也会获取销售缓慢的库存图书信息。所以，出版商需要确保读者在线检索自己的图书时能够获取更多的书目信息，他们也开始使用谷歌图书搜索和亚马逊内置搜索来吸引潜在购买者。

由于独立书店的进货主要依赖于图书行业中的批发商，很多独立书店已经不再与出版商有面对面的接触了。但是，他们或许还会跟少数出版商直接交易，获得比来自中间商更高的优惠折扣。

由于英国市场相对比较成熟，所以本土的出版公司会寻找海外市场以促进图书英文版的销售。销售人员亲自访问主要市场，并通过当地经销商和代理商来打开市场。如果市场够大，出版商往往会在这个国家或地区成立自己的办事处。出版商在出口市场中可能会选择建立合资公司（与该国的国内出版商合作成立公司），也可能会选择开展合作出版（与该国的国内出版商就某些特定项目开展合作出版业务）。

（一）销量预估与库存控制

对出版公司来说，预估图书的销售并将其转换为实际的印数是风险决策的一部分。销售部门的观点是至关重要的。如果图书卖的不好，过量印刷会导致大量的库存滞销。但是，如果印刷复本太少、重印又不能及时满足读者需求的话，出版商不仅会丧失销售收入，而且会招致图书销售商和读者的不满。对于大众图书出版商来说，最难预估的就是最重要的圣诞销售季。圣诞销售季虽然时间不长，但竞争异常激烈。每年在这个时候经常会跳出一些黑马，给市场带来巨大的惊喜。

从理论上来说，大众图书出版商的销售部门在正式印刷前的三个月最好能收到来自图书销售商的订单；而实际情况是，这些订单往往在出版商确定好印数之后才抵达出版商的手中。因此，出版商必须要预估图书的销量。传统的做法就是销售部门根据自己的经验、公司同类图书的历史销售数据、他们与资深图书销售买家的交谈做出预估。最近以来，销售部门也开始借助预测软件的帮助，这些预测软件可能是出版商自行开发的，也有可能是由专业公司提供的。

汤姆·霍尔曼曾经写道：

许多关于图书印数的决定都是基于出版商对销量的期望而不是头脑冷静的计算。但是，随着高质量数据和市场调查人才的出现，对图书市场需求的预估开始成为一门更为精确的"科学"。这种进步在很大程度上归功于尼尔森图书扫描数据库的出现，它不仅为出版商提供了图书的销售数额，而且提供了销售地点和销售时间等相关信息。尽管依靠过去的销售记录来推测未来的行情并不总是可靠的，但是出版商仍然认为尼尔森图书扫描提供的数据是预测图书销量的有效工具。在尼尔森数据的基础上再加上出版商自己的销售数据，积极开展预估工作，有效地降低了由于冲动导致的超量印刷的概率，改善了重印的时机选择，减少了图书的退货数量。（《书商》，2007年2月9日）

大学教科书出版商、学术出版商和STM出版商都面临着同样的一个问题：如何管理分布在全球各地的仓库中的库存并实现彼此之间的互相派送。比如说，位于英国本土的销售办公室在年初就会预估英国和北欧诸国对某本大学教科书的采纳需求（学生将在秋季购买这本教科书），然后做好库存准备（比如夏季在中国印刷）以满足需求。但是如果在九月份（关键的英国购买期），出版商设在海外的一家分公司突然收到一笔来自某所大学的订单，而且这所大学在以后很有可能每年都会订阅这本教科书。这个时候，显然出版商已经无法再专门为这份订单印刷图书了。在这种情况下，出版商会立刻从英国把原本专门用于英国和欧洲市场的库存先运往这家海外分公司。这一做法明显降低了英国本土的图书库存量，具有较大的风险性；但是，出版商或许在其他地方的仓库中还备有少量的库存，可以补充英国的本土市场需求。

（二）销售部门的职责

出版商通常会为销售主管配有一位英国销售经理和一位欧洲销售经理。在他们的协助下，销售主管制订销售计划，组织销售活动，与主要顾客协商贸易条款。销售主管还要负责为策划编辑撰写的新书出版计划书提供专业意见（包括预估销量和建议定价），参与图书的重印再版、重新定价以及处理滞销库存（廉价出售还是化为纸浆）等多项决策。

出版公司内部的销售员工有时也被称为"大顾客经理"。他们需要在图书正式出版前的三到六个月向重要客户建议购买这本图书，并与之商讨敲定由出版商或零售商开展的促销计划。促销活动可以是"买二送一"或者"买三送二"，推广暑期阅读或返回校园等活动。虽然有些连锁书店会将采购决定权下放到分店的采购人员（出版商的销售代表会亲自拜会这些人员），但是大部分的连锁书店采取的是统一采购的方式，根据旗下分店的规模和特色决定订单数量——这便是"超标下单"的过程。超标下单适用于新书及其促销活动。在有些连锁书店，分店的经理有权增加图书订单数量。超市通常会从专门的批发中间商那里进货，或者统一从出版商那里采购。

具有强大的统一采购能力的连锁书店一般不允许销售代表去拜访自己的分店。

销售部门也会设置另外一个职位——特殊销售经理。特殊销售经理负责把图书卖给非图书批发商、主要的非图书零售商、直接销售公司（比如图书人公司）、报纸和杂志（比如《cover mounts》），有时也会把图书卖给廉价出版商或促销出版商。图书俱乐部也是他们销售图书的重要顾客。在学术出版、STM 出版和专业出版领域，特殊销售还包括向大学和公司提供直销服务，比如向大学销售大批量的教科书。特殊销售还可能为公司印刷专门的版本，用于发送给公司的员工或顾客。而有些参考工具书出版商和字词典出版商会在他们的图书或网站中销售广告空间，从而获得除图书销售以外的收入。

在中等规模和大型出版公司的内部，英国销售经理通常管理一个销售团队。但小型出版商可能没有实力雇佣自己的销售代表，他们往往通过以下力量销售图书：兼职销售代表（收取销售纯收入的10%－12%作为佣金）、专门的市场营销和销售公司、附属于发行商的销售人员或者大型出版商。当然最好的方式还是出版商雇佣自己的全职销售代表。每个销售代表负责特定区域，出版商给他们配备轿车、笔记本电脑并支付薪水。一些出版商（主要是大众图书出版商）还会为超过目标销售业绩的销售代表发放奖金。这些地区销售代表通常就居住在他们所负责的地区，只有在销售会议上才会碰到出版公司内部的销售人员（每年两到四次）。通过参加销售会议，地区销售代表了解并熟悉新出版的图书、出版商的促销计划和推广重点。他们会收到来自出版商的促销材料（进度信息表和图书封面信息）、宣传和市场营销资料，以及用于汇报自己的工作和记录客户回复情况的反馈表。

（三）销售条款

出版商基于以下不同的条款将图书销售给顾客。这些条款之间存在不同程度的差异，但是最重要的区分标准是确定型订单还是基于剩货保退的订单。对于出版商来说，存在的风险是收到确定型订单的比例过低；而对于图书销售商来说，如果出版商允许他们可以退换未售图书，则大大降低了自身的风险。如果销售商要将一本书退还给出版商，除非存在额外的协议，否则需要承担退书产生的运费。

1. 确定型订单

如果属于确定型的订单，图书销售商就需要同意接收图书并付款（除非有额外协议，一般都是月付）；未经出版商的许可，不能退还图书。图书可能会卖不出去，出版商有时会拒绝接受未销图书的退还，对此图书销售商都需要自行承担风险。强势的图书销售商在下确定型订单的时候，通常会要求更优惠的折扣力度，同时对订单的规模也会更加谨慎。

2. 剩货保退

寄售方式是剩货保退的一种形式。出版商更倾向于最为简单的剩货保退的形式，即所谓的寄售方式。如果图书销售商是以寄售方式的形式下单，就可以在一定的期限内退还图书（如果图书的外观没有损坏的话）或交换其他的图书。出版商将图书提供给销售商的时候就会要求对方付款，但销售商总会是在赊账期限结束或图书售出之际才付款。在双方商定的赊账期限内，图书销售商可以退还图书，同时不需要支付其他的费用。亚马逊推出一套号称 Advantage 的计划，小型出版商或开展自助出版业务的作者可以使用这种方式。出版商为亚马逊提供 55% 折扣的进货优惠力度，亚马逊保持至少两本的库存量。在每个月的月底，亚马逊根据上个月的销售情况给出版商付款。

在一家连锁书店分店的图书采购者或独立书店下的一笔大订单中，部分可能属于确定型订单，而剩余的部分属于允许剩货保退的订单。出版商和顾客之间的交易条款（包括优惠折扣、赊账期限以及退还比例）都不是固定不变的。由于大型零售商较为强势，大众出版商往往同意他们以剩货保退的方式订购图书，赊账期限也要长一点（通常是 2 个月）。出版商给小型独立书店的赊账期限则往往只有 1 个月的时间。关于折扣力度的详细信息请参考本书的第十三章。

（四）大众图书的销售

一位优秀的销售人员不会只是带着一摞新书走到连锁书店总部或独立书店里面开始盲目兜售，或者同意书店退还图书的要求后扭头就走。在这个日新月异的世界，为了改善出版和零售状态、改变消费者的偏好，这些销售人员必须集中时间和精力向顾客销售最适合他们的图书。地区销售代表或者大客户经理的职责范围在现在的出版业中更广了，他们现在也能代表出版商的某些部门（比如市场营销部门和编辑部门），把这些部门的思想（比如图书策划项目背后的编辑理念）传达给零售商，帮助零售商有效地向最终用户展开营销活动，并最终把图书卖给读者。

大客户经理会与主要的图书销售商讨论即将出版的新书，希望这些新书能够符合某家连锁书店的特殊需求。举个例子，有的时候一本图书被认为是为水石特别制作的，换言之，这本图书特别适合在水石销售。双方会讨论营销方案，包括由出版商起草的方案和销售商目前正在使用的促销手段。大型连锁书店可以要求出版商支付一定的促销费用；为了使连锁书店能够重视图书的促销工作，出版商通常也会答应连锁书店的这种要求。尽管销售商自己会承担图书促销费用（W. H. 史密斯在2007年自己出资对商店中所有的图书都开展了买二送一的优惠活动），但是更常见的情况是销售商从出版商那里获得额外的折扣优惠。如果出版商希望连锁书店在圣诞季中重点促销自己的图书，往往需要为连锁书店支付额外的费用。

服务于大众图书出版商的资深员工每年都要与主要的图书采购商会晤两次，时间通常选在图书销售季的前九个月左右。一次是在二三月份，推广的是九月至来年一月份的图书；另外一次是在九十月份，推广的是来年二月至八月的图书。销售人员优先推广被列入重点促销书目的图书，同时也与对方讨论其他的新书和重要的再版图书。在图书正式出版的前五个月内，销售人员每个月都会向大客户汇报项目进展情况。

销售数据在出版业的广泛运用改变了出版商将图书卖给销售商这一业务的具体操作方法。图书销售商可以查看作者以往的销售记录，以防被出版商的花言巧语所迷惑。当他们对一本新书不是很有把握的时候，便会查看这位作者之前的销售记录来帮助自己做出下一步的决定。正如凯特·凯拉韦所写的：

销售和发行 第*11*章

在过去，出版商可以捏造图书的销售数据。现在多亏有了尼尔森图书扫描数据，出版商的这种伎俩便无处施展了。查询任何一位小说家的销售额可能比您说出扎迪·史密斯的名字还要快。如果一本图书在商业上不成功（或用出版行话来说，这本图书"不管用"），那么就可以迅速地开展事后分析工作。同样，如果一本图书"爆发"了（出版大佬们用来表示图书成功的行话），也能利用销售数据非常精确地评估它的受欢迎程度。（《卫报》，2007年3月35日）

那些地区销售代表需要拜访单个的顾客，并为每位顾客建立档案，列出他们的兴趣和营业时间。通过预约方式，地区销售代表拜访自己所负责区域的主要图书销售商（包括连锁书店的分店和主要的独立书店）、图书批发商和图书馆供应商，以及其他经销店（亲自访问这些经销店可能比电话联系更划算）。地区销售代表准备妥当他们的文件夹，在干净的塑料套内整齐地摆放图书的封面以及其他需要给采购商展示的资料。文件夹内装了即将出版的图书（比如在未来的两三个月或稍长时间内出版的图书），而重点图书通常都放在最前面。地区销售代表把这种文件夹视作为一种有助于视觉传播的营销手段，借此来说服对方预先购买即将出版的新书和再版图书。除了儿童插图版图书之外，他们很少会携带已经出版的图书复本。

出版商会为地区销售代表配备手提电脑，从而方便他们在拜访一家图书销售商的时候记录这家销售商的库存量、订购状况、销售历史记录，并于当晚就向出版商发送销售商订单和访问汇报总结。

地区销售代表的目标就是要提前三个月为即将出版的新书从各大书店争取订单，这样就可以及时为确定图书印数提供参考依据。由于现在大多数的独立书店直接绕过地区销售代表提交电子订单，因此地区销售代表希望他们的订单能够直接提交给出版商，而不要经过出版商需要为之提供高折扣力度的批发商。地区销售代表首先通过电话告诉对方在某段时间内即将出版的新书，然后在随后的拜访中与对方讨论关于这些新书的出版和采购事宜。但是，对于那些规模较小、地区销售代表也不太经常访问的书店，出版商基本都是在图书正式出版之后才会向他们推广图书的。

> **销售商在图书正式出版前下的订单被称为订阅单（subscriptions）。**

销售代表与书店采购员见面的地点一般在办公室、库存间或书店门面。双方一般首先花几分钟聊聊行内八卦和书店情况。销售代表是出版商和销售商之间的主要沟通桥梁，因此销售代表应该能够为销售商提供关于出版商所有图书的最新消息，并有能力判断哪些信息对于销售商来说是最有用的以及什么样的营销方案是最有效的。

销售代表首先要介绍的是出版商重点打造的重磅图书，其主要目的就是要让采购员产生购买意愿。销售代表会花两到三分钟的时间介绍一本主推图书，在展示图书封面的同时向对方介绍图书及其作者，包括主要内容、目标读者、推荐理由，有时也会介绍市面上类似的图书、这位作者之前出版的图书以及出版商将针对这本新书的营销活动。虽然很多时间都花在了主推图书上，但销售代表也会花数十秒的时间（就是一两句话）介绍一下其他的每一本图书。一个行之有效的方法就是为每本图书提供有助于定位图书的"称谓"，这显然有助于采购员更好地记住这本图书。"新哈利·波特"的说法已经用滥了，但出版商可以提出类似的有助于图书定位的措辞。如果一本图书符合当地人的兴趣，或者出版商将针对这本图书开展特定的宣传活动，销售代表也应该都要向采购员提及这些信息。比如说，如果告诉对方这本图书将参与理查德·朱莉图书俱乐部的活动，这无疑会帮助销售代表拿到一个不错的订单。销售代表会保留图书销售商的订购记录，这也有助于他们提醒采购员他们已经购买了这位作者之前已经出版的图书（如果确实购买了的话）。

为了获得不错的销售业绩，销售代表需要在商务谈判和人际交流方面都要接受相关的培训。为了保持采购员的兴趣，销售代表应该充分了解他们的购买模式和顾客群体,并把推广重点集中于那些可能在这家书店会卖得不错的图书。在某家书店哪些图书能够叫卖,能够卖出多少?对这个问题的判断,经验丰富的销售代表和优秀的采购员之间会有一定的默契。经验不足的采购员则需要更多的帮助。优秀的采购员在销售代表来电之前通常都已经预先了解即将出版的图书,并能够快速地估计出其销售规模。采购员的订单规模或许会超过销售代表的预期,或相反,提交了一个销售代表认为过低的订单数。如果销售代表知道这本图书在其他地方卖得不错或者察觉采购员对某些方面不太满意,可以提及这些情况并建议对方一个更好的订单数额。如果采购员信得过这位销售代表,很有可能会提高订单数额。为了说服采购员,销售代表可能会在出版公司允许的范围内承诺对方更高的图书退还率。但是,如果采购员采购过多的图书并最终把未能销售的图书退给出版商,这无疑会影响双方的利润。

虽然有些书店希望销售代表可以检查他们的库存并为他们增补订单,但是图书销售商的电子库存控制系统从理论上说应该可以自己做到这一点的。在实践中,销售代表如果发现书店没有上架采购的新书和再版图书,或者发现图书在书架上的摆放位置有误,或者一本图书得到了媒体的报道,销售代表都会巧妙地提醒书店的采购员。有的时候,销售代表也会光顾连锁书店的分店,查看这家分店是否按出版商与其总店商定的方式摆放和促销重点图书。

借助具有吸引力的销售点材料,销售代表会尽力说服图书销售商在必要的时候增加特别窗口或室内展示空间,并为读者提供优惠服务。销售代表每周定期收到来自总部的电子邮件,告知他们所负责的书目中哪些图书得到了新闻媒体的报道。图书销售商可能会要求销售代表在他们的门店安排作者签名售书活动。销售代表也需要向总部反馈客户提出的促销需求以及汇报其他出版商使用而他们可以效仿的促销点子。销售代表偶尔也会提点编辑方面的建议。最后,销售代表还可能需要向图书销售商讨债。

(五) 学术图书的销售

学术销售队伍的规模显然不如大众图书的销售队伍。销售代表走访为数不多的书店（比如采购他们图书的校园书店）、拜访专业直邮订购图书销售商和图书馆供应商（这些销售商和供应商将他们的图书推向国内外市场）。

另外，学术销售代表也会到大学校园内了解大学课程，拜访那些能够向学生推荐教科书的大学教师。虽然他们偶尔也会鼓励科研人员个人（或通过所在图书馆）订购专著和参考工具书（有时也包括期刊及其在线服务），但是他们最重要的任务是确保教师和学生能够采用自己的教科书。学术销售代表利用手头的促销素材（有时也采用已经装订成册的图书）向每个大学教师展示跟课程最为相关的教科书，如果发觉某位教师比较有兴趣，就会用邮件的方式继续跟进，并向他们邮寄用于试用的免费样本。学术销售代表同时也会向大学教师演示其他用于支持教学的电子资源，为他们提供在线访问电子资源的试用密码，尽可能地为图书提供个性化的营销服务。主要的出版商会雇用专业人士向大学教师提供技术展示服务。学术销售代表同时也会开展市场调查工作，比如查询课程的阅读书目（以了解目前该课程所使用的教科书和推荐的阅读清单），与大学教师讨论学科的发展趋势（尤其是讨论跟自己出版商和竞争对手所出版的教科书有关的问题）。有的时候，学术销售代表会萌生新的点子和发现潜在作者，并把这些信息推荐给策划编辑供他们参考。

来自不同出版商的学术销售代理花在走访图书销售商和大学校园的时间比例可能相差很大。大部分的出版商采用邮寄直销的营销渠道，销售代表把大多数的时间都分配给图书销售商；而来自规模较大的教科书出版商的销售代理则可能花更多的时间去拜访大学教师。由于很难同时走访图书销售商和大学校园，所以他们往往分头开展这两项走访工作。校园书店（其70%的年度销售来自一年中的五个月）最繁忙的时间是从学年伊始到圣诞节前后，第二个销售高峰期是从元旦到春季学期开学之初。因此对于学术销售代表来说，最关键的时期是从夏季中旬到九月份。虽然有些图书销售商与大学教师有固定的联系，并在每年的五月份前后征求他们的阅读书目，但是销售代表还是会提醒采购员要考虑他们收集的相关信息，包括通过走访大学校园获得的信息、从大学教师试用教科书之后反馈的表格中获得的信息以及从消息灵通的图书馆员那里征求的信息。今天，在线阅读书目服务也已经开始出现，布莱克威尔就提供这样的服务（readinglists.co.uk）。

在采购方面不太积极的图书销售商最终会在学生的压力下建立自己的库存。不过只有极少数的销售商会存储专著和高价的参考工具书，这些图书只有在用户下单的前提下书店才会提供。当然，学术销售代表也会销售更加依赖于零售终端的图书，比如那些被学生用作背景阅读材料和参考资料的图书。一个例子就是牛津大学出版社推出的超短引言图书系列。学术销售代表的一个重要任务就是让书店采购并展示这些图书，否则出版商就会丢失这块的销售收入。学术销售代表要鼓励并督促校园书店分发图书的促销资料，并在学生回校的时段增加特别展示窗口。学术销售代表另外一项任务就是在相关的学术会议上搭建图书展台。规模较大的出版商会专门招聘全职员工，负责在英国和欧洲的学术会议上举办图书展览活动。如今校园书店的数量日益减少，图书销售商也越来越不愿意采购学术专著。在这样的背景下，在学术会议上举办图书展览活动为学者浏览出版商出版的各类学术图书提供了很好的机会。

（六）中小学图书的销售

中小学教科书出版商和部分儿童图书出版商通常会雇用一批全职的销售代表，同时也会雇用一些兼职的销售代表（通常是有子女的父母或曾经做过中小学教师的人）。大型出版商将这些销售人员根据他们服务的市场（小学市场和中学市场，有时也区分中专市场）进行细分。另外，大型出版商还有可能为主要的科目指定专业的咨询人员（往往是曾经做过中小学教师的员工）。他们为销售代表提供产品培训，跟中小学教师举行会谈，向当地的教育咨询人员宣传图书。来自大型出版商的销售代表可能只是负责两个郡，而来自小型出版商的销售代表则可能需要负责整个地区。

在学期中间，销售代表每天需要走访两到三所中学，或者最多五所小学。销售代表在一所规模较大的小学上面花费的时间跟一所中学相差无几。他们每天走访的学校数量取决于这些学校所在的地理位置。

教育出版商通常每年开两到三次销售会议，时间一般在中小学开学之际。在销售会议上，策划编辑向销售代表推介新书及其数字资源；市场营销经理或者销售经理则向他们说明不同图书的销售优先次序。随后，销售代表把自己在销售会议上获知的信息传达给他们所负责的区域和学校。利用这些销售会议，销售代表也可以向出版商汇报自己的销售情况以及来自学校的反馈意见。

对于销售代表来说，最关键也是最繁忙的时间是春季开学期，中小学教师通常会在这个时间节点选择下个学年将要使用的教科书。中小学的财务年度一般是从4月1日开始的。因此，销售代表在夏季学期就要清闲很多；而在冬季学期又开始变得繁忙起来。教育销售代表经常要随身携带很多图书（有时可能会达到好几百本）和促销资料（包括即将出版的图书的进展信息表）。在规模较小的小学里，校长通常负责选择将要使用的教科书和相关图书；在中学和规模较大的小学，各大科目的教研室主任则在教科书的选择方面更有发言权。因此，销售代表都会争取机会拜访他们，预约会见并向他们展示已经正式出版的图书，有时也会介绍即将出版的图书。销售代表会询问他们正在使用哪本教科书并进一步询问是否对现在所使用的教科书感到满意。如果对方回复说使用的是竞争对手的图书并流露出犹豫之意，销售代表就应该趁机开始宣传自己的图书，并强调自己所推广的这本图书的可取之处。

经验丰富的销售代表不仅了解自己图书的内容，同时也对竞争对手的图书了如指掌。不仅如此，他们还对其他学校的教师对教科书采纳以及使用情况如数家珍。如果哪位老师表示对某本教科书很有兴趣，销售代表就会征求对方是否同意给他/她邮寄一本样本进行试用。有时销售代表在拜访中小学之后也会把图书直接留给他们。虽然销售代表把新书作为推销的重点（尤其是那些为国家课程核心科目开发的综合教学素材），但是也会重视对再版图书的推销工作。针对那些自己可以管理经费预算的学校，销售代表通常鼓励他们直接向出版商订购，在必要的时候向他们承诺如果订购数量达到一定的水平，就可以享受更多的折扣。

销售代表需要定期向出版商反馈自己的市场调查结果，包括中小学教师的意见、中小学教师对出版商自己和竞争对手出版的教科书的评论、关于竞争对手的信息、学校的采购政策、对学校采购具有影响的当地权威机构的规定，以及目前市场的缺口。有的时候，销售代表会给策划编辑出谋划策，为正在考虑撰写教科书的中小学教师一些建议，并发掘新的作者。政府出台的一项为期五年的为中小学提供数字学习资源的扶持政策大大促进了数字内容市场的发展。作为回应，出版商都已经开发了系列 CD 光盘和在线产品，包括那些用于互动白板的产品。

除了拜访中小学教师之外，销售代表还要确保中小学的图书馆会采购他们的图书，同时还要与当地教育部门的咨询人士和教科书审查人员保持联系。有时，他们也会开展一些研讨会。销售代表还可以在当地举办图书展览会，并在假期举办或参与跟全国学科会议紧密相关的大型图书展览会。总的来说，教育销售代表在学期期间甚为繁忙，但也可以利用学校假期好好放松自己。

二、国际销售

在一家出版公司内部，安排出口销售员工的岗位方式多种多样。

在小型出版公司里，销售经理可能会同时负责国内销售和国外出口事宜，每年在国外的时间待一二个月。在中型出版公司里，往往设置独立的出口部门，出口部门经理需要向销售经理负责。在大型出版公司里，则可能会设有国际销售主管这一岗位。国际销售主管管理下属的员工，比如地区销售经理或出口经理，这些地区销售经理负责出版集团所有的图书（或者也可能只是负责出版集团内部的特定图书）在某一特定区域（比如欧洲大陆）的销售业务。通常他们需要负责被指定地区范围内所有的出口销售业务，并与各类的海外代理商开展合作业务。他们有时也会与所在地区的主要进口商和书店直接打交道。

作为国际销售人员，出版商总是希望他们每年有三到六个月的时间在国外。大中型出版公司通常会雇用来自英国本土的销售代表，由他们负责部分欧洲、整个欧洲或世界其他地区的出口业务。一般而言，出版公司本身的规模越大，每个销售代表所负责的地区范围就越小。但不管怎么样，与国内市场相比，国际销售代表所负责的地区还是相当大的，也不太经常拜访当地的顾客。他们要么住在国内定期出差，要么直接就住在国外。一些主要的出版集团会把来自英国的员工安排在远离海外公司运营范围的郊区办公室。他们主要负责推广公司的图书、与当地的发行商保持联系并监督他们的工作、开拓市场并在需要的时候招聘当地的员工。大型出版商的 ELT 部门就是出口导向型的机构，他们通常有自己的出口部，并采用上述所有的措施在外推广自己的图书。出版商也有可能在某些地区雇用当地的全职员工，代表他们在当地开展出口业务。

（一）发行体系

英国出版商出口部的员工数量远远不及国内销售部的员工数量，因为出口部的很多市场营销和销售工作都需要在国外开展。主要的出口安排如下所述。

1. 姐妹公司和分公司

在有些国家，某些出版公司与英国的出版商共同拥有所有权，这样的姐妹公司往往拥有在当地出版英国出版商的图书的专有权。比如说，牛津大学出版社在世界各地设有很多分公司。但是也存在这么一种现象，有些来自英国的图书可能授权给其他公司，由他们出版发行。这些所谓的分公司或姐妹公司也会针对自己的国内市场开发自己的产品，并借力出版集团向其他国家或地区出口图书。

> 企鹅在印度的分公司创办于1987年，出版众多的虚构类和非虚构类图书，其中大多数的图书都出自印度作者之手。该分公司也以印度当地语言出版图书。

2. 封闭市场

如果在某一特定地域（一个国家或者一个地区），持有股份的代理商拥有英国出版商所有图书或部分图书的专有发行权，那么这个市场就是封闭市场。代理商处理来自这个地域顾客的订单并收取款额。一般来说，这家代理商也会开展市场营销和销售业务。这样的代理商可以是批发商、销售商、进口商或其他英国出版商在当地设立的分公司。有的时候，代理商只拥有部分图书的专有发行权或者区域内重要顾客可以跟出版商直接开展贸易业务，那么这个市场就是半封闭的。

3. 开放市场

在开放市场，即持有股份的代理商和出版商本身的海外分公司所主导的封闭市场以外的国家或地区，出版商直接跟当地的图书行业打交道。但是，出版商也有可能会在当地挑选一些备有库存的经销商（比如图书批发商）共同打造这种所谓的非专有的发行体系。相对于其他经销商，这些备有库存的经销商可以从出版商那里获得更加优惠的条款。当地图书销售商可以直接在出版商那里下订单，也可以在当地备有库存的经销商那里下订单。有些备有库存的当地经销商也会参与英国出版商的图书市场营销和销售业务。

4. 基于佣金的销售

出版商也会在特定国家或地区指定个体销售代表或独立公司（也被称为"携包代理商"）代理他们的图书，这种情况通常发生在开放市场（但也并不绝对是）。这些个体销售代表或独立公司位于英国或国外，他们同时打理多家出版商的图书出口业务，并收取在指定国家或地区纯收入的10%到15%作为佣金。如果顾客直接绕过销售代表向英国的批发商或出版商下单，那么销售代表（尤其是欧洲大陆的销售代表）也有可能就会丧失佣金。基于网络渠道的销售同样也会如此。

（二）贸易条款

图书代理商、批发商和销售商从出版商那里获得图书定价的某种折扣（有时这一优惠折扣比出版商提供给国内的顾客要更高一些）。然后，他们将自己的成本和利润都加上去，这样有可能使得同一本图书的价格比在英国的价格更贵一些。与英国的情况相比，顾客的赊账期限要更长，通常是出具发货单之时起的3个月，但有时也会延长到6个月，在支付速度缓慢的地区可能会更长。不管在哪个地区或国家，尽管顾客下的是确定型的订单，但是有些未售的图书仍有可能退还给出版商（尤其是简装本图书）。

下面是适用于图书运输业务的几个不同术语：

（1）出仓价——顾客承担从出版商或印刷商到自己手中的运输成本。这是最为普遍的做法。

（2）离岸价——出版商免费把图书运到采购方指定的英国运输代理公司。采购方可以与出版商协商并且指定一家可以整合所有订单的出口公司。

（3）到岸价——出版商承担将图书运到指定码头或指定城市的所

有费用。由于出版商为顾客节省了运输成本和运输时间（如果采用航空运输的话），所以会降低折扣力度和缩短赊账期限。

（4）寄销——顾客只有在图书销售成功的时候才向出版商付款，并拥有剩货保退的权利。这往往适用于大订单。

其他不直接受出版商控制的出口销售是由英美的出口批发商、销售商和图书馆供应商完成的。该领域最大的机构往往是国际公司，这些国际公司在全球范围宣传、销售和发行图书。这样的公司通常是学术出版商和STM出版商最为重要的国内本地顾客。有些用户（尤其是图书馆）希望寻找最为便宜的货源，他们往往会通过向图书馆供应商下订单或直接跟出版商联系。此外，日益发展的网络图书销售业务正在打破不同语种不同种类图书交易的国界限制。

在开放市场（比如欧洲）从事国际销售业务的工作人员往往热衷于争取图书在出版美国版之前先出版英国版。有些大众出版商认为出版不同语种的图书反而会促进英文版图书的销售。

与国际图书行业人际圈保持联系是非常重要的。国际销售代表必须说服国外的相关人员推广和销售自己的而非其他出版商的图书。具体来说，国际销售代表可以通过传统邮件、电子邮件、长途电话和出国访问等方式经常向对方提供相关信息。

出版商频繁地向海外代理商和国际销售代表提供大量的促销资料（包括进度信息表、图书目录、宣传小册、图书封面和销售点材料），而海外代理商和国际销售代表可以利用这些资料在自己所负责的市场宣传出版商的图书。有些代理商基于出版商提供的信息自行制作图书目录，有些代理商则直接分发出版商提供的原始资料。代理商也会开展免费的宣传活动、向用户邮寄图书目录，有时也会投放广告、参加图书展览会、提供教科书的试用服务等。

英国出版商也会直接邮发宣传资料给国外的批发商、销售商、图书馆、英国文化协会在各国的办事处、科研人员和专业人士，会把学术图书发给学会/协会来评审，把教科书寄给在教学领域有影响力的专家，并为教师提供教科书试用服务。出版商和代理商在图书宣传方面的有些工作可能会重叠。来自代理商和销售代表的反馈意见的质量和持续性都非常重要。他们反馈各自开展的活动和市场行情，也可能会反馈对具体图书的要求和意见（比如索要更多关于某些图书的宣传资料）。

然而，出口销售在很大程度上是由个人销售促成的。高级销售人员利用各种机会向代理商和主要顾客做相关情况的介绍和培训，包括在他们访英期间、在图书展览上以及在他们自己的国家。高级销售人员每次出访的时间通常持续两三周（或更长的时间），走访的国家为五六个，拜访的客户为三四十位。他们的顾客主要是代理商的销售主管或销售经理，他们会与对方谈论所有的销售业务，并负责评估代理商的销售业绩。

与高级销售人员不同的是，初级销售人员通常负责在开放市场中销售图书。他们努力争取新书订单，同时也要兼顾获得再版图书的订单，最后回应顾客的投诉并负责收账。初级销售人员会选择合适的时机向图书批发商和零售商提供宣传资料，并争取让对方把自己的信息收入到他们的图书目录中。初级销售人员还会定期查看订单以避免由于邮寄地址出错而造成的昂贵的发行成本，有时也会与图书销售商协商订单的具体事宜。学术销售代表通常会拜访大学教师和图书馆员，确保对方采用和购买自己的教科书，鼓励图书销售商与自己共同开展宣传活动和举办展览活动等。ELT 销售代表直接向私立语言学校、州立中小学和政府机构推广和销售 ELT 教科书。

当《哈利·波特》系列丛书在国际市场上一路飘红的时候，其他的图书也有自己不同的销售模式。一本图书在一个国家卖得好并不等于在另外一个市场上同样也会奏效。出版商必须要根据不同国家的读者口味调整图书的版式和封面。国际销售人员必须要根据自己所在的市场情况审视图书，他们可以参加图书的编辑会议和封面设计会议，并提供自己的意见。

> 戴安娜·赛特菲尔德的哥特式小说《第十三个故事》最初在英国的销售情况非常一般,但后来却进入《纽约时报》畅销书排行榜的前列。

表11.1 罗列了英国图书最为主要的前十位出口国。

表11.1 英国2006年十大图书出口国

国家	销售额(百万英镑)
美国	215.6
爱尔兰共和国	133.3
德国	92.2
澳大利亚	80.0
荷兰	79.5
法国	58.8
西班牙	48.2
日本	47.3
南非	46.2
意大利	42.3

(来源:出版商协会,《英国图书行业统计》,2006年)

三、图书发行

出版商需要将产品(图书、期刊或新媒体产品)在合适的时间以适中的数量传递到顾客的手中,在这个过程中,发行发挥着重要的作用。发行(有时也被称为物流)的关键要素是:

(1) 顾客服务;
(2) 准确地执行订单;
(3) 调度的速度和准确度;

（4）对产品的物理保护；

（5）调度的规模效应。

如果出版商在这几个方面做得不好，将会导致销售流失、零售额降低、成本增高，不仅如此，还会导致书商和读者对出版商信心的降低。如果出版商能改善这些工作环节，无疑将会提高自己的市场竞争优势。

图书发行对出版商来说是一个巨大的挑战。通过图书发行这一环节，也体现出出版业的一些特殊之处。许多由生产商生产的其他商品会直接供应给批发商进而供应给零售商。但是，出版商聘请印刷商生产图书，印刷商在完成图书印刷之后，要把图书运给出版商或其发行商。也就是说，出版商直接为零售商（个体书店或者他们的中心仓储）供货。虽然图书批发商越来越发达，但是英国的图书批发商主要做的还是大众图书。图书的消费者不局限于零售市场，也包括中小学市场和需要单本图书的个体（其目的是为了撰写书评或试用，采用的是邮购订阅的方式）。出版商会收到大量的小额订单，这些订单的利润或者还不足以弥补图书的发行成本。为了与其他产品竞争，图书零售商往往要求更为快速和更为可靠的图书发行服务。英国出版商积极地向外出口图书，通过各种渠道和运输方式向全球大多数国家发行图书。在实物运输的方式上，图书发行可以说囊括了各种极端的情况，包括从邮寄只有一两本开本不一的图书（或其他媒体产品）到运输一个超大的集装箱。

对于没有卖出去的图书，书商会把这些图书退还给出版商。图书的退货率通常在10%到20%之间。如果退还的图书已经遭到损坏或者不怎么值钱了，出版商会干脆销毁它们。毕马威会计事务所在1998年的统计数据显示，在图书出版业中，发行的成本是所有环节中所占比例最高的，占到销售额的13%；而普通商品的发行成本只占销售额的6%。

销售和发行 第*11*章

(一) 国际标准图书号和电子数据交换

图书的电子交易和信息系统的基石是 1967 年启用的标准图书号。在 1970 年之前，这一标准图书号已经被国际社会广泛认可。国际标准图书号（英文简称为 ISBN）是包括原始语种、出版商、图书或其版本信息的唯一标识符。最后一位是校验码，用于确保这些数字是准确无误的。出版商也用国际标准图书号来识别其他类型的产品，比如有声读物、CD 光盘和电子书。期刊的数字唯一标识符是国际标准连续出版物号（英文简称为 ISSN）。

在 1979 年，惠特克创办了远程订购系统。这一系统使得图书销售商能够将订购信息快速地传递给出版商的电脑系统。远程订购系统是图书交易商首个采用的专门电子交易系统，该系统也是电子数据交换（英文简称为 EDI）的雏形，后者的出现简化了不同电脑系统之间的数据交换。由于不再需要使用纸张，也不再需要密钥更新信息，电子数据交换大大节省了双方的交易时间，降低了交易成本，也在很大程度上避免了可能会发生的错误。

到了 20 世纪 80 年代中期，国际标准图书号被转化为欧洲物品编码条形码。这一条形码被印在图书的封底。在 20 世纪 90 年代初期，大多数主要的英国书店都已经安装了电子销售点系统，这些系统能够读取图书的条形码。尼尔森从 20 世纪 90 年代后期开始利用电子销售点系统收集英国图书零售市场的数据，这些数据有助于在图书销售的不同阶段更好地管理图书库存。

在英国，国际标准图书号的分配工作是由英国国家标准图书号局负责的。2007 年 1 月 1 日，该书号从原先的 10 位数字扩展为 13 位数字，所有现有的国际标准图书号都加以前缀 978。这样，新的国际标准图书号就与欧洲物品编码的 13 位数字相吻合了。如果以 978 为前缀的号码用尽了，届时将启用 979 作为前缀。

一家荷兰的图书销售商将射频识别技术引入到自己的书店。作为一种智能的条形码，射频识别标签可以直接嵌入图书，这样在商店内部就可以快速地扫描图书。这项技术使智能书架成为可能，所谓的智能书架就是能够自动识别书架上都摆放了哪些图书。对于消费者而言，也可以将其作为自动收银台使用。当前，图书销售商运用该系统加快新到图书的上架速度，并帮助将散落在书店其他位置的图书放回库存。

（二）行业标准

在电子订阅、电子货单、信息收集和信息处理的驱动下，出版商协会、书商协会、图书馆协会（该协会现在已改名为英国图书情报专业人士协会）和大英图书馆在1991年联合成立了图书行业交流会。图书行业交流会的目标是要建立和推动数字传递和电子商务的行业标准，提高图书供应链在英国以及在全球的运作效率。该机构的成员包括出版商、发行商、零售商、批发商、图书馆供应商、书目提供商、系统提供商以及物流公司。"标准"的运用对实物产品和数字产品的交易都非常重要；在英国、欧洲大陆和美国有多家机构都致力于制定这方面的标准，用于描述不同类型的产品及其交易。但是，对于出版商和中间商来说，图书行业交流会的工作主要致力于以下三大领域。

1. 产品信息

首先，图书行业交流会致力于推动产品信息分类系统的标准化和技术程序的标准化。借助前者，出版商可以统一地描述自己产品的书目细节信息。借助后者，出版商可以将这些书目信息及其更新信息传递给其他机构或个人，比如书目提供商、批发商和零售商（具体请参见第十章的内容）。

2. 供应链

图书行业交流会致力的第二大领域涉及供应链和条形码、通过电子数据交换协议交易的 B2B 电子商务（订单、货运记录、发货凭据、信用记录、产品价格以及产品可获得性信息）、退货批准程度的标准化工作（其目的是降低成本）。图书行业退货计划允许图书销售商以电子化的形式向出版商提交退货请求，退还的图书达到出版商那里后，信用交易就自动产生了。目前尚没有确切的数据可以说明图书行业退货计划到底帮助图书行业降低了多少成本，但是人们普遍认为相对于毕马威会计事务所在1999年的调研结果，该计划已经有效地降低了图书在退还环节中所产生的损失。基于图书行业退货计划框架，只有在图书正式出版的三个月后，或者书店拿货后的15个月之后，出版商才会批准来自销售商的退货请求。

3. 数字出版

当出版商通过中间商或者直接向最终用户从自己的数字仓储中在线授权和销售产品的时候，就有确立一些通用标准的必要了。这些标准可以简化数字版权管理，促进在线支付系统的发展。举个例子。一家中间商可能希望按照自己的需求印刷图书或者定制图书（这本定制的图书集成了来自不同图书的章节），一位科研人员可能希望获取论文中的一篇来自其他出版商期刊服务器上的参考文献。

传统的数字标识符——国际标准图书号和国际标准连续出版物号——是电子版权管理系统在宏观层面的基础。美国出版商协会大力支持基于微观层面的标识符的发展，这个标识符就是数字对象标识符（英文简称DOI）。数字对象标识符目前由数字对象标识符基金会推动。其理念就是通过提供一个简单的虚拟数字，出版商可以把某一产品对象与该数字进行捆绑，比如期刊摘要、作者姓名和通讯地址、图书章节、一段文本或一幅插图，以及任何出版商认为具有可使用性或可交易性的数字对象。出版商维护一份持续更新的目录，在这份目录中，虚拟数字与出版商的网站地址保持对应关系。出版商的数据库存储了关于数字对象标识符最为准确的信息，比如版权所有者、销售条款以及价格信息。期刊出版商是首批利用数字对象标识符开展服务的出版商，而其他领域的出版商在利用该标识符方面则相对迟缓。

（三）仓储和发行

大型的出版集团自己开展图书发行业务，通常把仓库安置在远离总部的地方；而规模很小的出版商直接在公司总部处理这些业务。而规模位于两者之间的中小型出版商会根据实际情况选择自行发行图书，或者外包给独立发行商（比如中心图书发行公司或特纳佬恩德发行公司），或者外包给规模较大的出版商（或批发商），后者也需要借此提高自己的营业额。有些出版商则同时利用多种发行方式，在自产自销的同时也借用第三方做出口业务。第三方发行商为出版商提供一套完整的服务，包括散装存储、开具发票、顾客服务、收拢现金以及传递运输，并从中收取销售额的12%作为服务费。这个点数比大型出版商收取的要少，但比小型出版商收取的要多。

用物流的专业术语来说，批发商和发行商的区别在于发行商提供额外服务，而批发商传统上只是提供"不加以任何转变的销售服务"（但是批发商在近些年来也一直在寻求提供额外服务的机会）（《书商》，2007年5月30日）。

（四）图书供应链

图书可以由出版商直接供应销售商或者通过发行商/批发商再供应给零售商（参见下图）。规模较小的书店大多数的图书都是从批发商那里进货的。

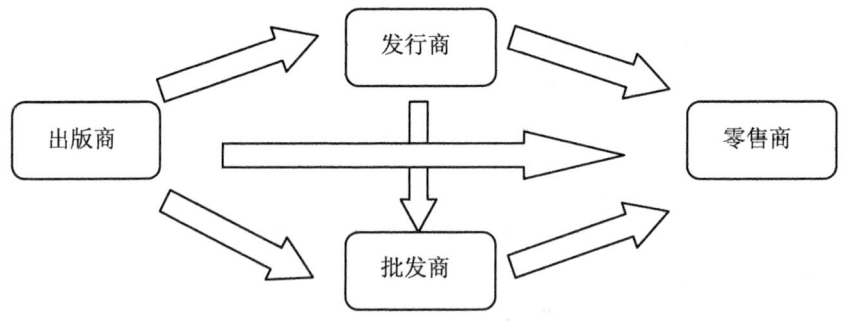

第三方发行商偶尔也会破产，如果出版商不能追回现金和图书，那将会是一场大灾难。目前在发行领域，其发展趋势是发行商的数量越来越少，规模越来越大。随着规模的扩大，发行商开始有资本投资购买或开发价格不菲的电子书处理和仓储系统，有能力增加订单的价值和追回拖欠的余款，以及有实力可以与物流公司签订更低的运输费用。图书服务有限责任公司是一家隶属于兰登书屋的发行商，它为一些出版商提供订单处理服务（费伯＆费伯出版公司和橡树出版公司都是它的客户）。而书点和利特尔汉普顿图书服务发行公司都隶属于阿歇特集团。随着运输系统在速度方面越来越快捷，在服务保障方面越来越可靠，海外的一些持股代理商会选择直接从英国运货，这样就能在许多市场上制定一个更有竞争力的价格。

图书发行的"交易方"关注的是如何处理已经收到的订单，如何开具发货单和相关文档。不是所有的出版商都能接受电子订单，许多订单是以书信、传真、电话或电子邮件等形式被接受的。出版商一旦收到订单，就会着手处理发货单和相关文档，开始对产品进行标签并发送实物。在业界有许多标准化的代码，这些代码可以告知顾客其订单不能兑现的诸多理由。英国的图书销售商都配有标准地址号码，这是帮助他们确定客户邮递地址的唯一标识码。对于尚未进入库存的新书或新的再版图书，出版商会贴上"预期到达清单"的标签。一旦这些图书进入库存，出版商就会把它们发送给销售商（除非另有指示）。出口订单需要额外的文档，以符合进口国的相关规定和税收要求（比如增值税）。针对于欧洲大陆的订单，有些出版商直接以欧元或当地币种开具发票，并提供银行协议。如果出口订单有误，可能会导致非常严重的罚单。当出版商觉得对方顾客不太可靠的时候，有可能在发放图书之前先邮寄形式发票。大多数英国出版商免费向图书销售商运输图书，但是欧洲大陆的出版商都要求图书销售商支付运输费用。

客户服务部门需要回答来自客户的各类关于图书发行和财务咨询的问题，有的时候对方可能态度极其恶劣。提供教科书的试用服务或者订阅销售服务则通常是由其他部门来负责的。

出版商的仓库里面包括大量存储的图书和期刊（以及预留的原始纸张）以及一个"采集区域"，出版商利用这个"采集区域"放置新书和销售速度较快的图书。发货单上可能标注图书的存放位置，以方便提货。经过校对的订单就会被移到包装区域和派遣区域。派遣工作需要工作人员熟悉最为经济、快速和可靠的运输途径（道路运输、海运、空运以及邮寄），并具备与运输公司谈判的能力。如果需要自行支付运输费用，出版商就得努力降低成本，提高利润率。如果由客户支付运输费用（比如基于离岸价的出口订单），出版商就得帮助对方节省成本，提供具有市场竞争力的服务。为了把欧洲大陆作为本土市场的延伸，并与美国同行相竞争，有些英国出版商也使用由在英国本土同一家运输公司提供的泛欧洲运输网络。借此方式，出版商能够提供和监管到户的服务水准，避免与多家运输公司打交道，并取得规模经济效应。

虽然计算机可以直接监控库存水平，但是出版商也配有特定的工作人员，负责手工核查库存，检查退还的图书（图书条形码可以帮助他们完成这项工作），并把核实结果反馈给销售部门。把计算机应用于出版商的订单处理、图书分销和派遣工作能够为事务管理工作提供重要的信息，包括来自不同图书、不同区域和不同销售代表的销售报告，也包括顾客的类型、折扣的结构构成、图书的退货比例、库存水平、派遣方式以及运输费用分析等相关信息。

1. 按需印刷

按需印刷技术的诞生使得出版商不再需要存储那些销售速度很慢的再版图书了。事实上，对于那些非常专业的图书或定制的图书来说，按需印刷技术使得出版商不再需要备有任何库存了。出版商只有在收到顾客的订单后才印刷这本图书（或交给指定的按需印刷提供商印刷这本图书），然后直接邮寄给顾客。在这种情况下，为出版商提供服务的第三方发行商面临被踢出局的危险。当然，有些第三方发行商也开始安装自己的按需印刷设备了。

2. 在线内容和电子书

有些出版商已经自己创建了传递在线内容的平台，有些出版商则使用第三方提供的平台。开发这些在线平台往往需要较高的资金投入。这些在线内容大部分都是销售给机构客户的。就电子书而言，出版商可能通过第三方（通常被称为数字资产发行商）进行传递，或者选择直接供应的方式。出版商销售的内容可以是整本图书或者是图书的章节。图书馆则倾向于出版商将其电子书发布在一个通用的在线平台，目前就有一些公司（比如 ebrary）集成了来自出版商的内容，并提供统一服务。

电子书的发展基础是占比很小的图书市场（据统计，在 2005 年的美国图书市场上，电子书所占的份额不到 1%），但是有些出版商无疑正在逐渐扩展这一新兴市场。诸如麦克米兰和兰登书屋这样的大众图书出版商开始利用电子书格式制作新的产品。在学术出版领域，泰勒·弗兰西斯从电子书的销售中获得 5% 的销售额（DOC，2006）。在 2007 年的美国，包括培森和威利在内的六家出版商联合成立了"智能教科书"项目，共同提供大学教科书的电子书。在校学生可以以低于印刷版的价格购买这些电子书，并在规定的时段内使用。利用这种方式，出版商可以在很大程度上降低学生购买二手教科书的概率。出版商也同时为学生开发了其他的产品，比如内含重要教科书和使用空间的记忆棒。

附

阅读书目

本书的第十三章《图书销售渠道》（The sales channels for books in the UK.）

巴尼·艾伦，《英国图书出版商出口指南》，出版商协会/英国贸易与投资服务部，2004（Barney Allan, Guide to Export for UK Book Publishers, The Publishers Association/UK Trade & Investment, 2004）.

参考文献

内容数字化集团，《勇敢面对新世界》，2006年11月（DOC（Digitization of Content Group），Brave New Word, November 2006）.

《供应链和生意经》，发表于《书商》增刊，2007年2月9日（Supply Chain and Your Business, Supplement to The Bookseller, 9 February 2007）.

西蒙·利纳克尔，《批发业务的变革》，发表于《书商》网站，时间为2007年3月30日（Simon Linacre, "Wholesale Changes", The Bookseller, 30 March 2007）.

网络资源

www.bic.org.uk 图书行业交流会，该机构致力于推动和建立图书业和期刊业的电子商务和电子交易活动的行业标准

www.booksellers.org.uk 书商协会的网站

www.publishers.org.uk 出版商协会的网站

专家视点：借力谷歌销售更多的图书

皮特·薛米尔特（剑桥大学出版社市场营销和销售经理，负责学术图书和专业图书）

图书出版业对谷歌可谓是"爱恨交加"。事实上，谷歌一直深陷官司之中。美国出版商协会在2005年10月对这家媒介巨头提起法律诉讼，声称谷歌的数字图书馆项目——把某些世界知名的学术图书的馆藏进行数字化扫描工作——侵犯了出版商的版权。

尽管如此，大大小小的出版商都热衷与谷歌开展合作；理由当然就是谷歌的搜索。谷歌在搜索领域的霸主地位对于出版商而言是非常

有吸引力的。根据与图书、作者及其内容相关联的关键词对检索结果进行排序是任何市场营销的核心内容——以非常经济的手段驱动网络用户的购买行为。另外，谷歌基于关键词的投放广告模式也为用户提供了付费的检索选择。

谷歌的图书搜索项目（books.google.com）在营销革命上又迈出了很大的一步。对于与谷歌建立伙伴关系的出版商，谷歌免费为他们提供读者全文检索服务（当然出版商需要给谷歌提供图书扫描成本费）。谷歌对用户可以免费在线阅读的内容程度做了限制，出版商的版权也因此得到了尊重。另外，谷歌与出版商分享将基于图书内容作为广告背景而获得的广告收入，出版商也就多了一个潜在的收入来源。将来可能发展的另外一种模式就是售卖或租赁图书内容的访问权限。如果这种模式得以实现，出版商和谷歌又多了一个新的收入来源。

谷歌图书搜索项目对于畅销书之外的其他图书的销售尤其有帮助，实现出版商图书投资组合的长尾销售效应。对于诸如剑桥大学出版社这样的学术和专业出版商来说，他们的主要收入来自定位于特定利基市场的成千上万种不同图书的销售。谷歌图书搜索项目可以帮助读者找到图书并确保这些图书是符合读者需求的。它所作的工作就等同于用户在购买汽车之前会绕着汽车走一走、看一看汽车的引擎盖，踢一踢汽车的轮胎，以此来判断这款汽车到底是否适合自己的需求。

对于针对特定客户群出版的图书来说，图书的可见度是销售的一个非常关键的因素。谷歌图书搜索项目不仅为这些图书提供了被读者发现的好机会，而且为读者提供了方便的购买方式。读者只需要点击一下鼠标，谷歌就可以将图书链接到出版商的网站或者某一家网络书店的网站。无疑，那些很难被读者发现的再版图书更能从中受益匪浅。剑桥大学出版社研究了自己在2000年这一年度之前出版的图书在2003年至2006年的销售情况。研究发现在美国，被谷歌图书搜索收录的图书的销售量比没有被收录的图书要高20%。通过谷歌图书搜索项目，剑桥大学出版商的图书在每个月的点击率超过100万次。

因此，不管您是否相信谷歌做图书搜索如其信条所言"不作恶"，是否怀疑谷歌最终的动机，都不太可能忽视这个项目对于图书销售所带来的影响。正如谷歌自己对外所宣称的："如果很多人都知道您所出版的图书，无疑您将会卖出更多的图书。"

专家视角：如何管理荣获重要文学奖项的图书

理查德·奈特（尼尔森图书扫描项目运行总监）

当我们仔细留意荣获布克奖和柯斯达奖（之前称为"惠特笔奖"）的图书销售情况的时候，我们从中能学到些什么呢？分析尼尔森图书扫描的零售数据，能为获得上述两大文学奖项的出版商提供一些有益的启发。

首先，由于颁奖的时机问题，荣获布克奖意味着不管在获奖期间图书的销量如何，出版商在 10 周之后的圣诞节都能获得差不多的销售高峰。获奖后头两周的销售量将会是获奖前七周销售量的 12 到 15 倍；但是过了这两周后，图书的销量会急剧下降。

这一经验法则对于在荣获布克奖和柯斯达奖之时还不是很叫卖的图书都是非常适用的。但是，相对于布克奖，柯斯达奖更倾向于颁发给那些已经有一定的公众知名度，也已经有一定销售量的图书。对于那些在获奖前七周的销售量已经达到一定高度的图书来说（比如每周销售 2000 册或更多），获奖后的头两三个星期内销量会急剧上升的这种效应就不会那么明显了。

通过考察最近荣获这两大奖项的三本图书，我们发现在获奖期间，这些成功图书的销售曲线和销量数量彼此相差不大。真正影响其销量的是获奖之后所发生的变化。如果这本图书在获奖之时已经出版平装本，或者在获奖之后马上推出平装本，那么这本图书的销售量在经历获奖期间的大卖后很有可能继续会飙升到一个新的高度。

如果把荣获该奖项的图书销售的增幅（在颁发获奖之时）作为该奖项重要性的衡量指标的话，那么大多数获奖者都会感到失望（当然获奖对于大多数作者和出版商来说都是非常重要的）。通常而言，获奖图书的销量在1000册到6000册之间。真正能让获奖图书取得不错销量的因素是基于该奖项所开展的宣传活动。如果获奖作者需要做点什么的话，他们就应该去寻找对这本图书准备投入最大经费用于宣传的公司，而不是提供最高奖金的机构。

有效的宣传有助于图书的销售。在图书获奖之后，迅速地发行更多的复本和更为多样的版本，再辅以到位的宣传活动，无疑会使得图书的销量大获成功。这些活动所带来的销量将会远远超过仅仅因获奖而带来的销量增幅。在荣获惠特笔奖之后，由于到位的宣传和操作，安德鲁·利维的《小岛》卖了42.4万册，而马克·哈登的《暗夜离奇狗案》在52周之内更是卖出了140万册。与此形成鲜明对比的是，基兰·德赛的《失落之遗产》在2006年荣获布克奖之后的48周内只卖出了11.7万册，而希拉里·斯柏林的《马蒂斯大师》在2005年荣获惠特笔之后的52周后只卖出了1.2万册。这两本图书都没有利用获奖机会在市场上大赚一把。

当然，获奖并不能保证将慢销的图书变成畅销的图书，评委并没有肩负挑选潜在畅销书的责任。对于所有的获奖图书，都会发生前面提到的销量蹿升15倍的情况。但是，从总体销量来看，不被看好将会大卖的图书（比如《马蒂斯大师》）的销量确实会比非常畅销的图书（比如《小岛》）会低很多很多。最后，图书获奖的另外一个作用就是刺激读者对作者重印图书的需求，甚至是出版时间已达六到八年之久的图书还有可能重新卖得很火。

专家视角：按需印刷：完美风暴？

大卫·泰勒（英国闪电源有限公司的管理总监兼全球销售业务副总裁）

真正的按需印刷是指基于图书电子文档的单个复本的打印和发行。先卖书再印书的模式开始取代传统的图书先印再卖的模式。

传统出版模式的一大特征是努力消化图书库存，这些库存是根据对销售前景的预估进行印刷并存储在发行中心。销售的工作就是说服顾客下订单采购图书。出版商生产部门的一个重要目标就是在出版商希望印刷的数量的基础上将图书的单位成本控制到最低的水平。

如果印数太多，出版商面临报废多余图书的风险；如果印数过少，出版商就有可能丧失赚钱的机会。缩略语 RPUC（reprint under consideration，考虑重印）、RP（reprinting，正在重印）或 TOS（temporarily out of stock，暂时缺货）都说明了一件事情：出版商丧失销售机会而顾客极不满意。但是，按需印刷技术的出现意味着图书无论在什么时候都是可以获取的。

对于传统出版商和发行商而言，按需印刷正在日益成为库存管理和供应链管理的重要内容。对此，几乎没有人会持怀疑的态度。市场的发展趋势和数字印刷技术的发展正在加速取代传统印刷的进程。传统的出版商正在以多种不同的方式应用按需印刷技术，这里试举几个例子：

（1）维持图书在印状态，抓住赚钱机会；

（2）将图书从绝版状态重新拉回可印状态；

（3）首次以平装本形式发行图书；

（4）降低库存水平，减少现金被套；

（5）降低对库存的空间需求；

（6）通过在销售市场直接打印的方式进口或出口图书；

（7）开发新的产品，增加收入来源（比如开发大印刷版图书）。

除上所述，按需印刷正在对全球图书交易产生另外一个重要的影响，即大大增加可印图书的数量。真正的按需印刷允许出版商只有在收到图书订单后才开始印刷图书，从而可以管理整个虚拟的库存。这种模式使得出版商不再为了库存建设而被套现金，也不再需要实体的仓库和发行设备了。

闪电源公司就是这么一个例子。闪电源公司提供任务系统，这些系统不仅允许出版商和发行商能够直接管理订单，而且允许他们能够管理与批发商和网络零售商之间的买卖关系。在这种情况下，出版商不需要任何库存，完成订单前也不会真正接触图书的实物。出版商只有在收到订单之后，才会基于数字文档打印图书。对于出版商来说，唯一的成本就是建立数字文档的管理系统和相关的元数据信息。

按需印刷模式大大降低了创办一家出版商所需的资金投入；这反过来又会催生大量新生的出版商进入这个领域，他们的商业模式将全部依赖于按需印刷。这种新类型出版商的市场营销和销售模式将与传统出版商大相径庭，包括他们的公司资产平衡表以及对建设库存的要求。

另外，按需印刷也催生了全新出版模式的出现。尤其是在美国，自助出版在过去的五年中发展极为迅速。自助出版的两大发展基础就是按需印刷技术和网络售书模式。换言之，出版商利用网络售书模式推广图书，然后基于读者订单提供按需印刷服务。

基于按需印刷发展起来的其他服务模式主要是内容集成服务。这些内容集成商将绝版图书从"坟墓"中重新挖回，并对已过版权保护期的图书进行扫描并作为原件的副本重新发行，通过提供图书的元数据信息使得读者有机会再获得这本图书。

按需印刷允许出版商满足用户只买一本图书的需求，这种现象就是现在被大众所熟知的"长尾"效应。借助网络售书模式，顾客可以找到那些在书店里面找不到的、鲜为人知的图书。按需印刷、长尾营销和网络售书模式的共同出现看起来似乎要给出版界带来一次完美风暴。

专家视角：电子书

克里斯托弗·切舍（泰勒·弗朗西斯集团销售主管，斯特灵大学出版学特聘教授）

新技术的发展给传统商业模式带来了威胁，但是对于那些已经准备好接受挑战的出版商来说，新技术也为他们提供了新的发展前景。市场上存在很多机会——既能将内容传递给更多的用户，也能提供全新的额外的收入来源。

与电子书相关的新技术使出版商能够发展新的商业模式，包括为用户提供基于章节的内容服务，允许用户利用出版商的内容自行编纂电子书或者基于特定时段（比如一周或一个月）租用电子书。对于出版商而言，这些新的商业模式到底是提供了额外的收入来源还是只是把原先的销售拆分为不同的部分呢？目前的所有指标都表明电子书为出版商赚取了原先他们不能实现的销售收入。就拿泰勒·弗朗西斯的电子书租赁计划来说吧。来自用户的反馈意见表明学生通常是在短期内（又通常是在晚上）为了课堂作业检索相关资料。虽然他们不太可能会考虑购买两三本每本定价在100－150英镑的专著，但是很有可能会购买每本定价在20－30英镑的电子书，尽管他们只是取得了一周左右的访问权限而并没有真正地拥有这本图书。

出版商已经成功地将电子书销售给专业人士，尤其是从事医学、法学、计算机和工程领域的专业人员。对于这些人来说，在掌上电脑上安装和阅读重要的手册是非常有用的，尤其是在到处跑动的情况下。

电子书是泰勒·弗朗西斯一个重要的收入来源。但是，相对于通过学术图书渠道而获取的收入，个人销售收入在总体在线销售收入中所占比例还是很小的。虽然图书馆仍然采购大量的纸质图书（出版界一致认为在2006/07年度图书馆采购的电子书占整个图书销售的6%－8%），这个市场无疑正处于转型过程中。许多出版商声称他们每年的增长率为40%－60%。电子书最终占据市场的主导地位也不是没有可能。泰勒·弗朗西斯的电子书也通过众多的中间商提供服务，比如亚马逊、电子书网站和索尼网站。用户也可以通过服务于学术图书馆市场的电子书集成商访问泰勒·弗朗西斯的电子书，这些电子书集成商包括ebrary、eBL、MyLibrary和Dawsonera。

出版商需要建设自己的在线平台。对于许多出版商来说，在电子书还只是占总体图书市场很小比例的时候，就一直犹豫是否在这个领域投入巨资。但是那些积极投资电子书建设的出版商发现这一技术确实能够使他们在多个方面都受益匪浅（出版商在这之前都没有意识到这些好处）。比如说，许多出版商（包括泰勒·弗朗西斯在内）都为教师提供电子教科书试用服务。出版商为教师提供试用教科书而导致的邮寄成本是一笔不少的、但又是必不可少的支出，现在以数字化的形式向教师提供试用教科书就节省了这一笔成本。

  出版商也开始日益重视为电子书做广告。出版商为许多网络书店提供图书封面和样章，以此吸引读者购买电子书。亚马逊最近推出的SITB（书内检索）服务将电子书的营销推向一个新的水准，使顾客和出版商双方都受益匪浅。利用这项服务，顾客能够找到最符合自己需求的图书，出版商的总体销量也得到了提升。谷歌图书搜索项目和微软Live平台也为出版商提供了基于搜索引擎框架下内容被检索和发现的机会。这两家公司都声称他们的试验表明如果出版商允许读者访问图书内容的比例越高，读者越有可能点击链接到网络书店（参见本章"专家视点：借力谷歌销售更多的图书"）。但是，对于出版商来说，确实面临着一个难题——评估为读者提供何种程度的免费访问服务。20世纪初，唱片公司在面对商业广播出现的时候也是备感压力，逐渐适应并接受了由商业广播公司提供可以让更多人听到唱片的事实。同当初的唱片公司一样，出版商也有可能逐渐适应这种合法的在线预先浏览服务。电子书的小插件使得出版商大大受益于之前从未想象过的所谓"病毒式营销"手段。出版商可以把电子书的小插件通过电子邮件的方式发给任何人，也可以将其嵌入到任何一个网站或博客中。这个小插件里面附有图书封面。只要读者一点击这个封面，插件就会弹出窗口并显示图书中的几页内容（出版商希望显示几页就可以显示几页），同时也显示"购买图书"的按钮，并将读者引导到出版商电子商务网站。对于出版商而言，有一点是非常明确的，那就是需要不断地探索传递内容和创造收入的新模式。

专业技能：销售技能

所有优秀的销售人员都具备如下共同的特征：精力充沛、自我激励和自律力强。这些特征可以使他们早早地起床、长时间地工作、承受得住长时间的驾驶以及携带笨重的行李箱。他们应该具有良好的驾驶记录，并愿意开长途车。由于地区销售代表经常一个人行动，所以他们应该能够合理安排自己的时间，及时查看和回复电子邮件。

一位称职的地区销售代表不仅需要熟悉自己的图书，还需要深谙顾客的基本情况、兴趣以及他们的操作方式。如果对方同意，销售代表应该定期频繁地拜访顾客，向他们热情地、简要地介绍自己的图书，以此博取对方的信任，愿意在您这里下订单并欢迎您再次光顾他们的办公场所。虽然总部已经指示不同图书的销售优先级别（即优先销售哪些图书），但是地区销售代表应该自己能够判定哪些是最适合自己所在区域的图书，以及什么样的订单规模是最为合理的。通过为图书采购员推荐图书的方式，他们可以证明自己的能力并为此赢得对方的信任和尊敬。

在与不同级别的采购员会谈的时候，销售人员应该要小心谨慎，给对方留下良好的第一印象。通过观察采购员的言谈举止，他们能够及时根据对方的性格和情绪来调整销售风格。销售人员需要能够灵活应对各色人物和各种情形，根据对方来定位自己的销售风格——从"软性销售"到"强硬销售"，并且意识到什么时候该说什么时候不该说什么。他们在某种程度上是业务心理学家，在某种程度上又是演员。作为称职的销售人员，还特别需要具备协商和谈判能力，应该坦诚地介绍自己的公司，在谈判过程中讲究策略，并树立值得对方信任的形象。当采购员要求特殊的条款或者某些优惠条件的时候，销售经理必须有能力判断哪些条件是对公司最有利的，同时对顾客也是很有吸引力的。他们的营销技能和顾客服务技巧可以赋予出版商更好的竞争优势。

中小学销售代表和大学销售代表必须对教育充满兴趣，能够很好地与教育领域的各种人群打交道，了解他们的态度、思维模式和他们所面临的工作压力。太过强硬的销售肯定是不合适的。相反，销售代表应该能够讨论教师们所面临的问题、所使用资料的类型、教师们乐于使用的方式，同时也能够向他们推荐合适的图书或服务。随着数字资源的发展，销售人员也日益需要具备演示在线内容及其服务的技巧。在高等教育领域，他们还需要了解科研机构的资源采购系统。

专业技能：国际销售技能

作为国际销售人员，无疑需要能够说两门及以上的语言。当然，这不是最重要的，因为大多数顾客多多少少都会点英语。尽管如此，具备外语能力总归能够帮助您更好地了解所要打交道的市场和顾客。流利地操一门或两门欧洲语言（比如法语、德语、西班牙和意大利语），再会点其他语言，对于国际销售人员来说是非常理想的。会说标准的阿拉伯语和汉语对于某些公司来说特别有用。

出口销售人员应该爱好出版出口这一行业，乐于与图书打交道。一流的销售人员心中充满激情，一心致力于提高销售额和销售利润。很多做好国内市场所需要具备的技能同样也适用于国际销售人员；但是后者往往需要熟悉众多不同的市场，了解每个国家的政治、社会、经济和文化，同时对每个市场具有敏锐的判断力和工作热情。优秀的国际销售人员能够根据不同的环境和情形及时地改变自己的销售策略和风格。

国际销售人员必须乐意旅行，愿意在远离总部的地方工作，代表公司做高层次的决策，并且还必须能够经得起孤独和寂寞的考验。出口销售这份工作需要适应能力极强的工作人员。有些非大众类出版商的海外销售人员有可能需要被派遣到某些天气恶劣的、经济又不甚发达的国家。

第12章 版权贸易

在正式出版之前，作者和出版商双方会签署一份出版合同。这份合同清晰明了，非常有条理地表明了出版商可以将作者作品的哪些版权授权给其他出版公司，这也就是出版商所谓的"授权商业模式"。这些版权允许其他公司通过不同的方式开发图书，比如以不同的载体、在不同的地域以及用不同的语言。销售作品版权对出版商来说是一个重要的收入来源，因为版权销售很少涉及直接成本，是出版商的额外利润来源。在大众图书出版领域，合同通常是由作者经纪人或代理商代为签署，在合同中也会明确出版商获得版权的范围。

大型出版商自己拥有独立的合同部门，负责与作者、作者经纪人、上家出版商（指的是将作品版权卖给自己的出版商或其他机构），以及下家出版商（指的是从自己这里购买作品版权的出版商或其他机构）打交道，把版权的合同细节纳入到双方最后签署的协议中。当然，出版界也活跃着专门为出版商和经纪人提供专业服务的合同专家。

版权贸易可以由编辑和销售人员自己来完成。但是，大中型出版商一般会雇佣专门的人员从事版权贸易业务。规模较小的版权贸易部门由一位版权贸易经理和助手组成；规模稍大的版权贸易部门就会由专攻特定版权或特定地域版权的工作人员分工协作。出版商也有可能会使用国外的版权代理商（比如位于欧洲大陆、美国和日本的版权代理商），这些机构从中收取一定的佣金（比如销售额的10%）。

出版商协会在2006年发表了一份报告，提供了英国具有一定规模的出版商所从事版权贸易的买卖金额。根据这份报告，英国出版商版权贸易总额为1.285亿英镑，其中56%来自合作出版，44%来自其他版权的销售。在合作出版中，不同语种的合作出版占了64%，剩余的部分是由同种语言（即英语）合作出版贡献的。在不同语种的合作出版中，52%来自与西欧国家的合作，13%来自与北欧诸国的合作，12%来自与中欧和东欧国家的合作，9%来自与亚洲国家的合作。在同种语言的合作出版中，56%来自在美国和加拿大的销售，44%来自在英国本土的销售（包括图书俱乐部）。至于其他版权的销售方面，数字版权的销售开始出现于出版业。在2004年，数字版权的销售额是420万英镑，主要来自学术出版领域和参考工具书出版领域（publishers.org.uk）。

  版权贸易人员也可能检查、鉴定出版商与作者签订的合同，并从版权法和传播法的角度给出专业的意见。许可员工开展一些必要的回应性工作，比如当对方请求从自己正式出版的图书中复制或再版一些素材（包括文本、图表或者插图等）时，许可员工需要给予相应的回复。许可员工往往授予对方一种非排他性的权利，允许对方将自己的素材用于特定的用途（前提是注明对作者和/或出版商的感谢），或者允许对方利用自己的素材出版特定的版本或以规定的语言在全球各地出版（有些地域可能会有所限制）。版权使用许可的申请人需要支付一笔费用，这笔费用为原始出版商和作者共享。有些学校或其他机构为了教学或其他目的而希望复制图书的部分内容，版权许可代理处则代替出版商收集来自这些机构的版权许可使用费。出版商在自己不太可能直接向最终用户许可版权的情况下，会使用版权许可代理处提供的这种服务。

  非排他性的许可允许作者或代理商与其他第三方签署相关的版权协议。

  大多数图书并没有什么版权销售收入，但是的确有些图书会从版

权贸易中大赚一笔甚至完全靠版权销售存活（比如在大众出版领域中尤其是那些配有大量插图的成年或儿童绘本）。在版权贸易活动中，当经纪人或代理商牵涉其中的时候，作者往往会保留大部分版权而不会一股脑地把所有版权都给了出版商，这也就限制了出版商可以销售的版权范围（比如说，如果出版商只是购买了在特定地域出版发行版权图书的版权，便不能向其他机构贩卖这本图书的翻译权）。与之不同的是，非大众出版商往往从作者那里获得跟作品有关的所有版权（这些作者往往没有经纪人或代理商）。大型出版机构在全球各地通过联合兼并等方式不断壮大自己的力量，他们现在往往具备出版不同语言版本的能力，而不需要再把翻译权销售给其他出版公司。主要的STM出版商也正在日益提高自身能力，他们可以越过中间商环节，以数字化的形式把自己的产品直接销售给终端客户。

　　版权贸易业务与编辑、生产、销售和财务等其他业务都有密切的关系。把相关版权销售给顾客（主要是来自其他出版商的编辑或主管）的做法应该要做到定期性和个性化。在协商和签署合同的过程中，版权贸易人员需要具备良好的谈判能力。版权贸易人员的国外旅行至少要包括参加诸如法兰克福书展和博洛尼亚儿童书展这样的主要图书展览会。从事销售具有国际吸引力图书（比如插画版的彩色非虚构图书）的工作人员除了参加相关的书展之外，还要经常往返于不同的国家之间。他们也有很多文书工作需要处理，包括跟顾客通信、定期更新顾客邮件列表、在书展和商访之后整理记录。版权贸易经理应该清楚地知道哪些国家有可能会成为潜在的生意伙伴。比如说，随着近些年来中国经济和出版产业的快速发展，中国往往被认为是更加重要的合作伙伴；在欧洲，不同的国家人均购书量也存在较大的差异；在具有廉价平装本图书出版传统的国家，很有可能其人均图书销量会更高。

　　就像在其他领域一样，科技进步也有利于版权贸易业务的发展。举例来说，市面上出现了专业智能版权贸易软件（比如布拉德百利·飞利浦），而国际性的书展也正在创办服务于版权贸易的虚拟书展平台。版权贸易可以通过电话和电邮开展工作,除了使用传统的各种印刷材料(比如信息宣传单、样本页和目录页)之外,版权贸易人员也可以使用手提电脑。当然,还有很多的顾客仍然希望看到图书的物理材料,包括作者书稿、校对稿和打印稿等。

在作者与出版商签订合同之前,版权贸易部门就有可能开始介入了。策划编辑可能会请版权贸易经理评估这本图书在版权销售方面的潜能,尤其是以下两种情况:其一是这本图书的版权销售来源会影响出版商给作者支付的预付稿酬,其二是这本图书主要依靠版权销售来源生存。出版商会在法兰克福书展上展示图书的封面和样章,看看其他出版商是否有兴趣。在作者正式将书稿交给出版商的前后,出版商会对这本图书进行评估。如果评估结果认为这本图书具有版权销售潜能,就会拟定计划书,包括选择可能的顾客、确定联系他们的方式和时间。与作品相关的版权多种多样,对应的版权贸易业务也既复杂又多样。下面我们将会介绍主要的图书版权。有些时候,出版商与其他机构签订版权贸易合同之前需要征求作者的同意;而出于礼貌的考虑,出版商在任何时候都应该让作者知道事态的进展。

(一)图书平装本再版权

随着同时能够出版精装本图书和平装本图书的大众出版商的出现,已经很少会看到精装本图书出版商把图书的平装本再版权销售给平装本图书出版商的现象了。然而,虽然中小型出版商可能有能力自己销售基于小众市场的平装本图书,但是却不具备销售面向大众市场的简装本图书的能力,因为销售简装本图书需要多种发行渠道做支撑。因此,中小型出版商可以把图书的这一版权许可给规模较大的出版商,借此进入大众市场。亚历山大·麦考尔·史密斯的《第一淑女侦探社》第一版是在1988年由一家规模很小的苏格兰出版商——普利根出版公司——出版发行的,之后在2003年才由奥博克斯出版该书的平装本。

这种类型的版权贸易具有如下核心特征。销售方明确版权的范围和期限，比如在合同中声明购买方拥有在特定地域以特定的版本出版某本图书的专有权利，同时声明版权许可的有效期限（比如八年）。购买方再版图书的平装本，并根据印数为原始出版商支付版税。这些版税为原始出版商和作者共享（比如四六开或三七开）。同时，双方还需要商定版税的提高标准（当图书销量达到特定的水平后，版税率也会提高）和预付稿酬的大小（代表了在未来版税总额的比例）。预付稿酬通常在合同签署日和图书出版日这两个时间节点分两次支付。为了获得在印刷之前对文本进行重新排版的权利（有时也是为了获得使用插图数字文档的权利），购买方也会为原始出版商支付一笔费用，而原始出版商不会跟作者分享这笔费用。通常而言，原始出版商为了保证自己这本图书的其他销售情况不受影响，会在销售图书平装本再版权的时候制定一个恰当的有效期限。

> 购买方通常会为原始出版商支付一笔费用，其目的是重新制作图书的排版格式。

（二）北美权

代表作者利益的经纪人和制书商或许会保留图书的美国权或北美权（美国加上加拿大）。如果出版商拥有图书的北美权，并且在北美的分公司也不销售这本图书的话，那么出版商就可以把图书的这一版权转让或许可给另外一家出版商。到目前为止，美国是最大的，也是最富有的英语图书市场。在丽奈特·欧文看来："美国市场的重要性是毋庸置疑的。不管是大众图书还是学术图书，美国市场对于英国出版商来说都是最为关键的海外英语市场。"（欧文，第103页）有时候，美国出版商也会要求同时获得出版图书西班牙语版本的权利。

英国出版商可以与来自美国的编辑远程商谈版权贸易事宜；美国编辑借助参加法兰克福书展、博洛尼亚书展，或者其他类似书展的途径顺便访问英国，双方进行面对面的讨论。伦敦书展在当今的出版业中的重要性越来越凸显。有时，英国的版权贸易经理会去参加美国一年一度的图书博览会，或者去纽约拜访多家出版商。版权贸易经理也可能会联系美国出版商在英国开设的分公司。英国的编辑也会跟美国出版商保持联系。有时，英美出版商会同时收到作者提交的材料，偶尔双方也会使用竞拍的方式。编辑收到的可能是图书计划书、图书书稿或者是图书的校对稿。根据版权贸易进展的不同阶段，版权贸易经理会向对方介绍作者先前的销售记录、图书简介和宣传广告、出版前的报价信息、英国的订单数量以及其他版权的细节，以此来激发和加强对方对这本图书的兴趣。

从本质上来讲，图书北美权的版权贸易有两种不同的类型。第一种是美国出版商出版发行自己的版本，而前提是为英国出版商及作者支付版税和预付稿酬（通常作者占了大头，比如说占75%–80%）。这种类型事实上就相当于英国出版商扮演了作者经纪人或代理商的角色。另外，美国出版商可能为使用插图的数字文档付费，或者支付一笔复制费（如果没有再对图书进行编辑或进行美国本土化处理的话）。英国出版商更多地把这种版权贸易类型运用于大多数的小说或者具有大量美国读者市场的部分插图版图书。

> 《文学市场》是一本关于美国出版商和图书俱乐部的实用指南，《国际文学市场》则罗列了其他语种的出版商。图书展览会的目录也会提供不同出版商的名录。

第二种类型是英美两国的出版商通力合作出版英国版本和美国版本，这是相同语种的合作出版。装订成册的图书以双方商定的价格进行销售，为作者支付的版税（比如英国出版商净收入的10%）也包含在这个价格中。这种类型的版权交易适用于由英国出版商（这些出版商在美国没有强大的出版或发行力量）出版的任何插图版大众图书和学术图书。美元与英镑之间的汇率会影响到英国出版商以这种版权贸易方式在美国市场上所取得的销售额。

英国出版商无论采用哪一种类型，都会授予美国出版商专有许可权。合同会明确规定出版日期。英国出版商有义务在设定的日期之前提供素材，而美国出版商有义务在设定的日期之前出版图书。英国出版商使用各种方法，努力避免图书的北美平装本或廉价本选在不适当的日期出版发行。因为如果操作不当，就很有可能会严重影响图书的英国平装本的出口。在版权贸易中，双方不仅会商谈版税和预付稿酬，同时也会商谈图书的出版发行地域问题。英国出版商通常会许可美国出版商在美国的专有出版权（是否包括加拿大取决于谈判本身），不允许在英国出版商所属地域范围（比如联合体和欧洲大陆）出版发行，同时也有可能会以非独占的方式许可美国在其他国家出版发行的权利。另外，美国出版商可能也会获取其他的版权（比如图书俱乐部权或连载权），并从其销售额中为英国出版商支付一定比例的报酬。就像跟作者分享版税一样，英国出版商也会跟作者分享这笔报酬。在有些合作出版交易中，美国出版商获取的图书出版发行范围有可能被局限于北美的某些地域，其获取的附属权也会更少一些。

（三）翻译权

随着出版业的全球化进展不断推进，人们普遍看好翻译权的交易前景。获得翻译权意味着购买方拥有了以特定语种出版该作品的权利。对于成人大众图书而言，翻译权一般都控制在作者经济人或代理商手中。但是，如果出版商拥有图书的翻译权，他们将通过电子邮件、电话、参加大型书展或商务访问的方式推广这些图书的海外销路。出版商选择在某个语种市场内出版发行图书的合作伙伴，并发送相关的素材。如果是学术图书，对方需要花些时间进行仔细审核。图书的其他语种版本会提高图书的知名度；从这个角度来看，也许会进一步提高图书英文版的出口销售额。但是，也有人认为英国出版商不应该销售图书的翻译权。比如说，为了促进图书英文版在欧洲大陆的销售，不应该销售图书在欧洲大陆的翻译权。欧洲大陆出版商则往往在原始版本的基础上进行再投资，以提高大众图书翻译版本相对于原版的竞争力，避免消费者因大量购买英文原版而给自己造成损失。

外国出版商翻译和出版图书，需为英国出版商支付版税和预付稿酬，也有可能为使用插图付费。预付稿酬通常少于购买翻译权的总费用。有些出版商所付的预付稿酬相当于首批印数的版税的50%。在少数情况下，英国出版商会要求对方一次性支付所有的费用。对于那些不能提供准确或定期的图书销量信息的地域来说，这应该是比较好的处理办法。购买方可以获得在固定的期限内以某种语言出版图书的专有出版权（有可能也包括其他版权）。有的时候，获得西班牙和法语翻译权的出版商不能在拉丁美洲和加拿大魁北克地区出版发行该图书的大众平装本。就算是同一语言，出版商也可以根据不同的地域出售翻译权。如果是学术图书，作者可以分享通过翻译权销售所获版税的50%；如果是流行的大众图书，作者分享的比例可能高达80%甚至是90%。对于有些小说家来说，他们通过其他语种图书销售所获得的收入远远超过英文原版小说的收入。美国小说家乔纳森·卡罗尔就是一个很好的例子。对于学术著作的作者来说，其专著被翻译出版之后，他们得到的回报往往不是金钱方面的，而是学术声望的提高和作品的广泛传播。

> 阿加莎·克里斯蒂的图书被翻译成40多种语言，在全球的销量超过20亿册。

联合国教科文组织建有记录历年翻译图书的数据库——Translationum，该数据库可以在线查询（参见表12.1和表12.2）。检索该数据库，读者就会发现最为欢迎的原始语种，其中英文排在第一位。这两个表格清晰地展示了英国出版商在翻译权贸易方面所具有的优势。与此相对，从其他语种翻译成英文的图书非常少，这也是人们经常提到的事实。在翻译权交易方面，东欧、波罗的海和亚洲诸国正在成为新兴的市场。

表12.1 排名前十位的被翻译图书语种

原始语种	翻译图书数量
英语	920595
法语	172104
德语	156536
俄语	91382
意大利语	51327
西班牙语	39618
瑞典语	28494
拉丁语	15477
荷兰语	14721
丹麦语	14438

（来源：http://databases.unesco.org/xtrans/xtr-form.shtml，访问时间2007年5月17日）

表12.2 排名前十位的目标翻译语种

目标语种	翻译图书数量
德语	920595
西班牙语	172104
法语	156536
英语	91382
日语	51327
荷兰语	39618
葡萄牙法	28494
俄语	15477
波兰语	14721
丹麦语	14438

（来源：http://databases.unesco.org/xtrans/xtr-form.shtml，访问时间2007年5月17日）

（四）合作出版

在翻译图书方面，除了销售和购买翻译权之外，另外一个途径就是为外文出版商提供翻译文本的数字文档，以配合四色插图。这种途径适用于配有大量插图的彩色图书和儿童绘本。这是不同语种之间的合作出版。为了获得经济上的规模效应，出版商或制书商往往同时印刷不同语言版本的图书。印刷商通常拥有五个装备印版的滚筒印刷机。其中有四个滚筒印刷机可以打印四色插图（由黄色、品红色、蓝绿色和黑色组成），第五个滚筒印刷机则用于打印插图区域之外的黑色文本。印刷工人根据不同语言版本置换第五个印版。根据不同语种出版商的订单数量，出版商统一负责印刷，但不同语言版本的图书上都会印上每家出版商的商标。

对于配有大量插图的成人图书出版商、儿童图书出版商和制书商的版权贸易员工来说，英语和其他语言之间的合作出版是他们工作的核心内容。相对于跟英语语言出版商和图书俱乐部的合作，他们通过使用尚未出版的图书内容和模拟制作图书的护封等方式经常早早地启动与其他语言出版商之间的版权交易业务。在此之后，出版商开展其他语言版本的合作印刷业务，因为这些出版商需要根据最终的英文校对稿或装订成册的英文原版图书翻译成其他语言的版本。对于儿童图书的合作出版，英语语言出版商允许其他语言出版商根据情况修改文本中的少数措词。出版商与合作方需要就图书单册的定价、交易的时机和统一的印刷等事宜进行协商，这些问题都是非常重要的。合作出版还可能涉及出版商与电视台之间的合作。这些交易比较复杂，当中也需要与生产部门保持密切联系，因此作者经纪人或代理商很难参与这种形式的版权贸易业务活动。彼得·尤瑟本是儿童图书出版商——尤瑟本——的创办人，他曾经这样评价合作出版：

您需要为自己出版的每一本书投资。您必须生产出一些东西，使您的合作者如果自己去生产这些东西的话，肯定需要更多的成本。只

有这样，他们才不会自己去生产，而选择从您这里购买。（《书商》，2007 年 10 月 19 日）

图书的模拟本是印刷部分内容的图书样本。

（五）图书俱乐部权

在英国，图书俱乐部协会（隶属于贝塔斯曼）是主要的市场玩家。在面对来自零售商（既包括实体书店，也包括网络书店）大打价格折扣的压力下，图书俱乐部所占的份额在大幅度下降。图书俱乐部权通常是由作者授予出版商的。负责与图书俱乐部打交道的编辑会根据不同俱乐部的活动，给他们推荐合适的图书，给他们发送样本（通常是图书书稿，有时是校对稿）。出版商的目标就是尽早地确保收到来自图书俱乐部的订单，进而可以跟图书的原版一起印刷图书的俱乐部版，从而降低单位生产成本，在贸易中获得价格优势（对于插图版彩色图书尤其如此）。大型俱乐部会在出版商图书清单价格的基础上为自己的成员提供优惠的折扣价格。因此，它自己首先必须努力从出版商那里争取优惠的折扣价格（比如是出版商目录上提供价格的 75%–80%）。图书俱乐部为出版商支付的费用包含需要给作者的版税，作者收取的版税往往是出版商净收入的 10% 或者生产利润的 50%。但是，在有些图书的俱乐部版权的交易中，图书俱乐部为出版商支付的费用中并不包括作者版税，而图书俱乐部为出版商支付的费用取决于自己销售图书的册数和价格（通常是销售总额的 5%–7.5%）。

图书俱乐部也有可能在出版商的许可下以自己的名义再版图书。在这种情况下，俱乐部基于自己为成员提供的售价支付版税，而出版商在收取版税后同样也要与作者共享。在这种版权交易活动中，版权贸易经理需要跟对方协商预付稿酬的金额，向俱乐部收取复制费（俱乐部由此获得再版出版商排版格式的权利，这笔费用出版商不会跟作者分享）。图书俱乐部印刷自己的图书版本是目前的一种发展趋势。

图书俱乐部可能会在出版商精装本图书印刷的基础上提供高质量的平装本图书，通常为其成员提供与精装本相同开本的平装本图书，但其价格只是出版商精装本图书目录上所标价的一半。俱乐部版的封面或许跟原版稍微有些差异，比如删除原始出版商的商标、原先的条形码和价格。

图书俱乐部版的其他交易情况包括：俱乐部从出版商库存中购买较少数量的图书，出版商授权俱乐部出版图书的精装本（在这种情况下，出版商自己只能出版发行图书的平装本）。

出版商通常许可俱乐部在英国销售英文版图书，有时也许可俱乐部在海外销售图书（北美除外）。

（六）数字版权

数字版权的许可业务对于某些出版商（比如参考工具书出版商和学术出版商）而言越来越重要。如果出版公司自身不具备数字出版的资源和能力，他们会把图书的数字版本销售给第三方。甚至对于大型出版商而言，数字版权的销售也能为他们提供额外的收入。互联网和移动技术正处在持续发展过程中，所以数字版权的购买方可能会是新媒体公司而非其他的出版商。比如说，在中国和日本，有些技术公司生产手持阅读器用于查阅诸如字词典这样的工具书。虽然电子阅读器目前的销量仍然比较低，但正逐渐被越来越多的读者所接受。另外有些公司对利用手机提供旅游资讯或供游客到国外旅行时用的外语常用语手册抱有浓厚的兴趣。出版商会把期刊、参考工具书，甚至整本图书的电子版都许可授权给信息集成商（比如 EBSCO 和 ProQuest），而信息集成商则为学术图书馆、公共图书馆和其他机构一站式提供来自众多出版商的产品和资源。

学术出版商为机构（比如大学）访问他们的电子资源提供站点许可服务。许可条款规定了机构使用出版商电子资源的具体条件。在美国，多家图书馆会联合组建图书馆联盟，以联盟的形式跟出版商协商访问在线数据库的条款。在英国，联合信息系统委员会代表英国高等教育机构处理访问数据库和电子书的许可事宜。用户需要借助密码访问出版商的电子资源，出版商也有可能会设置允许同时访问某一资源的并发用户数。现在越来越多的大学都跟出版商商定，允许大学师生在校外也能利用阿森斯认证系统（athens.ac.uk）访问学校购买的电子资源。

销售数字版权的出版商授予对方的往往是非专有许可，以此来保护自己的利益。这种许可通常是短期的、局限于某一特定语种、特定格式或平台，并往往要求使用者提供使用承诺和事先付款。非专有许可同时也意味着出版商有可能还会把数字版权许可给其他公司。合同里面还可能规定严格控制使用出版商的品牌商标，以最大程度地降低可能会对出版商声誉所造成的影响。在网络公司飞速发展的时候，购买方会为了获取数字版权给出版商支付不菲的价钱，但现在购买方已经不太可能会为出版商支付那么高的价格了。出版商倾向于对方支付固定的年度使用费，但这一商业模式尚未经过市场的考验。作为一种替代方式，出版商也可能会跟对方合作，双方以商定的比例分摊成本和分享利润。电子书的版权交易业务不太可能使用预付稿酬模式。

如果数字内容具有高质量的层级结构和元数据信息，那么在销售过程中可以卖出更高的价格。希望售卖数字版权的出版商需要确保他们的数字内容是以适当的形式（比如 XML）进行存储的。这些数字文档可以从排版工人那里获取或者出版商一开始就规划好。在大多数情况下，PDF 文档对于电子书的制作已经够用了。

（七）连载权和摘录权

销售连载权就是授权报纸或杂志连载图书。对于娱乐圈名人或政治人物的回忆录之类的图书，出版商能从销售连载权中大赚一笔。第一连载权赋予购买者在图书正式出版之前就可以连续刊载图书内容，因此是最有价值的；它能为全国性的报纸和杂志带来诸多好处。绝大多数图书的连载权都掌握在作者经纪人或代理商手中。有时，第一连载权可以被销售给不同的出版物。比如说，戴维·布伦基特的回忆录《布伦基特磁带》（2006年出版）同时在《卫报》和《每日邮报》上连续刊载。第二连载权和之后连载权是指图书正式出版后的连载，出版商可以把这些连载权销售给诸多地区性报纸、晚报或杂志。购买方根据连载长度支付费用，或者免费连载（如果出版商认为这种连载可以促进图书销售的话）。编辑会选择图书中合适的段落，在作者书稿或校对稿的基础上标注自己的想法，然后在图书正式出版的前几个月把这些材料发送给中意的报纸或杂志的专题编辑。出版商可以把第一连载权销售收入作为预付报酬支付给作者（经常高达90%）。因此，连载图书不仅是为图书做了很好的宣传广告，而且销售连载权所获得的收入也相当不错。对于有些大众图书出版商而言，是由销售部而非版权贸易部负责销售图书连载权的。

> *第一连载权的价值更大，因为这些连载发布在图书正式出版之前。*

（八）电影、电视和视频载体改编权

出版商往往不太熟悉如何将图书的版权销售给电影和电视制作公司，但是有些规模较大的中介机构非常擅长这个领域的运作。通常，电影和电视公司会首先获得一本小说的保留选择权。根据这项权利，他们可以在规定的期限内再跟出版商商谈，购买将小说改编成电影或电视剧的相关版权。丽奈特·欧文对将图书搬上银屏的可能性做过如下的评论：

基于文学作品改编的电影剧本，其比例在5%到10%之间；而最终制作成电影的作品又只是其中的十分之一。相对于销售图书的电影改编权来说，销售图书的电视改编权获得成功的可能性更大。出版商不会免费授予对方图书的电影和电视改编权,对方通常需要付费购买,这份销售对于出版商而言也是一笔可观的收入。(欧文,第252页)

> 在作者尼格拉斯·埃文完成小说《马啸》(该书于1995年出版发行)之前,这本小说的电影权已经以300万美元的高价被卖了。

跟电影和电视制作公司签署的比较理想的合同应该能够使出版商把图书的电影和电视改编权再次许可给第三方,反过来,也能使出版商获得对即将上映的电视节目和电影进行改编并出版图书的权利。

有声图书版权可以以两种不同的格式进行专有许可授权:删节版和未删节版。有些主要的大众出版商设有音像出版部,负责制作自己出版图书的有声版(通常是删节版),或者从中介或其他不出版有声图书的出版商那里购买版权。市场上也有一些出版有声图书的独立专业出版商。这些专业出版商倾向于出版未删节版有声图书,用于供应公共图书馆市场。现在,越来越多的有声图书可以被下载到诸如 iPod 和手机等终端设备上。出版商也会许可广播阅读图书或对图书进行改编。

> 在J.K 罗琳的强烈坚持下,《哈利·波特》的有声图书版(阅读人是斯蒂芬·弗莱)是未删节版,该版本完全保留了所有印刷版图书的内容。

(九) 其他版权

其他的版权包括节略权(主要是指销售给《读者文摘》的一种版权)、促销再版权(为大众市场开发的低成本版本)、大部头印刷版权、布莱叶盲文版(出版商通常会免费许可对方使用)、用于出口目的英文平装本版权。出版商也会授权允许对方出于为大学课程定制化教科书的目的而使用自己的素材。

附

阅读书目

丽奈特·欧文，《版权贸易》（第5版），劳特里奇，2006（Lynette Owen, Selling Rights, 5th edition, Routledge, 2006）。

参考文献

《文学市场》，鲍克，关于美国出版业的年度指南（Literary Market Place, Bower Annual guide to the US publishing business）。

《国际文学市场》，鲍克，提供全球领域的出版商信息（International Literary Market Place, Bower "For book publishing contacts on global scale"）。

丽奈特·欧文（编），《克莱克出版协议：图书范例》（第7版），托特尔出版公司，2007（Lynette Owen (editor), Clark's Publishing Agreements: A book of precedents, 7th edition, Tottel Publishing, 2007）。

网络资源

www.thepa.net 有声图书出版商协会
www.audiopub.org 美国有声图书出版商协会
www.cla.co.uk 版权许可代理商

专家视点：版权许可代理商

凯文·菲茨杰拉德（版权许可代理商的行政长官）

版权许可代理商（下面简称"CLA"）是由英国作者和出版商联合创办的，其目的是代表作者和出版商集体许可第三方对他们的出版物的复制权利。

在1982年，作家许可和集体授权协会与出版商许可和授权协会联合创办了CLA，其目的是许可第三方对图书、期刊和杂志的影印版和扫描版进行有限使用。CLA 也与设计和艺术作品版权保护协会签订协议，代表视觉作品创作者许可作品使用。

CLA 将作品许可给来自商业界、教育界、政府部门的机构使用，允许他们在授权范围内开展有限制的复制行为。在大多数情况下，作为回报，这些机构支付年度使用费。

通过与其他国家类似的机构签署互惠互利条约，CLA 许可范围也涉及在主要的海外市场复制使用自己代理的作品。CLA 一直在扩展自己的许可范围。在 2006 年，CLA 与阿根廷、比利时、墨西哥签署了新的条约，使其许可地域范围也扩展到了这三个国家。

在 2006–2007 年度，CLA 收集的许可使用费超过 4900 万英镑。同年，音像作品的许可收入达到 4700 万英镑，这些收入使作者和出版商都同时受益。CLA 根据在特定期限的复制数量把这些收入挨个分配给作品版权的所有者。

CLA 的许可业务有效地将内容创意与产业连接起来。一方面，它确保了版权所有者在他们的作品被复制的时候能得到合理的回报；另一方面，它为公司、学校、政府公共部门等机构提供了使用大量出版物的简便而又合法的使用途径。这些出版物包括行业杂志、大众杂志、学术期刊、图书、法律文书和简报等。

最近，在与版权所有者合作的过程中，CLA 面临一个新的挑战，即如何许可原生数字作品的再使用问题。来自多个领域的被许可者（尤其是来自高等教育界和制药行业）都希望获得"全面数字版权许可"，从而可以对作品进行从印刷版到印刷版、印刷版到电子版（扫描）、电子版到电子版以及电子版到印刷版等各种方式的再使用。为了引起作者、视觉作品创造者和出版商对原生数字作品集体许可问题的关注，CLA 举办了包括"信息咨询日"在内的诸多活动。同时，CLA 也积极跟每个出版商开展对话。与以往任何活动一样，CLA 的目标是为原生数字作品提供集体许可解决方案。

为了能够从 CLA 许可业务中受益，作者和艺术创造者必须要分别成为作家许可和集体授权协会与设计和艺术作品版权保护协会的会员，而出版商需要把作品委托授权给出版商许可和授权协会。CLA 通过以这种方式支持版权所有者，在一定程度上积极维护了作品的价值，从而保证英国创意产业的可持续发展。英国的创意产业占英国整个国民生产总值的 8%，而且这个产业也为英国社会创造了上百万个就业机会。

专家视点：图书展览会

丽奈特·欧文（培森教育出版集团版权贸易经理）

图书展览会（下面简称"书展"）是出版界最为重要的事件之一，它为出版商、代理商、发行商和零售商寻求彼此的合作提供了面对面的商谈场所。作者也有可能参与书展举办的图书发布会和相关的文化活动。有些书展也会鼓励公众参与书展以及书展举办的文化活动，有时公众也会通过书展低价购买图书。

版权贸易是许多书展提供的主要服务内容。虽然出版商常年通过信件、电话和电子邮件开展版权贸易业务，但是书展为新书销售版权提供了一个集中的机会。对于版权贸易业务而言，最为重要的书展包括：法兰克福书展、博洛尼亚书展和伦敦书展。法兰克福书展在每年的十月份举办，展品囊括各种类型的出版物，展商来自全球各地。博洛尼亚书展从 2008 年开始在每年的三月下旬举办，展品涉及众多的儿童图书和部分教育出版物。伦敦书展现在都在每年的四月中旬举办。

美国图书展览会于每年的六月初举办，地点在纽约和美国的其他城市之间来回切换。举办该书展的目的主要是为美国出版商向出版业展示新书提供机会；但对于英国和其他国家的出版商而言，该书展为他们在美国与美国出版商碰头提供了一个绝佳机会。

西欧举办的其他书展往往扮演着不同的角色：巴黎书展（每年三月份在巴黎举办）和哥德堡书展（每年九月末在瑞典举办）偏向于文化活动，而西班牙国际书展主要是服务于拉丁美洲出版商和西班牙出版商面谈的论坛活动。西班牙国际书展就在法兰克福书展的前几天举办，地点在马德里和巴塞罗那之间轮换。

现在在中欧和东欧也有很多书展；但是，其中大多数书展只能算是当地出版商向参观民众销售图书的"销售展览会"。华沙书展在每年的五月份举办，该书展提供版权贸易论坛。莫斯科国际书展于九月上旬举办，为那些不太参加西欧书展的俄罗斯出版商提供了相互展示的机会。布拉格、布达佩斯和波罗的海的诸多城市也都启动了书展活动，分别在立陶宛、拉脱维亚和爱沙尼亚三国之间轮流举办。在巴尔干地区，贝尔格莱德、布加勒斯特和塞萨洛尼基也都有类似的书展活动。

在更远的地方，比如在印度的加尔各答和德里、韩国的首尔、日本的东京和中国的北京，也有书展活动。加尔各答和德里书展更多的是服务于图书销售而非版权贸易。而北京书展是一个主要的提供版权贸易服务的论坛，东京书展目前也努力提升自己在版权贸易方面的能力和品牌。在拉丁美洲，瓜达拉哈拉书展大力宣传自己是提供版权贸易服务的重要论坛。始于2006年的开普敦书展也在努力把自己打造成泛非洲地区的版权贸易论坛。

文学经纪人和出版商版权贸易人员早早地为书展做相应的准备工作，在参加书展之前的数几周就开始计划商谈活动和预约商谈对象。在书展期间，出版商可能会接待没有事先预约的访客，但是绝大多数的商谈活动都是事先预约好的。

版权销售人员在参加书展的时候，会携带已经正式出版和即将出版的图书的素材和信息。会展期间的工作是非常繁忙的，每个预约会谈的时间通常不会超过半个小时。按照惯例，版权销售方一般都待在自己的展位上（或统一被安排在某一中心位置），而版权购买方会光顾不同的销售方。有些书展的物理条件在很多方面都需要加以改进！在版权会谈中，双方首先会讨论之前尚未完成的合作项目或之前尚未解决的遗留问题，然后版权销售方会向对方介绍新的图书项目。版权销售方会根据不同的顾客选择适合对方的书目，在与不同的版权购买方会谈的时候会使用不同的工作语言。版权销售方可能会以专有许可的形式销售版权，这种情况对于学术和专业图书来说更为普遍。在这种情况下，潜在的版权购买者需要足够的时间搜集专家对这本图书的评价意见。版权销售方也有可能会把图书提交给多个潜在购买者，或者采用版权拍卖的形式。在版权拍卖中，潜在购买者必须根据销售方制定的条款彼此竞争。

虽然出版商常年从事版权贸易活动，电子邮件的出现和普及更是方便了这项业务的开展，但是书展在版权贸易中仍然扮演着非常重要的角色。因为很多版权贸易活动的开展仍然依赖于人际关系、对潜在购买者品位的判断（这一点在大众图书出版领域尤为重要）和面对面的交流。书展期间，出版商经常需要在规定的工作时间之外加班加点，比如利用早餐时间邀请对方会谈、在书展结束后约见对方共进晚餐。出版商是社交性动物，许多最后成交的生意可能是书展期间在非正式（而非正式的预约会谈）的会谈中促成的。也有许多最后成交的生意（尤其对于大众图书而言）可能是双方在书展开始前后在酒店或其他场所中敲定的。

在书展结束后的一段时间内，出版商通常也是极其繁忙的。按照惯例，版权销售方有责任在书展结束后尽快地对每个顾客进行跟踪和随访，包括：确认双方在书展期间达成的协议，为在书展期间成交的版权交易起草合同，为潜在购买者提供之前承诺过的信息或样品。对于教育图书、学术图书和专业图书来说，双方通常要在书展结束后的数几周或几个月内才决定最终是否敲定这笔买卖；但是对于大众图书而言，双方决策的进度要快得多。

在互联网和视频会议如此迅猛发展的今天，书展在未来的价值有时也会遭到不同程度的质疑。但是，大多数的出版商都认为书展在很长的一段时间内仍然是出版业内非常重要的事情，所谓"虚拟的"活动将不可能会取代定期的人际联系和井然有序同时又充满嘈杂声的实体书展。

专家视点：数字版权的许可——新手须知的十条规则

大卫·埃特伍德（埃特伍德联合公司总裁，该公司是致力于数字媒体业务的出版咨询机构和版权许可代理商）

在数字版权领域寻找合适的顾客通常需要销售方主动出击。目前在内容传递方面还存在一些技术问题，处理数字版权的贸易业务可能非常耗时耗力。跟所有其他的版权一样，出版商可以亲自开展数字版权的销售业务或者外包给某家专业代理商。下面提供一些有用的建议：

（1）跟图书市场相比，数字市场更加复杂多样，可以根据电子商务类型对这一数字市场进行细化，包括：数据集成商、电子书公司、互联网服务提供商和门户网站、硬件制造商、在线学习供应商、公司网站和手机公司。

（2）了解购买数字版权的潜在客户所运作的商业模式将有助于提高版权交易的成功率。比如说，需要了解他们是否对读者的订阅收费、是否销售单本的电子书、是否依赖于广告销售收入？

（3）了解自己实际上拥有什么？需要转让或许可哪些版权？好好稽核自己所拥有的知识产权（包括图片的版权）。这是开展版权交易的第一步，也是非常关键的一步。

（4）需要将基于信息内容的作品很好地呈现在屏幕上和可供检索的数据库中（尤其是那些以非连续性形式组织的非虚构类作品和学习材料）。能够帮助用户快速检索到相关资源的任何元数据都是非常具有价值的，内容（包括图片在内）的结构化呈现和规范化标签都是非常重要的。

（5）既然数字文档的格式越来越不受商标法的保护，所以启动灵活的数据结构（比如 XML）能够帮助提高数字版权交易的成功率。许多客户（尤其是电子书公司）也会接受合适的 PDF 格式。

（6）了解在数字版权的交易中存在的一些行业规则。首先，数字版权的交易是非专有性许可。不同于印刷图书的相关版权，对数字版权授权的界定通常不会基于地域或者零售渠道，而是基于特定产品、平台或市场。对数字版权授权的界定应该有助于避免同一家电子公司在其他产品中也使用这一数据。从支付方式的角度来看，如果是将数字版权销售给大型数据产品集成商，通常是基于流量收取预付稿酬和版税。预付稿酬有时也会用年度最低使用费来替代。电子书的支付方式则不同，销售方获取的收入在法律上是具有追溯效力的，应该被看成是出版商基于双方折扣的共识所获取的纯收入（而非版税）。

（7）在线用户总是希望访问最新的内容，数字版权购买方可能会要求出版商提供内容的及时更新服务。这对于出版商而言，既是一个问题，也是一个可以借此不断为内容提供附加价值的商业机会。

（8）许可期限应比较短，有些许可合同应明确起始时间（因为图书的出版日期经常会出现延期的情况）。

（9）确保数据的安全性是非常关键的，这一点应体现在合同中。类似地，如果付费用户在获得未删节版的数据许可后把这些数据内容免费发布在网络上，这也是不被允许的。

（10）注明致谢和用户反馈。除了提供出版商信息和注明致谢之外，双方也经常商定是否需要提供出版商网站的链接。在合同中，也可以明确用户实际使用流量的分析工作，这一点对于改善在线内容的编辑工作非常有意义。

专家视点：有声图书

尼古拉斯·琼斯（斯特拉斯莫尔出版公司创办人兼总经理）

在1935年，英国盲人皇家学会用16rpm光盘录制了阿加莎·克里斯蒂的侦探小说《罗杰·艾克罗伊德谋杀案》。这是第一本"会说话的书"。

直到20世纪90年代，有声图书都一直被认为是"盲人读物"，而其作为一个术语则是到这个世纪初才最终被广泛接受的。在美国，凯得蒙早在1954年就为大众市场发行有声录制读物，尤其是录制诗人亲自阅读的作品。在英国，EMI和阿尔戈在20世纪70年代试验录制口头说话作品（相对书面语言或音乐而言）。在20世纪80年代后期，BBC发布了"广播文库"——来自磁带存档有声资源的精选。自此之后，公众开始关注出版物的"按需点播"。但是直到20世纪90年代，主流出版商才陆续启动了自己的有声图书项目，包括企鹅、霍德、哈珀·柯林斯、兰登书屋和猎户。有声读物的销售场所从音像商店转向了书店，普通消费者开始把它视为一种独立的普通媒介，而不再把它看成是特别为盲人提供的印刷图书的替代品。从1995年到2001年，有声图书每年的销售增长率都在20%。可见社会对有声图书存在一定的需求，尽管近些年来其年度销售增长率已经趋向平缓。

技术的发展起了很大的作用。索尼随身听播放器（最初利用磁带，后来利用CD光盘）鼓励读者在旅行的同时聆听音乐和开展多任务操作。截至2005年，磁带几乎已经被CD光盘完全取代。有声图书现在都通过网站（比如audible.co.uk）提供在线下载服务，2007年有声图书的下载收入大约占到整个市场的10%，并且市场份额还在持续上升。为了提高自己销售各种格式（印刷版、电子版和有声版）内容的能力，亚马逊在2008年收购了Audible。尽管亚马逊的这一举动有助于提高公众对有声图书的关注，但是英美两国的出版商仍然担忧有声图书下载市场在未来的市场集中度问题。其他的市场竞争者（比如audioVille和Spoken Network）所占的市场份额非常微小，而亚马逊和Audible的兼并使得这个市场更像是大卫和巨人歌利亚之间的斗争。

大多数位于商业街上的商店销售的都是删节版的有声图书，这些有声图书通常被剪辑成3到8个小时的长度（3万到7万个单词）。未删节版有声图书通常会有20个小时，《战争与和平》有个版本长达60个小时之久。销售给图书馆市场的有声图书一般都是未删节版。下载技术已经克服了之前很难把未删节版推向市场的物理限制。相对于CD光盘的销售，通过在线销售的有声图书中，未删节版的比例要高很多。

有声图书在整个英国大众图书行业所占的比例很小。事实上，也很难获取这个行业的精确销售数据；但根据2006年行业协会的调查，英国有声图书的市场销售额是 7000 万英镑，占英国大众图书市场总额的 2.8%（总额大约为 25 亿英镑）。然而这个数据跟尼尔森所提供的数据不一致，后者认为英国有声图书的市场销售额只有 2100 万英镑。产生两个数据差异的可能原因是尼尔森数据没有将图书馆购买和读者通过直邮订阅的未删节版有声图书计算在内。

从有声图书占大众图书市场份额的角度来看，有声图书在美国发展得要比英国好。美国有声图书的零售销售额是 8.7 亿美元（按当前的汇率折算为 4.35 亿英镑）。美国大众图书的销售总额大约为 122 亿美元；因此，有声图书所占的比例大约为 7%。美国的人口是 3 亿，英国的人口为 6000 万。根据有声图书出版协会在 2007 年的一项调查，英国只有 8% 的成年人在 2006 年收听有声图书，而美国对应的数据则达到 25%。

出版商在有声图书这个细分领域上的发展机会取决于决定出版什么内容以及如何获取相应的版权。这一产品几乎所有的生产工作都外包给为数不多的几家专业制作商和工作室。

专业技能：版权人员的工作技能

版权工作人员最好懂法语或者德语。如果特别考虑到开展合作版本事宜，最好也能懂意大利语和西班牙语。但是商谈和协商主要都是用英语进行的。当然，更高级别的版权工作人员可能会从事很多管理性的事务。

从事版权销售工作首先要了解图书本身和潜在顾客。如果版权工作人员对公司出版的新书具有编辑般的洞察力和发散性思维能力，就能更好地评估版权销售的前景和价值，更好地抓住最为关键的要点，从而更好地实现版权销售的收入。对于那些非常适合开展版权贸易的图书，版权工作人员应该能够判断联系客户的最佳方式和最佳时机。

掌握了客户的需求，版权工作人员就能更好地理解客户在不同的文化、政治和经济环境中开展不同业务的方式——比如他们的产品经营范围、市场份额、商业模式和财务结构。版权工作人员不仅需要了解宏观上的国民阅读倾向，也需要识别对方个人的兴趣和品位（这一点在小说和童书出版中尤为重要）。

为了能够与行业内为数不多的资深人士保持定期的联系，版权工作人员需要跟他们发展并建立亲密的人际关系。版权工作人员的销售技能包括能绘声绘色地推广图书，不管是以写信、通电话还是开展面对面会谈的形式。即使是在可供新书开展推广工作所需的信息和材料不够充分的情况下，版权工作人员也应该努力做到这一点。当有多位潜在客户互相竞争或者合作印刷时间较短的情况下，版权工作人员必须能够较快地处理工作压力，并且能够快速而熟练地解决争端并最终达成协议。

具备丰富的经验、对数字的敏感性、敏捷的反应能力以及谈判的技巧能够帮助版权工作人员判断顾客提供的预付稿酬是否出价太低。版权工作人员必须十分清楚合同中的每一条款以及这些条款的含义；如果发现存在有损出版商利益的条款，必须要进行修改或删除。

当涉及到物理或数字形态的时候，版权工作人员也应该具备关于生产流程的基本常识，也需要熟悉主要的行业术语。由于这份工作经常需要回顾和定期记录目前可供销售的图书版权，以及顾客正在寻找的图书类型，因此，一丝不苟、井然有序的工作态度对于版权工作人员来说也是必备的。显然，如果把同样的一本图书的版权在同一地域销售两次，其后果是非常严重的。

在诸如法兰克福这样的主要书展举办的前前后后，版权工作人员经常需要整日超负荷地工作。在工作日，要与众多的客户会谈（每个会谈的时间一般都在半个小时左右）。晚上和周末还有可能会与顾客进行非正式的见面和会谈。这份工作真的需要强大的体力和响亮的嗓子！

第13章 图书销售渠道

出版商可以通过多种渠道销售图书,他们对销售渠道的选择依赖于出版的图书类型。比如说,大众图书的销售成功与否在很大程度上取决于图书在书店的上架情况。正如我们在第十章所看到的,推动大众图书销售的一个重要因素就是图书在书店中的展出时间和摆放位置。图书销售商是大众出版商最为重要的顾客,同时也是他们最为重要的销售渠道。大众出版商将主要的市场营销和销售精力都花在图书销售商的身上。不过出版商也应该意识到超市和网络在图书销售中扮演越来越重要的角色。表13.1显示了英国不同零售终端占有的市场份额,超市和网络所占的市场份额比往年更高了。正如表13.2所示的,随着时间的推移,总体趋势就是超市和网络所占份额在增加,而独立书店、议价书店和图书俱乐部的市场份额在降低。

表13.1 2005年英国各图书销售渠道销售额所占的市场份额

零售渠道	市场份额(10%)
水石	24
其他书店(包括鲍德斯和布莱克威尔)	15
其他商店(包括W. H. 史密斯)	19
超市	8
网络	8

(续表)

图书俱乐部和其他远程销售商	15
其他渠道（包括议价书店）	10
总共	100

（来源：竞争委员会，2006）

表13.2　英国各图书销售渠道销售额所占的市场份额变化
（2001-2005年）

销售渠道	市场份额变化值（100%）
连锁书店	+18
议价书店	-14
独立书店	-16
超市	+90
其他零售商	-12
直销	-25
网络	+183

（来源：《书商》网站，访问时间2007年10月25日）

独立出版公司科根·佩吉的总裁菲利普·科根曾经强调出版商应该全面了解与图书销售有关的所有渠道：

当下出版商仅靠对图书选题的敏锐嗅觉已经不够了。除此之外，出版商还必须在图书付梓之前就得对它的销售渠道有所把握。除了极为少数的图书会取得巨大成功（这些图书可能来自大型出版公司，也可能来自小型出版公司），一般的图书销售都是一笔艰难的买卖……我们寻求各种可能的收入来源，包括在线出版和网络销售、以音频的新形式出版，等等。虽然我们真诚地希望与我们的首选渠道——书店——通力合作，但同时也应该意识到为了生存下去，我们不得不在自己的图书和网站刊登广告，销售广告空间并赚取广告收入。（科根，2007）

图书销售渠道 第13章

在过去的 25 年中，英国的图书销售行业发生了很多重大的变化，包括图书净价协议在 1995 年的崩溃（该协议正式终结是在 1997 年，这个变化导致了图书销售市场的价格战）和城市主要商业街上大型连锁书店的崛起。小型书店基本关闭了，而中等规模的书店则被其竞争对手大型书店吞并了。比如说，鲍德斯在 1997 年收购了 Books Etc；而水石在 2006 年兼并了奥塔卡。在 20 世纪的后期美国，诞生了"超市"的概念，即拥有大量产品品种（通常为 50000–80000 种）和咖啡店的大型商店。英国第一家鲍德斯是于 1998 年在伦敦牛津街开业的，而首家水石则是在 1999 年开业于伦敦的另外一条繁华商业街——皮卡迪利大街。

如果没有网络和超市这两种销售渠道的快速发展，鲍德斯和水石在图书零售市场中的日子将会过得很舒服。2007 年，新闻报道鲍德斯将英国的业务卖给了卢克·约翰森（第 4 频道的总裁）和他的私人投资公司，同年水石也宣布将关掉部分门店。

超市作为一种渠道对大众出版商的意义越来越大。在 2007 年，哈珀·柯林斯启动一项名为 Avon 的简装本图书系列，其目标受众是工作繁忙的女性读者。这份图书目被称为"以渠道为导向的出版"，采取"超市风格的营销手段，并确立了三种最受读者欢迎的题材：鸡仔文学、言情文学和犯罪/惊悚文学"（《卫报》，2007 年 3 月 31 日）。超市可以像对待产品那样对图书拍板叫价，要求出版商提供大幅度的折扣。作为回应，出版商不仅要改变自身的出版内容，而且还得组建更大的出版集团（出版集团更有可能持续为超市提供畅销书）。

独立书店在连锁书店、网络书店和超市的多重夹击下举步维艰。图书销售商可能会发现从乐购进货比直接从出版商那里进货还要便宜。截至 2007 年 4 月，书商联盟中的独立书店成员数量为 1424 家；而在 1997 年 4 月份，这个数量则为 1839 家。有证据表明独立书店目前已经稳固了他们的地位。幸存下来的独立书店通过提供优质服务、及时订阅以及强调他们在社区中的地理位置等优势稳固了自己的位置。就像市场日益鼓励消费者从超市里面购买图书一样，独立书店也开始强调他们在日益同质化的商业街上所体现的独特价值。

除此之外，图书市场中还存在一些对于某些特殊的出版商而言具有重要意义的销售渠道，其中就包括机场书店（尤其是位于伦敦希斯罗和盖威特机场的门店）。这些机场书店通常会销售大量的平装本小说、旅游类图书和商业主题类图书。飞机的误点对于他们而言是很好的销售机会。

研究表明，97%的重度图书买家更喜欢去书店购买，而在轻度买家中这个数字降为78%（图书营销有限公司，2005）。这一发现在情理之中。表13.3显示了书店仍然是最受欢迎的图书销售终端，该表同时也表明了其他销售渠道的重要性。

表13.3　图书销售终端——通过各种渠道购买的读者比例

读者购买渠道	书店	超市	图书俱乐部/直销	网络
读者比例（%）	44	32	11	22

（来源：敏特市场调查公司，《关于图书，音乐和视频出版物的零售调查》，2005）

一、连锁书店

毋庸置疑，图书销售在过去的30年中专业了很多。许多城市主要商业街上的连锁书店为读者在舒适的环境里提供了各种类型的图书。就像罗伯特·马克罗姆写的那样：

自从1997年图书净价协议正式被废除之后，书店的转型为此付出了一定的代价。极少数显示度很高的图书确实买得很好，或许比之前任何时候都要卖得好；但是绝大多数的图书只能努力挣扎以求生存。图书的销售利润越来越来自超级畅销的图书，比以往任何时候更甚；这些利润用来弥补其他大多数图书失败所带来的损失。《观察者》，2007年7月1日）

不同的连锁书店具有不同的风格，他们都致力于发展自己独特的品牌。比如说，W. H. 史密斯的目标是要把自己打造成为全英最受欢迎的书商、文具商和报刊经销商。它在英国的各大商业街上都开设实体店，每年售出四千万册图书。在 2007 年，W. H. 史密斯通过机场和火车站门店所销售的图书占年度销售总额的 20% 左右，不如商业街书店的比例高（商业街书店的销售额约在 25% – 30%），但其销售额也达到了 5 亿英镑（《书商》2007 年 5 月 25 日）。W. H. 史密斯对于 15 – 19 岁和 45 – 54 岁这两个年龄段的用户最有吸引力。

水石隶属于 HMV 集团，在英国拥有 300 多家门店。水石书店一般的规模是提供 3 万到 4 万册图书，但其最大的门店拥有的图书高达 15 万册之多。在 20 世纪 80 年代，水石和狄龙互相竞争，各自都开张了多家装修讲究的品牌店，配备的图书品种比传统书店多很多。这些装修讲究的品牌店往往被称为以"高端市场"为导向的图书销售商，他们提供大量精装本和平装本图书，其再版图书也非常完备。在 20 世纪 90 年代末，随着水石和鲍德斯旗舰店（配备的图书都在 15 万册以上）的开张，这些所谓的品牌店的规模就不算大了。水石的顾客主要来自英国的中产阶级、大版面报纸的读者以及互联网用户。在 2007 年，水石的执行经理格里·约翰逊在宣布关闭部分门店计划的时候坦言，"公司将把更多的精力放在小说、烹饪和童书的销售上，同时减少对学术图书的投入，但读者仍然可以通过在线订购学术图书"（《卫报》，2007 年 3 月 14 日）。之前，水石曾经放弃了自己经营的在线销售业务，转向与亚马逊的合作。但是，该公司在 2006 年又重新启动了自己的在线销售网站。

最早的狄龙书店由尤纳·狄龙（1903 – 1993年）创办于1936年。这家连锁书店在1998年被HMV集团收购，次年启用水石作为自己的商标。

在英国，鲍德斯大约有 70 家门店。这些门店基本都开设在城市，最主要的顾客群体是 35 – 44 岁的 AB 群体。在美国，鲍德斯开设的超级书店将近 500 家。而它的主要竞争对手——全球最大的巴诺连锁书店——则拥有 700 多家门店。在 20 世纪 90 年代，这些连锁书店的发展要归功于美国图书销售市场的转型。

中等规模的连锁书店通常经营规模较小的店面，倾向于销售流通快速、出版商重点推广的主要图书，尤其将精力集中在卖得最好的 5000 本书。然而，在他们当中有家以销售学术图书为主的书店——布莱克威尔。这家书店连同水石一起控制了英国校园书店的所有权。在英国，布莱克威尔所拥有的零售渠道、图书馆供应业务，以及它在出口专业图书方面都具有领先地位。因此，对于出版高水平的学术和专业图书的出版商来说，布莱克威尔是一家非常重要的客户。布莱克威尔在全英共有 60 多家门店。学术书店的图书销售高峰期在每年的秋季和新年，因此学术书店的一大问题就是如何吸引读者在这两个高峰期之外的其他时段来书店买书。有些校园书店现在也出售文具、音乐碟片和礼品。约翰·威利高等教育部的市场营销和销售主管尼尔·波姆菲尔德坦言："在价格和品种方面，校园书店在与网络书店的竞争中倍感压力。既然如此，他们非常有必要强调和凸显自身优势——与学生群体在地理位置方面的接近性、出众的产品和体贴的服务。"（《书商》，2006 年 8 月 18 日）奥塔卡的市场定位是在规模较小的城镇开设门店，但这家连锁书店在 2006 年已经被水石收购。

连锁书店的运作方式

通常而言，像水石这样的大型连锁书店采用集中采购的方式进货，总部直接从出版商或一级代理商那里挑选图书。利用这种方式，可以避免出版商直接把图书卖给连锁书店的各个门店。有的时候，连锁书店也将总部的集中采购和门店的直接采购结合起来。连锁书店决定采购决策的方法是比较灵活的。水石在 2008 年宣布开设一家新的集中式发行中心，为所有的门店提供货源。这在一定程度上加强了图书销售的稳定性（是指降低未售图书的退货率），因为对于卖不出去的图书，连锁书店可以不用直接退还给出版商而是送给其他门店进行再次销售。

W. H. 史密斯自己也扮演批发商的角色，它从出版商那里集中采购。具体来说，W. H. 史密斯首先将统一采购的图书放在位于斯文顿的仓库，然后再从那里把图书分别配送给各地的门店。

主要的连锁书店都有中央营销部门，这个部门通常与出版商的市场营销人员合作，共同开展图书推广活动，包括举办店内促销和作者签售等活动。比如说，在2007年，鲍德斯针对来自阅读小组的读者启动了一项促销活动，这些读者能以打折价购买精选的图书（读者可以在公司的网站上获取参加活动的图书清单及其他详细信息）。

二、超市和网络

（一）超市和其他非图书零售商

其他的大型零售连锁店（比如超市）通常也是集中采购并直接从出版商或者从批发商那里进货的。超市经常对畅销书大打折扣，有些图书仅以半价出售。2007年《哈利·波特和死亡圣器》在阿斯达超市的售价只有5英镑，而该书的建议零售价格为17.99英镑。虽然超市在总体图书市场中所占的份额仍然比较有限，但是他们在畅销书的销售额中却能占据半壁江山，这也解释了超市为何能从出版商那里获得高达65%的折扣的原因。在2005年，光顾乐购的五个顾客中有一个在那里买了书，而超市也扩充了自己图书种类，开始涉及传记和其他的非虚构类图书。在2006年，乐购在650多家门店都兜售图书，在规模较大的门店中图书的数量更是达到了5000册。一些大卖场（比如英国娱乐和英国汉德尔曼）也都在超市里面兜售图书并监控其销售情况。

在英国，很多其他零售终端也在卖书，出版商通过批发商将图书卖给这些零售终端。比如说，报刊亭、便利店以及位于摆渡码头和高速公路服务区的门店。他们会定期检查和补充简装本图书，并及时将卖不动的图书下架。有些批发商则专门为花园、休闲中心，以及诸如像计算机或玩具这样的专卖店提供图书货源。

(二) 网络书店

在英国，图书的在线销售还只是等同于亚马逊。2007年在对图书网站的访问中，超过80%的访问量来自于亚马逊网站或是亚马逊英国网站（《书商》，2007年5月4日）。亚马逊具有国际品牌知名度，为消费者提供诱人的折扣价，提供随时随地的访问服务，并能基于消费者的购买记录提供个性化的推荐服务。凭借上述诸多优势，亚马逊在英国市场上确立了稳定的地位。小型出版商往往很难将自己的图书推给连锁书店，但亚马逊可以为他们开设专门窗口。因此，亚马逊提供的图书品种非常多，任何实体店在它面前都相形见绌。

跟图书和音乐碟片销售有关的"长尾"概念是由克里斯·安德森提出来的。销售情况不佳的图书往往被退还给出版商，而互联网为这些图书提供了一种全新的市场营销和销售渠道。安德森认为对于这些所谓的慢销图书，把它们借助长尾力量成功销售的数量进行汇总的话，其销售收入很有可能会超过在书店中畅销的图书。这种想法与出版商不谋而合，他们认为网络书店给那些不再摆放在实体店的再版图书打开了一条新的销路。网络书店的图书退还率大大低于实体书店，互联网也为实现提供低价的单书订单服务提供了机会。

为了避免在仓库建设方面投入巨资，亚马逊在起步阶段采用的是从批发商进货的模式。但是，截至2008年，亚马逊已经拥有了四家自己的配送中心。两家位于苏格兰，而在英格兰和威尔士各有一家；这些配送中心为畅销书提供了快速的配送服务。其他网络零销售商（比如乐购在线网站）则继续使用批发商服务。

对于某些人来说，网络购书永远不能跟在实体书店中购买的体验相提并论。但是对那些不方便去书店的人来说，互联网作为购书途径确实既方便又便宜。一项2007年的研究调查了消费者网络购物的行为和态度，研究发现网络消费者的人群已经从年轻富有的男性演变为

"与先前网络购书很不同的人群",女性、老年人和低收入人群在其中都占有很大的比例(永华普道,第1页)。这项研究还发现图书是在众多产品中排在第二位的用户网络购买产品。在所有的网络购物者当中,71%的消费者表示目前正在在线购买图书,88%表示在将来有可能在线购买图书。影响是否在线购买的因素则包括价格、便利性、检索的方便性以及24小时随时访问服务。

虽然亚马逊主导着网络图书销售市场,但是其他的竞争者也开始步入这个市场,包括Play.com、水石、乐购以及独立书店(有些独立书店拥有自己的网站,有些独立书店则通过批发商提供统一在线服务)。图书存储公司位于英国格洛斯特,旨在服务于图书的长尾销售。该公司没有库存,它通过选择最好的图书来源(出版商、批发商或经销商)满足顾客的订单要求。有些连锁店也采用另外一种颇具创新的复合模式——"实体与网店相结合",即同时提供在线预订和实地提货的双重服务。出版商重燃了对直销模式的兴趣。比如,兰登书屋在2007年启动了提供打折售书服务的网站。

(三)议价书店

议价书店在图书销售渠道中的重要性正在降低。这些书店大多位于城市的主要商业街上,租期一般较短。乔尔·里基特曾写道:

十年前您在商业街上可以看到所谓的"议价书店",这些书店的门面都贴满"即将关闭"的标签。他们提供的产品相当混杂:既有廉价出售的图书,也有特殊制作的图书(比如兴趣娱乐图书、烹饪图书、地图和童书等,每本图书的售价均在几英镑)。出版商把议价书店看成是处理印数过多的图书的地方。但是,现在到处都在售卖廉价的几磅图书(比如eBay网站、乐购和水石等),议价书店已经举步维艰了。(《卫报》,2007年2月17日)

多年以来,出版商都在试图避免出版印数过多的图书。当一本图书的销售收入不足以弥补库存成本的时候,出版商就会把它化为纸浆或者廉价处理。有些出版商从来不会在本国市场上廉价销售印数过多的图书。如果出版商之前已经把图书销售给图书俱乐部，那么通常也不能进行廉价销售处理。这些需要进行廉价销售处理的图书通常是那些当初希望投机大赚一把的新书或者之前销售不错、但重印数量过多的再版书或重印书。虽然一本图书已经不可能再以全价进行销售，但也有可能在双方讨价还价的过程中卖个好价格。出版商需要把这些濒临死亡的库存图书转换为现金。

出版公司的销售经理通常会以远低于成本的价格把这些图书直接卖给议价书店或者廉价图书销售商，而这些议价书店或廉价图书销售商又以更低的价格卖给读者。他们不能卖出的图书，不能像退还普通图书那样退还给出版商。廉价图书销售商也会出口这些廉价图书。出版商可能只会对部分库存做这样的廉价处理。对于一本图书，如果出版商原先只有一年的库存计划，但结果却存储了两年也未卖出，就会卸货以腾出仓库空间。廉价图书销售商往往从出版商的仓库和发行商那里购得被书店退还的图书。

有些图书出版商为议价书店长期提供稳定的廉价新书货源。这些出版商和廉价图书销售商也经常出席伦敦书展和法兰克福书展；他们在伦敦也有自己的书展，该书展由席亚拉公司组织，于每年的一月和九月份举办。议价书店通常以很大的折扣同时销售新书和廉价处理老书。另外，他们也销售其他的产品，比如文具和艺术作品等。

三、批发商和中间商

（一）行业批发商

许多独立书店的库存量都在1.2万册到2万册之间。大多数独立书店都从两家最大的批发商那里进货，这两家批发商是加德纳和伯特伦，他们都提供次日递送服务。加德纳位于伊斯特本，常备来自4000多家出版商70多万册图书；而位于诺里奇附近的伯特伦常备来自

4000多家出版商50多万册图书。伯特伦在2007年被沃尔沃斯收购，后者在2006年曾收购另外一家批发商THE。批发商30%左右的销售收入来自独立书店。批发商也为小型出版商提供发行服务，同时也安装了按需印刷设备，这也是他们为出版商提供的新服务。

自从20世纪80年代末以来，批发商大大提高了为独立书店供货的速度和效率。当时独立书店必须要面对大量出版商不同的订货系统，以及出版商效率很低的仓储服务。批发商则为独立书店提供了多项便利：只需要跟少数几个订货系统打交道（而不需要跟几十家出版商打交道）；在线书目信息系统（包括市场营销和采购建议）；在线订单；快速稳定的统一订单服务。批发商成为了图书销售商的仓库。如果当初批发商只是把发展战略局限于为独立书店服务的话，他们有可能已经衰落了。但是，批发商将他们的服务范围延伸到连锁书店和超市，进入中小学图书馆供应市场，同时也开始从事出口业务。在20世纪90年代末期，他们的地位受到了日益崛起的网络书店的挑战（比如来自亚马逊英国公司的挑战，但这些网络书店在最初发展阶段都是需要借助批发商的力量的）。伯特伦目前仍然为水石网络书店提供批发服务。

在2006年的英国，大约有20%的图书是首先通过批发商然后再通过不同的零售终端销售的。截至2007年，通过多次兼并和购买，这两家大型批发商（伯特伦和加德纳）在这个市场上所占的比例已经超过80%。

（二）图书市场信息

上述所总结的多种渠道销售了英国大多数的零售图书。出版商首先把他们的新书直接或通过批发商销售给零售商。但是，零售商把图书成功卖给最终读者的时间节点对于零售商、批发商和出版商才是最为关键的。零售商通常会安装电子销售点系统，通过在图书被卖的那刻扫描图书封面上的条形码，帮助零售商监督图书的销售情况从而达到控制最佳存货状态的目的（具体的控制手段是续订售罄的图书和退还未售的图书）。安装电子销售点系统最直接的作用就是帮助图书销售商可以更为频繁地下小规模的订单，同时提高图书运输的速度。

尼尔森图书扫描数据库从全英各地各种类型的图书零售商和网络书店那里收集图书的销售数据，然后根据这些数据生成大量的畅销书图表，并每周定期发布在《书商》杂志上。尼尔森公司也会把这些数据兜售给有兴趣的机构或个人。因此，出版商不仅可以监控自己图书的销售业绩，同时也可以了解竞争者的销售业绩。出版商在获取这些信息后，就能更好地对读者需求做出反应，并决定是否对图书马上进行重印。但是，这些数据有时不能帮助出版商解决由于过于乐观而导致对某本图书印数过多的问题，也不能帮助出版商避免由于销售商订购了太多的复本（而这些图书如果没有被卖出去就会被退还）而导致的对重印数量把握不准的错误。

（三）图书退还

零售商和批发商会把没有销售出去的图书退还给出版商，这是图书行业的独有现象。这对出版商而言，成本高又非常浪费。据毕马威估算，2008年由于图书退还而给图书行业造成的损失就高达1亿英镑。当前的估计是每年约有15%（从销售额的角度统计）的图书会退还给出版商，图书浪费率接近生产成本的20%。这种现象日益引起人们对于与之相关的生态问题的担忧。图书行业发行环节中如此浪费的传统是否合理？发行商TBS的总经理马克·威廉姆先生如此评论道："绿色问题将成为未来的一大主要驱动力，我们希望减少自己身边移动产品所带来的浪费问题。人们谈论飞行里程或者食品里程，我们也有自己的图书里程问题。"（《书商》，2007年8月17日）。在2007年，阿歇特宣布出于环境方面的考虑，公司将重点推广再版书目。

（四）图书馆供应商

公共图书馆、学术图书馆和企业图书馆是从图书销售商和图书馆供应商那里采购图书的。现在,英国公共图书馆市场不太景气。在以前,图书馆通常会购买新书的精装本,这种日子对于出版商而言已经过去了。主要的图书馆供应商也一直在演绎着兼并现象。随着图书净价协议的崩溃,公共图书馆通过地区采购联盟索求更高的图书折扣(30%以上),同时继续要求供应商(比如阿斯库斯、霍尔特·杰克逊和彼得斯)提供大量的书目遴选和书目处理支持。批发商伯特伦通过购买赛弗涉入公共图书馆市场,这在图书馆供应商和出版商那里引起了恐慌(这些图书馆供应商和出版商按照传统惯例通过不同的条款和折扣分割了这一市场)。随后,加德纳在2007年收购了阿斯库斯,在2008年又收购了霍尔特·杰克逊,进一步加强了批发商和图书馆供应市场的关系。

布莱克威尔和隶属于美国大型批发商英格拉姆的道森&库茨的服务对象皆为学术市场。图书馆供应商往往也向国家图书馆、地区政府图书馆、研究型大学和企业图书馆出口图书(尤其是学术图书和STM图书)。

(五)图书折扣

出版商以建议零售价格的不同折扣价把图书销售给零售商和中间商。他们希望所提供的折扣不为其他人所知。根据法律,他们还不能与其竞争对手暗中串通。影响折扣大小的主要因素包括:

(1)图书种类——精装本图书或平装本图书,大众图书或非大众图书;

(2)中间商在供应链中所扮演的角色和发挥的作用;

(3)买卖双方此消彼长之间的平衡关系;

(4)之前的交易历史;

(5)图书的订单规模。

对于出版商来说,最好的折扣就是零折扣,中间商被完全挤出供应链或者只是收取很低的佣金。比如,学术期刊出版商给订阅代理商的折扣范围就在0%－5%。专业出版商直接将所生产的信息产品提供给专业市场，在收到来自销售商订单的时候会给予10%－20%的折扣。中小学教科书出版商给中小学供应商（比如图书销售商、中小学专业代理商以及地方当局采购机构）的折扣则往往在17%－20%之间。在上述这些例子中，出版商虽然可以直接为最终用户供货，但中间商在其中扮演了提供便捷服务的角色。如果出版商直接为中小学提供图书而不经过中间商的话，出版商可能基于订单规模或作为特别优惠给中小学10%的折扣优惠。

大学教科书出版商给销售商提供的折扣在30%－40%。出版商认为大学采纳自己的教科书是自己的促销成果；而地区图书销售商则认为他们为图书的存储提供物理空间，同时他们经常为学生举办的图书展览活动也提高了学生购买图书的可能性。由于受到来自连锁书店（尤其是水石）的压力，大学教科书的折扣有所上升。但是，销售商要求大学教科书出版商所提供的折扣幅度还远远不及对大众出版商的要求。主要的大学教科书出版商极力抵制销售商的这种做法，并努力提高自己的直销能力。

在大众图书市场，折扣大小差别很大，大众图书恐怕也是这个世界上折扣最大的产品了。橡树出版公司的总经理安东尼·奇塔姆曾写道：

连锁书店天天在要求从图书供应商那里拿到更好的优惠条件。连锁书店拿货的平均折扣力度为60%，还可以退还没有卖出去的图书。书店为图书提供的架位空间所产生额外成本，也是由出版商来承担的。（《书商》，2007年6月15日）

一家小型出版商给水石的折扣大约在40%，而给批发商的折扣通常会在55%，但随之而来的问题就是他们需要提供多少图书。为了得到架位，大型出版商会提供更高的折扣力度，并通常为那些需要重点促销的图书额外付费。书店的要价可能高至上千英镑，其他的零售商（比如超市）也会向出版商索要同样的支出。在2007年，一家知名的连锁书店向出版商索要 45000 英镑将其一本图书在圣诞节期间重点摆放在前台位置和窗口,并在自己的全国推广活动中重点介绍这本图书。零售商为此辩称他们为出版商提供的昂贵的展示空间能够为出版商带来更大的销售利润。零售商动辄就向出版商索要高价的图书展示费,小型出版商对此显然无能为力,也颇感懊恼。

四、其他销售渠道

(一)直 销

儿童出版商和教育出版商的部分销售并没有略过零售商环节。但是,一些出版商(尤其是那些出版学术和专业图书的出版商)通过传统渠道或网络渠道将图书直接销售给最终用户。除此之外,还存在其他的一些销售渠道,比如被插图版图书出版商和促销版图书出版商所经常利用的渠道。

(二)图书俱乐部

出版商通过版权交易的方式把图书销售给图书俱乐部。图书俱乐部所贡献的图书销售额在传统邮寄销售中占有很大的比例。图书俱乐部联盟成立于 1966 年,目前是全英最大的图书俱乐部,目前为贝塔斯曼所有。该联盟成员众多,包括世界图书俱乐部、历史指南俱乐部和儿童图书俱乐部。另外一家图书俱乐部是开本图书协会。开本图书协会成立于 1947 年,致力于销售以不同形式装订的外观精美的插图版精装本图书。

图书俱乐部联盟发现在零售商对图书提供越来越高折扣的情况下,很难留住自己的成员。比如说,亚马逊会给顾客发送电子邮件,告知他们或许会感兴趣的新书或打折图书。图书俱乐部的核心战略是向成员推荐经过自己精选的、同时又提供折扣的图书。由于越来越多的读者开始利用网络在线购书,图书俱乐部也着手发展网络业务。出版商为图书俱乐部提供的折扣非常高（或许能达到75%），但是作为交换条件，图书俱乐部通常不能将卖不出去的图书退还给出版商。另外，出版商也有可能授予图书俱乐部重印图书的权利，图书俱乐部只需为出版商支付一定的版税即可重印出版商的图书。

（三）直销公司

一些公司直接在顾客的工作场所和住宅处向他们销售图书或其他产品。这些公司雇用了几百号所谓的"代理人"，这些代理人收取一定的销售佣金。代理人亲自上门推广图书，顾客在购买之前有足够的时间查看图书。直销公司从出版商那里订购大量的精选书目（这些图书已经出版有半年之久，而且购买后不能退换），然后以建议图书价格的高折扣（比如70%）卖给消费者。图书人是一家负有盛名的直销公司。该公司利用网络、电话和分布在全英3万来个工作场所向顾客推销自己的图书，而读者也可以从他们手里购得高折扣的图书。

（四）儿童图书

当儿童图书与其他产品摆放在一起的时候，通常就会卖得比较好。综合百货W. H. 史密斯连锁店、个体的杂货店或者玩具店都是家长带着孩子经常光顾的地方。不管摆放在哪一家，童书都会取得不错的销售效果。家长和孩子也会通过超市、玩具店和网络等渠道购买童书。跟中小学教科书出版商一样，如果童书出版商出版的是用于辅助国民课程教育的图书，他们也会直接向中小学销售这些图书。

中小学是童书销售非常重要的场所。在中小学里并不存在所谓成人图书销售的诸多障碍，而且孩子们之间会相互口头推荐自己喜爱的图书。中小学图书展览会发展得很快，往往一次性在学校里面展出200册图书，学校则从提取销售佣金或出版商免费提供图书中受益匪浅。斯格拉斯迪克是英国最大的通过学校销售童书的出版商。

（五）二手图书

值得注意的是，在众多对图书销售渠道的讨论中都会提到日益兴起的二手图书市场。在 2006 年，约有 22% 的成人读者从慈善书店或其他二手店里购买图书（敏特市场调查公司，2007）。奥克斯法姆在英国是一家拥有 100 多家门店的二手店，这家二手店当然同时也出售除图书之外的其他二手物品。互联网的发展不仅为读者寻找二手图书带了重大的影响，而且对出版商销售二手图书也是如此。亚马逊通过自己的"集市计划"销售二手图书；亚伯图书公司所提供的清单上就罗列了来自 13500 多家书店的 1 亿多册图书，其中除了新书之外，还有大量的二手书、珍本和绝版书。约翰·萨瑟兰曾经评论道：

读者购买大多数图书后往往只读一遍，看看您的书架就知道了。精明的读者现在都从网络上购买二手图书（尤其是经典作品）。目前的二手图书网站就像 19 世纪时期的"流通图书馆"，赋予图书多次"生命"。（萨瑟兰，2004）

出版商担忧二手图书市场的发展会对新书的销售产生影响，作者当然也不能从二手图书的销售获得版税。大学教科书出版商为了阻止学生购买二手教科书，不得不定期出版新版本。出版商也在担心有些零售商把二手图书当成新书进行售卖。有些出版后就卖不出去或者从销售商那里退还的图书也有可能进入二手流通市场。对于二手图书的销售，还存在其他的渠道，包括诸如像图书渡口这样的项目。图书渡口项目鼓励读者把不想要的图书放在指定的公共场所，而有需要的读者可以过来把它们取走。从 2001 年开始，这个项目请求读者在丢弃这些图书之前，在网站上为该图书设置标签，方便其他人可以对这本图书进行追踪查询（该项目的网址是 bookcrossing.com）。

（六）在线内容

在专业和期刊出版领域，出版模式已经从为读者提供纸质图书和期刊发展为读者提供在线内容。教育出版商制造 CD 光盘，为中小学提供在线订阅服务。许多出版商通过第三方或利用版权销售售卖图书，但也有一些出版商建立自己的平台，将产品直接销售给目标客户。诸如 ProQuest 和 EBSCO 这样的公司则为出版商提供在线销售渠道，把他们的电子期刊、电子书和数据库售卖给图书馆、公司和其他机构。

大众出版商提供在线内容的兴趣不如专业出版商和教育出版商，但是新生代的来临以及电子书的发展也在很大程度上促使他们为图书提供电子版本。电子书可以直接从出版商或从其他网站上购买。出版商对整本图书定价，也对单独章节定价。亚马逊、谷歌、微软以及其他大型技术公司或许能成为全球提供电子书最为重要的销售商。

（七）有声图书

有声图书也日益受到读者的欢迎，读者可以通过许多网站（包括 iTunes、Audible 和 Silksoundbooks）下载有声图书的电子版。有些科技类图书出版商也销售数字音频图书。

附

参考文献

安德森·克利斯，《长尾》，发表于《连线》2004 年 10 月份（Anderson Chris,"The Long Tail", Wired, 12.10, October 2004）.

图书营销有限公司，《扩展图书市场》，2005 年 2 月（BML, Expanding the Market, February 2005）.

竞争委员会，《关于调查 HMV 集团收稿奥斯塔提议的报告》，2006 年 5 月 12 日（Competition Commission, Report into Proposed Acquisition of Ottakar's plc by HMV Group plc, 12 May 2006）.

汤姆·霍尔曼，《返程之旅》，发表于《书商》网站，时间为 2007 年 8 月 17 日（Tom Holman, "The Returns Journey", The Booksellers, 17

August, 2007).

本·霍伊尔,莎拉·克拉克,《圣诞季畅销书的实际价格》,发表于《时代报》2007年6月18日(Ben Hoyle and Sarah Clarke, "The Hidden Price of a Christmas Bestseller", The Times, 18 June 2007).

菲利普·科根,《被大型企业包围的独立公司》,发表于《逻各斯》2007年第18辑第2期(Philip Kogan, "Independent in a Sea of Conglomerates", Logos, 18:2, 2007).

罗伯特·麦克拉姆,《畏惧变革》,发表于《观察者》网站,时间为2007年7月1日(Robert McCrum, "Fear the Revolution", The Observer, 1 July 2007).

劳拉·米勒,《不情愿的资本家:图书销售和消费文化》,芝加哥大学出版社,2006(Laura Miller, Reluctant Capitalists: Bookselling and the culture of consumption, University of Chicago Press, 2006).

敏特市场调查公司,《关于图书,音乐和视频出版物的零售调查》,2005(Mintel, Books, Music and Video Retailing, 2005).

敏特市场调查公司,《图书零售市场》,2007(Mintel, Books Retailing, 2007).

公平贸易办公室,《关于沃尔沃斯集团收购伯特伦集团的报告》,2007年4月16日(OFT(Office of Fair Trading), Report into completed acquisition by Woolworths Group plc of Bertram Group plc, 16 April 2007).

普华永道,《互联网:真正的时候已经来临》,2007年6月(PricewaterhouseCoopers, The Internet: This time is for real, June 2007).

卡洛琳·桑德森,《几个谨慎的所有者》,发表于《书商》网站,时间为2007年6月8日(Caroline Sanderson, "Several Careful Owners", The Bookseller, 8 June 2007).

约翰·萨瑟兰,《勇敢面对新世界》,发表于《金融时报》2004年10月9日(John Sutherland, "Brave New World", Financial Times, 9

October 2004）.

大卫·缇瑟，《向亚马逊挑战》，发表于《书商》网站，时间为2007年5月4日（David Teather，"Challenge Amazon"，The Bookseller，4May 2007）.

网络资源

www. booksellers. org. uk 书商协会代表了4000多家零售家

www. booktokens. co. uk 英国在1932年首次引入图书券，该网站提供了关于英国图书券的发展历史

http：//blogs. guardian. co. uk/books 这是《卫报》关于图书和图书交易活动的主题博客

www. readitswapit. co. uk 读者图书在线交换网站

专家视点：21世纪的独立书店经营

帕特利特·尼尔（牛津贾菲&尼尔书店和咖啡店的合作人）

有什么理由让今天的读者还要光顾独立书店呢？众所周知，独立书店销售的图书是最贵的，店铺经常闻起来有点煮烂的白菜味道，老板则是提前退休又没有零售经验的教师。这是事实的真相吗？现在又是开办独立书店的好机会吗？

相对于20年前的情况，现在顾客购买图书的渠道已经多了很多。无疑，这对消费者大有裨益。他们可以在超市、火车站、加油站或者机场随手购买畅销书，抑或在网络上购买后直接寄到自己的家里。

从前人们可能光顾W. H. 史密斯或者其他拥有多年历史的独立零售商，并需要容忍书店砸给您的任何服务。后来，诞生了位于城市主要商业街的连锁书店，包括水石、鲍德斯和奥塔卡（现在隶属于水石）。这些连锁书店的加入，把图书销售活动变得精彩而有趣。在图书净价协议被废止之后，亚马逊和超市又进入了图书销售领域，这个市场因而变得更加充满活力。对于这样的发展，大多数的顾客都表示

非常欢迎。

独立书店就是在这样的环境下开展经营活动的,因此每年有50家被淘汰出局也并不显得那么意外。竞争是如此的激烈,因此迎头对抗大书店并没有任何好处。更明智的做法是要突出自己的优势,把力气花在连锁书店和网络书店所不能媲美的地方。

有些人可能对独立书店前途非常悲观,认为独立书店必死无疑。在国会下议院的听证会上,有人提出《哈利·波特》的价格问题,并力斥"实在是不太公平";这种做法也许会提升某些人的士气。但顾客总是对的,他们对于任何试图回归图书定价的做法都不会感冒。

那么独立书店应该如何面对如此严峻的市场环境呢?令人振奋的是,独立书店的市场份额正在逐步提升。所以前途也并不都是一片灰暗的。

独立书店已经认识到顾客希望得到个性化的服务。读者希望得到来自熟人的推荐意见,而不是来自连锁书店的推销。这些连锁书店管出版商要一笔钱,然后把重点推销的图书摆放在门店的显目位置。独立书店也往往把重点图书放在书店的前排架位,但选择的标准是自己确实亲身阅读过这些图书,并用自己的诚实正直推荐图书。独立书店为顾客提供了自在的环境。他们知晓顾客的喜好并推荐符合每位顾客口味的图书。这种精品店式的零售风格成本是比较高的,但是却为顾客在整体缺乏归属感的商业街上找到了一种自我感觉。独立书店正在成为举办图书俱乐部和作者活动的主要场所;因为在大型连锁书店看来,举办这样的活动并无利润可言。在这点上,作者更热心于拥护独立书店。因为可能在自己成名之前,独立书店给过他们许多帮助和支持。

独立书店可以根据社区读者的需求调整门店的装修风格,使之成为读者聚会的场所。读者把我们的书店当做是"开放当地海滨浴场"运动的总部,有些读者把我们的书店当成是他们收集有机鸡蛋的落脚点。在图书零售市场,大型书店都会认为这些事情是跟图书销售无关的"不务正业"。人们更愿意光顾那些能够告诉他们猪肉来源的屠夫，同样的道理，人们也更愿意在能够告诉他们图书来源的书店那里购买图书。

对于选址精明和经营良好的独立书店而言，未来肯定是美好的。这些独立书店的经营者必须是图书的爱好者，他们深谙图书销售市场，并能为顾客提供愿意多付一点钱的购书经历。独立书店或许能够扮演先锋者的角色，将灵气重新带回英国的商业街。

专家视点：超市和图书

乔尔·里基特（《书商》的副总编、《卫报》图书和出版专栏的特约作者）

自从乐购和桑斯博里在20世纪90年代初开创超市卖书的做法以来，有关超市和图书的诸多误解一直在流传。第一个误解是认为这些零售巨头把图书当做为招徕顾客而亏本销售的商品。即认为超市对图书价格大打折扣（售价甚至低于成本价），其目的就是吸引顾客光临超市，而这些顾客在逛超市的时候往往会购买其他利润更高的商品。超市有时确实会将少数几本超级畅销书作为为招徕顾客而亏本销售的商品，但是超市在其销售的图书中，99%的图书是有利可图的。甚至在那些售价只有3.50英镑的平装本图书身上，超市也还是有钱可赚的，《哈利·波特》也是如此。

第二个误解是认为超市只卖几本畅销书而已。十年前事实可能确实如此，但现在任何一家规模稍大的阿斯达、乐购和桑斯博里门店都常备大量的不同的图书（乐购的最大门店的图书库存量已经达到5000册）。一位知名度不亚于詹姆斯·当特（伦敦当特高级书店）的人士曾有一次这么告诉我，他将乐意把余生都花在当地乐购的图书购物区中阅读图书。

这把我的话题带到了对超市卖书的第三个误解，即认为超市只对极少数图书感兴趣，也就是那些由知名作者撰写的具有商业价值的畅销小说、并无实质价值的明星自传以及所谓的悲惨的回忆录之类的图书。诚然，超市对这些图书的销售甚是卖力，但是目前也开始销售大量的文学经典、烹饪书、历史书、传记、儿童绘本甚至是宗教小说。阿里·史密斯的实验小说《意外》在乐购卖出的数量比在水石卖出的数量还要高。在2007年，乐购还极力推广和促销荣获布克奖的图书。

最后，人们建议超市应该把触角延伸到那些从来不买书的读者群。超市在各大题材的图书销售中都占有一定的市场份额，这一事实本身就表明许多热心的读者在他们每周去超市购物的同时也购买了图书。超市精心设计的产品分区功能能够帮助这些人快速地找到所需的图书。图书俱乐部（尤其是第四频道的理查德与朱蒂秀栏目）对读者购书的影响越来越大，其影响已经取代了消息灵通的图书销售商。

很多独立书店的老板抱怨当前的市场结构，认为是这种市场结构帮助超市在图书销售市场中博得了这么高的地位。当然，人们也可以指责出版商在早期表现得过于天真幼稚，太轻便地给超市让出了过多的利润，现在的出版商不得不面对这样一种窘境：为了成为超市的"首选供应商"，他们得支付高达300万英镑的费用。但是，放弃如此大规模的超市图书销售渠道也实在是很困难——乐购每隔20天就颠覆了整个英国大众图书的年度销量。

今天，我们不是什么也没看见。从销售量的角度来看，超市占有12%的全英图书市场（图书营销有限公司/TNS，2006），但是在光顾超市的顾客中，只有少部分的人购买过图书。乐购和阿斯达计划扩充他们的图书品种，其他对图书销售蠢蠢欲动的超市还有桑斯博里、沃尔沃斯、莫里森、威克逊和考斯克。对于所有的超市来说，图书可以帮助企业树立良好的形象，提高综合服务质量，使每件物品能卖出更高的价格。从最乐观的态度来看，图书销售市场的这种转变（即超市进入图书销售环节其地位日益提高）可以促进出版商的发展，培养读者的阅读习惯，甚至是从反面推动当地书店的繁荣（正如熟食店和农贸市场的关系一样）。

专家视点：公共图书馆

艾瑞克·戴维斯（拉夫堡大学信息科学系资深研究人员）

公共图书馆在连接作者和读者的信息链中扮演着重要的角色。全英国公共图书馆的服务网点共有4500多家（包括移动图书馆），全英超过60%的公民都持有图书馆的读者证。这些公共图书馆由地方政府来管理，资金来源于当地的税收。在2005/06年度，政府对149家公共图书馆的投入金额达到11亿英镑。通常而言，公共图书馆所提供的服务都是免费的，图书馆为社区提供信息资源以及相应的服务支持（包括图书借阅、参考咨询、阅读推广以及终生教育服务）。公共图书馆也为社区中特定人群（比如儿童和盲人）提供特殊服务，以满足他们的需求。

公共图书馆的馆藏是非常丰富的，其资料覆盖不同的学科范围、出版年代和资源格式。在2005/06年度，英国公共图书馆的图书总量为1.04863207亿册图书，意味着人均拥有1.75册图书。现在，公共图书馆也非常强调提供电子信息资源的使用服务。"民众的网络"是一项将公共图书馆与互联网相连的国家级项目，这个项目在英国取得了巨大成功。在公共图书馆，约有4万台连接互联网的个人电脑终端可为读者提供公共服务。这些计算机大多数都是免费使用的。

公共图书馆是购买图书和其他出版资源的重要买家。在2005/06年度，公共图书馆在采购信息资源方面的支出约为1.34亿英镑，其中将近8000万英镑是用于购买图书的。在该年度，公共图书馆的馆藏量增加了1200万册。公共图书馆用于购买信息资源的支出大概占其年度总支出的12%，这个比例在近些年来持续下降。在1999/2000年度，这个比例将近14%；而在1995/96年度，这个比例超过17%。

作为公共图书馆的最基本也最重要的资源，图书的流通量在2005/06年度超过3.23亿次；但是，这个数字近些年也在持续下降。在1995/96年度，图书的流通量超过5.14亿次，在1999/2000年度，图书的流通量为4.3亿次。造成这种趋势的原因之一就是图书馆用户转向对视音频资料和数字信息资源的使用。而另一方面，据统计，读者到馆率呈现上升趋势。在2004/05年度，读者的到馆率将近3.4亿人次。

提供图书馆服务的法律基础是1964年颁布的《公共图书馆和博物馆法案》，该法案赋予图书馆为公民提供"全面有效的图书馆服务"的义务。监管公共图书馆服务的政府部门是文化、传媒与体育部。该部门在《公共图书馆和博物馆法案》框架下监管公共图书馆为公民提供服务，并负责促进公共图书馆的发展。自从2001年以来，政府引进一套服务标准，以此来评估公共图书馆的服务质量。目前公共图书馆的政府代理商是创办于2000年的博物馆、图书馆和档案馆委员会。通过"未来发展框架"项目，该委员会致力于推动图书馆的发展。该项目的关键内容是号称"更好的库存图书，更好的图书馆服务"的先导计划。该项目是基于博物馆、图书馆和档案馆委员会委托普华永道开展的一项关于采购实践的调研基础上启动的，其目标旨在通过集团采购和加强与图书馆供应商的合作等方式实质性地降低购买图书和其他馆藏资源的成本。目前该项计划正在进行之中。

目前英国越来越强调公共图书馆需要提供高水平的服务质量和为社区带来积极的社会、文化和经济的影响，以此来彰显自己的存在价值。

第 14 章 进入出版业

从事出版是颇受欢迎的职业选择之一。但是，进入出版业并非易事，竞争也相当激烈。虽然许多招聘信息都声称需要具有从事出版业的工作经验，但是，新招聘的员工主要从事的是基层工作。您应该抓住任何工作机会，不管是哪个出版领域，不管公司规模多大，也不管工作性质是什么。出版商经常只有出现职位空缺的时候才招聘员工，由于员工离退之前只需要提前一个月通知单位即可；因此，出版商的招聘期也往往不超过一个月。基于短期合同或者代替需要休产假的长期员工从事临时工作，都会是很好的机会。一旦您进入了业界，您就可以通过与周围同事的交谈获得对不同工作的感性认识；更为重要的是，您将有机会获知将来可能会出现的工作机会。从这个角度来看，获得第二份工作通常比第一份工作要容易，不管是公司内部还是公司之间的职位更换或晋升。

不要担心您的第一份工作将必然决定了您今后的职业生涯。最好在第一份工作上待满一年，但是在头五年换两到三份工作却是非常正常的事情。从一开始，最好先思考两个问题。第一，您感兴趣的出版类型，这也就决定了您要从事的出版机构类型（从一个出版领域跨到另外一个出版领域有时会比较困难）。第二，您认为可能发挥自己才能的工作类型。

对所有的工作而言，驾驶技能或许有用，计算机技能则是必需，因此拥有这两项技能有助于提高成功应聘的机率。办公室信息技术技能和管理经验也都是非常有用的。正如具备校对技能一样，如果您能够操作诸如 Adobe、InDesgin 这样的出版软件，这也是一个很大的优势。如果您目前从事图书销售工作并希望转入出版业，两到三年的图书销售经验就足够了。对于新人，在出版业的实习经历则有助于您的简历在众多应聘者的简历中脱颖而出。对于学生来说，暑期在出版业的临时工作也有可能帮助您获得第一份全职工作。

一、准备工作

（一）市场调研

您必须对整个出版业和您所应聘的出版商做个调研，尤其需要了解这些出版商所出版的图书。

阅读行业出版物（《书商》和《出版新闻》）；阅读书评；光顾图书馆和书店浏览出版商出版的图书并征求图书馆员和图书销售商的建议。如果是比较专业的出版领域，则需要访问相应的图书馆和书店。当您访问书店的时候，可以趁书店空闲的时候尽量和那些与总部或出版商代表直接打交道的书店经理搭搭讪。在确定了所要从事的出版类型或已经得到了面试机会之后，这个时候就需要查阅出版商的出版书目和浏览他们的网站。

> 每年四月份举办的伦敦书展为求职者浏览出版商的出版书目提供了一个很好的机会。

（二）社会关系网

如果您在出版界拥有一定的人脉，这无疑会给您提供求职建议、求职机会，并帮助您更深入地了解某些特定的出版商。这些人际关系是非常有用的，虽然很少能直接给您提供工作本身，但有时可以确保您得到面试机会。因此，首先要尝试挖掘您的个人关系网。如果您发觉这块是空白的话，可以考虑参加一些相关机构。比如，您可以加入位于伦敦和牛津的青年出版者学会。该学会的成员不局限于出版业界人士，每月定期聚会一次，并邀请业界资深人士演讲。同时，该学会还出版杂志《InPrint》。女性出版者协会是另外一个很好的关系网。该协会在伦敦和牛津定期举办见面会和培训会，其成员是从事出版业任何年龄段的女性。您还可以参加由独立出版商行会在伦敦和其他地方举办的聚会，或者参加由牛津出版学会或出版商公共圆桌协会组织的活动。

二、资格和技能

大多数的出版岗位都需要本科学历，通常要求的专业是英语语言、历史和现代语言。如果求职人员拥有自然科学、数学或其他专业（比如法学或医学）学历，那么在应聘从事这些领域出版的出版商方面具有极大的优势。具有英语语言教学的背景或从业经历对今后从事教育和 ELT 出版非常有用，而手持非洲学学历或曾在海外从事过义务工作则对应聘从事教育出版的国际出版商非常有帮助。具备一定的法学背景有助您成功应聘版权贸易职位，而拥有语言学学历的求职人员在应聘出版商的版权和出口销售部门则比较有优势。相对于学科背景，学历高低并不那么重要。那些第一次找工作的博士生可能面临的困境就是他们比竞争者岁数都要大好多。

有些主要出版商提供毕业生实习招聘计划。比如，麦克米兰实施类似的计划已有多年历史。每年麦克米兰都会精选五到六名毕业生，为他们提供速成和多样的留学机会，其目标是将他们培养成为公司的管理人员。

（一）岗前资格和技能

传统上都认为出版机构最需要正式的职业技能的部门是平面设计和生产部。近些年来，一些出版商都希望应聘营销岗位的人员具备来自英国皇家营销学会的资格认证。在过去,岗前出版课程往往把重点放在跟编辑和生产有关的技能上,但现在也涉及出版的营销和管理方面。在本科学习阶段,学生可以选择同时研修其他专业。不管是本科课程,还是研究生课程,出版学的课程都已经得到了很大的扩充。这些教学机构都与出版商有密切的联系,并为学生提供实习机会。随着越来越多的毕业生进入出版机构的管理层,认为岗前学习和职业培训纯属浪费的这种传统观点越来越站不住脚了。

获得出版学的本科学历或硕士学历不能确保学生一定能在出版业找到工作,但确实会大大提高学生成功应聘的可能性。有些出版商充分意识到学生在完成出版学课程后能提升个人的能力和素质,因此他们也会在相关的大学和机构的网站上直接刊登招聘信息。

(二)工作经验

有一些网站专门发布招聘信息;而有些大型出版商已经确定一套招聘实习生(大多数是不付薪水的)的制度。如果您在业界有人脉的话,您可以直接写信给出版商的人力资源部门,咨询最合适的联络人。如果您希望正式进入出版行业,最好的准备工作就是积累一些工作经验。通过在不同部门的实习,您可以对出版流程中的不同工作有直接的感性认识,从中也能发现您自己真正擅长的工作并建立自己的人际关系网络。

如果您之前曾经担任学院杂志的编辑,在某家网站或书店有过短期的工作经历,这些因素都有助于提高您作为求职者的竞争力。

三、寻找空缺职位

(一)招聘代理

市场上存在许多为出版商招募员工的中介,比如朱迪·费希尔、JFL招聘和灵感招聘。另外一些中介(比如默里迪恩招聘)专攻高级管理职位，帮助公司从对手那里挖人才。招聘中介定期在自己的网站或其他网站上发布招聘初级岗位的广告。有些招聘中介鼓励求职者在他们的网站上注册成为固定会员。中介为其成员提供免费咨询服务，并根据会员的情况推送相关的职位信息。

出版商也利用招聘中介征募临时工。当正式员工外出度假或生病请假的时候，出版商经常需要临时工。在伦敦，在出版机构做临时工是了解不同出版商很好的方式，也有可能会在做临时工的过程中转成正式员工。

（二）广　告

出版岗位的招聘广告也会出现在行业出版物（《书商》和《出版新闻》）和全国性报纸（主要是周五和周六版的《卫报》）上。伦敦之外的出版商也有可能会在当地的报纸上刊登招聘广告。当然，由于在报纸上刊登广告需要很高的成本，所以有些出版商倾向于在免费网站上（比如独立出版商行会、青年出版者学会和牛津国际出版研究中心的网站）发布招聘信息。有些出版商也会在自己的网站上直接发布招聘信息。许多工作（尤其是在大众出版领域）则完全不会发布任何的招聘信息，出版商更倾向于利用口碑推荐的方式寻找潜在的员工。

四、申　请

（一）准备简历和求职信

为了得到一个面试机会，您需要投递一份有吸引力的个人简历和求职信以引起出版商的注意。这份个人简历和求职信务必单词拼写正确、标点使用无误以及文法通顺。很多首次应聘出版岗位的求职者（甚至部分非首次应聘出版岗位的求职者）都在这些细节上栽跟斗。

通常而言，简历包括下述内容：

(1) 个人信息；

(2）个人陈述——简要描述个人性格和能力；

(3）教育背景；

(4）先前相关的工作经历（包括志愿工作和付费工作）——其他的工作经历可以附在简历的后面；

(5）个人技能；

(6）兴趣爱好；

(7）推荐信。

简历是对个人关键事实（而非观点）的简要陈列。如果您想强调某些要点（比如先前的工作经历和学历），使用着重号是一种非常有用的技巧。尽管简历需要突出个人优点，但必须要以真实性为前提。简历中每一条内容都应该有助于让出版商意识到您具备胜任这份工作的资格和能力，那些对此没有帮助的条目应该予以删除。简历的篇幅最好控制在两页A4纸。对于那些没有工作经历的求职者来说，撰写简历的最好方式就是按编年体罗列相关事实。也就是说，在每个标题下按时间先后顺序列出相关信息。

"个人信息"包括全名、联系方式（通讯地址、家庭电话和手机、电子邮件）、出生年月和国籍。在"教育背景"部分，应列出大学和中学信息，包括起讫时间、学习课程、成绩以及所获奖项等内容。如果之前曾参加任何跟应聘的工作所需技能有关的培训课程，请给予重点突出。

如果拥有相关的就业和工作经验，您可能希望把这些内容放在简历的最上面。这种情况最常用的撰写顺序是倒编年体，换言之，把最近的事情放在最前面。提供先前工作的单位名称和担任的职位；具体包括工作内容、职责范围、工作成就以及所获奖项（其中"工作成就"是指您是否贡献了有助于降低成本、提高利润和简化管理流程的想法）。对于每份工作都是如法炮制。如果您之前的工作并不是出版但与之相关的话，也可以凸显出来。比如办公行政工作、图书馆或书店工作、企业杂志编撰工作、电子邮件列表名册编录、公共和顾客关系管理、教学以及海外工作等。

不管简历是以什么形式呈现，需要强调的技能应该包括两部分：与某项特定工作相关的技能（比如平面设计或文字校对）和更为通用的技能（比如计算机操作能力、网站开发、驾驶、语言、行政管理和人际沟通能力）。如果是应聘管理岗位，求职者以个人陈述开始（突出个人成就、技能和经验），随后给出自己先前的工作经历和所拥有的核心技能。

业余活动和爱好兴趣可以整合到上面的内容中，也可以单独列出。如果您是全日制毕业的应届生，技能和爱好（比如摄影和运动）尤其重要，因为招聘人员很难从先前的工作经历中了解您。另外，如果有的话，还应列出您曾经担任的领导或管理职位，以及在位期间所取得的成就。

简历的最后通常是两到三位推荐人的姓名和电话号码，这些推荐人认为您具备从事应聘工作的性格和能力。事先应征得他们的同意，其中将一位作为主推荐人。当然，您可以声明招聘单位若希望联系推荐人，事先应征得对方的同意。目前，越来越多的简历上都会说明如果招聘单位要求的话，都会提供推荐人的推荐信。

撰写简历的时候，尽量使用简单的语言和主动语态，同时避免出现缩略语和行话。最好找个文笔不错或者熟悉招聘的朋友帮您对简历进行检查和润色工作。务必不要出现字母拼写和语法错误。比如，仔细检查简历中所有的格式符号，避免不同格式符号的混乱；请使用质量较好的白纸（不要使用彩纸或彩打）；设置合理的边距，上下都要留有足够的空间；在不同的模块之间空出一行；尽量不要出现篇幅的问题，例如把模块的标题放在第一页，而其中的内容却放在第二页（在同一页面中，标题下面至少列有两行的文本）；请为这两页标号，并在第二页的最上面插入您的姓名。

五、求职信

求职信是随简历投递的。撰写求职信的目的是向出版商说明录用您的好处，引起他们深入了解您的欲望——比如阅读简历和安排面试。求职信的篇幅不应该长于一页 A4 纸。通常是三到五小段，以白色的 A4 纸张打印（简历也是用同样的纸张打印的）。如果这是您应聘的第一份出版工作，没有必要在求职信中过多地强调您对图书和阅读的热爱，也不可取。

求职信的上方应提供您的姓名和联系方式，并附上对方的地址，比如您所要申请部门的主管、人力资源处主管或广告中提供的联系人。务必保证不要在拼写出版商和主管人员的名字上犯迷糊。

求职信的开头往往要简要陈述您的撰写目的。比如，您希望申请在某某杂志某天刊载的某某广告中提到的某某工作职位；或者表明您正在求职过程之中；或者提及双方共同认识的介绍人。

求职信的内容定位是陈述与工作、公司、个人能力和兴趣有关的内容：

（1）简要陈述您目前的身份，比如即将顺利毕业的在校生。

（2）通过提及出版商最近出版的图书及销售情况表明您对这家出版商已经有所了解。

（3）强调您的应聘动机和能力：相关的工作经历、技能和兴趣。尽量使用相似的措辞把您的性格和能力与广告中所提到的要求对应起来。尽量用相关证书或事实来说明您的能力和对这份工作的热爱。

（4）给出您对这份工作感兴趣以及愿意在这个岗位上规划您的职业生涯的正面理由。

（5）末尾请署名"敬上""谨启"类似的礼貌用语，并在自己打印版姓名的上方签名。

在撰写求职信的时候，尽量使用简短的段落，避免冗长。使用朴实、简洁、准确的语言。语态方面则要使用主动语态。避免没有实质内容的陈词滥调和粗鲁的表达方式。为了确保自己表达的是一种合宜的语气，可以在第二天大声朗读头一天撰写的内容，或者请其他人（比如大学导师或高年级同学）帮忙润色。问问别人读完这封求职信后总体印象如何。通常而言，出版商喜欢您所表达的热情是适度的。请记住您所有的努力，目的就是让一位陌生人给您面试的机会。

六、申请表

有些出版商提供应聘申请表。如果出版商没有提供电子版，那么就多复印几份。在正式填写之前，遵照指示先通读几遍。对于那些开放式的题目或者需要提供"其他信息"的题目，需要格外注意您所提供的答案。如果有必要的话，附上其他的文档。通常招聘单位允许您附上个人简历和求职信。

现在该做什么

如果您被列入候选人名单，出版商将为您安排面试。但是，您也有可能跟大多数应聘者一样收到拒信，甚至更糟糕的情况是杳无音讯。不管过程如何艰辛，务必不能对之后的求职产生沮丧情绪。没有一份申请表纯属浪费：您可以对其中的内容进行修改和再利用。而有些出版商也会对被拒绝的申请人做存档，以备将来可能之需。

既然很多出版工作岗位的招聘都不会直接在媒体上公开，所以有时候也可以尝试直接跟出版商联系。但同时也做好撰写大量申请书的准备。许多出版商初级岗位的人员流动率都很高，或者需要填补由女员工因产假造成的职位空缺，这些都不断为新人创造新机会。

大量人文学科的毕业生总是希望跻身于位于伦敦的大众出版商和他们的编辑部门，所以如果您尝试申请其他出版类型或其他部门，成功机率将会大大提高。大众出版商的营销部门、市场部门和生产部门的机会很多，位于伦敦之外的教育出版商、专业出版商和期刊出版商提供的机会也不少。

有些出版商不会回复略带"投机性"的求职,有些出版商会为优秀的求职者建立备份档案(如果以后有合适的空缺岗位,就可以联系他们),有些出版商则联系求职者见面初步聊聊(这有可能会使求职者获得正式的面试机会或者出版商会为他/她推荐其他出版商的面试机会)。如果在投出个人简历和求职信后,杳无音讯或被拒门外,但是又对这家出版商特别有兴趣,您可以尝试给这家出版商的经理直接打电话,说服对方给您一个面谈的机会。那些对于出版特别有兴趣又非常执着的人最后通常都会进入这个行业。

七、面　试

(一) 面试之前

出版商确定的面试候选人通常会在6人到12人之间。如果出版商联系您去参加面试,应该尽快回复是否参加。如果决定放弃,应如实相告,好给他人机会。如果决定参加,事先应做好充分的准备工作。首先,对这家出版商以及所出版的图书和开展的营销活动做些调查工作。"您为什么觉得这些图书和活动是非常有趣的?"好好地回答这个问题将大大提高您被录用的机会。其次,仔细琢磨对方可能会问哪些问题。比如说,"作为一个出版人,您真正想要追求的是什么?"或者"跟他人相比,您的优势在哪里?"基于您先前的调查和准备工作,您应该能够回答这些跟工作兴趣以及出版商情况相关的问题。同时,您也需要准备好对方可能会问您这样的问题——"在您看来,做好这份工作,最需要的技能是什么?""您认为这份工作最无聊透顶或者最令人沮丧的事情是什么?您将会怎么处理这些事情?"

您放入简历和求职信中的内容应该与下述问题密切相关:

(1) 您为什么想从事出版业?(不要仅仅回答"我喜欢图书,我喜欢阅读"。)

(2) 您之前的工作经验是否可以运用到这份工作上?

（3）您为什么认为自己适合从事这份工作？

（4）您认为自己最为主要的优势在哪里？

（5）有什么因素使您确信自己能做好这份工作？

（6）您的兴趣爱好是什么？

（7）您都读什么书？（大众出版商经常会问这个问题。回答那些符合他们兴趣的图书，并要做好准备分析您为什么认为这些图书值得阅读。）

做好准备以回答出版商试图了解您的情感、判断和动机层面的问题。出版商可能让您解释为什么要离开之前的那份工作。学会不要责备先前的老板或同事。比较合适的理由包括："我想寻找一个更好的发展机会""我想从事更有挑战性的工作"或者"我想丰富自己的人生经历"。裁员问题有的时候并不是您个人的问题导致，这是很多出版人可能都会遭遇的普遍困难；而具体的裁员可能会跟某家出版商所遭遇的特定环境有关。在说明这份新工作可能会存在的缺点的时候要多加小心。

您需要向招聘人员表示您已经规划中期职业生涯目标，强调您已经做好准备在合同规定的期限内（若被录用的话）安心做好这份工作。事实上，有很多新人会应聘销售部门，但他们真正的目标是希望成为一名编辑。您可以坦言您真正目标是成为其他部门的一名管理人员，但是您必须对您正在申请的岗位表现出强烈的热情，否则就会被拒绝。

图书出版是一个自始至终都充满创意的行业。出版商的任何部门都可能会问应聘者同样的一个问题——"您有什么想法或创意？"面对这个问题，不要哑然失声。这个问题并没有所谓正确的答案，招聘人员提问的目的主要是想了解您是否具有主动进取的精神。

想几个您可以倒问面试考官的问题。好的问题可以帮助您更好地了解应聘工作的特征以及帮助您更好地展示您对这家出版商的了解和兴趣。跟所应聘工作直接相关的问题包括：这份工作的主要职责、所应承担的责任、将来密切合作的同事、工作环境和待遇以及未来发展前景。跟所应聘的出版商有关的问题（比如出版商新的发展计划）是在您做前期调查的基础上提出来的。但是，需要注意的是，您的问题不要太多，毕竟您是被面试的那方。您可以问那些您自己能猜出部分答案的问题以及那些能引出肯定回答的问题。请不要问那些超过您的能力范围之外的问题，也不要厚颜无耻地要求出版商给您一份不太合理的特殊待遇。

在面试的时候，您可以带上自己之前工作的样品。比如自己制作的学院杂志、图书或者用于促销目的的宣传材料。通过简要介绍之前的工作成果、决策计划、克服的问题以及接触的人员，您可以展示自己的分析、决策和管理能力，以及与人打交道的原则和效率。

（二）面　试

在参加面试之前，您需要斟酌自己的着装问题。不同出版商的风格可能差别很大；有些部门（比如财务部门）会比其他部门更为严谨。总的来说，最好是穿戴职业服装，整齐干净。

您必须留有足够的时间，同时确保自己知道面试的具体地址，以免迟到。有些出版机构不太好找。万一迟到了，应该电话联系对方并表示歉意。到达面试地点之后，要跟前台打声招呼。如果时间允许的话，可以在展示厅里翻阅一下出版商出版的图书和相关材料。

虽然有些面试考官会在门口迎接您，但是真正的面试是从是否自信地步入面试房间开始的（自信对于大多数工作来说都是一种很重要的技能）。您应该主动地跟面试考官打招呼并跟他们握手。第一印象非常重要，所以请不要忘记微笑，给对方留下自信和放松的印象。在整个面试过程中，尽量谈及那些能够说明您非常适合这份工作以及您对这份工作很有兴趣的优点，用事实展示您的个人技能，用实例证明您的个人成就。向面试考官透露您已经对这家出版商做了调查工作，但不要过度地赞扬或批评这家出版商。

> 在面试中，第一印象很重要，包括着装、形体语言和语调。

时刻保持与面试考官的眼神接触，耐心聆听对方的问题。不要简单地用"是"或"否"搪塞考官的问题。认真地、细致地回答每个问题，但需要通过查看考官的言语及非言语表现判断对方的兴趣程度，进而决定自己回答的长度和深度。要对考官的后续问题有心理准备。在陈述观点的时候，确保自己的论述合乎情理且相当明确，避免模棱两可或傲慢自大的表述。

在面试过程中过于侃侃而谈是危险的。除了让考官觉得厌烦之外，还有可能会谈及很多跟面试毫无相关的事件和观点；而这些事件和观点都有可能暴露出个人的缺点。事实上，面试考官很有可能自己不说话，放任您随意表现。相对于正面印象，面试考官一般更容易形成对应聘者的负面印象。他们对候选人的判断更容易受一两个突出的言行举动的影响。请记住，考官往往首先拒绝给他们留下负面印象的候选人，而非主动选择给他们留下正面印象的候选人。

大多数面试考官希望看到候选人所应具备的一个优点是对这份工作的兴趣和热情。换言之，不管面试的问题是什么，都要积极面对。不要给考官留下您对这份工作并不真正感兴趣的印象。如果您越紧张，您谈话的速度可能就会越快。尽量保持轻柔平稳但饶有兴致的语气。过度的谦虚并不能很好地展示自己，但过度地自我夸奖同样也不能取得良好的效果。如果您的简历中罗列的事实不尽属实或存在夸大之嫌，您在面试过程中很有可能不能用事实来证明您之前的说法。

对于有些应聘的工作岗位，您可能希望带上自己设计或新闻方面的代表作品。在面试过程中，根据面试考官所表现的兴趣，您需要判断是否应该给他们呈上随身带来的代表作品。

最后需要指出的是，由于大多数出版商是规模相对较小的企业（或是大型公司的一部分），出版本身也是比较个人化的行业，所以整个面试过程中最不易捉摸但又是最重要的内容就是面试考官是否倾心于您，是否认为您能胜任这份工作。有些管理人员非常看重自己从事什么工作，以及跟谁共事，并认为这两点能充分体现出自己的生活质量。

在完成自己所有问题的提问后，您应该清楚地知道这份工作的性质和内容，谁能进入下一轮的面试以及时间进度表。一般来说，出版商会启动一轮面试或两轮面试。如果您有机会进入第二轮面试，这个时候您应该要好好思考下有哪些想法可以帮助出版商更好地发展。

八、求职成功

当出版商确定录用您的时候，有可能会联系您的推荐人核实相关的事实和信息，但这种做法并不常见。如果您有幸被录用，您也应该尽快决定是否接受或拒绝。对于初级岗位来说，通常出版商不会跟您就待遇和薪酬问题进行讨价还价。在面试过程中或在面试之后考官很有可能会问的一个问题是"您希望的薪水是多少？"面对这个问题，明智的做法就是把责任踢回给出版商。比如您这么反问，"您们打算给最好的候选人付多少的薪水呢？"出版商很少会直接在招聘广告中标注薪水。事实上，不同类型的出版商之间给出的薪水可能会差异很大。

不同出版商的管理风格和工作氛围差别很大。对于新人来说，头几月是非常关键的。在这几个月当中，您可以熟悉出版商的政策、明白如何在其中为人处事、学会如何完成自己的任务、掌握如何赢得同事的尊重。有些战术可以帮助您快速地在公司和同事心目中树立良好的形象，比如全身心地投入到工作中，经常早到晚退。

（一）职业生涯

上面曾经提到，在头几年中从事的第一份工作并不必然决定您今后的职业生涯。许多刚参加工作的人对他们从事的工作并不了解，之后在工作过程中才逐渐培养他们的工作特长和工作兴趣。从一个出版部门或出版领域转到另外一个部门或领域是比较有可能的，但是随着时间的推移，这种变动会变得越来越困难。因为越来越多的应聘者都已经具备了从事特定出版领域的专业知识和技能。

小型出版商部门不多，人员也少；因此很容易从一个部门调到另外一个部门，学习从事不同的具体工作，有的时候甚至是同时从事多个部门的工作。但是，在大型出版商看来，通过这种渠道获取的知识并不够专业。与此形成对比的是，在大型出版商那里，从事初级工作的员工很难跨越不同部门的界限，但是他们可以通过出版商的大量资源获得更为专业的技能。经常有从业人员从小型出版商跳槽到大型出版商，从事薪酬更高的工作，反之亦然。比如说，在大型出版商那里从事中层管理的员工可能会在小型出版商那里获得资深的工作岗位。在出版业，提拔之前并没有管理经验的员工担任管理职位的现象是相当普遍的。

跟超大型企业和市政服务部门不同，就算规模最大的出版商也没有足够的人员随时补充工作期间发生的岗位空缺。对于不能提供足够的条件帮助实现应聘者职业目标的工作岗位，出版商不会轻易地在招聘广告中予以承诺。但在一些大型出版机构，部门内部确实也有一些晋升机会。

虽然有些员工在出版商那里发展得较好，少数员工发展得很好，但很少有人会在一家公司里面待一辈子。大多数从业人员都会从一家出版商转到另外一家出版商，或许是平级跳动，也有可能会有更好的职位。永久性地待在一个工作岗位上的可能性现在已经不大有了。

在不同公司之间调换工作的时候，大多数人都倾向于他们擅长的工作类型。如果说在不同的职能部门之间调换不太容易的话，那从一个出版类型换到另外一个出版类型恐怕就更困难了。通常而言，即使需要调换的话，一般都会在某一特定出版类型（大众出版、教育出版或学术出版）内部调换；除非该员工具备更加灵活、可迁移的管理技能和与信息传播技能有关的经验。许多出版人所具备的专业技能通常只是适用于为特定的市场出版图书或相关产品，因此他们在出版界或出版界以外的人际关系也往往局限于这一特定市场。

有些拥有丰富经验的30出头的出版人希望改变自己从事的出版领域，比如说，从学术出版领域转向大众出版领域，或者相反。但是，他们需要跟已经在自己中意的领域工作了多年的同行竞争，所以得到同样级别和同样薪水的工作的机会并不大。随着您逐步提高在某一领域的专业技能，这些专业技能也越来越有价值；但同时也意味着，您也越来越不可能把这些专业技能扔在一边，而转向其他出版领域甚至是其他行业。凡事总有特例。确实有些人在他们各个职业发展阶段都会在不同的出版部门和出版类型之间跳来跳去，这其中就包括管理经理，但这些人总是那么一小撮。

企业重组和兼并不可避免地会给员工的职业发展带来影响。不幸的是，员工自己并不能选择新的老板。在企业完成兼并之后，来自主动收购一方的员工或许在合并后规模更大的公司中获得了更高的地位，但是被收购一方的公司管理层就得重新调整。管理人员可能会继续留下来，或者离开，或者被降级。由于新老板需要精简部门，多数初级员工将要离开公司。精简部门行动包括撤销存在竞争关系的编辑部门，合并生产和设计部门，统一版权贸易部门，整合市场营销人员，集中人力资源、财务和发行管理，重新分配办公资源。对于被解雇的员工，公司一般会支付一定的裁员补偿费。这些员工离开之后，通常会选择投奔其他出版商，或者创办自己的公司，或者干脆就做自由职业者。

自由职业工作（比如说编辑、设计或网站开发）更加灵活自由，人们可以选择在家工作，不受公司政策条规的约束，也可以节省往返公司的时间和金钱成本。另外，由于远离出版机构内部的嘈杂，不受他人的打扰，自由职业工作者的工作效率会更高，他们可以根据自己的节奏安排自己的工作。但是，有时公司给出的时间很紧，他们要在指定的时间内完成任务，就不得不在晚上、周末和节假日加班。自由职业工作者接单子的最好途径就是通过个人推荐或者个人联系。另外，一些行业组织（比如编辑和校对工作者学会、索引工作者学会）也会组织登记自由工作者名单。全国记者联盟为编辑工作的薪酬（比如校对工作每个小时的薪酬）提供了一个建议标准。

很多员工在30多岁的时候都会进入职业发展的停滞期，他们会担心马上就要进入不惑之年，这恐怕是他们可以折腾的最后机会了。随着岁数的增加，调换工作的可能性越来越小。许多级别较高的职位通常由37岁到45岁的员工把持着。过了这个年龄段，除非个人特别优秀或特别出名，否则跳到另外一家公司已经是相当困难了。而过了50岁，再换公司已经变得非常非常困难了。事实上，这个年龄段的员工往往只能选择在这家公司一直待到退休之年，没有其他更好的选择了。

另外一种可能会影响员工在不同公司之间流动的重要因素是房屋的租赁行情以及往返公司的便利性。英国东南部地区的房价和租金比其他地区都要高，而且其上涨的幅度比其他地区也要高。越靠近伦敦中心地区，房价和租金就越贵。通常而言，如果公司搬离市中心，一般为员工提供搬迁成本补偿金，但员工自己必须要考虑之后可能会遇到的问题。如果公司离家庭太远的话，您或许只能买单程票而不能购买往返票。

许多开设出版业务的公共部门或非营利性部门对在商业出版机构工作的员工很有兴趣。而且，在出版业积累的专业技能和人脉关系也能应用到其他不一定与出版直接相关的商业公司。

不管是商业出版机构还是非营利性出版机构，传统上都是从行业本身之内招聘员工。除非员工主动离开或者被迫离开，否则人员一般都会比较稳定。长期以来，出版业是一个相对封闭的世界。但是，随着数字出版的快速发展以及大多数出版机构越来越商业化，出版业现在也积极物色行业本身以外的新鲜血液。管理者可能来自其他行业，而员工也开始具备IT和物流的学科或从业背景。出版也在过去的几十年中发生了翻天覆地的变化，并且仍然在持续发生快速的变化。

（二）入职后的继续培训

大多数出版从业人员通过观察和思考自己、同事以及其他出版商所取得的成功和所犯下的错误来学习更好地做好自己的工作，并且把这些学到的经验运用到下个新项目的运作中。知识就是这么传承下来的。

很少有出版商重视培训刚刚 20 出头的从事级别较低工作的员工，也不太重视培训资深员工（这些资深员工虽然在特定的领域拥有一技之长，但往往缺乏对整个行业的了解和基本的管理知识），更不用说出版商为员工提供系统的 MBA 课程培训了。另一方面，出版商又在埋怨很难招聘到从事管理职位的资深员工。如果您有幸就职于一家给员工提供培训机会的出版商，就应该努力抓住所有的机会。但如果您所在的出版商没有为员工提供培训机会的话，您自己就应该积极参加各种相关活动（比如由青年出版者学会和女性出版者协会举办的活动），并抽出时间参加课程学习。在英国，许多主要的教学机构和专业组织（比如专业协会出版商联盟、编辑和校对工作者学会）都提供全日制的课程。位于伦敦的出版培训中心为从业人员提供大量的短期职业培训课程，该机构同时也为从业人员制定了出版职业国家标准。

（三）薪　酬

图书出版业内部薪酬差别很大，目前并没有关于整个行业薪酬的统计数据。据估计，2007 年出版业的起薪在 1.8 万英镑左右。在过去的很多年中，许多级别较低的出版岗位（尤其是在编辑部门）的起薪并没有这么高。部分原因在于僧多粥少，大量的人竞聘为数不多的几个岗位。有些人也认为出版业的低薪酬跟从事级别较低的工作大量都是女性的事实不无相关。

相对于满足于长期待在一家公司的员工，那些定期换换工作的员工的薪酬水平可能会更高。供需法则支配着不同出版类型的薪酬水平。

比如说，需要招聘具有人文学科背景的出版商会发觉他们选择的余地很大，从而倾向于提供较低的薪酬；而法律或医学等专业出版商往往很难招到具有相关学科背景或从业经历的员工，因此愿意支付较高的薪酬。而且，对于自己有兴趣的工作领域，许多人更愿意接受更低的薪酬（即使其他的出版领域愿意支付更高的薪酬）。这尤其适用于那些从事文学出版的员工身上。

在过去的几年中，从事市场营销的员工薪酬逐步向就职于一般性商业公司的员工的薪酬靠拢。但是，在管理层的最上头，大多数出版公司的经理的薪酬还是跟不上从事大型普通消费产品行业的企业老总。就出版公司内部而言，总经理所赚的薪酬却是最底下工人薪酬的数倍。在有些公司，这个数字高达15倍之多。

（四）从业人员的人口分布情况

不管是从事岗前课程学习的在校生，还是最后真正进入出版业的从业人员，女性的比例均高于男性，尤其是在大众出版领域更是如此。因此，出版商正在想方设法吸引更多的男性进入自己的公司。大约70%的出版从业人员都是女性。在管理层，目前男性的整体比例高于女性，但是女性的比例较之前些年已有了很大的提高。从整个行业来说，目前担任资深管理者的女性员工数量也颇多。

一项名为"全彩色"的调研项目在2004年发现只有8%的从业人员认为出版业是具有文化多样性的，而47%的从业人员则持相反意见。之后另一项调查（于2006年开展，旨在调查出版从业人员的种族分布情况）发现在出版业中，高达92.3%的从业人员是白色人种，只有7.7%的从业人员来自黑色人种和其他少数种族。虽然这一比例分布大体符合英国所有人口的情况，但并没有反映伦敦地区的种族分布情况（白色人种占71.2%，而黑色人种和其他人种占28.8%）。对于出版业来说，大多从业人员都居住在伦敦地区。因此，这种比例分布是一个问题。但从另外一个角度来看，这显然也是出版商扩展读者群的一个机会。正如企鹅出版公司的总经理海伦·弗雷泽所说的那样，"如果出版业的从业人员的构成比例与总人口的构成比例（尤其是与作为图书销售中心的城市的人口构成比例）大致相当，那么出版业就能全面地开发整个读者市场"（基恩，第 11 页）。

阅读书目

艾莉森·贝弗斯托克，苏珊娜·鲍恩，斯蒂夫·凯里，《如何在出版业找到一份工作》，A & C 布莱克，2008（Alison Baverstock, Susannah Bowen and Steve Carey, How to get a job in Publishing, A & C Black, 2008）.

参考文献

图书营销有限公司，《出版从业人员在种族分布方面具有多样性》，2006 年（BML, Ethnic Diversity in Publishing, September 2006）.

达纽塔·基恩（编），《全彩色》，发表于《书商》增刊 2004 年 3 月 12 日（Danuta Kean (editor), In Full Color, Supplement to The Bookseller, 12 March 2004）.

网络资源

www. alpsp. org 学术与专业学会出版商协会
www. ipg. uk. com 独立出版商协会
http：//www. macmillan. com/grad. asp 麦克米兰研究生招募计划
www. opusnet. co. uk 牛津出版学会
www. prospects. ac. uk 毕业生求职网站
www. brookes. ac. uk/publishing 牛津国际出版研究中心
www. publishers. org. uk 出版商协会
www. publisherspublicitycircle. co. uk 出版商公共圆桌协会
www. train4publishing. co. uk/careers 出版培训中心网站关于就业资

讯的网页

  www.careersatrandom.co.uk 兰登书屋的招聘网站

  www.sfep.org.uk 编辑和校对工作者协会

  www.indexers.org.uk 索引工作者协会

  http：//www.thesyp.org.uk/ 青年出版者协会

  http：//www.wipub.org.uk/ 女性出版工作者协会

术语表

这份术语表是主要的英国出版术语、简称和缩略语的简要指南。请注意,我们的目标并不是为读者提供全面的术语以及详细的定义。

附加物(add–on):附加于某件产品的额外价值,比如附在图书后面的 CD 光盘。

预付稿酬(advance):出版商在获得作者作品的销售利润之前就为作者支付的一笔钱。预付稿酬的支付时间可以是合同签署的时候、作者提交书稿的时候或者图书正式出版的时候。

新书样本(advance copy):在图书完成印刷环节之后、在正式推向市场之前可以提供的印刷复本。出版商会将新书样本寄送给作者本人,也会用于市场销售之用。

文学经纪人/作者代理商(agent):文学经纪人/作者代理商代表作者的利益,代表作者与出版商商谈和签订图书出版合同。在出口市场,文学经纪人/作者代理人也可能作为第三方,为出版商提供服务。

集成商(aggregator):集成商从多家出版商那里获取在线传播内容的授权,并为读者提供集成服务。

进度信息表(AI):包含基本的书目信息和市场营销信息的进度信息表。

AIDA 模式(AIDA):一种市场模式,是四个英文单词的首字母。A 为 Attention(引起注意);I 为 Interest(诱发兴趣);D 为 Desire(刺激欲望);A 为 Action(促成购买)。

机场版（airport edition）：在图书的正式平装本出版之前，在机场商店销售的出口型平装本。

学会和专业学会出版商协会（ALPSP）：英文全称为 Association of Learaned and Professional Society Publishers。

有声图书出版协会（APA）：英文全称为 Audiobook Publishing Association。

书商协会（BA）：英文全称为 The Booksellers Association。

再版书目（Backlist）：出版商已经固定下来的图书目录，相对的术语为 frontlist（新书目录）。

英国图片图书馆和代理商协会（BAPLA）：英文全称为 British Association of Picture Libraries and Agencies。

图书俱乐部协会（BCA）：英文全称为 Book Club Associations。

图书产业交流会（BIC）：英文全称为 Book Industry Communication。

大宗交易（big deal）：出版商将众多期刊进行捆绑作为一个集成包进行销售的模式。

预售样书（blad）：印刷的样书。

Blog 杂志（blog）：一份在线杂志。

图书广告（blurb）：出现在图书的封底或护封上的宣传信息和销售广告。

图书俱乐部（book club）：在传统意义上是指采用邮寄方式销售图书的销售商；现在也指阅读小组。

痕迹导航（breadcrumbs）：网页上的链接，其作用是帮助用户在网站内沿着路线重新返回。

松厚度（bulk）：纸张的厚度。

鸡仔文学（chick lit）：一种小说类型，其读者对象主要是二三十岁的单身女性。

到岸价格（CIF）：是英文 cost, insurance and freight 的缩写，直译

为成本加保险费加运费。

图书在编目录（CIP）：英文全称是 cataloguing in publication。

版权授权代理商（CLA）：英文全称是 Copyright Licesing Agency。

内容管理系统（CMS）：英文全称是 content management system。

合作版本（co-edition）：正常印刷数额以外的部分，用于销售给第三方。存在两种类型：英语合作版和外语合作版。

策划（Commissioning）：启动新的项目，跟作者签约；或者从作者本人处、作者经纪人/代理商或其他出版商那里取得出版作品的权利。

合同（contract）：作者和出版商双方签署的具有法律效力的协议，内容涉及出版商获得的版权以及双方的责任。

合作出版（copublicaton）：由两家公司根据协议共同出版作品。可以是指使用双方的商标并分成图书的利润。也可指分享作品并使用联合商标，比如在海外市场出版教科书的例子。

文字编辑（copy-editing）：根据特定的编辑文体风格编辑作者提交的书稿，消除其中的错误，为读者提供正确的文本。

版权（copyright）：在法律上明确作者作品是本人的私有物，具有排他性。通过这种方式，保护作者和其他创作家的利益。©是版权的标志。

课程参考资料包（coursepack）：是众多资料（通常是影印资料）的汇总包，用于课堂教学使用。

封面（cover）：平装书图书会配以一张封面。封面的设计可能是根据精装本图书的书套进行修改，也可能是完全重新设计的。

顾客关系管理（CRM）：英文全称是 Customer Relationship Management。

跨界图书（crossover title）：是指同时拥有成人市场的儿童图书。

企业社会责任（CSR）：英文全称是 corporate social responsiblility。

计算机直接制版（CTP）：英文全称是 computer to plate。

剑桥大学出版社（CUP）：英文全称是 Cambridge University Press。

贬值（depreciation）：公司市值的缩水。

数字版权管理（DRM）：英文全称是 Digital Rights Management。在技术的层面是指出版商对其数字内容的访问权限进行管理的一种方式。

折扣（discount）：出版商在推荐图书价格的基础上为零售商提供的一个折扣，以鼓励他们多多进货。在大众出版领域，图书的折扣可能会很高。

多林·金德斯利出版公司（DK）：英文全称是 Dorling Kindersley。

英国国家传记大词典（DNB）：英文全称是 Dictionary of National Biography。

数字对象标识符（DOI）：英文全称是 Digital Object Identifier。

文档类型定义（DID）：英文全称是 document type definition。

桌面出版（DTP）：英文全称是 desktop publishing。

仿制品（dummy）：最终印刷图书的复制品，主要用于将插图书籍销售给零售商或海外客户。

电子书（ebook）：英文全称是 electronic book。

电子数据交换（EDI）：英文全称是 electronic data interchange。

作为外语的英文（EFL）：英文全称是 English as a foreign language。

英文语言教学（ELT）：英文全称是 English language teaching。

网络营销（emarketing）：是指利用互联网开展市场营销活动。具体活动包括搜索引擎优化、电子邮件推广和网站促销等。

欧洲、中东和非洲地区（EMEA）：英文全称是 Europe, the Middle East and Africa，有时也缩写为 EMA。

末尾书页（end-matter）：图书最后的几页，比如附录和索引等。

教育出版商委员会（EPC）：英文全称是 Educational Publishers Council。

电子销售点（EPOS）：英文全称是 electronic point of sale。

封装式描述语言（EPS）：英文全称是 encapsulated PostScript。

篇幅（extent）：图书的长度，通常以字数或页码来表示。

确定型销售（firm sale）：如果图书是基于确定型销售价格支付的，那么采购方（比如零售商）就不能退换图书。

离岸价格（FOB）：英文全称是 free on board。

开本（folio）：一种表示页码的方式。

新书目录（frontlist）：出版商的新书目录，对应的术语为再版书目（backlist）。

声誉（goodwill）：有助于提高出版商竞争优势的无形资产，包括商标和雇员。

出版社风格（house style）：一套编辑风格，用于编辑文本之用，包括拼写、语法、大小写和断句。

超本文标识语言（HTML）：英文全称是 HyperText Markup Language。

出版书目（imprint）：出版商总体出版项目中的一系列图书。每套出版书目都有自己的风格和定位。出版商可能会在图书的书脊和题名页加注 logo，以表明这本图书所属的出版书目。

机构知识库（institutional repository）：存储某家机构（比如大学）成员所撰写的研究性论文的数据库。

知识产权（intellectual property）：出版商所拥有的知识产权包括自己的版权以及所获得的授权许可。

独立出版商行会（IPG）：英文全称是 Independent Publishers Guild。

知识产权（IPR）：英文全称是 intellectual property rights。

行业退货倡导计划（IRI）：英文全称是 industry returns initiative。

国际标准书号（ISBN）：英文全称是 international standard book number。

网络服务提供商（ISP）：英文全称是 internet service provider。

国际标准连续出版物号（ISSN）：英文全称是 international standard

serial number。

护封（jacket）：包在精装本图书外面的护封。

联合信息系统委员会（JISC）：英文全称是 Joint Information Systems Committee。

联合图像专家小组（JPEG）：英文全称是 joint photographic experts group。

行距（leading）：在文本中行跟行之间的距离。

许可证（licence）：赋予出版商出版作者作品独断性、排他性的权利，同时也赋予出版商在尽可能大的范围内销售作者作品的权利。出版商也会将图书的版权许可给其他出版商，比如图书的翻译权。非排他性的版权能够使出版商可以将内容（比如图书的数字使用）许可给多家公司。

书目发展（list-building）：实施具有战略眼光的策划方案，其目的是创建新的出版书目或拓展现有的出版项目。

文字错误（Literal）：在将文本输入到电脑的过程中所产生的文字错误，也被称为 typo。

平板印刷（litho）：英文全称是 offset lithography。这种形式仍然被广泛运用于图书的印刷。

学习管理系统（LMS）：英文全称是 learning management system。

长尾（Long Tail）：这一概念最早是由克里斯·安德森于 2004 年在《连线》杂志上提出来的，其核心思想是指通过互联网，那些原本不怎么受欢迎的产品所实现的许许多多的小市场，其市场总和可能等于（甚至大于）一些很受欢迎的产品。

书稿（manuscript）：作者提供给出版商的作品版本。过去作者原稿通常是手写的，现在通常是打印稿（typescript）。

营销矩阵（marketing mix）：包括产品（product）、价格（price）、渠道（place）和促销（promotion）。

简装本（mass-market paperback）：是一种平装本图书的格式：

178mm×110mm；相对的术语为普通平装本图书（trade paperback）。

元数据（metadata）：关于数据的数据。元数据有助于内容在在线搜索过程中更容易地被归类和发现。

专著（monograph）：基于作者具有原创性研究的学术图书。

人身权（moral rights）：是对知识产权财产权的补充，包括署名权、保护作品完整权、避免错误署名权和保护隐私权。

净价图书协议（NBA）：英文全称是 Net Book Agreement。

净收入（net receipts）：是指出版商扣除让利给批发商或零售商的折扣之后所获得的收入。也被称为 NSR（net sales revenue）。

凹口装订（notch binding）：参见开槽装订（slotted binding）。

净收入（NSR）：英文全称是 net sales revenue。

开放存取（OA）：英文全称是 open access。

光学字符识别（OCR）：英文全称是 optical character recognition。

开放电子书格式（OEBF）：一种开放电子书的格式。

牛津英语大词典（OED）：英文全称是 Oxford English Dictionary。

复制费（offset fee）：用于复制原始图书的费用。

在屏编辑（on‐screening editing）：在屏幕上（而不是打印的纸上）进行文字编辑工作。

绝版（OP）：英文全称是 out of print。

牛津出版协会（OPuS）：英文全称是 Oxford Publishing Society。

牛津大学出版社（OUP）：英文全称是 Oxford University Press。

户外广告（Outdoor advertising）：刊登在户外广告牌、公交和火车上的广告。

日常管理费用（Overheads）：运营一家公司所需要的日常花费，比如办公场地费用和雇员薪水。

出版商协会（PA）：英文全称是 The Publishers Association。

制书商（packager）：不同于出版商，制书商往往为出版商提供已经过编辑和设计好的图书，出版商可以在此基础上直接开展图书市场营销和销售活动。

根据观看次数付费（pay per view）：使用在线服务的用户为访问每篇论文、图书章节或页码而付费的方式。

掌上电脑（PDA）：英文全称是personal digital assistant。

便携文档格式（PDF）：英文全称是portable document format。

无线装订/胶粘装订（Perfect binding）：用于廉价纸皮书的装订方式。将靠近书脊侧的多余部分裁剪掉，然后用胶水把剩余部分进行粘连，并统一粘在封面上。

私立语言学校（PLS）：英文全称是private language schools。

按需印刷（POD）：英文全称是print on demand。一种数字印刷技术，该技术使得印数不多的印刷工作在经济上具有可行性。真正意义上的按需印刷是指能够根据订单数量进行印刷，即使该订单只需要印刷一本图书。

播客（podcast）：一系列可用于下载的数字文档或音频文档。

销售点（POS）：英文全称是point of sale。

定位（positioning）：根据消费者对产品进行定位。

后印本（postprint）：经过同行评审后的期刊论文。这是经过排版和正式出版的版本。

出版商公共圆桌协会（PPC）：英文全称是Publishers Publictiy Circle。

公关关系（PR）：英文全称是public relations。

前文页（prelim pages）：图书的最初几页，通常是用罗马数字标注页码的。

预印本（preprint）：尚未经过同行评审的期刊论文。

图书印数（print run）：图书的印刷册数。

生产质量（production values）：图书的质量，包括纸张、设计、印刷、装订和封面。

校对（proofreading）：阅读图书校样，其目的是发现任何在文字编辑阶段没有被纠正的错误以及在设计和排版阶段产生的错误。在阅读图书校样的时候，校对者可以对照原始版本，也可以"盲读（read blind）"，即不需要参考原始版本。

策划书（proposal）：一份列出图书的主要内容和潜在市场概况的出版计划书。具体内容包含图书的主要内容、读者对象、读者层次、市场上具有竞争关系的图书，以及作者简介。

PS 编程语言（PS）：英文全称是 PostScript。

研究评估（RAE）：英文全称是 research assessment exercise。

纸张正面（recto）：图书右手页。

被退图书（returns）：由零售商退还给出版商的未售图书。

射频识别技术（RFID）：英文全称是 radio frequency identification。

重印（RP）：是单词 reprinting 的缩写。

简易聚合（RSS）：英文全称是 really simple syndication。

楣题（running head）：每页上的标题，比如章节或图书的题名。

安全销售协议（see safe）：基于安全销售协议销售的图书（比如销售给零售商），以一定的信用条件进行支付。如果这些图书没有销售出去，零售商可以将它们退还给出版商；出版商批准后，后续订单可用先前支付的信用进行抵销。

搜索引擎优化（SEO）：英文全称是 search engine optimization。

连载权（serial rights）：节选作品并销售给报纸或杂志的权利。第一连载权赋予购买者在图书正式出版之前就可以连续刊载图书内容；第二连载权是指在图书正式出版的同时或之后再将内容连续刊载在报纸或杂志上。

编辑和校对工作者学会（SfEP）：英文全称是 Society for Editors and Proofreaders。

站点授权（site licence）：授权给一家机构（比如大学）的权利，允许在多台电脑上使用某款软件或某项在线服务。

开槽装订（slotted binding）：一种装订方法。在将印张进行折叠的过程中，对朝着书脊部分的页面进行穿孔。装订机提供黏合剂将书页进行粘连，同时也包括图书封面和封底。参见凹口装订（notch binding）。

剩货保退（SOR）：英文全称是 sale or return。

书脊（spine）：图书的支柱部分。

科学、技术与医学（STM）：英文全称是 scientific，technical and medical。

订阅费（subscription）：基于订阅的销售是发生在图书正式出版之前。所有的订阅都会记录在出版商的订阅系统中。

附属版权（subsidiary rights）：出版商可以获得除基本版权之外的其他版权，比如翻译权和连载权。

青年出版者学会（SYP）：英文全称是 Society of Young Publishers。

标签图像文件格式（TIFF）：英文全称是 tagged image file format。

普通平装本（trade paperback）：平装本图书的 B 格式：198 129。对应的术语是简装本（mass–market paperback）。

大众出版（trade publishing）：通过图书行业销售的图书出版，也被称为消费者出版（consumer publishing）。

文字错误（typo）：在将文本输入到电脑的过程中所产生的文字错误，也被称为 literal。

统一字符编码（Unicode）：一套编码体系，赋予每个字符唯一标识符，"独立于任何平台、独立于任何程序，也独立于任何语言"（unicode.com，访问时间 2007 年 10 月 1 日）。

独特卖点（USP）：英文全称是 unique sales proposition，是指可以使图书在同类竞争者中脱颖而出的地方。

增值税（VAT）：英文全称是 value added tax。

纸张反面（verso）：图书左手页。

病毒式营销（viral marketing）：通过社会网络传播市场营销讯息。

视觉材料（visual）：图书封面或护封设计的实体模型。

虚拟学习环境（VLE）：英文全称是 virtual learning environment。

消耗（wasting）：对未售图书的处理。

Web2.0（Web 2.0）：新一代的网站和网页，用户可以在这些网站或网页上下载或上传文件。

卷筒纸印刷机（web press）：将内容印刷在一卷纸上的印刷机。

插件（widget）：一款迷你网页小插件；借助它，可以将内容电邮或拷贝至用户的社交网页。这是病毒式营销的一个实例。

维基（wiki）：一个协作性网站。命名来源于夏威夷语 wikiwiki（表示"快"的意思）。

女性出版者协会（WiP）：英文全称是 Women in Publishing。

世界知识产权组织（WIPO）：英文全称是 World Intellectual Property Organization。

口碑（WOM）：英文全称是 word of mouth。

可扩展性标记语言（XML）：英文全称是 Extensible Markup Language。

专题书目

本书在每章的后面已经列出可供读者深入阅读的相关资源和建议。该书目汇总了重要的文本和资源。

学术期刊和行业杂志

《作者》（The Author）

《书商》（The Bookseller）

《学术出版》（Learned Publishing）

《逻各斯》（Logos）

《出版新闻》（Publishing News）

《出版研究季刊》（Publishing Research Quarterly）

行业数据库和互联网资源

亚马逊（Amazon）

图书事实在线（Book Facts Online）

图书行业资讯网（booktrade.info）

谷歌图书搜索（Google Book Search）

GPI 国家报告（GPI Country Reports）

敏特咨询报告（Mintel）

尼尔森图书数据（Nielsen BookData）

尼尔森图书扫描（Nielsen BookScan）

出版业数据也可以通过专业学会/协会的网站获取，比如：

www. booksellers. org. uk（书商协会的网站）

www. publishers. org. uk（出版商协会的网站）

图　书

巴尼·艾伦，《英国图书出版商出口指南》，出版商协会/英国贸易与投资服务部，2004（Barney Allan, Guide to Export for UK Book Publishers, The Publishers Association/UK Trade & Investment, 2004）.

克里斯·安德森，《长尾：无限选择如何激发无限需求》，兰登书屋，2006（Chris Anderson, The Long Tail: How endless choice is creating unlimited demand, Random House, 2006）.

戴安娜·阿西尔，《保留》，格兰塔，2000（Diana Athill, Stet, Granta, 2000）.

崔西亚·奥斯汀，理查德·道斯特，《新媒体设计》，劳伦斯·金，2007（Tricia Austin and Richard Doust, New Media Design, Laurence King, 2007）.

菲尔·贝恩斯，《企鹅设计：从 1935－2005 年的封面故事》，艾伦·莱恩，2005（Phil Baines , Penguin by Design: A cover story 1935 － 2005, Allen Lane, 2005）.

菲尔·贝恩斯，安德鲁·哈斯拉姆，《字体与版式设计》，劳伦斯·金，2005（Phil Baines and Andrew Haslam, Type and Typography, Laurence King, 2005）.

大卫·班恩，《新印刷生产技术完整手册》，洛特维茵，2006（David Bann, The All New Print Production Handbook, RotoVision, 2006）.

艾伦·巴特姆，《图书制作：1945 年以来的英国出版设计》，大英图书馆，1999（Alan Bartram, Making Books: Design in British publishing since 1945, British Library, 1999）.

艾莉森·贝弗斯托克，《如何推销图书：获取最大化利润和利用各类销售渠道的必备指南》（第 4 版），科根·佩吉，2008（Alison

Baverstock, How to Market Books: The essential guide to maximizing profit and exploiting all channels to market, 4th edition, Kogan Page, 2008)。

艾莉森·贝弗斯托克，苏珊娜·鲍恩，斯蒂夫·凯里，《如何在出版业找到一份工作》，A & C 布莱克，2008（Alison Baverstock, Susannah Bowen and Steve Carey, How to get a job in Publishing, A & C Black, 2008）。

艾瑞克·德·贝尔莱格，《作为商业的英国图书出版业》，大英图书馆出版社，2004（Eric de Bellaigue, British Book Publishing as a Business, British Library Publishing, 2004）。

卡罗尔·布莱克，《从选题到出版》，潘，1999（Carole Blake, From Pitch to Publication, Pan, 1999）。

克莱夫·布鲁姆，《畅销书：1990年以来的流行小说》，帕尔格雷夫·麦克米兰，2002（Clive Bloom, Bestsellers: Popular fiction sicne 1990, Palgrave Macmillan, 2002）。

罗伯特·布瑞恩赫斯特，《字型排版精要》（第3.1版），哈特利 & 马克斯，2005（The Elements of Typographic Style, version 3.1, Hartley & Marks, 2005）。

朱迪斯·布彻，卡罗林·德雷克，莫林·利奇，《文字编辑：面向编辑和校对工作者的剑桥手册》（第4版），2006（Judith Butcher, Caroline Drake and Maureen Leach, Copy – Editing: The Cambridge handbook for editors, copy – editors and proofreaders, 4th edition, 2006）。

比尔·叩普，安格斯·菲利普斯（编），《图书在数字时代的未来》，钱多斯，2006（Bill Cope and Angus Phillps (editors). The Future of the Book in the Digital Age, Chandos, 2006）。

吉尔·戴维斯，《图书策划和组稿》（第2版），劳特里奇，2004（Gill Davies, Book Commissioning and Acquisition, 2nd edition, Routledge, 2004）。

《印刷和出版大辞典》（第3版），A & C 布莱克，2006（Dictionary of Printing and Publishing, 3rd edtion, A & C Black, 2006).

西蒙·埃利奥特，乔纳森·罗斯，《书史指南》，布莱克威尔，2007（Simon Eliot and Jonathan Rose, A Companion to the History of the Book, Blackwell, 2007）.

詹森·爱泼斯坦，《图书产业：出版的过去、现在和未来》，诺顿，2002（Jason Epstein, Book Business: Publishing past, present, and future, Norton, 2002）.

约翰·费瑟，《英国出版史》（第2版），劳特里奇，2005（John Feather, A History of British Publishing, 2nd edition, Routledge, 2005）.

大卫·芬克尔斯坦，阿拉斯泰尔·麦克利里，《书史读本》（第2版），2006（David Finkelstein and Alastair McCleery, The Book History Reader, 2nd edition, 2006）.

詹尼·哈特利，《面向阅读小组的图书》（修订版），牛津大学出版社，2002（Jenny Hartley, The Reading Groups Book, revised edition, Oxford University Press, 2002）.

芭芭拉·合恩，《编辑项目管理》，合恩编辑图书出版公司，2006（Barbara Horn, Editorial Project Management, Horn Editorial Books, 2006）.

芭芭拉·合恩，《文字编辑》，合恩编辑图书出版公司和出版培训中心联合出版，2008（Barbara Horn, Copy–editing, Horn Editorial Books and Publishing Training Centre, 2008）.

罗斯·杰伊，《怀特·拉德日记》，怀特拉德出版公司，2004（Ros Jay, The White Ladder Diaries, White Ladder Press, 2004）.

休斯·琼斯，克里斯托弗·本森，《出版法》（第3版），劳特里奇，2006（Hugh Jones and Christopher Benson, Publishing Law, 3rd edition, Routledge, 2006）.

安德鲁·基恩，《门外汉的崇拜》，尼古拉斯·布里厄利，2007（Andrew Keen, The Cult of the Amateur, Nicholas Brealey, 2007）.

威廉·卡斯多夫（编），《哥伦比亚数字出版导论》，哥伦比亚大学出版社，2003（William Kasdorf（editor），The Columbia Guide to Digital Publishing, Columbia University Press, 2003）.

马歇尔·李，《图书制作：编辑，设计和生产》（第3版），诺顿，2004（Marshall Lee, Bookmaking：Editing, design, production, 3rd edition, Norton, 2004）.

劳伦斯·莱西格，《自由文化》，企鹅，2004（Lawrence Lessig, Free Culture, Penguin, 2004）.

杰里米·路易斯，《特别的企鹅：艾伦·莱恩的人生与时代》，维京，2005（Jeremy Lewis, Penguin Special：The life and times of Allen Lane, Viking, 2005）.

路阿利·麦克莱恩，《泰晤士和哈德逊排版手册》，泰晤士&哈德逊，1980（Ruari McLean, The Thames and Hudson Manual of Typograhpy, Thames and Hudson, 1980）.

基思·马丁，《CS3套件写作》，焦点出版公司，2007（Keith Martin, Creative Suite 3 Integration, Focal Press, 2007）.

汤姆·马希勒，《出版商》，斗牛士，2005（Tom Maschler, Publisher, Picador, 2005）.

尼科尔·马修斯，奈克阿恩·穆迪（编），《借助封面判断图书：书迷、出版商、设计者以及小说的市场定位》，阿希门，2007（Nicole Matthews and Nickianne Moody（editors）, Judging a Book by Its Cover：Fans, publishers, designers, and the marketing of fiction, Ashgate, 2007）.

劳拉·米勒，《不情愿的资本家：图书销售和消费文化》，芝加哥大学出版社，2006（Laura Miller, Reluctant Capitalists：Bookselling and the culture of consumption, University of Chicago Press, 2006）.

迈克尔·米切尔，苏珊·怀特曼，《图书排版：设计者手册》，利巴纳斯出版公司，2005（Michael Mitchell and Susan Wightman, Book

Typography: A designer's manual, Libanus Press, 2005).

伊恩·诺里,《马姆比在20世纪的图书出版和销售》(第6版),贝尔&海曼,1982 (Ian Norrie, Mumby's Publishing and Bookselling in the Twentieth Century, 6th edition, Bell & Hyman, 1982).

丽奈特·欧文(编),《克莱克出版协议:图书范例》(第7版),托特尔出版公司,2007 (Lynette Owen (editor), Clark's Publishing Agreements: A book of precedents, 7th edition, Tottel Publishing, 2007).

丽奈特·欧文,《版权贸易》(第5版),劳特里奇,2006 (Lynette Owen, Selling Rights, 5th edition, Routledge, 2006).

艾伦·鲍尔斯,《优秀图书的护封和封面设计》,米切尔·比兹利,2001 (Alan Powers, Front Cover: Great book jackets and cover design, Mitchell Beazley, 2001).

保罗·理查森,《英国出版市场概览》,出版商协会,2007 (Paul Richardson, Publishing Market Profile: The United Kingdom, The Publishers Association, 2007).

保罗·理查森,格雷厄姆·泰勒,《出版业指南》,出版商协会,2008 (Paul Richardson and Graham Taylor, A Guide to the Publishing Industry, The Publishers Association, 2008).

R. M. 里特,《新哈特规则:面向作者和编辑的文体手册》,牛津大学出版社,2005 (R. M. Ritter, New Hart's Rules: The handbook of style for writers and editors, Oxford University Press, 2005).

R. M. 里特,《牛津文体手册》,2003 (R. M. Ritter, The Oxford Style Manual, 2003).

R. M. 里特,安格斯·史蒂文森,莱斯利·布朗,《面向作者和编辑的新牛津大辞典》,2005 (R. M. Ritter, Angus Stevenson and Lesley Brown, New Oxford Dictionary for Writers and Editors, 2005).

路斯尔恩·罗伯特,朱莉娅·思里夫特,《设计与网格》,洛特维茵,2002 (Lucienne Roberts and Julia Thrift, The Design and the Grid,

RotoVision, 2002).

安德烈·系夫林,《图书的生意:国际集团如何兼并出版企业并改变我们的阅读方式》,维索图书出版公司,2001(Andre Schiffrin, The Business of Books: How international conglomerates took over publishing and changed the way we read, Verso Books, 2001).

克莱尔·斯夸尔斯.《为文学作品做市场营销:英国当代作品的生产》,帕尔格雷夫·麦克米兰,2007(Claire Squires, Marketing Literature: The making of contemporary writing in Britain, Palgrave Macmillan, 2007).

雷切尔·斯多克,《内幕人告诉您如何出版自己的图书》,怀特拉德出版公司,2005(Rachael Stock, The Insider's Guide to Getting Your Book Published, White Ladder Press, 2005).

约翰·汤普森,《数字时代的图书》,珀勒缇出版公司,2005(John B. Thompson, Books in the Digital Age, Polity Press, 2005).

托马斯·沃尔,《为赢利而出版》(第3版),芝加哥评论出版公司,2006(Thomas Woll, Publishing for Profit, 3rd edition, Chicago Review Press, 2006).

世界知识产权组织,《管理图书出版产业中的知识产权》,WIPO,2008(World Intellectual Property Organization, Managing Intellectual Property in the Book Publishing Industry, WIPO, 2008).

盖博瑞·扎伊德,《如此众多的图书:在信息冗余时代的图书阅读和出版》,索特夫图书出版公司,2004(Gabriel Zaid, So Many Books: Reading and publishing in an age of abundance, Sort of Books, 2004).

专业组织名录

学术和专业学会出版商协会（ALPSP）

地址：布莱顿教堂街120号布伦海姆大楼（BN1 1AU）

网址：www. alpsp. org. uk

英格兰艺术委员会（Arts Council England）

地址：伦敦伟人彼得街14号（SWIP 3NQ）

电话：0845 300 6200

网址：www. artscouncil. org. uk

有声图书出版商协会（Audiobook Publishing Association）

电子邮箱：info@ theapa. net

网址：www. theapa. net

图书国际援助机构（Book Aid International）

地址：伦敦坎伯威尔地区冷港巷39－41号

电话：020 7733 3577

网址：www. bookaid. org

书商协会（The Booksellers Association）

地址：伦敦沃克斯豪尔桥路272号教堂大楼（SWIV 1BA）

电话：020 7802 0802

网址：www. booksellers. org. uk

图书信托基金会（Booktrust）

地址：伦敦希尔东路45号图书大楼（SW18 2QZ）

电话：020 8516 2977

网址：www. booktrust. org. uk

图书情报工作者特许研究院（Chartered Institute of Library and Information Professionals）

地址：伦敦里奇蒙尔特 7 号（WCIE 7AE）

电话：020 7255 0500

网址：www. cilip. org. uk

版权许可代理商（Copyright Licensing Agency）

地址：伦敦科比街 6 – 10 号藏红花大楼（ECIN 8TS）

电话：020 7400 3100

网址：www. cla. co. uk

英国作家协会（English PEN）

地址：伦敦阿姆韦尔 6 – 8 号（ECIR 1UQ）

电话：020 7713 0023

网址：www. englishpen. org

独立出版商协会（Independent Publishers Guild）

地址：罗伊斯顿 93 号信箱（SG8 5GH）

电话：01763 247014

网址：www. ipg. uk. com

英国国家文学基金会（National Literacy Trust）

地址：伦敦朗伯斯南路 68 号（SW8 1RL）

电话：020 7587 1842

网址：www. literacytrust. org. uk

诗人学会（The Poetry Society）

地址：伦敦贝特顿街 22 号（WC2H 9BX）

电话：020 7420 9880

网址：www. poetrysociety. org. uk

出版商协会（The Publishers Association）

地址：伦敦蒙太格街29B号（WCIB 5BG）

电话：020 7691 9191

网址：www. publishers. org. uk

苏格兰出版协会（Publishing Scotland）

地址：爱丁堡邓迪街137号（EHI1 1BG）

电话：0131 228 6866

网址：www. publishingscotland. org

阅读推广局（Reading Agency）

地址：圣奥尔本斯96号信箱（ALI 3WP）

电话：020 7278 8922

网址：www. readingagency. org. uk

作家学会（The Society of Authors）

地址：伦敦德雷顿公园路84号（SW10 9SB）

电话：020 7373 6642

网址：www. societyofauthors. org

索引工作者学会（Society of Indexers）

地址：谢菲尔德杰赛尔街10号伍德博尔商务中心（S9 3HY）

电话：0114 244 9561

网址：www. indexers. org. uk

作家、阅读与出版史学会（Society of the History of Authorship, Reading & Publishing）

电子邮箱：members@ sharpweb. org

网址：www. sharpweb. org

英国连续出版物联盟（UK Serials Group）

地址：纽伯里5594号信箱（RG20 0YD）

电话：01635 254292

网址：www. uksg. org

威尔士图书委员会（Welsh Book Council）

地址：锡尔迪金市阿伯里斯特威斯镇卡斯特尔·布莱春（SY23 2JB）

电话：01970 624151

网址：www. cllc. org. uk

行业联系网络

独立出版商协会（Independent Publishers Guild，简称 IPG）

地址：罗伊斯顿 93 号信箱（SG8 5GH）

电话：01763 247014

网址：www.ipg.uk.com

牛津出版学会（Oxford Publishing Society，简称 OPuS）

电子邮箱：secretary@ opusnet.co.uk

网址：www.opusnet.co.uk

出版商公共圆桌协会（Publishers Publicity Circle，简称 PPC）

地址：伦敦埃尔德尔大街 65 号（W4 2NN）

电话：020 8994 1881

电子邮箱：ppc-@lineone.net

编辑和校对者学会（Society for Editors and Proofreaders，简称 SfEP）

地址：伦敦富勒姆地区普特尼桥路 1 号河岸大楼（SW6 3JD）

电话：020 7736 3278

网址：www.sfep.org.uk

青年出版者学会（Society of Young Publishers，简称 SYP）

地址：伦敦沙夫茨伯里大街 189 号奋进大楼（WC2H 8TJ）

网址：www.thesyp.org.uk

牛津分部：www.thesyp.org.uk/oxford

女性出版者协会（Women in Publishing，简称 WiP）

地址：萨里郡金斯顿市哈斯顿·伯里特路 4 号（KT1 3HT）

电子邮箱：membership@ wipub. org. uk

网址：www. wipub. org. uk

专业培训机构

学术和专业学会出版商协会（ALPSP）

地址：布莱顿教堂街 120 号布伦海姆大楼（BN1 1AU）

网址：www. alpsp. org. uk

查皮特大楼（Chapterhouse）

地址：埃克塞特穆德林路 16 号（EX2 4SY）

电话：01392 499488

网址：www. chapterhousepublishing. co. uk

伦敦出版学校（London School of Publishing）

地址：伦敦诺丁山大门地区大卫·盖姆大楼（WI1 3JS）

电话：020 7221 3399

网址：www. publishing – school. co. uk

Marketability（Marketability）

地址：米德尔塞克斯郡特丁顿市桑迪巷 12 号（WI1 3JS）

电话：020 8977 2741

网址：www. marketability. info

牛津国际出版研究中心（Oxford International Centre for Publishing Studies）

地址：牛津布鲁克斯大学吉普斯小路校区伯克利大楼 12 号（OX3 0BP）

电话：01865 484957

网址：www. brookes. ac. uk/publishing

匹腊国际（Pira International）

地址：萨里郡革头市克利夫路匹腊大楼（KT22 7RU）

电话：01372 802000

网址：www. piranet. com

苏格兰出版（Publishing Scotland）

地址：爱丁堡邓迪街 137 号（KT22 7RU）

电话：0131 228 6866

网址：www. publishingscotland. org

出版培训中心（Publishing Training Centre）

地址：伦敦希尔东路 45 号图书大楼（SW18 2QZ）

电话：020 8874 2718

网址：www. train4publishing. co. uk

编辑和校对者学会（Society for Editors and Proofreaders）

地址：伦敦富勒姆地区普特尼桥路 1 号河岸大楼（SW6 3JD）

电话：020 7736 3278

网址：www. sfep. org. uk

索引工作者学会（Society of Indexers）

地址：谢菲尔德杰赛尔街 10 号伍德博尔商务中心（S9 3HY）

电话：0114 244 9561

网址：www. indexers. org. uk

奖学金和科研资助机构

图书行业慈善工会（Book Trade Benevolent Society）

地址：赫特福德郡金斯兰利镇福伊尔中心大楼（WD4 8LT）

电话：01923 263128

网址：www. booktradechartiy. demon. co. uk

托尼·戈德温纪念信托基金会（Tony Godwin Memorial Trust）

地址：伦敦利特尔顿路利特尔顿公寓大楼（N2 0EB）

网址：www. tgmt. org. uk

文具商和报纸制作商虔诚公司（Worshipful Company of Stationers and Newspaper Makers）

地址：白金汉郡阿兹托克市

电子邮件：jpt@ jptco. co. uk

网址：www. tgmt. org. uk

招聘中介和职业发展咨询机构

阿斯创有限责任公司（Astron Limited）

地址：伦敦伯克利街1号（WIJ 8DJ）

电话：020 7016 8812

电子邮件：reception@ goastron. com

图书职业网（Bookcareers. com）

地址：艾塞克斯艾福德1号，1441信箱（IG4 5GH）

网站：www. bookcareers. com

灵感招募公司（Inspired Selection）

地址：伦敦里根街153－5号好巧思大楼三楼（WIB 4JE）

电话：020 7440 1500

牛津谷物市场街4号，金色十字公寓二楼（OX1 3EX）

电话：01865 260270

网站：www. inspiredselection. co. uk

智能资源有限公司（Intelligent Resources Ltd）

地址：伦敦斯比特菲尔德地区怀特路1号（E1 7LF）

电话：020 73750085

网站：www. intelligentresources. com

JFL人才服务有限公司（JFL Search & Selection）

地址：伦敦比克街27号（WIF 9RU）

电话：020 7009 3500

网站：www. jflrecruit. com

朱迪费舍尔联盟（Judy Fisher Associates）

地址：伦敦燕子街7号（WIB 4DE）

电话：020 7437 2277

网站：www. judyfisher. co. uk

KP 出版公司（KP Publishing）

地址：伦敦干草市场66－8号格丽娜大楼（SWIY 4RF）

电话：0845 389 2289

网站：www. kppublishing. com

默里迪恩人才服务公司（Meridian Search and Selection）

地址：伦敦帕丁顿地区绍斯威克弄堂12号（W2 1JG）

电话：020 7402 6633

网站：www. meridian－recruit. com

苏希尔招聘公司（Sue Hill Recruitment）

地址：伦敦博罗弗希尔商业街80号博罗弗大楼（SE1 1LL）

电话：020 7378 7068

网站：www. suehill. com

大学出版课程

出版学本科课程

班戈大学（Bangor University）

www. bangor. ac. uk

BA 英语语言与文学 + 出版学

考文垂大学（Coventry University）

www. coventry. ac. uk

BA 平面设计和插图

法尔茅斯大学学院（University College Falmouth）

www. falmouth. ac. uk

BA 平面设计

格鲁斯特大学（University of Gloucestershire）

www. glos. ac. uk

BA 出版学；BA 英语语言与文学 + 出版学；BA 影视学 + 出版学；BA 战略管理 + 品牌管理 + 出版学（也提供出版学跟其他专业的联合培养）

哈德斯菲尔德大学（University of Huddersfield）

www. hud. ac. uk

BA 教育学 + 儿童出版

拉夫堡大学（Loughborough University）

www.lboro.ac.uk

BA 出版学＋英语语言与文学

密德萨斯大学（Middlesex University）

www.mdx.ac.uk

BA 出版学＋媒介研究

爱丁堡纳皮尔大学（Napier University, Edinburgh）

www.napier.ac.uk

BA 出版学＋媒介研究；BA 英语语言文学＋出版学

东北威尔士学院（North East Wales Institute of Higher Education）

www.newi.ac.uk

BA 设计：儿童出版的插图课程

诺维奇艺术与设计学院（Norwich School of Art and Design）

www.nsad.ac.uk

BA 平面设计

牛津布鲁克斯大学（Oxford Brookes University）

www.brookes.ac.uk/publishing

BA 出版学；BA 英语语言文学＋出版学；BA 市场营销学＋出版学；BA 影视学＋出版学；也提供出版学跟其他专业的联合培养

雷丁大学（University of Reading）

www.rdg.ac.uk

BA 平面设计；BA 印刷专业＋英语语言与文学；BA 印刷专业＋历史；BA 印刷专业＋艺术与建筑史

斯旺西高等教育学院（Swansea Institute of Higher Education）

www.sihe.ac.uk

BA 平面设计

沃尔夫汉普顿大学（University of Wolverhampton）

www. wlv. ac. uk

BA 平面设计

出版学研究生课程

城市大学（City University）

www. city. ac. uk/journalism

MA/Diploma 出版学；MA 数字出版

金斯顿大学（Kingston University）

www. kingston. ac. uk

MA/Diploma 出版学；MA 出版学和创意经济；MA 创意写作和出版学

伦敦传播学院（London College of Communication）

www. lcc. arts. . ac. uk

MA/Diploma 出版学

爱丁堡纳皮尔大学（Napier University，Edinburgh）

www. napier. ac. uk

MSc/Diploma 出版学

牛津布鲁克斯大学（Oxford Brookes University）

www. brookes. ac. uk/publishing

MA/Diploma 出版学；MA/Diploma 数字出版；MA/Diploma 国际出版；MA/Diploma 出版与语言；出版学欧洲硕士学位

普利茅斯大学（University of Plymouth）

www. mapublishing. ac. uk

MA/Diploma 出版学

雷丁大学（University of Reading）

www. rdg. ac. uk

MA 印刷与平面传播理论与历史

阿伯丁罗伯特戈登大学（Robert Gordon University, Aberdeen）

www. rgu. ac. uk

MSc/Diploma 出版学

斯特灵大学（University of Stirling）

www. pubstd. stir. ac. uk

MLitt 出版学；MSc 国际出版管理

伦敦城市大学（University College London）

www. publishing. ucl. ac. uk

MA/Diploma 出版学

译后记

在北大求学的时候，我曾有幸得到第一届"国家建设高水平大学公派研究生项目"的资助，在牛津国际出版中心交流访问一年。《透视图书出版》的作者之一安格斯·菲利普斯先生就是该中心的主任，他参与了该书第四版的改写工作，为该版的顺利出版贡献了很多新的想法。第一次拜访安格斯先生的情形仍然历历在目。他高高瘦瘦的模样，抑扬顿挫的口音，热情友善的态度，都给我留下了深刻的印象。

我在中心的时候选修了三门专业课程，其中一门就是安格斯先生负责的《新产品开发》课程，这是一门实践性极强的课程。课程成立一家虚拟的"出版公司"，学生根据自己的兴趣加入不同的"出版部门"。授课老师则是一个由来自中心专职人员和业界兼职教授组建的专家团队，每位老师根据自己的专长讲授不同的模块，包括策划组稿、编辑加工、设计生产、市场营销、销售发行、财务管理和版权贸易等。《透视图书出版》是这门课程的推荐阅读书目，我也是在这个时候翻阅了这本书。

通读下来，发觉这是一本相当不错的教科书。尽管也涉略英国现代出版的发展历史（包括大众图书出版和非大众图书出版），但本书的重点是从商业的角度介绍英国现代出版的功能模块和工作流程，这充分体现了英国出版学教育的"实用主义"特征。同时，我很欣赏本书在每个章节中提供"专家视点"和"议题聚焦"主题框的做法。作者组织了25位学界专家和业界精英就某一特定主题贡献自己的真知灼见，并将当前出版领域的热点话题也以主题框的形式提供给读者。这种做法无疑弥补了传统教科书撰写的缺陷——通常介绍学科领域发展成熟的知识体系，鲜有涉及学科的前沿发展。当然，任何图书出版之后就难免"过时"的厄运，需要通过再版的形式不断更新内容，本书也不例外。在我完成第四版的翻译工作之后，原著第五版也即将正式出版；因此，读者可以通过查阅第五版获得更新的数据和信息。

2012年，通过北京印刷学院王彦祥老师的引荐，我和我的同门师弟于文（现就职于华东政法大学）联系了中国书籍出版社的庞元老师，并筹划翻译一套关于英国出版的丛书。我推荐的正是《透视图书出版》，而于文推荐的是他在拉夫堡大学的合作导师约翰·弗舍的《英国出版史》。作为译丛的头两本图书，我们顺利拿到了出版社的出版基金，感谢出版社的大力支持！在此，也感谢庞元老师的协调工作和编辑工作！作为一套开放的译丛，我们非常欢迎对英国出版有兴趣的朋友推荐优秀的书籍，加入我们的翻译队伍。

在翻译此书的过程中，我经常想起曾经生活了一年的牛津城。我经常说，牛津是一座以"书"为主题的城市。在那里，有"读书"的最好机构——牛津大学，这是英语世界中最古老的大学；在那里，有"出书"的最好机构——牛津大学出版社，这是全球规模最大的大学出版社；在那里，有"藏书"的最好机构——牛津大学图书馆，这是一家拥有大量珍藏的学术图书馆；在那里，有"卖书"的最好机构——布莱克威尔书店，这是一家声名远扬的百年学术书店；在那里，还有"研究书"的最好机构——牛津国际出版研究中心，这是英国最早提供出版学教育的学术机构，其出版学教学和研究闻名英国乃至全球，多次摘取英国出版学学科排名的桂冠。

时光流逝，离开牛津已有六七年的时间了。不过幸庆的是，我跟安格斯先生和中心的联系并没有中断。在我和其他同门的倡导和努力下，北京大学现代出版研究所和牛津国际出版研究中心建立了长期的、稳定的合作关系。我们从2011年开始举办中英国际出版论坛，我参与了第一届会议的具体筹备工作。该论坛每年举办一次，地点在中国和英国之间轮换，目前已经成功举办了四届。北京大学的肖东发教授为双方的合作作出了很大的贡献，我也借此机会表达对肖老师多年栽培的感谢之意！

最后，希望本书对您了解出版行业和出版工作（尤其是英国的现代出版业）有一定的帮助。如果有任何翻译不妥的地方，也敬请批评指正！

李　武

2015.05.15